U0750067

"汉语+"
人才培养模式改革与教学研究

刘家思　孙永红　主编

国家级一流本科专业建设重要成果

汉语国际教育专业"汉语+"人才培养模式改革的研究成果

理论研究　课程体系　汉语教学　课程改革　实践实训　传统文化

浙江工商大学出版社
ZHEJIANG GONGSHANG UNIVERSITY PRESS
·杭州·

图书在版编目(CIP)数据

"汉语十"人才培养模式改革与教学研究 / 刘家思,孙永红主编.
— 杭州：浙江工商大学出版社，2021.9
ISBN 978-7-5178-4501-0

Ⅰ．①汉… Ⅱ．①刘… ②孙… Ⅲ．①汉语－对外汉
语教学－人才培养－培养模式－研究 Ⅳ．①H195

中国版本图书馆 CIP 数据核字(2021)第 097266 号

"汉语十"人才培养模式改革与教学研究

"HANYU十" RENCAI PEIYANG MOSHI GAIGE YU JIAOXUE YANJIU

刘家思　孙永红　主编

责任编辑	张晶晶	
封面设计	沈　婷	
责任印制	包建辉	
出版发行	浙江工商大学出版社	
	(杭州市教工路 198 号　邮政编码 310012)	
	(E-mail:zjgsupress@163.com)	
	(网址:http://www.zjgsupress.com)	
	电话:0571－88904980,88831806(传真)	
排　　版	杭州朝曦图文设计有限公司	
印　　刷	杭州宏雅印刷有限公司	
开　　本	710mm×1000mm　1/16	
印　　张	23.75	
字　　数	390 千	
版印次	2021 年 9 月第 1 版　2021 年 9 月第 1 次印刷	
书　　号	ISBN 978-7-5178-4501-0	
定　　价	89.00 元	

教育部 2020 年度国家级一流本科专业建设点浙江越秀外国语学院汉语国际教育专业 (教高厅函〔2021〕7 号) 建设成果

教育部 2019 年度省级一流本科专业建设点浙江越秀外国语学院汉语国际教育专业 (教高厅函〔2019〕46 号) 建设成果

浙江省"十三五"第二批教学改革研究项目"外语院校以中华优秀传统文化育人铸魂的教学改革与实践" (编号 jg20190507) 研究成果

绍兴市 2019 年普通高校重点学科浙江越秀外国语学院中国语言文学学科 (SXSXK201903) 建设成果

绍兴市 2019 年普通高校重点专业浙江越秀外国语学院汉语国际教育专业 (SXSZY201920) 建设成果

绍兴市 2019 年教育教学改革研究"'双一流'背景下国际教育专业'汉语＋'人才培养改革与实践研究" (SXSJG201920) 成果

前　言

　　人才培养是教育的根本任务。作为国家教育体系的重要组成部分之一,高等学校肩负着培养高级人才的任务。如何培养合格的高级专业人才,是值得高等教育工作者认真研究的重大课题。这是时代赋予的使命,也是发展赋予的使命。在人类命运共同体理念成为世界共识的今天,高等学校对于人才培养的研究受到愈来愈多的关注。尤其是近年来,在习近平新时代中国特色社会主义思想的指引下,在新文科背景下,如何建设新文科专业,培养承担起民族复兴和人类发展历史使命的高级专业人才得到普遍重视。浙江越秀外国语学院中国语言文化学院一直将专业建设和人才培养作为中心任务切实抓紧抓好,以"汉语＋"为核心,不断探讨,深入研究,努力建构和创新人才培养模式,积极开展"双一流"建设,取得了重要成果。目前浙江越秀外国语学院有国家级一流专业1个、省级一流专业1个、市级重点专业1个、校级优势专业1个、校级应用型特色专业2个。这本《"汉语＋"人才培养模式改革与教学研究》,就是我们开展国家级、省级、市级、校级和应用型特色专业建设的研究成果。

　　本书向读者呈现的是浙江越秀外国语学院中国语言文化学院30多名教师的教学实践和教学研究成果,这些成果已经在《中国教育报》《河北学刊》《职业技术教育》《现代教育科学》《牡丹江大学学报》《淮阴师范学院学报》《绍兴文理学院学报》等报刊公开发表,由"汉语＋"模式改革、"汉语＋"汉语国际教育与大中文专业改革、"汉语＋"课程改革、教学方法改革与探讨、传统文化与实践教学5个板块构成。前3个板块重点研究和探讨了"汉语＋"人才培养模式。以汉语国际教育专业为例，业已形成了"一体两翼四维"的"汉语＋"人才培养模式，即以"中外融通""线上线下融合"的"双栖"人才为专业人才培养目标，以"汉语与中国文学与文化"为主体、以跨文化交际的外语实战能力与"互联网＋"时代的教学技能为"两翼"，以"汉语和中华文化课程板块为主体、外语和跨文化交际课程板块及教育教学课程板块为支撑、实践课程为推手"的"四元融合"课程模块及线下教学实践与线上教学实践齐动、国内实践与国外实践协同的"四维协同"实践教学体系。"一体两翼四维"的"汉语＋"人才培养模式是自 2008 年汉语国际教育专业创设后历经十二载的教学和研究而形成的，具有一定的特色，得到了同行的认可，2019 年该专业被教育部批准为省级一流专业建设，2020 年被教育部批准为国家一流专业建设点。本书中的后两个板块侧重于教学方法的改革以及传统文化与实践教学，也是"汉语＋"。其中既有面向国外的语言文化教学内容和教学方法的探讨，又有面向国内的地方高校区域文化特点和教学原则研究；既有立足宏观的中华传统文化类课程的教学建构，又有立足于微观的文学经典著作的实践排演；既有针对汉语口语和书写的教学策略分析，又有针对双语和非双语的教学问题探讨。5 个板块的成果虽然以选文的方式呈现，但也比较系统，不仅回顾和总结了过往教学改革和研究工作，线性地呈现了教师们的一线教学改革实践和理论联系实际的教学研究及专业建设的基本情况，而且对今后教学工作的科学开展、教学质量的有效提升、教学研究的不断深入也将起到借鉴和促进作用。

在编辑完成这部著作之后，我们由衷地感谢各位教师的辛勤付出。10 多年来，他们在教学一线岗位上躬耕不辍，教书育人，齐心协力，将理论和实践紧密结合，将教学和教研有机融合，深入探索人才培养方案，建构了"汉语＋"人才培养模式，并不断地创新、改革和完善，形成了卓有成效的"汉语＋"新文科人才培养方案。值得说明的是，因为时间关系和新冠肺炎疫情的影响，我们有些教师的研究成果并没有来得及编辑整理，尚未选入本书，不仅造成了遗珠之憾，而且使本来更加丰富的"汉语＋"研究成果还没有展现出全景，在此致以我们深深的歉意。

改革创新是时代精神，又是一个不断深化的过程。本书从 5 个板块探讨了"汉语＋"人才培养模式改革和教学研究，但是我们深知，此项研究尚须深入开展，研究范围有待拓宽，研究角度有待创新，研究深度有待提升。同时，我们期盼与更多的教育工作者和研究者并肩携手，为新时代培养立足世界、面向未来的优秀人才而共同努力,继续深入推进"汉语＋"人才培养问题的研究,深化和推进新文科的中文类专业建设。本书在编撰过程中,得到了浙江工商大学出版社的大力支持,尤其是任晓燕主任和责任编辑利用节假日及休息时间审读和编辑本书,在此一并表示诚挚的谢意和深深的敬意!

目录

第一部分 "汉语＋"模式改革

第四部分　教学方法改革与探讨

第五部分　传统文化与实践教学

"汉语＋"模式改革

"汉语＋":固本强基,多维协同

—— 浙江越秀外国语学院汉语国际教育专业"汉语＋"
人才培养模式的改革与探索

刘家思

　　汉语国际教育专业是承接对外汉语教育专业而来的。对外汉语教学专业主要是对外国人进行汉语教学,虽然 1950 年就已有设置,但其真正作为一个高等教育本科专业,是在 20 世纪 80 年代随着我国综合国力增强而萌芽的,20世纪末在一些高校发展起来,目的在于培养充实对外汉语教学师资。不久,对外汉语教育专业即改名为汉语国际教育专业。然而,这个专业很快就陷入了十分尴尬的境地:毕业生就业没有对口的接收单位,整个专业浮在空中。在这样的形势下,汉语国际教育专业何去何从,能不能继续办下去,是一个十分严峻的问题。人才出口路径不通,导致招生不景气,因此许多高校纷纷取消了这个专业;而保留这个专业的学校,也大都缩减了招生规模。因此,至今有一些高校,有汉语国际教育专业硕士点,却没有汉语国际教育本科专业。这应该是一种独特的现象。浙江越秀外国语学院较早地开设了对外汉语教育专业,尽管也遭受前述形势的影响,但该专业并没有因此而衰退,而是在逆境中求生存,在改革中谋发展。多年来,我们实施"汉语＋"战略,固本强基,多维协同,从而形成了具有自身特色的汉语国际教育专业人才培养模式,得到了较好的发展。不仅招生稳定,而且就业率一直保持在 98％以上。专业先后被评为校级特色专业和应用型扶持专业。

一、汉语国际教育专业的建设目的和专业定位

高校是人才培养的高地,担负着为国家建设、民族进步和人类发展输送高

级专门人才的重任。因此,任何国家对于高校及其专业的设置,都有其基本的定位。这种定位是每个国家根据社会发展的形势和时代进步的要求而做出的一种判断和部署。改革开放以后,中国不仅经济上快速发展,文化上也飞速进步,人们的思想观念不断更新,中国特色社会主义的活力愈加彰显,综合国力迅速提高,中国走向了世界,世界也走近甚至走进了中国。古老的中华文化从此也焕发出无穷的魅力。为了让世界更好地认识中国,了解中华文化,汉语作为人类交际的一种工具显得越来越重要。无论是中国主动融入世界还是世界更好地接受中国,语言都必须先行。汉语国际教育专业就是国家在这种形势下开办的,目的在于培养适合从事汉语国际教学和中华文化对外传播的应用型高级专门人才。

根据这种人才设定的目的与定位,汉语国际教育专业的毕业生,一般来说必须具有以下专业素质:一是较强的汉语言文学专业知识与运用能力,能够胜任汉语教学;二是具有比较扎实的中华传统文化基础,能够对外传播中华优秀文化;三是具有比较强的外语运用和跨文化交际能力,能够到语种不同的世界各国去任教和传播中华优秀传统文化;四是懂得一定的教育学和心理学理论,能够把握教学的基本技巧和基本方式;五是懂得一定的现代计算机与网络技术知识,熟悉现代教育手段。只有这样,汉语国际教育专业培养的人才才能承担起在国外进行汉语教学和传播中华文化的历史使命。

显然,这种人才在知识结构与能力素质上,既不同于传统的汉语言文学专业培养的人才,也不同于一般的师范教育专业培养的人才,但是又与这两个专业有一定的联系。其联系与区别主要在于:汉语国际教育专业学生既要有传统汉语言文学专业的扎实功底,又要有比较广博的中外历史文化知识和较强的外语运用能力;既要有一般师范教育专业的理论基础和应用技能,又要有比一般师范专业更强的外语应用能力;既要有比较丰富的对外汉语教学和文化交流的实践经历与行业经验,还要有深厚的爱国主义情怀和民族精神。这样,汉语国际教育专业的自身优势和生存基础就会比较明显,其培养出来的人才无论是在国内还是在国外,都会具有较强的竞争力。

著名汉语国际教育专家、美国威斯康星大学麦迪逊分校和中国南开大学教授张洪明在讲座中指出,汉语国际教育从业人员必备的基本素质包括"系统的第二语言习得的学科训练,对教学法、教育、语言教育、第二语言教育都有一个基本的认识;扎实的汉语语言学知识,对所教语言的各种结构、性质有系统的理解；跨文化交际能力，对源语言、源文化和目标语言、目标文化的构造有相当透彻、深刻的认识；必要的中国传统文化修养；人格魅力与敬业激情；在语言教学中能够融入语文教育专业特有的传意能力元素，把语言知识、语言能力、教学理论、人格感召等几方面有机地结合起来"。这是对汉语国际教育专业毕业生到国外从事汉语教育应该具备的能力与素质的另一种表述，自然有其科学性，但这只是在汉语国际教育专业建设外在环境顺畅与正向情势下的设想，实际上只是一种单向的理想预设。

二、汉语国际教育专业的发展现状及其原因分析

汉语国际教育专业，是由对外汉语专业改名而来的。2012年，教育部颁布《普通高等学校本科专业目录》，将"对外汉语"改为"汉语国际教育"，专业代码为050103，归于"中国语言文学"一级学科门类之下，为二级学科门类。无论是对外汉语专业还是汉语国际教育专业，自开办以来，就全国形势来看，大都并不如汉语言文学专业那样红红火火，多数办得不够景气。不仅生源不如汉语言文学专业，而且毕业生的就业率也不如汉语言文学专业的好。因此，不少学校不是缩减招生计划，就是取消该专业。可以说，该专业一开始就呈现出未老先衰的局面，至今还没有摆脱这种衰微的现象。有的高校招收汉语国际教育专业硕士研究生，却不招收汉语国际教育专业本科生。为什么会出现这种现象呢？追问起来，其原因比较复杂。但总体而言，主要包括外部原因和内部原因两个方面。

（一）外部原因

就外部原因来说，就是一段时期内，汉语国际教育专业存在着一些没有解决甚至是无法解决的问题。一方面，理论和学科建设滞后，学科定位和内涵认识不够清晰；另一方面，最大的问题是专业定位与人才出口的问题没有很好地解决。所谓专业定位，就是解决汉语国际教育专业培养什么样的人才的问题；所谓出口问题，就是汉语国际教育专业培养的人才毕业后的就业问题。至今，不少人对前者认识不清晰，比较狭隘而简单；对于后者，始终没有采取有力措

施予以解决。这是目前制约这个专业发展的主要因素。这两个问题既与复杂的国际形势有关，也与国家政策支持的力度不够，没有创造良好的人才出口有关。

从理论上说，汉语国际教育专业的定位是明确的。该专业就是要培养具有扎实的汉语基础知识、较高的人文素养，具备中国文学、中国文化、跨文化交际等方面的专业知识与能力，以及把汉语作为第二语言教学的熟练技能和文化传播的良好技能，能适应汉语国际推广工作，并能胜任多种教学任务的应用型、复合型、国际化的高级专门人才。该专业毕业生的就业走向从理论上说也是明确的，就是学生毕业后去国外任教汉语，推广汉语，传播中华文化。这是国家汉办支持创办这个专业的初衷。客观地讲，如果社会形势符合主观理想，能够呈现稳定状态，这种想象性的专业定位和毕业生出口面向应该没有问题。例如，孔子学院能够在世界各地有序发展，就是因为各国学习汉语已上升到国家发展策略地位，需要源源不断的汉语国际教育人才去教汉语，那么这种情况下，专业定位及其人才出口就不成问题。然而，实践证明，对专业的发展存在单一化的静态想象和理想化预设的问题。因为国际形势瞬息万变，中西文明冲突始终存在，双方在价值取向上的矛盾一时难以消融，这成为汉语国际教育专业人才定位的严重障碍。西方一些国家本着对中国的政治歧视和认识偏误，不仅知识界，而且教育机构和政府也不支持汉语教育，甚至还反对汉语。汉语国际教育专业建设中的严重障碍，不仅导致孔子学院的建设并不顺利，而且导致汉语国际教育专业的学生能够去孔子学院任教的概率大为缩减，就是自己出国去寻找汉语教学的岗位也比较困难。本来，孔子学院每年接收数量就很有限。国家汉办 2019 学年孔子学院总部国家公派出国汉语教师岗位需求表显示，369 所孔子学院总共招收 586 名硕士和本科生，89 个非孔子学院机构招收 133 名硕士和本科生，总共招收 719 名。其实，孔子学院总部国家公派出国汉语教师岗位需求最多也只能接收 2000 人，在西方反汉语势力的影响下，该专业毕业生出国任教汉语的机会就更少。因此，毕业生出口接收短缺，对口就业率低，自然影响这个专业的建设。

汉语国际教育专业的毕业生，既然出国任教汉语比较困难，那么只有在国内择业，这是毫无疑问的。虽然，如有的专家所言："对外汉语教学事业一直得到国家的重视。当年，小到一部汉语教材的编写，周总理都亲自批示。"但是，国内对汉语国际教育专业毕业生的就业至今还有许多限制，其没有拥有相应平等的竞争地位。一是在公务员考试中该专业学生常常被排斥。有些地方性政策规定,公务员只接收汉语言文学专业的毕业生,将汉语国际教育专业排除在外,致使许多想报考公务员的学生被拦在入口处。二是教师招聘中受歧视。许多地方规定,语文教师招聘中只招收汉语言文学师范教育专业的学生,而汉语国际教育专业的毕业生则被排除在外。甚至国内中小学教育培训机构,在选定和补充师资时,也会优先考虑师范生。这样一来,汉语国际教育专业的毕业生就长期存在着就业面比较狭窄的问题。不少中西部地区的高校,甚至是一些东部地区的地方区域性高校,其汉语国际教育专业的毕业生就业比较困难,学生就业后工资水平不高。因此,许多高中毕业生对这个专业不感兴趣,不少高校的第一志愿报考率不高。有的高校在大类招生后,细分专业时,该专业几乎没有学生选,而后不得不取消这个专业;而在不少按专业招生的学校,该专业学生入校后要求转专业的也大有人在。

正是基于上述两个方面的原因,汉语国际教育专业的毕业生不仅难以赴海外任教,而且在国内就业的空间也很小。在国内就业时,还没有开始竞争就已经丧失了基础分。这影响了高考招生时学生的选择方向,导致这个专业的录取分数比汉语言文学专业,尤其是汉语言文学师范专业的分数低,生源质量始终不能与前两者媲美,其按常规方案培养的毕业生质量也要逊色一些。今天,世界汉语热已经兴起,"加快汉语走向世界更上升为国家战略,汉语国际推广是提升我国文化软实力的重要渠道和文化品牌",汉语国际教育专业应该自觉地为世界汉语教育承担起培养和储备师资的重任,这种专业建设的不良局面应该打破。

(二)内部原因

就内部原因而言,汉语国际教育专业创办时,呈现出了专业面向单一化的理想预设,对人才需求市场的复杂因素考虑不足,没有预估社会的复杂性和政治的变幻莫测,致使在制订人才培养方案时,过度狭隘地理解了"对外汉语教育"和"汉语国际教育"的概念,自我"浅化"了内涵,将毕业生就业指向了国际市场,这就自我限制了专业面向的适应度,抛开了国内就业的面向。这种非常明确的单一向度的预设,并没有为该专业学生在国内市场择业做好准备。至今,在汉语国际教育人才培养方案上,不少方案既没有突出其国际就业的原初

性指向,也没有照顾其国内就业的竞争力。综观起来,有如下几个表现:

首先,没有充分认识这个专业的特殊性。任何一个专业都有自己的特殊性,这是一个专业得以生存和发展的基础。我们必须深刻认识到这一点。然而,在汉语国际教育专业创办中,不少单位只是为了扩大办学规模而去申报这个专业。在教育思想上,出现了两个偏差。一是没有认识到这个专业的学生是去国外教"外语"。不少高校只是简单地认为学生将来是要去国外教汉语,而不是去教"外语"。其实,汉语国际教育的学生毕业后去国外工作,对自己而言是教汉语;相对其面对的外国学生而言,是在学一种外语,他们是要教非汉语国家的学生学习汉语这门"外语"。教"外语"和教母语是有很大区别的,教"外语"必须懂得其学生所熟悉的母语,而这对我们的学生而言,又是一门外语。因此,这个专业的毕业生必须具有很强的外语运用能力。其外语的能力与水平,必须要高于在国内教汉语的汉语言文学专业毕业生。然而,不少地方性高校只有单一的外语语种——英语,并没有外语优势,外语的教学水平不高,种类也不足。这就限制了其专业学生在国外就业的空间。二是没有认识到汉语国际教育专业是一个特殊的师范专业。汉语国际教育专业,其落脚点是"教育"。这是这个专业人才培养的出发点,也是归宿点。既然落脚点在"教育",自然必须具有师范专业的特征。然而,在传统的专业认识中,人们认为师范专业仅仅是指培养国内中小学教师的教育专业,而汉语国际教育专业不是为国内中小学培养师资的,从上到下都没有将其纳入师范教育专业的体系中。因为国家没有将该专业纳入师范专业范畴,不少高校在人才培养方案中没有将"师范"的性质突显出来,没有强化其学生作为老师的师范生技能要求,因而使其师范教育的理论基础不扎实,教育技能不强。其实,汉语国际教育专业不仅是一个培养老师的专业,而且是一个国际化的师范专业,是一个非常特殊的师范专业。该专业学生不仅要掌握一般的师范生所应该具有的教育教学理论与技能,还要掌握一定的外国教育教学的理论与技能,这样才能胜任海内外的汉语和语文教学工作。然而,因为缺乏必要的教育理论基础知识,没有掌握基本的教育技能,汉语国际教育专业的学生在获得县(市、区)报考教师编制的机会后,在与传统的汉语言文学师范专业毕业生比拼时,大多竞争力较弱。

其次,专业人才培养的基础被倾斜。任何一个专业,并不是想办就可以办的,更不是想办好就能办好的,必须夯实专业人才培养的核心基础。许多学校汉语国际教育专业之所以出现这样那样的状况,以至于招生和就业都困难,甚至有的学校不得不取消这个专业,首先是因为汉语国际教育专业人才培养方案在基础上的偏失。一是弱化了汉语言文学的基础地位。不少高校,对汉语国际教育专业的特色与要求缺乏全面系统的认识,并没有展开深入调查,更没有进行很好的论证,而是简单地将专业想象成教汉语,没有认识到教好汉语的基本功在于扎实的语言文学基础。人们通常认为汉语国际教育专业的毕业生是出国任教汉语的,外国人汉语都不好,学生的汉语言文学知识并不要求有多扎实。并且,不少人没有深刻地认识到对外传播中华文化是汉语国际教育专业毕业生的重要任务,其人才培养方案大多没有突出汉语言文学的本位,而是刻意与汉语言文学专业拉开距离,降低汉语言文学知识与技能要求,弱化其核心课程,导致其毕业生的汉语基础和文学鉴赏能力不如汉语言文学专业毕业生扎实。其实,汉语也好,中华优秀文化也好,其核心内容都在汉语言文学中体现出来。弱化中国文学与文化的基础地位,学生对于语言的认识、理解和运用能力就不强,解读和传播中国传统文化的能力也被弱化。这种偏失,不仅削弱毕业生的竞争力,使其在国家汉办招收志愿者时缺乏优势,而且使其在国内就业市场上无法与汉语言文学专业毕业生竞争,在考研升学时弱势更加明显。二是专业教学实践不足。汉语国际教育专业培养的人才要在国内外任教汉语,尤其是赴海外教学汉语和传播中华文化,需要比较丰富的教学实践,尤其是涉外汉语教学与文化交流传播的实践做基础。然而,有不少学校,因为自身特点和办学国际化程度不高,虽然能够为学生学习汉语和外语提供较好的课堂条件,但是没有建立足够的实践平台,有的连基本的实验室都没有,尤其是缺乏一些专业涉外实践平台。有的高校虽然与国外大学签订了种种合作协议,但汉语国际教育专业的海外实践根本没有开展,始终停留在纸上。这样,该专业的学生赴国外实习的机会很少,定期赴海外任教汉语的实习机会更是稀缺。学生教学实践不足,没有对外汉语教学和文化传播的实战经验,只是纸上谈兵。因此,许多学生不仅很难走向国外从事实际的汉语教学与文化传播的工作,而且即使有机会去也会暴露自身的缺陷,很难胜任工作任务。

再次,师资不足也是普遍存在的问题。一个专业人才培养的基础工作,除了学校的硬件设施之外,最重要的是专业师资力量。汉语国际教育专业一般是由各高校的汉语言文学专业或外语系延伸出来的,但也有一些是理工科院校的社科部或人文素质教育部或大学外语部等创办的。应该说,各自都有一定的条件,尤其是由汉语言文学专业或外语系延伸出来的,更有师资优势。但是,无论从哪里延伸出来的,都或多或少存在先天性的师资不足问题。这个专业到底需要怎样的师资,许多办学单位并没有深入研究,只是仓促地简单嫁接,导致专业师资跟不上。通常的情形是,由汉语言文学专业延伸的,专业教师外语不行;外语专业衍生的,教师的汉语言文学本体知识欠缺;其他方式延伸创办的,专业师资更加匮乏。不少学校合格的汉语和外语师资都欠缺,而有涉外经历并在国外从事过汉语教学与文化交流的师资更加欠缺。除了一些重点大学和外语类院校好一些外,其他院校都存在这个问题。师资上的欠缺,必然导致人才培养出问题。一个有缺陷的模子,必不可能产出规范完美的产品。学校连学习汉语和外语的环境都没有,哪能培养出高质量的学生呢?

一个专业办得好与坏,外部条件固然重要,但起决定作用的是其内部条件。从世界各国高校的专业设定来看,将毕业生作为一个单一化的社会面向,往往会自限空间,既不能获取更多的资源,也不能拥有更大的发展空间。对一个专业缺乏全面深刻的认识,并没有全面考虑其优势和劣势,仓促上阵,必然会带来许多问题。汉语国际教育专业从对外汉语教学发展而来,一开始就暗含了种种问题,至今多数学校没有形成自身的特色和优势,一直处于非常尴尬的状态之中。因此,其人才培养质量整体水平不高,其竞争力并不强。论汉语言文学的知识和技能,他们不如汉语言文学专业的学生;论外语知识与技能,他们不如外语专业的学生;论教学和文化传播能力,他们不如师范生和外语系、中文系的学生。这种现状不打破,该专业很难有更大的发展。

三、"汉语＋":固本强基、多维协同的人才培养模式改革

汉语国际教育专业是国家为了拓展汉语使用空间和增强其交流效度,强化中华文化传播的力度而设置的。这是国家的一个语言文化策略,是非常正确的。因此,必须千方百计建设好这个专业,培养出更多能够从事汉语国际教育和传播中华文化的优秀人才;无论国际形势如何变化,都必须储备好这种人才。然而,要培养更多的汉语国际教育专业人才,首先必须要有更多的人来选读这个专业。这就要求我们必须认真审思这个专业设置以来的得失,深化改革,修订人才培养方案,优化人才培养环境,激发其内在的活力。应该说,如何发挥自身的优势,变不利因素为有利条件,是每一所高校办好这个专业的前

提。在全国汉语国际教育专业处于比较低迷的时候,浙江越秀外国语学院中国语言文化学院的汉语国际教育专业则发展得比较理想,与一些重点高校的汉语国际教育专业一样,这个专业显示了自身的生命力与发展的可能性。之所以能够产生这种效果,首先是因为我们认真深入地分析了这个专业出现的各种状况及其原因,充分发挥了我校作为外语院校的优势,充分利用了我院汉语言文学专业较强的实力,积极开展了固本强基、多维协同的"汉语＋"人才培养模式改革。在改革中,我们对四类课程予以确保:一是确保汉语言文学类核心课程,夯实基础;二是确保中华传统文化课程,使之系列化;三是确保教育学理论和教育实践类课程,培养其教育教学能力;四是确保外语类课程,强化其外语运用能力。从而提高了人才培养质量,增强了毕业生的市场竞争力。

(一)"汉语＋"——首先突出汉语言及其文学与文化的主体地位,固本强基

10 多年来,我们时刻把握汉语国际教育专业的发展态势,对其出现的各种情况进行认真的分析,并每年召开一次专业发展高峰论坛,聘请国内外的专家诊断把脉。我们认为,国内大多数汉语国际教育专业之所以生源出口不好,除了因为社会环境不利外,更在于自身的原因。首先是其专业支撑力不够,致使培养出来的学生在国外就业市场不通畅的情形之下,在国内市场上又失去了竞争力。为此,我们对汉语国际教育专业实施"汉语＋"改革,首先突出了汉语言与汉语文学和文化的主体地位,固本强基,铸魂张势,增强其竞争力。

2018 年,教育部高等学校教学指导委员会编辑出版了《普通高等学校本科专业类教学质量国家标准》,在《中国语言文学类教学质量国家标准》中说"中国语言文学类本科专业植根于中华优秀传统文化,是以中华母语及母语文学为基本内涵,具有深厚人文底蕴的基础学科,与历史、哲学、艺术等人文学科关系密切","肩负着萃取、传承和发展中华优秀传统文化的重任,在培养学生全面发展、适应社会进步需求方面具有不可替代的作用","应坚持以马克思主义为指导,培养学生具有坚定正确的政治方向、扎实的中国语言文字基础和较高的文学修养,系统掌握中国语言文学的基本知识,具有较强的文学感悟能力、文献典籍阅读能力、审美鉴评能力和运用母语进行书面、口语表达的能力;

掌握1门以上外语,有计算机文字信息处理能力和人际沟通、交往能力。学生毕业后能够以专业优势在实际工作中发挥所长;可继续攻读研究生,也可在行政机关以及文化教育、传媒机构、对外交流等各类企事业单位工作"。其素质要求:"热爱中华优秀民族文化,具有良好的人文素养和科学素养、较高的审美品位及健康的心理和体质;掌握中国语言文学的基本知识和基础理论,了解国家关于语言文字、文学艺术及文化工作的方针、政策和法规;具有适应社会发展主动获取和更新专业知识的基本素质。"其能力要求:"有感悟、辨析和探究语言文学现象的能力,能够综合应用所学知识鉴赏、评价文学作品和相关文化现象。在母语和国家通用语的阅读理解、口语表达、文字表达方面体现出明显的优势。"其知识要求:"牢固掌握专业知识,例如语言知识、文字知识、中国文学史知识。一定程度上了解相关知识,例如历史、哲学、艺术学、心理学、社会学、教育学、逻辑学等人文社会科学知识,外语、计算机及信息技术应用、数据库应用、文献检索等工具性知识;同时对本学科的前沿信息有一定了解。"这个国家标准,是汉语国际教育专业的指南。

汉语国际教育自然是以语言教育为本体的,必须具有比较扎实的语言基础知识和较强的语言运用能力。我们认为,系统地开设既能彰显基础又具有现代特色的前瞻性强的语言类核心课程,强化这个专业的显示度,是这个专业基础牢固与否的根本点,也是其区别于其他专业的关键所在。我校的汉语国际教育专业是由1999年的专科汉语专业发展而来的,经历了从"专科汉语"到"对外汉语教学"再到"汉语国际教育"的发展历程,已经有20多年的积累,建构了以"汉语＋"为特色的专业性较强的人才培养方案,开设的语言类课程比较齐全。主要有"语言学概论""古代汉语""现代汉语""汉语国际教育概论""语言教学法""汉语口语表达""应用语言学""第二语言习得概论""语言与文化""现代汉语语法分析""语用学""汉语修辞学"等课程。专业建设必须要有学科做支撑,人才培养方案的实施,专业课程的开设,必须要有一支较强的师资队伍做保证,汉语国际教育专业的建设也不例外。正是这样,近几年来学术界对于构建汉语国际教育学科讨论得很热烈。然而,我们认为,汉语国际教育专业最基础的支撑学科是语言学科。为了保证汉语国际教育的人才培养质量,我们大力建设了语言学科,优化了专业师资队伍。现在,该专业有语言学教授4人、副教授4人、博士8人。在这样的情况下,我们确保了汉语国际教育专业的语言学师资,开出了一批语言学与语言教学的课程,夯实了学生的专业基础。

汉语国际教育专业的学生国外就业机会不多,必须更多地在国内就业。就业市场的信息显示,其强劲的竞争对手是汉语言文学专业和汉语言文学师范教育专业的毕业生。汉语国际教育专业的毕业生之所以在国内缺乏竞争力,是因为在人才培养方案中过度弱化了汉语言文学的核心课程,致使学生的汉语言文学和中华文化功底不扎实,专业能力被弱化。在一定意义上,汉语国际教育之所以办得不好,最大的失误应在于弱化了汉语言文学的地位。我们必须清楚,汉语国际教育的坚实基础和核心竞争力在于汉语言文学的基础,这是汉语和中华文化的核心载体。然而,以往一些学校在设置本专业时,盲目本着应用型国际化的特征,将汉语言文学基础课程予以最大限度的删减,而留下的几门课程又在课时上一再缩减。因此,这个专业的学生基础知识不牢固,专业核心能力不强。在就业市场和考研升学的竞争上,许多毕业生都弱于汉语言文学专业的毕业生。鉴于这种情况,在课程设置上,我们的专业核心课程中保证"古典文学""中国现代文学""中国当代文学"等一批汉语言文学专业的主干课程课时不减。对于汉语言文学专业的基础课程,如果必修课中排不进,我们就用选修课予以补充完善,开设了"唐诗鉴赏"等一系列的文学类课程,使学生比较系统地学习汉语言文学的基本课程,既夯实汉语言文学的专业基础,又强化了汉语学习,使一时没有机会去国外任教汉语的学生在国内就业和考研升学时也具有一定的专业竞争力。

此外,我们着重加强中华传统文化教育。汉语国际教育专业人才的使命,不光是要去教外国学生学习汉语,还要传播中华文化,因此专业学生既要具有扎实的汉语专业功底,又要熟悉并热爱中华民族的历史文化,这样才能承担起这个历史使命。然而,一个不可回避的现实是,"90后""00后"的大学生从小吃汉堡、比萨、巧克力,对中华优秀传统文化认识不深刻,对自己生活学习所在地的地方特色文化存在隔膜。而汉语国际教育专业的人才培养方案中对于中华文化的教育,通常有一个偏失,就是大多将中华优秀传统文化等同于动态感强的文化样态,尤其重视短平快的快餐式样式,而对于内涵深厚的静态感悟的文化形态则不重视。因此,不少汉语国际教育专业的毕业生,虽然对书法、戏曲、武术、剪纸、手工艺等呈现性强的文化样态略有常识,但在对外交流过程中总是无法避免严重的"中华文化失语症",例如出现北京某985高校毕业的学生竟然不知道何为《尚书》的案例。如果不对他们加强中华传统文化教育,那么他们不仅不热爱中华民族文化,对其常识也知之甚少,这就很难承担起传播中华文化的责任。因为如果自己都不熟悉、不热爱中华优秀文化,怎么能去传播中华文化呢? 只有通过比较扎实的中国传统文化教育,才能提高学生的传统文化修养,渐渐使他们热爱中华优秀传统文化。不过仅仅通过汉语言文学课程的教育还是不够的。因此,我们还开设了中华优秀传统文化系列课程。除了中华优秀传统文化概论、大禹文化导论等必修课之外,还有"国学经典导读""绍兴民俗""中华武术""中国戏剧""中国书法""中国手工艺术"等一些传统文化课程。同时,我们还开展文化考察与实践等一系列活动,形成了立体化的文化课程体系,不仅使学生对中国传统文化有较深的认识,帮助学生树立民族文化的自信心和自豪感,也夯实了学生的汉语言文学基础,提高了其文化素养,增强了他们的竞争力。

同时,重视教育基础理论的学习和教育基本技能的训练,也是固本强基的重要内容。如前所述,汉语国际教育专业预设的毕业生就业指向是从事教育工作。因此,学生必须具有一定的教育理论基础知识,掌握一定的教学技能,懂得如何开展教学工作。也就是说,具有较强的教育教学能力,是汉语国际教育专业毕业生必须具有的专业素养。因此,我们在人才培养方案的制订上也强化这个基本点,除了开设"教育学""心理学""语文教学论""汉语教学技能"之外,还开设了"海外汉语教学分析""第二语言课堂教学概论""国际汉语教学案例分析""汉字与汉字教学""语音与语音教学""词汇与词汇教学""语法与语法教学"等课程,培养学生的教育意识,锻炼其教育技能,为从事汉语教学打下基础。

(二)"汉语＋"——强调人才培养的多维协同,合力推进

多年来,我们对汉语国际教育专业的思考和改革是不断深入的。我们认为,汉语国际教育专业的人才之所以竞争力不强,除了专业功底不扎实之外,还在于人才培养模式比较单一,没有形成自己的特色。为此,我们在汉语国际教育专业人才培养模式上除注重突出汉语文化的主体地位之外,还注重做好"＋"的文章。我们充分考虑到汉语国际教育专业人才培养所需要的技能,以开放的视野谋求多维协同,采取多种途径和方法,合力培养学生,拓展和训练其能力、素质,形成特色,打造优势,增强其市场竞争力。

　　首先是加外语，主要是加英语和加小语种。汉语国际教育专业设置的目的是为国家培养对外进行汉语教学与文化传播的人才，因此学生不光要掌握扎实的汉语言文学与中华文化的专业知识，还必须掌握外语工具，必须具有很强的外语沟通与交流的能力。基于这一点，我们在制订和修订汉语国际教育专业人才培养计划时，改变了一般高校只按照常规专业来设置外语课程的做法，而是在固本强基的同时，强化了外语教学，增加了课程和教学内容，使我们的学生形成了多语种的外语运用能力。一方面，我们充分发挥外语院校的外语优势，贯彻学校"外语＋"特色，即"英语＋专业"的战略，强化英语学习，培养学生较强的英语听说读写能力，本专业的英语四六级一次性过级率大大超过"211"高校；另一方面，我们又充分发挥外语院校小语种多的优势，鼓励学生学习一门小语种，不仅增开小语种第二专业，而且对没有选修小语种第二专业的学生，开设专门的小语种培训班，满足学生的需要，使其怀有一门小语种"绝技"，如泰语、马来语、阿拉伯语、印尼语等，强化了学生对特定国家进行汉语教育和文化传播的外语交际能力，还有许多学生通过小语种考试成功考取研究生。例如 2018 届毕业生英语六级高分通过，雅思考试一次性达到 7 分的学生，日语也很好，考取国内名校研究生时，外语考的是日语；2019 届毕业生龚宣博，英语很好，研究生考试则选考法语，考取上海外国语大学法语方向研究生。

　　其次是加实践，尤其是海外实践。汉语国际教育专业的毕业生要去教书，教外国学生，必须要有较强的实践经验。因此，我们十分重视学生教学实践能力的培养。一方面，我们开设了一系列教学实践训练课，强化学生的教学实践综合能力训练。不仅开设专门的"汉语教学""汉语口语训练""普通话训练"，而且开设了动手能力强的文化课程，为学生教学打下理论基础。另一方面，我们不仅组织学生去小学观摩语文教学，开展语文教学实习，而且在绍兴市看守所建立"育新课堂"，常年对非成年犯讲课，进行文化和法纪教育，积累教学经验，又组织"汉语之夜"、汉语口语大赛和对外汉语教学技能比赛等一系列实践活动，培养学生的汉语教学能力。同时，我们利用我校外语院校国际化程度高的优势，积极开辟更多的实习基地，使学生能够得到更多的涉外实践经验。我校是浙江省非硕博高校国际化排名第一的高校，不仅国外合作单位多，而且留学生也有一定规模，我们充分利用这种国际化优势开展实践训练。一是我们先后在马来西亚、印度尼西亚、泰国等 10 多个国家建立了 50 多个海外实践基地,定期派学生去实习和交流。如仅在泰国尖竹汶府,我们就分别与其大学、中学和小学建立了多层次的实习基地 11 个,不仅与本科高校泰国尖竹汶府戏剧艺术学院建立实践基地,还与其学校联盟中的多所小学、中学建立了实习基地,每年派去实习的学生,少则 2 批,多则 4 批,实习 2—3 个月。二是我们开展了校内留学生教育的实践。从二年级开始,汉语国际教育专业的学生可以选择给留学生做生活助理,然后做语伴,再做助理教师,进行面对面的对外教学与文化交流实践。三是寒暑假积极开展短期海外带薪实践活动。这些跨文化、跨语境的实践项目,为学生搭建了良好的成才平台。

再次是加网络技术,尤其是跨境线上网络汉语教学技术。现代网络技术是 21 世纪人类使用最普遍的技术。当今已经跨入了网络时代。跨时空的网络面对面交流已经改变了人类的生活,我们认为,网络汉语教学今后将成为汉语国际教育的主流。无论是建立孔子学院还是孔子课堂,都受到外国政治体制的制约,但是网络跨境教学汉语以网络为平台,以一对一的教学模式为主体,以个体自愿构成教与学的关系,形式自由,教学灵活,较少受政治干扰。只要懂得线上汉语教学的基本规则,具有较为扎实的汉语言及其文学与文化基础,具有一定的教学能力,都可以从事这项工作。如今,全世界很多人都知道汉语重要,中华文化重要,会利用各种机会来学习,网络学习便是其中的主要路径。因此,汉语国际教育专业的学生不仅要较好地掌握现代电脑和网络技术,而且必须熟悉线上教学和线下教学两种不同的教学方式,有比较丰富的网络线上教学实践经验,形成自身的特技或特色。为此,我们率先创建了跨境线上汉语国际教育实践中心,学生在中心各处都可开展网络线上对外汉语教学实践。同时,我们又与哈兔网络中文学院和中文路深圳教育科技有限公司合作开发网络在线汉语课程,让学生通过网络,对外国学生进行面对面的汉语教学。我们开设了"网络平台涉外语言教学""跨境线上汉语教学"等课程,推动网络教学实践,培养了学生的现代教学技能和跨文化交际能力,为学生毕业后出国进修汉语教学做了准备,也为学生自主创业奠定基础。

实践证明,我们在汉语国际教育专业推行的"汉语＋"教学改革是成功的,为该专业的发展注入了活力,强化了学生的专业基础和技能训练,夯实了学生的专业基础,优化了专业素质,提高了人才培养质量。毕业生不仅在国内可以和汉语言文学专业的毕业生一比高低,与汉语言文学师范专业毕业生的竞争力也不相上下,考研、考编和考公务员也不输其他专业,入选汉语志愿者并赴海外进行汉语教学和文化传播者都受到好评,有的还受到出访的国家领导人接见,在网络平台上从事线上国际汉语教学的也收到了非常好的成效。10多年来,不管国际国内形势如何变化,我们汉语国际教育专业都经受住了严峻的市场考验,毕业生无论是在国内还是在国外,都显示了较强的竞争力,就业渠道广阔,就业率一直保持在98％以上。正是这样,该专业的生源市场红火,招生形势越来越好,录取分数线年年上升,第一志愿爆满。2009年,该专业被评为校级特色专业;2014年,该专业开始与浙江师范大学、浙江科技学院等高校联合招收硕士研究生;2016年,该专业被学校确定为申报硕士授予权单位的首批专业点;2018年,该专业被确定为校级应用型专业扶特专业。

今后,我们将继续认真学习兄弟院校先进的经验,与时俱进,不断创新,深化改革,努力将这个专业办得更好!

参考文献

[1]刘利.从"对外汉语教学"到"汉语国际教育"[J].国际人才交流,2019(2).

[2]教育部高等学校教学指导委员会编.普通高等学校本科专业类教学质量国家标准(上)[M].北京:高等教育出版社,2018.

[3]陆俭明.汉语国际教育学科性质与汉语教师应有的素质[J].华夏文化论坛,2016(2).

[4]吴勇毅.汉语国际教育学科研究什么[J].国际汉语教学研究,2014(1).

[5]施家炜.汉语国际教育学科的人才培养问题[J].国际汉语教学研究,2014(2).

[6]朱瑞平.浅谈汉语国际教育学科的研究对象[J].国际汉语教学研究,2014(1).

[7]姜丽萍.汉语国际教育学科的研究对象[J].国际汉语教学研究,2014(1).

本文原载于《现代教育科学》2019年第9期。

深入推进"汉语＋"人才培养模式改革

—— 浙江越秀外国语学院汉语国际教育专业建设的实践

刘家思

　　浙江越秀外国语学院 2004 年开设了汉语专业(对外汉语教学方向)。多年来,浙江越秀外国语学院一直坚定不移地建设汉语国际教育专业,经受了各种挑战。从招生人数和第一志愿率的情况来说,我们也经过了发展过程。最初招收 40 人,第一志愿达到 70%;2008—2015 年招收本科生 80 人,其中第一志愿从 70%提升到 95%;2016 年至今招收 120 人,第一志愿为 100%,超分数线从 10 分到 35 分左右。就业率一直保持在 98%以上,其中考研、考上教师编制和公务员等的就从率超过 25%。如今,本专业发展成为学校的优势专业,2019 年,被教育部批准为省级一流专业建设点,2020 年被教育部批准为国家级一流专业建设点。这种结果,是我们深入实施"汉语＋"人才培养模式改革所取得的。在高等教育"双一流"的建设中,如何推进国家级一流专业建设,又是摆在我们面前的重要问题。我们经过多次深入讨论,觉得必须继续坚持"汉语＋"人才培养模式的深化改革,扬长避短,提高专业建设水平。

一、汉语国际教育的现状与"汉语＋"改革的现实依据

　　汉语国际教育专业应该说是萌芽于中华人民共和国成立后不久的留学生教育,诞生于 20 世纪 80 年的华东师范大学、北京外国语大学、上海外国语大学和北京语言大学四所高校;到 21 世纪初,不少本科和专科高校也开办类似专业,目的在于培养从事业对外汉语教学师资。至今这个专业既有高校撤销,也有高校继续申办。有一些高校,研究生教育中有汉语国际教育专业硕士点,却没有汉语国际教育本科专业,这种独特的现象本身说明了这个本科专业的

尴尬处境。我们创办这个本科专业时,这种尴尬局面已经开始出现,所以我们开始改革,最初从课程教学内容开始,后来开始探索人才培养方案的改革,2016年确定了"汉语＋"人才培养模式。

我们的改革有三个现实依据:

(一)人才出口的落空和身份的尴尬

汉语国际教育专业的设置是国家根据社会发展情势和时代进步要求而做出的部署,是为了让世界更好地认识中国和了解中华文化而做出的选择,以培养能够从事汉语国际教学和中华文化对外传播的专门人才为目标。这种人才出口的理想预设目标比较纯正,也比较狭窄,实际上很多毕业生出国任教汉语非常难。我们当时粗略地做过一个调研,做出了这样的判断:全国有400所左右的高校开办了这个专业,以每个学校招收40人计算,有12万毕业生,但我们当时看国家汉办招收出国任教汉语的各种信息,数量很少,认为最多不超过1万人,起码还有11万人要在国内就业。这种预判还比较宽松。实际上2019年,国家汉办孔子学院总部国家公派出国汉语教师岗位需求表显示,369所孔子学院总共招收586名硕士和本科生,89个非孔子学院机构招收133名硕士和本科生,总共才接收719名。2019年,孔子学院总部国家公派出国汉语教师岗位需求大约在2000人。这些学生在国内就业面临强大的压力。论外语,比不上外语专业的学生,与汉语言文学专业的学生相比也没有优势;论汉语和中华文化知识,比不上汉语言文学专业的本科生。这种处境导致不少学校的学生毕业后难以就业,继而影响生源。因此,汉语国际教育专业不能以培养出国开展线下国际中文教育的人才为唯一目标,而是要培养既能到国外任教汉语,也可在国内就业的人才。

(二)我们的生源实际与因材施教问题

众所周知,中国本科高校的生源是分层级的。如一本、二本、三本等。浙江越秀外国语学院是中国顶尖级别的民办本科高校,但在招生录取时,原先被安排在三本这一层级,如今三本取消了,本校作为二本招生,属于本科线以上最后一批录取院校。虽然我们录取的学生,分数普遍高于分数线30分以上,但这些最后一段的学生成绩,与一本学生比相差 100 多分,与二本第一批录取分数相差 70 分左右,与本科第二批录取分数相差 40 分左右,固然这一段分数的生源有很多是偏科的优秀人才,但一般而言,生源的基础是不理想的。我们经过反复讨论,认为华东师范大学、北京外国语大学、北京语言大学、上海外国语大学、上海师范大学等一些学校的学生是国家派遣出国任教汉语的首选,即使他们不能出国,他们的学生可以直接推荐读研,但我们的学生没有这种优势,因此不能以高层次的学术人才培养为主要目标,必须以培养具有广泛适应度的应用型人才为主,考研升学作为辅助的培养目标。

（三）"互联网＋"时代与现代教育科技

互联网不仅改变了人类的生活方式,而且改变了人类社会的生产模式,也给亘古以来形成的面授式教学模式带来了改变的可能性。随着"互联网＋"技术模式的推广运用,教育教学的模式必然会受到影响。

二、专业认知的深化与"双栖"人才的目标定位

"任何一个专业都有自己的特殊性,这是一个专业得以生存和发展的基础。"一个专业的人才培养模式改革,首先必须深入认知专业的属性,把握专业定位。国家当初要开办汉语国际教育专业,是为了对外汉语教学和中国文化传播培养合适的人才,显然有如下考虑:一是汉语言文学专业人才因外语能力出国交流困难,难以胜任国际中文教育的重任;二是外语人才因汉语基础不扎实,中国文化底子薄,能出国也难以胜任汉语教学与中国文化传播的重任。这种初衷显然是正确的。然而,对于这个专业的属性和定位,并没有明确规定。我们在深化对汉语国际教育专业认知的基础上,确立了"双栖"人才的目标定位。

（一）专业认知

对于汉语国际教育专业的属性,我们在讨论"汉语＋"人才培养模式改革

时,形成了如下几个共识:

1. 师范类教育专业

汉语国际教育专业,其落脚点是"教育"。这是这个专业人才培养的出发点也是归宿点。既然落脚点在"教育",自然必须具有师范专业的特征。而且,汉语国际教育专业不仅是一个培养师资的专业,而且是一个非常特殊的师范专业,即培养国际化教师的师范专业。不仅要掌握一般的师范生所应该具备的教育教学理论与技能,还要掌握一定的外国教育教学理论与技能。

2. 教育"外语"的国际化专业

汉语国际教育专业的毕业生去国外工作,对自己而言是教汉语;对其面对的外国学生而言,是在学一种外语。他们要教非汉语国家的学生学习汉语这门外语。教外语和教母语是有很大区别的,教外语必须懂得其学生所熟悉的母语。这对我们的学生而言,又是一门"外语"。因此,这个专业的毕业生必须具有很强的外语运用能力,必须具备对象国基本的语言交际能力,不能只会单一的英语。

3. 对外教学的实践性专业

汉语国际教育的主体行为是教汉语,既要有较强的一般性教学能力,还必须具备适应外国学生学习心理和习惯的基本技能。因此,必须进行对外汉语教学的跨文化国际化教学实践。这是本科学习必须完成的学习任务,学校必须创造条件开展对外汉语教学实习。

4. 以汉语言文学与中国文化为基础

汉语国际教育专业是以汉语言文学和中国文化为基础发展起来的新专业,也是对外任教汉语和传播中华文化的前提。只注重语言而忽视文学与文化,就无法进行文化传播。

汉语国际教育专业,不管如何改革,都必须把握这四个基本点。失去了任何一点,都是残缺不全的,都不能达到预期的人才培养目标。

（二）"双栖"人才的目标定位

我们从上述改革的三个依据和四个基本认识出发,主动响应"一带一路"国家倡议,充分发挥外语院校的特色,主动适应世界汉语热的需求,认真审视"一带一路"沿线国家的语言现状,充分把握"互联网＋"的时代潮流,谨慎研判国际情势可能出现的变化,从教育教学理念到专业人才培养目标,确立了"中外融通""线上线下融合"的"双栖"人才的培养目标。

1."中外融通"

所谓"中外融通"就是汉语国际教育专业毕业生具有中外文化的高素质,既可以在国外任教汉语,也可以在国内任教语文或在汉语教育机构进行线上对外汉语教学。这是针对大国霸权主义操纵国际政治,视崛起的中国为劲敌,动用各种手段来打压、排斥汉语和中国文化的时代情势做出的抉择。在国外暂时出不去的情况之下,汉语国际教育专业的学生毕业后大多只能先选择在国内就业,要与汉语言文学和外语专业的毕业生竞争,这就必须要强化中外语言文学与文化素质与能力,达到中外融通,以期更好地参与国内市场的竞争。

2."线上线下融合"

所谓"线上线下融合",是指汉语国际教育专业毕业生在教学技能上,既能在国外线下实体空间进行面对面的汉语教学,也掌握了利用互联网线上虚拟空间进行跨境汉语教学。

3."双栖"人才

所谓"双栖"人才,就是指汉语国际教育专业毕业生既可以到国外工作,也可以在国内就业;既可在线下面对面进行教学,也可在国内网络汉语教育机构的网络平台上开展跨境汉语教学,甚至可以自己创业,建立自己的网络平台,进行跨境汉语教学。

人才培养目标的优化,为我们的专业改革确定了方向,理清了思路。这种"双栖"人才的社会适应度高,市场竞争力强,更能体现出复合型、应用性和国际化的特色,为建设新文科专业奠定了基础。

三、"一体两翼"模式的建构与"汉语＋"人才培养模式的确立

围绕"双栖"人才的培养目标,我们建构了"汉语＋"人才培养方案,形成以"一体两翼"为内核的"四元融合"课程体系和"四维协同"的实践体系,突出"互联网＋"的时代特征,提高毕业生的社会适应度和市场竞争力。

(一)"汉语＋"

"汉语＋"就是以汉语语言和中国文化(文学)为中心和内核,再增加不可缺少的教育内容,突出重点。
(1)"汉语＋小语种和国别化"。
(2)"汉语＋线上汉语教学"。
(3)"汉语＋中国传统文化"。
(4)"汉语＋实践"。

(二)"一体两翼"

(1)所谓"一体",就是指汉语与中国文学与文化的主体地位,既是培养家国意识、民族情怀、固本铸魂、立德树人的主要阵地,也是推广汉语和传播中华文化的基础。
(2)所谓"两翼",就是跨文化交际的外语实战能力与"互联网＋"时代的线上教学技能。

(三)"四元融合"课程体系

"四元融合"课程体系就是从汉语国际教育专业人才专业素养和专业能力出发,以国标核心课程为基础,设置四个课程模块:
(1)以汉语和中华文化课程板块为主体。不仅确保中国语言文学类主干课程全面开设,而且增开了特色文化课程。

（2）以外语和跨文化交际课程板块为助力。在外语与跨文化交际的课程模块设置中充分发挥我校 15 个语种的优势，既开设了英语，又开设了第二外语课程和小语种辅修专业学习，还定期开办 60 课时的小语种强化培训班。

（3）以教育教学课程板块为支撑。除开设通常的线下教学技能系列课程之外，还率先开出了跨境线上汉语教学与实践课程。

（4）以实践课程为推导。除了开设汉语课堂教学的实践课程之外，还开设跨境线上汉语教学课程。

（四）"四维协同"的实践教学体系

"四维"指课内与课外、校内与校外、国内与国外、线上与线下。不仅线下教学实践与线上教学实践齐动，而且国内实践与国外实践协同。

（1）扎实做好国外国别化实习。先后在泰国华侨崇圣大学、川登喜大学、尖竹汶府艺术学院以及尖竹汶府 8 所中小学联盟学校，马来西亚苏丹依德理斯国立教育大学、拉曼大学，印度尼西亚的三宝龙大学和菲律宾华校协会学校等东南亚 20 多所大中小学校建立实习基地，以往每年分期分批派出学生开展为期 2 个月的实习。

（2）认真做好校内外线下实践。先后在绍兴市一批中小学建立了实践基地。

（3）认真做好线上实践。专门建立了跨境线上汉语教学实践中心，供学生训练。

"汉语＋"人才培养方案显示了很强的活力。"一体两翼四维"的模式既解决了人才培养目标滞后、课程体系陈旧、专业基础知识不扎实等问题，又解决了学生跨文化交际能力和教学实践能力弱、创新能力不强等问题，提高了毕业生的综合素质，增强了社会适应度和市场竞争力，拓宽了就业渠道，落实了"德才兼备，道技并重"专业建设理想。近 4 年来，本专业学生获得全国大学生创新创业项目和浙江省新苗计划等各级课题 40 多项，在全国、全省和国际比赛中获奖 20 多项，公开发表学术论文 50 多篇，考取硕士研究生的比例每年以 3% 左右的速度上升，涌现了一批颇有成就的创业者，申请汉语教师志愿者的成功率从 50% 上升到 2019 年的 100%。

三、深化"汉语＋"人才培养模式改革

时代在前进,教育必然要发展,在"双一流"建设的大潮中,汉语国际教育必然要发展。至今,全国汉语国际教育专业教育部批准了 16 个国家级一流专业建设点,今年肯定还有不少学校的汉语国际教育专业要获批国家一流专业。按照前两次评审比例,我估计汉语国际教育专业可能还会获批 10 个左右,总数可能在 25 个左右。如何推进国家级一流专业建设呢？通常专业建设应该包括专业理念、培养模式、师资队伍、经费投入、图书设备、课程体系、实践平台、学位点建设、人才质量甚至还有制度机制等等一些方面。我觉得,在人文类专业建设中,对于公办高校而言,有雄厚的国家财力支持,上述问题容易解决,都不是问题。对于一般民办高校而言,通常有"三缺"(经费、师资、学位点),这些问题不容易解决,尤其不是一个专业能解决的问题。我这里不全面讨论这个问题,只谈几个"汉语＋"人才培养模式中我认识到的需要继续深化的问题。

(一) 汉语国际教育专业当下的困境

当下,汉语国际教育专业遭受着不可回避的困境。这种困境主要来自新冠肺炎对世界的冲击和损害,也来自国际政治形势的影响。就一般高校而言,主要有这么几个方面:

1. 国际化合作困难

如今一方面是全球化的疫情泛滥,影响国际间的交流与合作,可能在三至五年内,甚至更长的时间,将会继续产生消极影响;另一方面是西方世界总是有意与中国对抗和冲突,排斥中国文化,合作遭遇前所未有的障碍。

2. 师资队伍建设困难

一方面,因为国际合作阻隔,具有国外工作和教学经历的优秀师资引进受到影响;另一方面,在国家"双一流"建设过程中,汉语国际教育因整体上的学

科劣势地位,也难以集聚人才;再有,疫情影响经济,经费投入一旦下降,没有足够的经费就不能保证引进人才的待遇,也难以筑巢引凤。

3. 人才出口更加困难

在后疫情时代,整个世界经济下滑,就业形势十分严峻。汉语国际教育专业毕业生去国外任教汉语和传播中国文化很困难,一方面是国外不时关门拒绝外国人进入,二是对于疫情的恐惧使学生有机会也不愿意出国工作。这样,几乎所有的学生都必须在国内就业,这就要与汉语言文学、历史文化和外语专业的毕业生展开激烈的竞争。因此,今年的考研者很多,竞争异常激烈。对于招生规模比较大的学校,人才出口困难,反过来会影响本专业的招生。何去何从? 实际上是我们在建设国家级一流专业的时候必须充分预判的问题。

(二)继续深化"汉语＋"人才培养模式改革

汉语国际教育专业遭受上述困境,这是显然的。这甚至可以认为是一种普遍性的现象。但我们相信,机会大于困难,尴尬小于生机。我们将以国家教育部"双一流"建设要求作为指南,以新文科专业建设为目标,坚持立德树人、固本铸魂的宗旨,锐意改革,继续深化"汉语＋"人才培养模式改革,突破困境。除了前面提到的一些具体建设项目之外,主要应该解决如下三个问题:

1. 以线上汉语教学突破后疫情时代国际化合作困境

在实地国际合作暂时受到阻碍之时,我们利用广大教师丰富的海外工作经历和资源,充分利用"互联网＋"技术,积极探索线上国际化合作途径,进一步深化线上汉语教学的实践。在"一带一路"国家中,与互联网比较发达的国家建立合作关系。

2. 以中文教育通才培养突破后疫情时代出口困境

汉语国际教育专业的出口,疫情后都会受到影响,毕业生希望在国内就业,尤其是毕业生家长更加希望毕业生选择国内就业,因为国内安全指数高,经济形势比较好,这可以理解。这样我们这个专业必须以培养"通而又专""专而能通"的国际化人才为目标,因此我们要继续深化"汉语＋"改革,继续优化课程体系,为人才出口通路。

3.以优秀的师资队伍夯实本专业的基础

以一流的师资建设一流的专业,以一流的师资培养一流的人才,是我们多年来一直坚持的基本原则。本专业现在的师资力量比较雄厚,有 30 位教师,教授有 12 名,副教授 9 名,博士 26 名。但是我们还要继续大力引进一批学科带头人、学术带头人和青年博士。优化年龄结构,形成可持续发展后劲,尤其是语言学(现代汉语)、汉语国际教育、古代文学、古籍整理、中国古代历史等学科领域的高层次人才,多多益善,大量引进。当然,优秀的师资不仅仅体现在学历、支持层次上,还体现在一种软实力上,我们着力培养师资的软实力,也将重视引进各级教学名师、优秀教师等具有软实力的教师。

今后,我们将继续认真学习兄弟院校先进的经验,与时俱进,不断创新,深化改革,努力将这个专业办得更好!

深化"汉语＋""双栖"人才培养

——浙江越秀外国语学院省级一流专业汉语国际教育专业的改革实践

刘家思 杨 锋

随着"一带一路"倡议的实施,不仅沿线国家的汉语教育市场蓬勃发展,而且世界各地都掀起了学习汉语的热潮。尤其是联合国将汉语列为世界通用语种后,越来越多的国家把汉语纳入国民教育体系,开设汉语课程,继续推动这一热潮。同时,教育部将汉语国际教育专业学位研究生纳入免试认定中小学教师资格范围。所有这些,使汉语国际教育本科专业迎来了前所未有的发展机遇。然而,国际形势瞬息万变,也对本专业的发展产生了一定的影响。浙江越秀外国语学院汉语国际教育本科专业是上级主管部门批准的省级一流专业,多年来密切把握世界形势的发展,响应"一带一路"倡议,实施"汉语＋"人才培养模式改革,多维协同,固本铸魂,全面推进本专业的建设,收到了可喜的效果。

一、专业理念的优化与"双栖"人才的目标定位

汉语国际教育专业是浙江越秀外国语学院第一批本科专业之一。2008年创办时,汉语国际教育专业不算景气,许多高校纷纷缩减或取消该专业。面对这种情势,我们并没有简单地从当时毕业生出路不理想的角度去做取舍,而是从深化专业认识入手,重新审视专业理念,确立人才的目标定位与培养模式。经过反复讨论,首先确立了"双栖"人才的培养目标定位与改革思路,解决了人才培养模式改革的指导思想问题。而后,我们从国家"一带一路"倡议和设置汉语国际教育专业的目的出发,结合我校外语院校的特色,紧紧把握世界汉语热的形势,认真审视"一带一路"沿线国家的语言现状,充分把握"互联网

＋"的时代潮流,预测国际形势可能出现的变化,展开了深入的研究,优化了专业教育的基本理念,改变了人才培养的目标定位,形成了以"中外融通""线上线下融合"为内核的"双栖"人才培养作为本专业人才培养目标的新定位。

所谓"中外融通",就是汉语国际教育专业毕业生具有较高的中外文化素养,具有更强的市场竞争力。这是针对当今汉语国际教育专业面临的不稳定的国际形势做出的抉择。在大国霸权主义和强权政治的背景下,一些国家动用各种手段来排斥、打压汉语和中国文化,由此汉语国际教育专业预设的人才出口遭到很大的挑战。如果形势变化,大多数毕业生在暂时出不去的情况之下,只能先选择在国内就业。这样,汉语国际教育专业毕业生必然要与汉语言文学专业和外语专业的毕业生竞争,这就必须要强化其中外语言文学与文化的素质与能力,达到"中外融通",以期更好地参与国内市场的竞争。所谓"线上线下融合",是指汉语国际教育专业毕业生在教学技能上,既能拥有在国外线下实体空间进行面对面汉语教学的技能,也能掌握利用互联网线上虚拟空间进行跨境汉语教学的技能。所谓"双栖"人才,就是指汉语国际教育专业毕业生既可以到国外工作,也可以在国内就业;既可在线下面对面进行教学,也可在汉语教育机构的网络平台上开展跨境汉语教学,甚至可以自己创业,建立自己的网络平台,进行跨境汉语教学。

人才培养目标的优化,为专业改革确定了方向,理清了思路。这种"双栖"人才的社会适应度高,市场竞争力强,更能体现出复合型、应用性和国际化的专业特色,为建设新文科专业奠定了基础。

二、"一体两翼"模式的建构与"汉语＋"人才培养方案的确立

传统的汉语国际教育人才培养模式存在三个问题:一是简单地将汉语国际教育专业列入语言学科范畴,忽视了包含汉语语言和中华文化的"全汉语"意识,弱化中国文学与文化的教学;二是外语教学以英语为主,忽略了"一带一路"沿线国家常用语为小语种的语言特殊性;三是单向地将人才出口定位为出国任教,并且只注重面对面的线下教学技能培养,忽视了线上虚拟空间的面对面教学技能的培养,从而导致了大多数毕业生就业时"国外走不出去""国内落

不了地"。为了改变这种现状,我们确立了"双栖"人才培养目标。围绕"双栖"人才的培养,我们建构了以"一体两翼"为内核的基本模式,确定了"汉语＋"人才培养方案,形成了汉语国际教育专业人才培养方案改革的基本思路。

所谓"一体",就是一体主导,指确立一个主体和核心。这就是汉语和中国文学与文化。教学内容以汉语和中国文学与文化为主体内核,夯实毕业生的专业根基。"汉语＋"就是要使汉语国际教育专业回归和确立"汉语和中国文学与文化"的主体地位,在突出语言课程的同时强化中国文学与文化的教学。所谓"两翼",就是两翼互动,指两种专业技能。这就是跨文化交际的外语实战能力与"互联网＋"时代背景下的教学技能。首先是强化外语教学,突出多语种表达能力的训练,鼓励学生参加"一带一路"对象国通行语言的学习,开设相关课程,举办强化培训班,提高学生跨文化交际的实战能力。其次是强化现代教学能力的培养,突出互联网线上跨境教学技能的训练。为此我们建立了跨境线上汉语教学实训中心,着重进行学生线上虚拟空间的跨境汉语教学技能训练,突显"互联网＋"的时代特征。

"一体两翼"模式,是根据汉语国际教育的人才培养目标定位,从知识体系到实践体系做出的科学选择,使学生扎实地掌握了中国文学与文化的基本知识及其理解运用能力、跨文化交流的基本知识与实战能力、汉语教学与中华文化传播的知识与技能,夯实了学生的专业基础,提高了学生的专业素质,增强了学生的社会竞争力。

三、"四元融合"的课程模块和"四维协同"的实践教学体系

任何专业的人才培养模式,都必须反映在它的课程体系和实践体系上。只有建立了科学的课程体系和实践体系,人才模式改革的目标才能有保证。否则,只会是纸上谈兵。因此,我们从外语院校的实际出发,在改革中进行了长期而认真的探讨,并进行了多年实践,最终确立了"四元融合"的课程模块和"四维协同"的实践教学体系

所谓"四元融合",就是从汉语国际教育专业人才专业素养和专业能力出发设置的四个课程模块,形成了"以汉语和中华文化课程板块为主体,以外语

和跨文化交际课程板块和教育教学课程板块为支撑,以实践课程为推手"的课程体系。我们将汉语与中国文化(文学)课程作为核心课程群和专业课程体系的主体,确保中国语言文学类课程全面开设;并且在外语与跨文化交际的课程模块设置中充分发挥我校有 15 个外语语种的优势,既开设了第二外语课程,又开设了小语种辅修专业学习课程,还定期开办 60 课时的泰语、阿拉伯语等小语种的强化培训班,提高学生通往"一带一路"沿线国家的跨文化交际能力。在设置教育与现代教学技术的课程群时,除开设通常的线下教学技能系列课程之外,还率先开设了跨境线上汉语教学与实践课程,又专门建立了跨境线上汉语教学实践中心,供学生训练,要求学生 4 年内必须完成至少 20 课时的线上教学实践。此外,我们还设置了一个实践课程模块,既包括了本专业实践能力训练课程,又包括了跨文化交际才艺课程。"四元合力"的课程体系,将人才模式改革落到了实处。

学校从教学型高校应用型专业的定位出发,构建了"四维协同"的实践教学体系,不仅线下教学实践与线上教学实践齐动,而且国内实践与国外实践协同,显示了线上实践充分、国别化实践扎实的鲜明特色。首先,做强国外国别化实习。我们先后在泰国华侨崇圣大学、川登喜大学、尖竹汶府艺术学院,以及尖竹汶府 8 所中小学联盟学校,马来西亚苏丹依德理斯国立教育大学、拉曼大学,印度尼西亚的三宝龙大学和菲律宾华校协会学校等东南亚 20 多所大中小学校建立了实习基地,每年分期分批派出学生开展为期 2 个月的实习。此外,我们积极做好校内、国内的线下实践和线上实践。不仅先后在绍兴市一批中小学建立了实践基地,而且与哈兔网络中文学院、中文路、中文在线等多家互联网企业开展合作,共建线上汉语教学平台,打造了多元协同育人的实践平台。

这种课程体系和实践体系是切合时代要求和专业实际的,很好地支撑了"一体两翼"的"汉语＋"人才培养方案,使"中外融通""线上线下融合"的"双栖"人才培养目标有了保证,提高了毕业生的市场竞争力。

"汉语＋"人才培养方案改革,显示了很强的活力。"一体两翼四维"的模式既解决了人才培养目标滞后、课程体系陈旧、专业基础知识不扎实等问题,又解决了学生跨文化交际能力和教学实践能力弱、创新能力不强等问题,提高了毕业生的综合素质,增强了其社会适应度和市场竞争力,拓宽了就业渠道,落实了"德才兼备,道技并重"的专业建设理想。"汉语＋小语种和国别化""汉语＋线上汉语教学""汉语＋中国传统文化""汉语＋实践",实现了人才培养模式的创新,而"四元融合"的课程模块创新了专业课程体系,实现了培养目标与课程设置无缝对接的同构效应;"四维协同"的实践体系明显提高了学生的跨文化交际、中华文化国际传播与汉语教学推广的能力,人才的市场竞争力明显增强。近4年来,本专业学生获得全国大学生创新创业项目和浙江省新苗计划等各级课题40多项,在全国、全省和国际比赛中获奖20余项,公开发表学术论文50多篇,考取硕士研究生的比例每年以3%左右的速度上升,涌现了一批颇有成就的创业者,申请汉语教师志愿者的成功率到2019年的升为100%。

本文原载于《中国教育报》2020年10月12日。

"四元融合"和"四维协同"

—— "汉语＋"人才培养模式中的课程体系和实践体系的建构与实践

刘家思

正值"互联网＋"技术如火如荼的时候,世界兴起汉语热。联合国确定汉语与英语、阿拉伯语、俄语、西班牙语和法语为工作语言。这种形势,既为汉语国际教育专业发展提供了机遇,也为汉语言文学专业和汉语专业提供了新的发展路向,对这些专业的人才培养提出了新的要求。浙江越秀外国语学院从2004年起创办了汉语专业(对外汉语教学方向),2008年学校升本,汉语国际教育成为第一批本科专业,2009年又创办了汉语言文学专业。我们从专业创办伊始,立即针对国内国际专业发展情势,尤其是汉语国际教育专业衰微的情势探讨自己的改革之路。我们围绕"汉语＋"的人才培养模式,构建"四元融合"的知识体系和"四维协同"的实践体系,夯实专业基础,收到了良好效果,在省内外产生了较大影响。"汉语＋"人才培养模式受到省内外专家的充分肯定,并在一批高校推广。2019年,汉语国际教育专业被教育部批准为省级"双一流"专业。本文试就"汉语＋"改革方案中的"四元融合"课程体系和"四维协同"实践体系的建构与实践进行一些探讨,以求教于方家。

一、传统模式存在的问题与"汉语＋"模式的改革指向

汉语国际教育专业致力于培养汉语言和中外文化基础扎实,跨文化交际能力较强,汉语国际教育技能熟练,具备较强的运用汉外两种语言开展汉语国际推广工作的能力,能够胜任国际汉语教学和中国文化传播等各种相关工作的高层次、复合型应用人才。"一带一路"倡议发出以来,沿线国家的汉语教育市场蓬勃发展,世界各地掀起了学习汉语的热潮,为汉语国际教育的建设和发

展创造了有利条件,其显示了良好的发展势头。

然而,综观当今高校汉语国际教育专业,其人才培养模式存在着如下三个方面的问题:一是简单地将汉语国际教育专业列入语言学科范畴,忽视了汉语国际教育包含汉语语言和中华文化的"全汉语"意识,弱化了中国文学与文化知识的传授与能力的培养;二是外语教学以英语为主,忽略了其他语种,尤其是"一带一路"沿线国家小语种的语言特殊性及英语国家政治气候对本专业的制约性;三是单向地将人才出口定位为出国任教汉语,只注重线下教学技能培养,忽略了"互联网＋"时代远程教育的趋势,忽视线上教学技能培养。因此,传统汉语国际教育专业培养的人才中文水平不如汉语言文学专业的学生,外语水平又不如英语专业的学生,且英语国家需求不大,导致"国外走不出去"、"国内落不了地"、专业对口就业率低、专业发展不景气的不良结果。正是这样,汉语国际教育专业一度出现了衰微的境况。

浙江越秀外国语学院从 2008 年创办汉语国际教育本科专业起,便开始探索自己独特的人才培养模式,最初是课程改革。2009 年汉语国际教育专业立项为校级特色专业后,便开始了系统研究。2013 年以后聚焦于"互联网＋"的时代大潮,直接服务于"一带一路"沿线国家汉语教育师资的巨大需求,进行人才培养模式的深入研究。到 2016 年,正式提出了"德才兼备、道技并重"的基本理念,以提升人才市场竞争力为导向,形成并全面实施以"汉语＋"为特色的人才培养模式改革。所谓"汉语＋",就是以汉语为内核,突出汉语语言和中国文化(文学)的主体地位,强化外语和教学能力训练,构建"四元融合"的知识体系,全面改革课程设置,推行"四维协同"的实践教学,强化实践能力培养,突出"互联网＋"的时代特征,从而提高了毕业生的社会适应度和市场竞争力,不仅解决了人才培养目标滞后、课程体系陈旧和专业基础知识不扎实等基础问题,而且解决了学生跨文化交际能力不强、对外汉语教学实践能力偏弱、自主创新意识及能力不突出、难以适应现代汉语国际推广工作等素质问题,提高了毕业生的综合素质,拓宽了就业渠道,解决了专业对口就业率低的问题。

在这项改革中,我们优化了专业人才培养的基本理念与基本目标,夯实了汉语言文学与文化的"大汉语"基础,抛弃了以往狭隘陈旧的对外汉语教学单向意识和视之为语言学科的简单认识,改变了以往存在的以从业者个人的学科背景来绑架汉语国际教育专业学科归属的偏失,真正从社会需求和专业发展空间去认识和理解这个专业,去理解和探索人才培养模式,从而理清了思路,深刻检视课程体系的科学性和教学过程的优劣性,全面更新了课程设置,改革了课程体系,优化了汉语国际教育专业的人才培养方案,为建设新文科专业奠定了坚实基础。

二、"四元融合"的课程体系与"汉语＋"改革方案的夯实

专业的人才培养模式,主要体现在它的课程体系上。只有建立了科学的课程体系和实践体系,人才模式改革的目标才能有保障,否则就是纸上谈兵。"汉语＋"人才培养模式是在多年的实践中形成的,这是改革思路的基本概括,也是改革具体方案的理论总结。然而,我们应设置怎样的专业课程体系? 这个课程体系是由哪些课程构成的呢? 对此,我们展开了认真的探讨,从外语院校的实际出发,在多年的改革实践中确立了"四元融合"的理论课程模块,形成了理论基础课程体系,创新了我们的课程体系。所谓"四元融合",就是我们从汉语国际教育专业人才的专业素养和专业能力出发,设置的四个课程模块。这是本着"紧跟时代,打牢基础,突出技能,强化实践,彰显国际化"的原则而设置的。这四个专业课程模块形成的课程体系就是"以汉语和中华文化课程板块为主体,以外语和跨文化交际课程板块和教育与现代教学技术课程板块为支撑,以实践课程为推手"的课程体系。

(一)以汉语和中华文化课程板块为主体

汉语国际教育专业学生肩负着向世界各国传播汉语和中华文化的重任。但是,随着改革开放的深入,世界文化交融性增强,现代青年从小受到异域西方文化陌生的刺激,从生活方式到思想意识都受到影响。尤其是外语院校的学生,在大量的外语学习和欧风美雨的冲洗之下,其思想意识、价值观念、生活方式和兴趣爱好,都有向西方倾斜的趋势。作为外语院校创办的汉语国际教育专业,自然也打上了这种特殊印记,导致毕业生不仅缺乏比较扎实的专业功力,而且缺乏中华文化底气。这不利于毕业生进行中华优秀传统文化的对外传播。这就要求我们大力进行汉语和中华文化(文学)教育,强化学生的民族文化立场和爱国主义精神,坚定文化自信。因此,我们将汉语与中国文化(文

学)课程作为核心课程群和专业课程体系的主体,确保中国文学类课程全面开设,并增加与强化了相关文化课程的教学。其必修和选修课程包括"语言学概论""现代汉语""古代汉语""中国现当代文学""中国古代文学""唐诗鉴赏""孔子研究""国学经典导读""海外华文文学""中国文化概论""大禹文化学导论""中国民俗学""中华戏曲""中华武术""中国书法""黄酒文化"等特色鲜明的文学、文化课程。事实证明,我们的改革是正确的。2018 年,国家发布的《中国语言文学类教学质量国家标准》指出中国语言文学类专业人才培养目标的国家标准是:"热爱中华民族优秀传统文化",具有"扎实的中国语言文字基础和较高的文学修养,系统掌握中国语言文学的基本知识,具有较强的文学感悟能力,文献典籍阅读能力,审美鉴评能力和运用母语进行书面、口语表达的能力"。这个课程模块的设置,不仅是对专业核心内容的准确把握,也是对专业方向的准确把握,夯实了专业基础。

(二)外语与跨文化交际的课程模块

汉语国际教育专业毕业生要向世界上非汉语国家推广汉语和传播中华文化,外语和跨文化交际的实际能力是他们走出国门、开展汉语教学和传播中华文化的"通行证"。以往,汉语国际教育专业并没有真正重视这一点,导致很多学生出国就成了"哑巴"。因此,我们在人才培养方案中设置了一个外语与跨文化交际的课程模块。同时,汉语国际教育专业以往指向对象多自限为英语通行的国家,设置的外语课程都是英语,这主要受到了时代环境和师资不足的影响。"一带一路"倡议提出以来,"一带一路"沿线国家出现学习汉语的热潮,迫切需要汉语教育师资,而这些国家又大多不通行英语,故该专业迫切需要突破原先外语课程设置以英语为交际语的自我限制。我校是外语类院校,有 15个外语语种,我们充分发挥小语种多的优势,强化了学生的多语种能力的培养,突出了小语种的教学。因此,在这个课程板块中,我们除了开设"外国文学""比较文学""跨文化交际""西方文化与礼仪"等一般同时性课程之外,还强化英语学习,设置了"综合英语1""综合英语2""综合英语3""综合英语4""英语听力1""英语听力2""英语听力3""英语听力4""英语口语1""英语口语2""英语口语3""英语口语4""英语国家概况""英语报刊选读""商务英语""秘书英语""翻译技巧与实践""英语演讲""考研英语1""考研英语2"等必修和选修系列英语课程,抓实英语的教学,提高学生的英语运用能力;同时,又加大了小语种运用能力的培养,既开设了"第二外语"课程,又开设小语种辅修专业学习,还定期开办 48—60 课时的泰语、阿拉伯语、越南语、缅甸语等小语种的强化培训班,同时还开设"一带一路"沿线国家的文化交际礼仪课,培养学生通往"一带一路"国家的跨文化交际能力。2018 年,国家发布《中国语言文学类教学质量国家标准》,要求中国语言文学类专业的学生掌握一门以上外语。汉语国际教育专业自然也不例外,而我们的人才培养方案显然超标了,这是根据我们的专业人才定位和专业实际需要做出的创新设置。

(三)教育与现代教学技术课程模块

汉语国际教育专业肩负着向世界推广汉语的重任。这是一份特殊的教育工作,其工作指向的对象,从成人到幼儿园小朋友等不同年龄段都有,这就要求汉语国际教育专业毕业生必须掌握一定的教育学、心理学理论知识和现代教育技术手段。尤其是在"互联网＋"时代,线上教学是一种重要的手段,故学生必须学会互联网教育技术。因此,我们设置了一个教育与现代教学技术的课程群。除了开设线下教学技能课程如"语言教学法""汉语国际教育概论""第二语言习得概论""第二语言课堂教学概论""国际汉语教学案例分析""海外汉语教学研究"等必修和限选课之外,还开设了"汉字与汉字教学""语音与语音教学""词汇与词汇教学""语法与语法教学""语文课程与教学论""现代教育技术"等课程。

(四)实践课程模块

为了培养和提高学生的教学能力,我们除了开设专业本体实践能力训练课程如"汉语写作""普通话训练""学术前沿与论文写作""学年论文""毕业论文(设计)""语言调查"等课程之外,还开设了教学能力训练课程,有"语文教学设计与试讲""微课教学与制作""国际汉语教学技能训练""毕业实习""汉语课堂教学技巧""跨境线上汉语教学与实践"等一批课程,同时包括跨文化交际才艺课程如"留学生语伴与助教""专业实习""文体素质",以及"社会实践""社区义工""社会调查""创新创业"。这一批课程的开设,强化了学生的实战能力训练。2016年,我们投入专款50多万元,率先建立了"跨境线上汉语教学实践中心",要求每个学生除了课堂训练之外,还必须自主完成规定的线上教学实践。

"四元融合"课程体系的建构,夯实了汉语国际教育专业的"汉语＋"人才培养改革方案的基础,强化了学生对专业的学习,提高了学生的综合素质,训练其专业教学能力,增强了学生的市场竞争力。

三、"四维协同"的实践教学体系与"汉语＋"人才实战能力训练

任何专业的人才培养模式,都是以提高学生的能力素质,满足社会需求为指向的。自然,实践训练是十分重要的。汉语国际教育专业"汉语＋"人才培养方案改革中,突出实践训练是我们的一个鲜明特色。在改革中,我们从教学型高校应用型专业的定位出发,大力推进开放合作,协同育人的步伐,以"一带一路"倡议为基本视域,以"互联网＋"为焦点,切实做好实践教学,构建了"四维协同"的实践教学体系。所谓"四维协同",就是指"课内与课外协同,校内与校外协同,国内与国外协同,线上与线下协同"的实践训练网络,主要包括基于校内互联网平台——跨境线上实践教学中心、留学生教育和学科竞赛及职业考证等开展的校内教学实践,基于校外中小学和社会机构的教学实践基地和产学结合基地——国内网络汉语教学机构而开展的线上线下教学实践,基于国际合作和小语种教学而开展的国外国别化教学实践,使线下教学实践与线上教学实践齐动,国内实践与国外实践相互协同,显示了校内实践严格规范、国内实践扎实有序、国外国别化实践稳定有效、线上实践灵活充分的鲜明特色。

第一,做严校内专业实践。一方面,抓实专业技能训练。我们对线下课堂教学技能训练分小组进行,线上教学实践轮流进行,严格要求,定期检查。另一方面,校内课外实践常态化。我们将学生课外活动和来校留学生汉语教育、学科竞赛和职业考证结合起来。我校留学生较多,国际化排名在全省非硕博本科高校名列第一。我们充分利用这个有利条件,将留学生语伴、留学生班主任和留学生实习教师等不同角色,纳入汉语国际教育专业的实践教学常规管

理之中，既锻炼了学生跨文化交际的实际能力，又缓解了学校留学生教育师资紧缺的状况。同时，我们还将学科竞赛与职业考证纳入专业实践训练的管理之中，进行专门指导，加强实践训练，提高实战能力。

第二，做实国内实践。我们深化国内产学研融合，积极开展市内中小学和国内行业机构的专业实习。不仅先后与绍兴市一批中小学建立了线下教学实践基地，而且与哈兔网络中文学院、中文路等多家互联网教育企业开展合作，共建线上汉语教学平台，聘请一些领导和教师作为实习指导老师。从而打造了多元协同育人的实践平台，并定期派出学生进行见习和毕业实习，受到协作单位的好评。

第三，做强国外国别化实习。我们积极开展多语种能力培养，积极推进与"一带一路"沿线国家的战略合作关系，建立实习基地，扎实开展实习教学。多年来，先后在泰国尖竹汶府艺术学院、泰国尖竹汶府 8 所中小学联盟学校、泰国华侨崇圣大学、泰国川登喜大学、马来西亚苏丹依德理斯教育大学、马来西亚拉曼大学、菲律宾华校协会等东南亚 20 多所大中小学校建立了实习基地，每年分期分批派出学生实习，每一批学生在国外实习 2 个月。实习时，我们派出带队老师指导，外国实习单位也为实习生配备指导教师。从而使本专业的国外教学实习稳定发展，真正使专业实践落实到"国际教育"这个点上，产生了人无我有、人有我强的效果。

第四，做活线上实践。如前所述，我们筹资 50 多万元，在浙江省率先建立了"跨境线上汉语教学实训中心"，除了"跨境线上汉语教学与实践"课程的课堂训练之外，还要求学生每人必须自主完成规定的跨境线上汉语国际教育教学的实践课时，为学生创新创业能力的培养搭建实践平台。同时，我们建立的国内网络对外汉语教学机构有计划地分派线上教学任务，使学生得到充分训练，习得"互联网＋"的线上跨境教学技能。

我们认为，汉语国际教育专业的毕业生，应该掌握汉语言文学与文化的基本理论及其理解、运用与传播的能力、外语基础理论及其跨文化交流的实战能力、现代教育学的基本理论与实际教学能力，其中实践环节尤其重要，这是培养复合型、应用型、国际化的"双栖"人才的基本要求。正是基于这种认识，我们建构了"四维协同"的实践教学体系。在一定意义上说，"四维协同"实践体系的实施走在了教学改革的前沿，切合了专业发展的未来趋势。2018 年，国家发布教学质量标准，对专业教学实践做了充分的论述，其中《中国语言文学类教学质量国家标准》要求中国语言文学类专业的学生,必须具有感悟、辨析和探究语言文学现象的能力,能够综合运用所学知识鉴赏、评价文学作品和相关文化现象。在母语和国家通用语的阅读理解、口语表达、文字表达方面体现出明显的优势。显然,相对汉语言文学专业而言,汉语国际教育专业更应该坚持理论与实践相结合的教学原则,必须紧随"互联网＋"的时代步伐,抓实学生的专业实践训练,以确保人才培养目标的实现,增强人才的市场竞争力,增强专业内在的活力。所以,我们的改革顺应了时代要求。

综上所述,"汉语＋"人才培养方案改革,是以"四元融合"的课程体系和"四维协同"的实践体系的建构为基础的,这两个体系是切合时代要求和专业实际的,显示了很强的创新性。"四元融合"的课程模块解决了人才培养目标滞后、课程体系陈旧、专业基础知识不扎实等问题,而增设的"大禹文化学导论""跨境线上汉语教学实践""国别化汉语教学实践"等一批绍兴地方特色鲜明的文化课程和实习实践指导课程,充分创新了专业课程体系,实现了培养目标与课程设置无缝对接的同构效应;而"四维协同"的实践体系的建构,创新了实践教学与培养平台,培养了学生语言交流、汉语教学、文化传播和跨文化交际等技能,提高了学生的跨文化交际能力、中华文化国际传播能力和汉语教学推广能力。毕业生的创新创业能力明显提高,社会竞争力明显增强,为其他高校的汉语国际教育硕士专业输送了大量优秀生源,培养了大批活跃于汉语国际教育界的高层次国际汉语教师,为国内外在线中文教学平台输送了一大批优秀的在线汉语教师,为孔子学院输送了一大批汉语教师志愿者,为促进中外人文交流、推动世界多元文明互学互鉴发挥了积极作用。

参考文献

[1]刘家思."汉语＋":固本强基 多维协同——浙江越秀外国语学院汉语国际教育专业"汉语＋"人才培养模式的改革与探索[J].现代教育科学,2019(9).

[2]教育部高等学校教学指导委员会.普通高等学校本科专业类教学质量国家标准(上)[M].北京:高等教育出版社,2018.

本文原载于《石家庄职业技术学院报》2020年6月28日。

把握"三个层面"，坚持"三步走"

——汉语国际教育专业"汉语＋"课程体系模块化改革与实践

杨 锋

汉语国际教育本科专业是一门应用学科，为汉语言文化传播培养师资力量，培养的重点有两个方面，一是具备汉语言文化的基础和教学技能，二是具备国际化的文化传播和交际能力。根据国家汉办的统计数据，全球有 1 亿多人把汉语作为外语进行学习，有 500 多所孔子学院和 1000 多个孔子课堂，海外汉语教师有 500 万的缺口，也就是说汉语国际教育专业最大的需求方在海外。但与此不相符的是，国内有近 400 所高校开设了汉语国际教育本科专业，每年有 2 万多名该专业的本科毕业生，走出去到海外从事汉语教学的比例很低，存在就业难、就业专业不对口等问题。该困境的出现原因是多方面的，其中一个重要方面是，虽然国外需求量大，但目前汉语国际教育人才的培养与需求之间存在一定差距，一是汉语言文化的基础和教学技能不足，二是国际化的文化传播和交际能力有待提高。如何化解这个难题，也要从这两个方面着手，加强专业基础知识学习，通过实践提高教学技能，精通英语的同时学习第二外语。由此我们提出"汉语＋"的理念，优化课程体系，进行模块化课程设置。

一、主要存在的问题

（一）专业定位不够明确，课程设置不优化

汉语国际教育本科专业在不同的高校归属的院系并不相同，较多归属于文学院、汉语国际教育学院、外语学院、新闻传播学院等，这也就导致了该专业

定位不同,也不够清晰,对于该专业是否属于应用型专业也存在争论。该专业课程设置应与汉语言文学专业有所区别,即使是同一门课程,其重点难点也可能不同。汉语国际教育课程并不是在汉语言文学专业部分课程上增加几门汉语教学和文化交际课程,而是一个显著区分于汉语言文学专业的有机课程体系。

(二)汉语教学实践严重不足,教学技能有待提升

目前大多数院校的汉语国际教育本科专业没有开展海外教学实习,较多的是在国内中小学实习或留学生课堂见习,教学实践严重不足,教学技能无法有效提升。而教学技能提升的有效途径是,在扎实的汉语言文化基础知识储备之上进行海外教学实践。能否提升依赖的是课程体系设置是否高效,是否科学,是否注重教学实践。

(三)国别化培养不足,差异化教学不足

不同国家、不同母语背景的汉语学习者习得过程并不相同,出现的语言偏误和母语负迁移现象不尽相同,针对不同年龄阶段,教学对象的教学策略也不尽相同。但目前大多数二语习得教学并未采取国别化的汉语教学,对不同国家、不同母语背景、不同年龄阶段的教学对象不做区分,在精细化程度上还需要进一步加强。对不同国家、不同母语背景、不同年龄层次的汉语学习者,应采用差异化的教学策略,以及编写和采用不同的教材。

(四)毕业生就业专业对口难

目前汉语国际教育专业本科生就业岗位大多是国内中小学教师、公司文案、公务员等,少量的学生读研或从事汉语志愿者的工作,总体而言,毕业生就业与该专业的相关度较低。其原因一方面是国内汉语国际教育对口工作机会较少,国内语言培训机构需求有限,国内院校的留学生汉语教学工作本科生无法胜任;另一方面是国外高校的汉语教师需求有限,需求较大的是国外的中小学汉语教师和在线汉语教师,但目前汉语国际教育专业针对该就业方向的培

养明显不足,在课程设置方面应该有针对性。

二、专业课程体系模块化设置

汉语国际教育本科专业是应用型专业,核心工作是培养学生的汉语教学技能和文化传播能力。因此解决以上4个方面的问题关键是要以提高学生的教学技能和文化传播能力为核心,以培养针对国外的中小学汉语教师和在线汉语教师为导向,从课程体系设置入手,优化课程设置,夯实专业基础知识,加强海外教学实践,提升汉语教学和文化传播能力。把汉语国际教育本科专业课程体系分为各个不同的模块,形成一个有机的体系,除公共基础课程模块之外,设置专业基础课程模块、外语类模块、教学理论与技能模块、文化与交际模块、教学实践模块等五个模块。

(一)专业基础课程模块

专业基础课程模块包括语言学概论、现代汉语、古代汉语、古代文学、现当代文学、语音学、汉语语法等课程。该模块注重为学生奠定汉语语言学和中华文化知识基础,培养学生的专业兴趣。语言学概论课程一方面让学生对语言学的各个研究领域有一定纲领性的认识,另一方面带领学生阅读一定数量较易理解的文献,初步培养学生的语言学专业兴趣。现代汉语课程注重应用性,启发学生探索有趣的语言现象,让学生使用所学的知识加以分析,尝试查阅文献进行探索。该专业的古代汉语和古代文学等课程应区别于汉语言文学专业的,内容应精简,侧重点有所不同。语音学课程让学生掌握发音和语音分析的基础知识,对世界不同语言的语音特点有所了解,启发学生对一些特殊的语音现象进行探索。汉语语法课程重点让学生掌握汉语语法的分析方法和研究领域,结合汉语教学对一些语法现象进行分析。

(二)外语类模块

汉语国际教育应注重第二外语的学习,这对于在非英语国家进行汉语教学尤为重要。目前该专业开设第二外语的并不多,以英语为主,限制了该专业的就业国家范围。虽然英语在世界使用广泛,但不少进行汉语教学的国家的中小学英语教育并不完善,若进行汉语教学时不懂该国的语言,则沟通存在严重障碍,语言教学效果大打折扣,中华文化传播更是无从谈起。建议多开设除英语之外的语种供学生选修,针对海外实习基地所在国家的语言,重点学习听说技能,推荐开设泰语、阿拉伯语、西班牙语、越南语、日语、韩语、俄语等。若该专业的学生一方面能精通英语听说读写,另一方面又初步掌握一门第二外语,甚至第三外语,势必对该专业的发展和就业产生积极作用。目前我校该专业学生二外学习的是泰语,并逐步增加西班牙语和阿拉伯语课程。学生掌握泰语在泰国海外教学实习中发挥了重要作用,能够有效地辅助汉语教学,提高了与泰国师生交际的能力。

(三)教学理论与技能模块

教学理论与技能模块包括对外汉语教学概论、第二语言习得理论、对外汉语教学法、现代教育技术、心理学、教育学、跨境线上汉语教学等课程。汉语国际教育专业的学生应具有心理学和教育学基础知识,特别是了解中小学生的心理特点和教学方法。教师对汉语教学理论和二语习得理论应有充分的认识,同时鼓励和引导学生进行课程教学实践,并加以点评,让学生良好掌握汉语教学技能。学生应充分了解现代教育技术的使用,不仅能够制作一般的教案,而且能够掌握线上汉语教学的相关技能。开设跨境线上汉语教学课程,让学生掌握线上汉语教学的方法和特点,进行课堂实践,并进行点评与引导。目前我校该专业与中文路、哈兔等多家线上汉语教学公司合作,为学生提供线上汉语教学平台,鼓励学生进行线上汉语教学。

(四)文化与交际模块

文化与交际模块包括中国传统文化概论、跨文化交际、中华才艺等课程。文化传播能力和跨文化交际能力也是汉语国际教育专业的一个重要方面,目前存在的问题是中华文化的传播内容仅限于一部分传统中国文化,如京剧、太极拳、茶叶、美食等,缺少对中国现当代文化和当前发展状况的传播,也造成了外国人对当今中国的发展状况并不了解,某些认知还停留在过去的中国的情况。教师要鼓励学生掌握一门中华才艺,同时对其他国家的文化最好也有深入的了解,因为成为对方国家的"外国通"才能更好地传播中国文化。

(五)教学实践模块

教学实践分为三个部分:校内实践、线上汉语教学、海外实习。校内实践包括语伴实践、课堂试讲、汉语教学见习等,在大一和大二阶段开展语伴实践。语伴实践指本科生与留学生结对,相互进行语言学习辅导。教师应注意过程的管理,避免疏于形式,要求学生记录语言辅导日志。大二和大三阶段,在对外汉语教学法等课程中,教师结合所讲授的内容,开展汉语教学课堂演练,要求每个学生进行登台教学演练和试讲。大二下学期开展汉语教学见习实践活动,学生深入中小学和留学生课堂,进行教学见习,撰写见习心得。

海外汉语教学实习在大三阶段进行,时间在2—4个月最佳。目前我校在泰国尖竹汶府建立了海外汉语教学实践基地,与该区域的8所学校建立了合作关系,该专业的学生分批到这些学校进行教学实践,并撰写实习报告。

线上汉语教学也是一个重要方面,时间灵活,不受地点限制,同时也是专业对口需求较多的一个领域。我校与线上汉语教学企业进行合作,鼓励学生在课余时间进行线上汉语教学,对教学效果好的学生、受欢迎的学生进行表扬和奖励。

在校内实践、线上汉语教学、海外实习之后,教师还应结合实践内容,进行总结和提升,有针对性地开展汉语语音习得专题研究、汉语语法教学研究、汉字教学研究等课程,同时要求学生撰写学术论文和毕业论文。

三、"三步走"的培养过程

汉语国际教育本科专业培养过程分为三步:专业课程学习、教学实践、教学提升与研究。第一步,专业课程学习,包括专业基础课程模块、外语类模块、教学理论与技能模块、文化与交际模块等4个模块课程的学习;第二步是教学实践,重点在海外教学实践;第三步是教学实践之后的教学提升与研究,针对教学实践中遇到的问题,结合专业知识,引导学生进行探索,撰写毕业论文,培养专业兴趣和解决问题的能力。

第一步专业课程学习,应避免机械式的中文＋外语＋教育学课程组合,力求有机高效的培养效果,对每门课程的开设时间、重点难点和学习内容等都应进行深入研究,对第二外语的学习注重实用性,重点掌握听说能力。避免出现该专业的学生汉语言和文化基础知识薄弱、英语听说读写能力弱、二外没入门、汉语教学能力弱等现象。

第二步教学实践,提高语伴实践、汉语教学见习、海外汉语教学实习、线上汉语教学的实践效果,注重实践过程的管理和引导。学生在进行海外汉语教学实习时应有足够的知识储备和一定的教学实践经验。在教学实践过程中,学生可能遇到的主要问题有:首先,学生实习的国家是非英语国家,学生不懂当地语言或仅略懂,交流存在障碍,严重影响教学效果;其次,学生的大多数教学对象是中小学生,但其对中小学教育学和心理学不了解,针对中小学的教学技能准备不足。

第三步教学实践之后的教学提升与研究,这是难点。绝大多数学校在学生实践之后直接撰写完毕业论文就结束了,没有对汉语教学实践进行总结和提升。在教学实践之后应开设汉语语音习得专题研究、汉语语法教学研究、汉字教学研究等课程,让学生结合自身实践提出汉语教学中遇到的一些问题,发现一些语言现象,引导学生去探索和分析问题,对专业课程学习和培养解决问题的能力都具有重要作用。

总体而言,目前汉语国际教育本科专业存在的课程设置不完善、实践不足、专业就业不对口等问题,根本在于培养目标定位等方面的缺陷。建议采用"汉语＋"的理念,针对海外中小学汉语教师和在线汉语教师两个重要的就业方向,进行专业课程体系模块化设置,优化课程体系,特别是加强第二外语的学习和汉语教学实践两个方面的内容,这对该专业的发展具有重要意义。

参考文献

[1]崔希亮.对外汉语教学与汉语国际教育的发展与展望[J].语言文字应用,2010(2).

[2]崔永华.关于汉语言(对外)专业的培养目标[J].语言教学与研究,1997(4).

[3]潘玉华,李英姬,陈展."三化一特"汉语国际教育本科专业课程设置新路径[J].云南师范大学学报(对外汉语教学与研究版),2016(2).

[4]马庆林.关于对外汉语教学的若干建议[J].世界汉语教学,2003(3).

[5]宋凤娟.地方高校汉语国际教育专业人才培养模式探析[J].佳木斯大学社会科学学报,2014(2).

[6]许琳.汉语国际推广的形式和任务[J].世界汉语教学,2007(2).

本文原载于《现代教育科学》2019 年 9 月 15 日。

"汉语＋中国传统文化"在汉语国际
教育中的传承方式与途径

——汉语国际教育专业人才培养模式改革之一

余 群

随着我国综合国力的快速提升,文化自信日益成为全国人民的共同心声、核心理念。因此,优秀的中国传统文化受到了越来越多的关注和重视,而"国学热"也顺势而起,传遍了大江南北,并早已深入人心。

正是在这个国泰民安的伟大时代,为了更加深入地贯彻习近平新时代中国特色社会主义思想和党的十九大精神,构建中国特色社会主义文化强国,2017 年 1 月,中办国办印发了《关于实施中华优秀传统文化传承发展工程的意见》,大力促进传统文化的传承和发展。2018 年 10 月,教育部、国家语委联合印发了《中华经典诵读工程实施方案》,进一步推动了"中华经典诵读工程"的全面实施。

众所周知,中国传统文化作为中华民族的灵魂,承载着我们祖祖辈辈的勤劳和智慧、欢乐和憧憬,在世界不断变化、文化更加多元的今天,中国传统文化对于凝聚人心,实现中华民族的伟大复兴,具有不可估量的作用和意义。对于大学生,尤其是汉语国际教育专业的大学生而言,中国传统文化的重要性更是不言而喻的。那就是,中国传统文化在大学生的文化认同、行为指南、审美教育等方面都承担着非常重要的角色。中国传统文化可以增强他们的爱国主义精神,促使他们不忘初心,增强他们以民族复兴为己任的崇高使命感。

高校具有传承文化的功能,大学理所当然地要成为中国传统文化教学的重要场所。《国家"十一五"时期文化发展规划纲要》中就明确规定:"高等学校要创造条件,面向全体大学生开设中国语文课。"这体现了高校进行传统文化传播的责任感和传统文化教育的紧迫感。如今,各高校都在积极响应党中央和教育部的号召,努力推进中国传统文化的教育、教学工作。中国传统文化也将逐渐成为每一个大学生的必修或必选课程。因此,汉语国际教育专业的大学生从事"汉语+中国传统文化"的学习和传承也就是当务之急、顺理成章的事情了。

以浙江越秀外国语学院为例,我校积极响应党中央和教育部的号召,努力推进中国传统文化的教学工作。2018年9月,学校成立了"推进中华优秀传统文化教育领导小组",印发了《推进中华优秀传统文化教育实施方案》,明确规定中华优秀传统文化教育课程纳入通识教育课必修课程,并占有2个学分。目前,学校党委书记——费君清教授正主持校级教学成果培养项目重点课题:"以文化人,固本铸魂:外语院校中华传统文化育人的探索与实践"。参与本课题的成员绝大部分是学校一线教师,长期从事中国传统文化的教学工作,有着丰富的教学经验。从他们的教学经验来看,"汉语+中国传统文化"在汉语国际教育中的地位越来越明显,意义也日渐突出。

说到这里,就必须对"汉语+中国传统文化"的内涵有一个大致的了解。所谓"汉语+中国传统文化",就是在汉语国际教育中,不仅要有汉语的教学,还应当重视中国传统文化的教学。中国传统文化非常丰富,它以汉语言文字为中心,同时包括中华民族的思想观念、思维方式、审美情趣、风土人情、历史渊源、伦理道德等诸多方面的内容。当然,汉语言文字与传统文化的其他方面是水乳交融、息息相关的。因为,汉语是集象形、声音、意义三位一体的语言,这与西方只有声音和意义两结合的情形相比,显然具有更多内涵生成的可能。尤其是象形方面,更具有直观性、体验性的特点,可以让人产生更多的联想。例如,日、月、水、火、天、人等,基本上就是观其形而知其义。正因为如此,受中国文化影响而形成的日本文字,也往往夹杂着一些汉字,虽然其读音不同,但也让不懂日语的中国人在身处日本国土之时,可以大概猜出大街小巷的各种招牌的意思。

而且,汉语往往是一个字一个音,表示一个完整而独立的含义。例如:师,一字一音,可以表示为"老师",英语写为teacher,含有2个音节,7个字母;生,可指"学生",也是一字一音,英语中为student,含有2个音节,7个字母;校,可指"学校",仍然是一字一音,英语中为school,是2个音节,6个字母。另外,汉语有不少词语的文字顺序,即便颠倒,其含义也不会改变,例如:喜欢,即欢喜;建构,即构建;等等,诸如此类,不胜枚举;再者,大量的双声字、叠韵字,以及联绵词,也具有外语所不具备的优点,所有这些,都在无形中促进了语言的灵活性、延展性和包容性,从而增加了感知的厚度和体验的深度,使之具有无穷的韵味。所以说,从文学、审美,特别是诗歌的韵味来看,汉语显然具有外语所不可比拟的优越性。毕竟文学是语言的艺术,以诗歌来看,其具有凝练性、跳跃性和音乐性的特点。而汉语无比优美的韵律增添了诗歌的音乐性,使之不仅可以朗读,还可以吟诵。古往今来,先辈为我们留下了无数的优美诗篇,那回环往复的节奏,铿锵悦耳的音韵,让人品味起来,余音绕梁,唇齿留香。

可见,汉语不仅是一种文字,还是一种文化,它是中华传统文化的重要载体,承载着几千年的文明和历史,因而具有得天独厚的优越条件。汉语与中国传统文化是血与肉的关系,彼此相得益彰、生生不息。这就表明,"汉语＋中国传统文化",不仅是可能的,而且也是必然的结果。正因为有了汉语,中国传统文化才具有更强的生命力。同时,正因为中国传统文化,汉语才具有更多的内涵,以及更强的活力。两者如此亲密的依存关系要求汉语国际教育的工作者,一刻也不能把它们分割开来,而是使之更加紧密,从而发挥更多的优势,产生更大的效果。

当然,在全世界各国文化频繁交流互动的时代下,"汉语＋中国传统文化"也必然受到许多不同文化的冲击和影响,因此,在汉语国际教育中的传承也应当与时俱进,讲究独特的方式和途径,具体内容如下:

一、"汉语＋中国传统文化"在汉语国际教育中的传承方式

(一)增加"汉语＋中国传统文化"的课程设置

长期以来,汉语国际教育的课程设置特点是以语言学为主,以文化课为辅。况且,文化课涉及面非常广泛,其中,中国传统文化课所占比例明显不足。另外,中国传统文化课一般也只属于选修课。选修的内容往往停留在一些比较常见的文学作品上。换言之,传统文化课几乎等同于大学语文课。而且对于不少作品,大学生在高中阶段已经学习过了,或有耳闻。因此,汉语国际教育专业的大学生对中国传统文化往往没太多的感觉,或者说产生不了太多的兴趣。偶尔有相关的中国传统文化课程,学生也没有认真对待,甚至以上课

玩手机来打发时间。在这些学生看来,中国传统文化是非常容易理解的,而且只是为了应付对外教学,也没有必要掌握得太深入。

其实,这些学生把中国传统文化粗浅化了。中国传统文化虽然是实践性的、可知可感的、可见可闻的,但也并不排除理性的内涵。换言之,中国传统文化是实践性的、日常生活化的,但也是理性的、审美的。它既可以实际体验,也能够通过理论学习进行深入理解。例如,烹饪、书法、篆刻、灯谜、剪纸、对联、武术、刺绣、舞龙、品茶等,就是在日常的生活中随时可见可感的,同时,可给人以审美体验的;而经典著作、思想观念、人情礼节等,应当对其有理性的理解,才能有深度的把握。《周易》《尚书》《诗经》《左传》《论语》《周礼》《仪礼》《礼记》《老子》《庄子》和《孟子》等,其语言文字及蕴含的深刻哲理和内涵,并不是一朝一夕就能够读懂的,这必须要通过长期艰苦的学习,以及不断积累才能有自己的体会和领悟。因此,增加中国传统文化的课程数量,让教师和学生都深刻领悟其重要性,是迫在眉睫、大势所趋的事情。

当然,中国传统文化的课程教育不仅要遵从传统的课堂教学,还应当拓展其受众面。如今,可以采用线上线下的课程,构建共享的慕课(MOOC),推广精品在线课程。这样,不仅可以更好更灵活地增加相关内容,还可以拓宽大学生接受的范围,使更多的大学生可以随时随地地进行学习和交流,提高学习的效率。

(二)加强"汉语+中国传统文化"的教材建设

时至今日,汉语国际教育还处于初步阶段。毕竟英语教学的影响实在太大。我们很容易在图书馆、新华书店见到五花八门、琳琅满目的英语教材。这些教材针对各个年龄阶段,无论是大学、中学,还是小学、幼儿园,都可以找到比较合适的教材。而相对而言,汉语国际教育的教材却少之又少,难以找到。就算好不容易找到了,但种类也比较单一,内容也不够丰富。当然,随着我国各项事业的发展,汉语国际教育提上了议事日程,但由于这项教育开展的时间不是很长,因此,无论是理论,还是实践,都还有待进一步发展和提高。总体来看,汉语国际教育的专业建设还远远不如英语教育的专业发展得成熟、完善,因此,借鉴英语教育的经验,完善汉语国际教育的事业还任重道远。

事实上,当前的汉语国际教育中中国传统文化传承还处于摸索阶段。教材建设还落后于现实的迫切要求。因此,有能力、有经验的高校应当结合自身特色,加强"汉语＋中国传统文化"的教材建设。在以汉语教学为基础的条件下,增加中国传统文化的内容。所用教材,既可以是自编教材,也可以是精选合适的已出版的教材。当然,教材内容不能仅仅停留在简单介绍一些大概的中国传统文化内容上,而要做到理论联系实际。教材内容要广泛拓展,可以涉及文学,还可以涉及哲学、美学、教育和历史等多方面的领域。所有内容尽量做到深入浅出,让人喜闻乐见。例如,建筑的材料,住房的方位,语言的避讳,姓名的内涵,还有婚姻的仪式,以及行为的规范,等等,都可以在理论中通过现实生活、日常交往等得到反映。另外,教材还要具备新形态教材的特点。新形态教材是基于互联网技术的新型教材。它通过智能识别技术把二维码镶嵌到纸质教材,学习者可以通过手机扫描二维码,瞬间把纸质内容与线上资源进行衔接,在片刻之内就能获得更为丰富的材料,拓宽了其阅读的视野,从而提高了阅读和学习的效果。可见,新形态教材具有传统教材无法比拟的优势,它必将成为未来教材的主流形态。因此,编写教材既要考虑文字说明,也要有音频和视频的配合内容。内容要生动活泼,既有传统性,也有现代性,做到高雅与通俗的有机结合。

(三)强化"汉语＋中国传统文化"的评价体制

当前,汉语国际教育对语言教学相对更为重视,而对文化,特别是中国传统文化教学则比较忽视。因为,就课程设置而言,中国传统文化课程所占学分数量较少,甚至在有些高校仅仅占 2 个学分。显然,这样的学分安排和评价体制,必然影响教师与学生对中国传统文化教学的热情。这也就造成从事传统文化教学任务的教师并不愿意为汉语国际教育专业的学生开设相关课程,或者即便是开设了课程,也没有认真地对待,而仅仅是出于要完成教学任务的态度而已。学生对中国传统文化也并不重视,甚至这与他们的专业学习没有太多的关系。因此,他们对语言方面的课程比较热衷,而对文化课题相对比较忽视。在中国传统文化课上,他们往往不能专心致志地听讲,常常是心不在焉、懒懒散散,因此,教学效果并不理想。也正因为如此,一些教师会得出这样的结论:中国传统文化课的内容太深奥了,并不适合汉语国际教育专业的学生,要降低难度,要通俗化,要让学生能够理解、愿意接受。当然,这种观点有一定道理,但我们也应当反思,那就是,教学主要是引领学生,而不是迎合学生,否则学生将会无所适从,甚至应付了事,虚度时光。

因此,汉语国际教育专业要增加"汉语＋中国传统文化"的学分,同时,期中和期末考试也要在相关课程中增加这些内容的比例,使教师和学生充分认识到中国传统文化的重要性。只有如此,才能促使教学质量迈上新的台阶。另外,还要优先考虑"汉语＋中国传统文化"的教学安排。由于传统文化课没有引起足够的重视,这种课程的安排也是随机的,显得比较随意。可见,要改变这种现状,无论是选择教师,还是安排时间地点,都要给予优先照顾和考虑。例如,选派优秀教师从事"汉语＋中国传统文化"的教学工作,安排恰当的时间,在多媒体的教室进行教学,等等。

二、"汉语＋中国传统文化"在汉语国际教育中的传承途径

(一)协同"汉语＋中国传统文化"的教育格局

要提高"汉语＋中国传统文化"的教学效果,就必须充分利用社会资源,重视网络资源。构建多元、立体和协同的教育格局,使"汉语＋中国传统文化"无处不在、无时不有,像阳光和空气一样,围绕在学生们的身边。

在各种社会资源之中,社区资源尤其值得重视。如今,各个城市的社区机构都比较完备,人员配制也相当齐全,而且社区往往就在大学园区的周围,与各大高校的接触也颇为频繁。社区的各种资源又相当丰富,而且大学生可以毫无障碍地接触。平日里,学校可以让学生参与社区服务,享受社区的相关资源。社区毕竟是生活场所,许多活动都是日常生活式的、体验式的,以及开放式的。这些活动往往生动活泼,具有很强的亲和力。例如,猜灯谜、包粽子、打年糕、写春联、唱戏曲,都是原汁原味的传统文化形式,而且非常接地气,可谓老少皆宜,大家喜闻乐见。

除了社区外,图书馆也值得重视。图书馆不仅有丰富的藏书,可以满足比较高的理论要求,而且还可以提供比较宽敞的学术场所,学生可以适当对其进行利用,组织一系列的论坛、辩论、讲座等活动。此外,图书馆还可以经常聘请

一些国内外专家学者来讲学，与大学生进行面对面的交流，提高他们的学习兴趣，拓展他们的传统文化知识。如今，各地图书馆都正紧锣密鼓地开展这方面的工作，因此，大学生可以在空余时间一饱耳福，还可以通过这种方式结识国内外的专家学者，为今后的学习打下良好的基础。当然，学校也可以利用自己本校的图书馆开展这方面的工作，还可以与本地区的图书馆合作，拓展中国传统文化的教学途径。学校无论是利用本校图书馆，还是校外图书馆，都可以以竞赛的方式来选拔大学生充当主讲人。目前，一些地方图书馆已经开始了这方面的尝试，让不少无名的普通市民走上了讲坛。这些普通市民的讲座也同样广受欢迎，取得了可喜的成效。

另外，还要特别关注网络资源。随着科学技术的迅猛发展，互联网早已进入千家万户，以及校园各个场所。各种资源变得随手可得。如今，中国传统文化受到了我国各级政府前所未有的重视。因此，网络上的传统文化资源非常丰富。每个读者只要上网，都能轻而易举地获取这方面的资源，并且可以很方便地进行浏览、学习，甚至从事专业的研究。

（二）激活"汉语＋中国传统文化"的教学资源

在日常生活之中，"汉语＋中国传统文化"的教学资源是非常丰富多彩的。当然，仅仅具备资源是远远不够的，还要善于有效地利用。

首先，要努力做到把专业人才请进来。对于专业人才，我们不能狭隘地将其只理解为高校和科研机构的技术人员。专业人才其实分布在日常生活的各个行业，他们往往是我们的左邻右舍，与我们朝夕相处。换言之，他们随时出现在我们的身边。俗话说得好，高手在民间。事实上，那些名不见经传的老百姓，往往深藏不露，是我们最好的老师。所以，我们所说的专业人才，既包括高职称、高学历的学者、作家，也包括非物质文化遗产传承人、民间工艺美术大师、传统文化艺术名家等，他们不仅具有很高的艺术造诣，而且有着丰富的教学经验。让这些专业人才进校园、进课堂，为学生们展示精彩的内容。学生们通过聆听和观摩，能够零距离地接触到这些传统文化，真切地感觉到其中的魅力。

其次，还要想方设法走出去。学生们不能两耳不闻窗外事，一心只读理论书，对外面的世界采取完全隔离的态度。在如今全球化趋势日益明显的形势下,学生应当与时俱进,并适时而动,创造机会走出去。到田野去、到农村去、到民间去,去进行采风,收集、整理散落于乡间的传统文化活化石。众所周知,我国的传统文化博大精深,历经几千年悠悠岁月的洗礼和打磨,日见宝贵和珍奇。无论是有形的,还是无形的,都值得我们倍加珍惜。例如,传统书院、民间建筑、手工刺绣、布料染色,以及婚庆仪式、民歌小调、节日礼仪等,都蕴含着丰富的文化和审美价值,值得我们去参观学习,以及品味研究。事实早已证明,民间有着巨大的传统文化宝藏。历来都不乏从民间获取优秀传统文化的先例。例如,《在那遥远的地方》《好一朵茉莉花》等经典歌曲,都是来自民间的瑰宝。又如,著名建筑学家梁思成从民间获得了大量第一手的资料,为他撰写著作、设计蓝图,提供了极有价值的参考和借鉴。这样的瑰宝还大量存在于民间,可以激发我们无穷无尽的灵感。因此,我们应继续努力,把它们整理出来,公之于世,并代代相传。

再次,要加强各校之间的交流合作。每所学校都有自己的特色和优点,都有自己的文化资源。因此,取长补短、相互借鉴学习是很有必要的。而且,这样也可以更好地盘活各自的文化资源,使其价值得到最为充分的体现和利用。

(三)拓宽"汉语＋中国传统文化"的传播渠道

"汉语＋中国传统文化"的传播如今已经如火如荼,方兴未艾。正值这个大好时机,各大高校要力所能及地把"汉语＋中国传统文化"引进校园。他们可以联系当地博物馆、青少年宫、文化馆、茶馆、酒馆等单位,从中国传统文化的特点和汉语国际教学特殊性出发,开展"教、学、用一体化的教学模式开发和实践研究"。通过这种教学模式的开发和实践,使传统文化在校园中生根发芽,让传统文化在大学生中逐渐流行起来,让戏曲吟诵之类的艺术成为一种广受欢迎的时尚,使大学生热爱传统文化,积极传播传统文化,并做传统文化的代言人。

要鼓励和组建学生社团。学生社团一直是学生们在一起进行交流、学习和合作的重要组织。每所学校都有众多大大小小的社团,包括武术队、朗诵社、国学社、诗歌社、文学社、评论社、戏曲社、书法社等,应有尽有,丰富多彩。实际上,从人员组织的角度来看,每个学生都参加了一个或几个社团,都有广泛的交际圈子。因此,在传播传统文化方面,学生社团完全可以成为中国传统文化活动的主要组织者、参与者和推动者,"这些团体在学生中具有广泛的影响力,举办的文化艺术活动往往更加贴近学生生活、贴近实际,因而也更受学生关注和喜爱"。社团组织的各项活动,往往都能够成为学校的重要品牌,也能够成为教书育人的重要途径。例如,鼓励创立各种社团,并在每个社团配制一两个专业的教师作为辅导,定期或不定期给社团学生开讲座,并组织他们开展各类活动,让更多的学生形成一个个相互学习、相互借鉴的团体,从而感受到其中的魅力。当然,学校要经常邀请学校社团里的学生参与到各项教学活动之中,让学生配合教师的教学工作,引导学生积极参与课程讨论,介绍自己的成长经历,等等。毕竟,传统文化课程不仅是传播中国文化,更是学生不断成长的天地。

其次,还要开展丰富多彩的文化活动。例如,举办传统文化周、传统文化知识竞赛、中华经典吟诵比赛等,激发大学生对传统文化的热情,充分调动他们的积极性,并使他们有足够的机会参与其中,从而形成"活动—体验—分享"的活动模式。这种教学模式,可以吸引更多的学生参与进来,然后让他们尽情地体验,并乐在其中,之后,请他们讲解、分享,激发其他同学的兴趣。这样,教学、参与、活动等各个环节就相互贯通,环环相扣,学生的手、脑、眼、耳、鼻等感官都可以最大限度地调动起来、协同起来,并充分发挥其潜能,进而相互交流,共同提高。

再次,还应当加大传统经典的学习和传播。传统经典毕竟是中华文化传统中最优秀、最精华和最有价值的典范著作。这些用极其优美的汉字创造的作品,积淀着中华民族最深刻最根本的精神风貌和思想意义,蕴含着极其丰富的道德伦理资源,在今天仍然具有无可比拟的价值,并且完全可以成为以文化人、化成天下的精神财富。所以,高校教师应当刻苦学习,领悟其精髓,然后把自己的心得,融入时代的新元素,推陈出新,发扬光大,利用各种方式和手段,在课堂上进行讲解,课后在 QQ 群和微信群中进行宣传,用最有温度的语言、最有深度的表述,传承中华民族的传统文化,滋养学生的心灵,提升他们的民族自豪感,增加他们的民族自信心,从而使他们成为具有高尚的思想品德、爱国情怀的新一代接班人。

总之,传统文化是一个民族的生存方式、行为模式,是一个民族的思想观念、审美风范,它具有传统性、传承性、大众性、体验性、普遍性等特点。我国传统文化的传承可以进一步加强我国在世界舞台上的软实力、亲和力、影响力。

因为,在全球化的今天,文化多样性、包容性早已成为一种常态。文化多样性不仅要求内容、形式的多样,还包括传播、销售的多样性。也就是说,"文化多样性不仅体现在人类文化遗产通过丰富多彩的文化表现形式来表达、弘扬和传承的多种方式,也体现在借助各种方式和技术进行的艺术创造、生产、传播、销售和消费的多种方式"。因此,在汉语国际教育之中加强"汉语＋中国传统文化"的传承,积极努力地培养有思想有品格的大学生,不仅是新社会新时代的迫切需要,也是全国各族人民的美好心愿。

本文是浙江越秀外国语学院高等教育教学改革课题"非中文专业开设中华美学课程的可行性及意义研究"(JGY1707)成果之一。

参考文献

[1] 马春燕.中国传统文化在汉语国际教育中传播的新途径[J].浙江理工大学学报(社会科学版),2017(5).

[2] 王洪斌,朱效刚.艺术教育传承中华优秀传统文化的途径与方式研究[J].教育文化论坛,2014(6).

[3] 陈芳蓉.文化多样性与非物质文化遗产的译介[J].浙江师范大学学报(社会科学版),2013(3).

本文原载于《现代教育科学》2019 年 9 月 15 日。

浅谈"汉语＋"人文培养模式与"文学文化课程"的设置

——汉语国际教育专业人才培养的课程设置

周　莹

"汉语＋文学文化"课程是浙江越秀外国语学院特地为本校汉语国际教育本科设计的课程板块。"汉语＋"指的是立足于汉语课程和对外汉语教学课程,向文学文化课程延伸,丰富知识底蕴,加强文化技能,拓宽应用平台。"汉语＋文学文化"课程,目的是适应新形势下汉语国际教育人才培养的需要。

汉语国际教育专业(以下简称汉教专业),英文名称为 International Chinese Education(ICE)。该专业前身是对外汉语专业。在教育部 2012 年《普通高等学校本科专业目录和专业介绍》(下面简称《专业介绍》)中,汉语国际教育取代了之前的对外汉语、中国学和华文教育,沿用了原来对外汉语的学科代码,依然放在中国语言文学二级学科之下。关于这一改变,2007 年国家汉办主任许琳的讲话也许可做注释。许琳当时指出,国际汉语教学面临六大转变:一是发展战略从对外汉语教学向全方位的汉语国际推广转变;二是工作中心从将外国人请进来学汉语向汉语加快走出去转变;三是推广理念从专业汉语教学向大众化、普及型、应用型转变;四是推广机制从教育系统内推进向系统内外、政府民间、国内国外共同推进;五是推广模式从政府行政主导为主向政府推动的市场运作转变;六是教学方法从纸质教材面授为主向充分利用现代信息技术、多媒体网络教学为主转变。

顶层设计的转型,最主要的变化就是强调了汉教专业的培养目标是能够面向国际全方位进行汉语和汉语所代表的汉文化传播交流的人才。所谓"全方位",包含以下层面:第一,教学活动和形式的全方位扩展,既包括课堂汉语教学,也包括各种多媒体教学、网络教学等;第二,教学对象范围全方位扩展,既有将外国人请进来的汉语教学,也有面向世界走出去的汉语教学,既有学校体制的汉语教学,也有面向社会各层次不同需求的民间汉语教学;第三,传播内容的全方位扩展,建立语言教学与历史文化传播交流的有机联系,增强中国软实力。

"汉语＋文学文化"课程的板块设置正是呼应这样的顶层设计而进行的探索。汉语和对外汉语教学课程是汉教专业的核心课程,掌握扎实的汉语基础知识和教学原理、教学技能是该专业的立身之本。汉教专业应重视汉语及汉语教学课程学习,这已经是共识,也有很多研究。本文主要谈如何立足汉教专业,在文学文化课程和教学中体现汉教特色,使文学文化课程为该专业人才培养发挥更大作用。

一、课程设置:围绕"汉语＋"合理构建文学文化课程模块

大学教育是通过课程教学进行的,课程设置是课程计划的产物,是一种静态的、固定的课程形态。大学课程设置作为大学开设课程的制度与安排,是大学培养目标与培养规格的具体化,是大学教育教学工作的重要依据。汉语国际教育专业人才培养,首先落实在课程设置和实施上。虽然教育部2012年版《专业介绍》规定了汉语国际教育本科专业应学习的汉语类和文学文化类核心课程,但这只是一个指导性文件,如何围绕专业培养目标设计课程体系,还需要讨论和探索。汤洪对汉语国际教育本科专业课程做了较全面的设计和阐述,提出中国语言文学类、中国文化类、外语技能类、国际汉语教学与汉语国际传播类四大板块。王淑华强调汉语为本,多语种为用,重视培养应用能力,落实专业实践环节。刘文霞对三十年来从对外汉语专业到汉语国际教育专业的课程设置研究情况做了述评,建议增设培养学生中国传统文化修养及文化交流传播知识与技能的课程。但他们都没有具体讨论到如何在文学文化课程设置和实施过程中凸显汉教专业特色。陈慧对构建中华才艺课程体系进行了较全面的探讨,但没有涉及其他文学文化课程。我们在专业建设实践中,设置了如下课程模块,如图1所示:

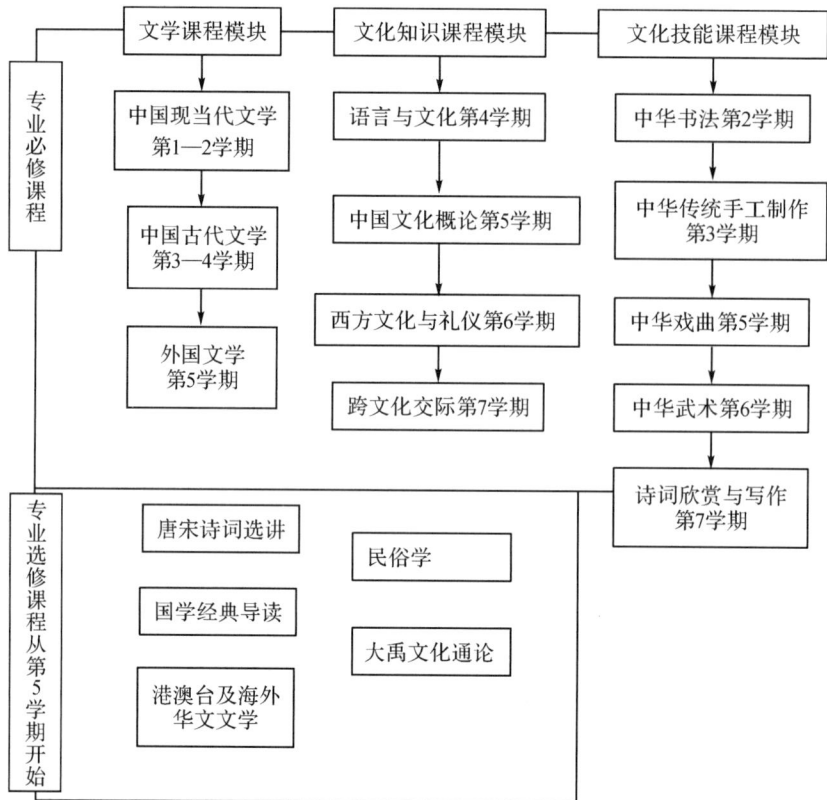

图 1 汉语国际教育课程设置

季诚钧指出,大学课程设置的步骤为:第一,根据大学的培养目标和专业培养方向,确定大学和某专业开设的课程门类,各类课程名称;第二,要对这些课程进行组合,明确各门课程的地位、性质与作用,构建课程间的练习;第三,确定各门课程开设的先后顺序和课时数,确定课程的修读方式,明确各门课程的学分数。按照这样的构思,我们的文学文化课程包括三个小的板块:文学板块、文化知识板块和文化技能板块。课程设计按照从近到远、从易到难、从中到西的层级,体现宏观性知识与微观性知识结合,知识性课程与技能型课程结合的指导思想,努力构建具有汉教专业特点,有利于专业人才知识能力结构的课程体系。

在文学板块,我们从第 1 学期到第 5 学期,先后安排了必修课程"中国现当代文学""中国古代文学""外国文学",力图使学生对中国文学和外国文学有基本的了解和认知。在顺序上,"中国现当代文学"放在最前面,因为它反映的社会生活和所体现的文学追求都距离我们最近,其使用的写作语言就是现代语言,学生易于阅读理解。之后是"中国古代文学",最后是"外国文学"。如果说,这三门课程是从宏观上把握文学进程,获取有关文学史、文学流派、文学家和文学作品的整体知识,那么,我们从第 5 学期开始,安排了专业选修课程"唐宋诗词选讲""国学经典导读""港澳台及海外华文文学",目的是从微观层面对文学主干加以丰富和深化。

在文化知识板块,我们设置了"语言与文化""中国文化概论""西方文化与礼仪""跨文化交际"4 门课程。"语言与文化"是从语言的角度,具体感受体会语言所反映的有关文化内容。某种程度上,语言是最具有民族特点的东西。语言的指称无不凝结着各民族思维的特点,体现各民族对世界的理解方式。这正是最深层的民族文化所在。通过这门课程,汉教专业学生了解语言流传、传播、使用中涉及的文化背景、文化习俗、文化特征等,对他们具有极其重要的意义。"中国文化概论"则是从地理、经济、制度、建筑、文字、科举、风俗等方面对中国文化进行宏观层面的介绍。"西方文化与礼仪""跨文化交际"则是把视角转向国际,学习了解传播交流领域不同文化的特点、注意事项和有关技能。此外,设置了选修课程"民俗学"作为"中国文化概论"的补充,还设置了选修课"大禹文化通论"作为具有地方特色的文化课程。

对于汉教专业的学生,掌握一定的文化技能是非常必要的。将中华文化具象化的中华才艺引入对外汉语教学,以中华民族的文化作为汉语语言的载体,不仅适应了传播中国文化全势力的需求,同时实现了活跃汉语国际教育课堂及增强外国学习者学习兴趣的目的。作为培养应用型人才的民办院校,我们特别注重对汉语国际教育专业学生设置文化技能课。我们设计了 5 门必修的文化技能课程,贯穿 4 年学习过程,涉及书法、戏曲、手工、武术及古典诗词写作的技能训练。开设如此多的文化技能必修课程,占用如此多的课时,这在一般院校中也是少见的。

二、课程实施:立足"汉语+"突出有关内容

课程设置是第一步,确定了课程板块以后,更重要的是如何实施课程教学,达到课程目标。杨明全指出,目标是构成课程内涵的第一要素,也是课程

开发的方向和灵魂。课程内容是构成课程的基本要素。事实上，任何同一名称的课程，都可能因教学目标不同而有不同的课程内容选择。汉教专业放在中国语言文学学科之下，中国文学、中国文化等课程是汉语言文学、汉语言、汉语国际教育三个专业共有的核心课程，这说明，这些课程是这几个专业学生必备的共有知识基础，他们都承担着学习、理解、传承、传播中国文学文化的责任。但是，与汉语言文学专业不同的是，汉教专业是以面对国际社会的语言教学和文化交流作为专业培养方向的。因此他们除了提高文学审美素养和传承文学精神之外，还更应注重站在国际传播视角有针对性地学习积累相关资源，更好地为从事汉语国家教育和文化交流做准备。因而，"汉语＋文学文化"课程不能简单等同于汉语言文学专业的文学文化课程学习目标，也不能完全照搬汉语言文学专业相同课程的课程内容。要"将汉语国际教育专业的培养目标、要求和实践性环节落到实处，区别相近专业同名课程的教学内容"，要围绕汉教专业人才培养要求，在课程内容选择和教学实施中，有意识结合汉教专业特点，体现出"汉语＋文学文化"课程的内在联系。

我们在实践中，在下面几个方面，做了一些探索和尝试。

（一）在中国文学课程教学中注意语言学习

文学语言是语言的高度凝练和精美使用，在文学作品中，我们能够最深刻地感受到语言的奇妙魅力，能够更好地理解语言规律。我们在讲授文学课程时，有意识地凸显汉语特点的文学经典语言运用，让学生在学习欣赏文学作品的过程中，同时体会和理解汉语言的特点，掌握汉语言文化的精髓。

首先，重视从中国现当代文学中理解学习现代汉民族共同语。对外汉语教学所教的语言就是现代汉语规范语——普通话。现代经典白话文著作，彻底推翻了沿用几千年的古汉语文言。作家采用现时口语作为写作语言，并进行修饰提炼，形成现代汉语的规范文本，它也成为民族共同语言普通话的语法规范。现代汉语在语音、词汇、语法上都与古代汉语有很大差异，例如轻声、儿化的出现，"比"字句、"把"字句、趋向补语、各种结构助词、动态助词及各种疑问句式等，都是古汉语没有的，而在中国现当代文学经典作品中广泛使用。因此，学习现当代文学作品，必然有培养普通话语感，熟悉和感受普通话特征的作用正是考虑到这一点，我们为"中国现当代文学"课程安排了较长的学习时间,总共两个学期的课程,与"中国古代文学"课程安排的时间一样。目的就是不但引导学生从文学性角度学习中国现当代文学,还要给予教师和学生一定的时间从语言性角度学习中国现当代文学,从经典作品中体会印证现代汉语的语言规律和语言使用。

例如朱自清的《春》,大量使用了轻声、儿化的音节,这正是汉语普通话语音特点之一。文章开头一段:"盼望着,盼望着,东风来了,春天的脚步近了。"每一分句落脚都是读作轻声的动态助词"着"或"了"。从语法上看,动态助词的使用,使春天充满动态感;从语音上看,轻声的反复出现,形成语音的错落节奏,更仿佛春天轻快的脚步。如此精妙纯熟的语言运用,使作者对春天的喜爱、期盼、赞美溢出了纸外。这种语言运用的实例,在现当代文学作品中比比皆是,是我们学习感受现代汉语的璀璨宝库。

其次,从古代文学作品中理解学习语言。虽然我们汉语国际教育教的是现代汉语规范语,但现代汉语是从古代汉语发展来的,汉语的许多特点仍然是一脉相传的。所以,在古代文学作品中,我们也可以感受到汉语言的一些特点和规律。比如,汉语的词没有表示语法作用的形态变化,汉语主要用语序和虚词表示语法关系,这是汉语语法的第一特点。这在古代文学作品中就有明显体现。例如刘禹锡《竹枝词》:

山桃红花满上头,蜀江春水拍山流。
花红易衰似郎意,水流无限似侬愁。

"红花""花红",不同语序构成不同语法结构。"红花"是"红"修饰"花",强调的是"花"的灿烂;"花红"则是"花"修饰"红",强调的是"红"的状态和时间。而这种交替的语序变化,在语音上,形成反复吟咏的效果,在意义上,强化了"红花"之热烈与"花红'之短暂。诗句中语音、语序、词语的对比,突出了浓情易逝的哀愁。

(二)在文化课程学习中注重国际视野

汉教专业培养的是面向世界进行语言教学和文化交流的人才,其首先必须具有国际视野,同时需要相应的跨文化交际知识和技能。当今世界,各种各样的交流早已突破国家民族的界限而且日益密切,但文化的差异和冲突依然存在。世界各民族都具有不同的文化,具体表现在价值观、社会体制、道德追求、文学艺术、宗教信仰及生活习俗等方面。每个人认识问题和处理问题都会受到自身文化背景的影响。只有相互尊重彼此的文化,寻找彼此能够接受的途径,才能实现有效的跨文化交际。汉教专业的学生,特别要注意这方面的学习。

中国拥有世界上最古老的文明,而且中华文明是世界上唯一从未间断、一直延续的文明。传播中华文化是汉教专业学生将来要做的事情,也是他们现在学习的目的。但是我们要在跨文化交际的理论指导下,把中华文化放在国际视野中考察,既充分认识中华文化对世界文化的贡献,树立民族文化自信心;又要站在世界的角度,反向思考选择最易于被其他文化所接收的,有助于国际社会正确认识当代中国的文化内容,尤其避免把文化当作猎奇的庸俗化做法。

文化学习和传播的内容主要包括符合人类共同追求的中华传统礼仪道德、体现中华古老文明的各种成果等。其中特别要强调对中华民族的凝聚力和大一统国家的文化介绍。关于这一点,一般文化课程讲的不多,但作为汉教专业的学生则是必须了解掌握的。有些不了解中国的人常常疑惑:为什么中国能够历经几千年坎坷,始终保持多民族共存的大一统国家状态。他们不知道:中国是一个完整统一的大国,中华民族是由中国境内各不同民族共同组成的大家庭,这种深厚牢固的中华民族的凝聚力和对大一统国家的向往和维护,已经深入中国人的血脉,根深蒂固,源远流长。即使中国历史上有过各民族战争,但战争各方也都一致认为中国是一个整体;即使有过割据局面,但割据者本身也始终认为一统中国才是最终目标。中国的典籍、器铭、建筑、碑刻、艺术作品和哲学、文学、民俗、宗教等,都对这种思想意识有记录、阐述或表现。早在《诗经·小雅·北山》就有"普天之下,莫非王土;率土之滨,莫非王臣"的诗句。而统一的汉字及汉字书写记录的文件、经典,也在加强中华民族凝聚力中起到了极其重要的作用。汉字不但具有超时空传递信息的作用,而且因为是表意体系文字而非拼音文字,在中国这样拥有众多方言和众多民族语言的辽阔国家内,更容易跨越方言和民族语言的局限,成为全体社会成员共同认可的书写文字,成为联系中华民族的纽带。在对外汉语教学中,教师也应该让学习者知道这种汉字的文化作用。

同时,要注意当下中国的文明与文化发展。古代文明文化固然非常璀璨和重要,但更重要的是当下的中国文明与文化现状。因为当下中国才是我们生存的现实空间和时间。对于外国学习者来说,他们更希望了解的也是当下的中国。他们希望了解当下中国的政治、经济、国情、民情,了解中国的发展政策和发展方向,了解当下中国的社会生活及其文化。因为他们学习汉语本就是为了进入当下的中国,在中国找到自己的发展空间。我们需要在文化课程教学中适当增加现实成分,特别是使学生具有这种文化观,重视对现实中国的了解和对外传播。

(三)文化技能的学习要适当丰富内涵

文化技能是具有民族独特文化色彩,与民族生活密切相关,体现民族审美观的特殊技能。传统的琴棋书画、各种民间工艺、厨艺茶艺等都属于中华文化技能。文化技能由于本身不受意识形态影响并具有独特的鉴赏性和娱乐性,因此常常被用作不同文化不同价值观人群接触交流的渠道方式。在课堂教学上,也是一种吸引学生注意和辅助教学的手段。目前中国国家汉办招考汉教志愿者时,文化技能也是必考的科目。

文化技能是汉教专业学生将来从事工作的工具和手段,掌握几项必备的文化技能应该是汉教专业学生必须有的基本功。当然,中华文化技能纷繁复杂,每所学校应根据自身条件和专业需求合理设置课程。我们在汉教专业开设了中华书法、中华戏曲、中华手工制作、中华武术等课程,因为我们认为这是几门最基本常用的技能,实用性强,而且教学所需条件简单。中华书法在对外汉语教学中广泛应用,尤其配合汉字教学很有帮助,做文化展示时也很吸引外国民众,是汉教专业必须学习的重要技能课程。中华手工制作、中华武术和中华戏曲都是技能大类,各自包含众多不同技艺。我们选择了手工编结、剪纸、折纸、刺绣作为中华手工制作的课程内容,选择了太极拳作为中华武术的课程内容。在中华戏曲中,因为我们地处浙江,除了介绍京剧之外,我们特地选择了越剧作为学习内容。目前,我们正考虑增加茶艺的课程。

与文学文化知识课程相比,技能课程基本属于操作性课程,传统的授课法就是老师教、学生做的实际操练。我们认为,虽然中华文化技能属于中华文化的外在表现形式,重在展示,但文化内涵才是技能表演的生命力。在展示技能的同时介绍相应的文化知识,才能更好地传递出技能的魅力,吸引外国民众,配合汉语教学和文化交流活动。因此,我们在课程中特别注意相关背景知识的讲授。如中华书法课程同时介绍汉字书法所代表的中华民族审美观和软笔书法的历史演变和特点,说明书法的提笔和收笔、字的架构、笔画的长短等。中华手工制作也把相关背景知识的介绍作为课程内容之一。因为中国古代农业文明发源极早而且极为成熟,中国曾是历史上最富庶繁荣的国家。这不但为各种手工制作提供了丰富的物质材料,更重要的是,富庶的社会才有欣赏制作工艺品的兴趣和追求,而各种手工制作的发展变化,也体现了中华社会和中华文化的发展变化。我们的目的是,即使是技能课,也要引导学生理解技能背后的内涵,使学生能从更高层面理解技能。

三、课程实践:打造"汉语＋"的应用平台

"汉语＋文学文化"课程的最终目的是培养从事汉语国际教育和相关对外交流传播的具有国际视野的应用型复合人才,而这一目标是不能只靠课堂教学来实现的。高校课程教学中,实践环节越来越重要。实践是感性经验与理性知识结合的唯一渠道,是检验学生学习效果的重要方式,也是学生知识建构和知识转换的必要途径。我们坚持"汉语＋"实践教学必须体现汉教专业特点,为汉教专业培养目标服务,并设计了有目的、多方位、多层次的实践教学活动。有目的,目的就是培养汉教人才;多方位,就是不仅从不同课程角度设计实践活动,即使是同一课程,也设计安排不同角度的实践活动;多层次,就是随着课程的发展和学习的延伸,实践项目也从简单验证向综合性、创造性发展,而这些有目的、多方位、多层次的实践活动都有序地安排在课内实践与课外实践相结合,验证性实践与创造性实践相结合的实践体系中。

课内实践是围绕具体课程进行的实践作业,属于具体课程的教学安排,实践成绩计入该课程的期末总成绩。这种实践作业属于验证性实践活动。一般是围绕课程教学的重点理论或重点内容,提出具体的实践要求,通过实践作业促使学生理解领会相关课程内容,用实际材料验证相关观点或完成相关内容展示。例如语言与文化课程某一实践作业:举例说明汉语词语命名所体现的汉民族文化内涵。作业要求为:(1)要说明相关理论;(2)要自己收集语料例

证,不能用教材上列举的;(3)要根据理论对语料进行分析说明。再如中国文化概论课程某一实践作业:介绍二十四节气并说明其文化意义。要求为:(1)具体说明二十四节气;(2)二十四节气产生的背景;(3)二十四节气所体现的中华文明。

与课内实践相比,课外实践更强调综合性和创造性。课外实践是在课程学习的基础上进行的,但不受具体课程限定,而是要求学生综合运用各门课程学习的知识和技能,进行创造性的综合运用。我们的目的就是通过搭建更大的实践平台,给学生更多的发挥空间,让学生得到更多的锻炼。

课外实践包括必须完成的实践和自由参加的实践。必须完成的实践是列入教学计划、有学分规定的实践。如语言调查、留学生教学助手、留学生语伴等,在这些实践中,学生必须自己确定具体实践主题,列出实践计划并实施该计划,最后上交实践报告。例如在留学生教学助手活动中,学生可以主持或参与设计实施面对留学生的中华文化活动。多年来,汉教专业历届学生或主持或参与了多项面对留学生的文化活动,如汉字竞赛、留学生书法比赛、端午包粽子比赛、中华武术表演等。这些课外实践不但大大提高了学生的专业能力,也提高了学生的交流能力、组织能力和执行能力。

自由参加的实践包括各种作为外围的辅助性实践活动,没有学分要求,我们也不强制学生参加,但鼓励学生积极参加,例如对外汉语教学技能竞赛、诗文写作大赛、中华才艺大赛、经典诗文朗诵大赛等。它们是对学分规定的实践活动的补充,给学生更多自由发展和自我表现的机会,有利于让学生更有重点地突出训练某一种文学文化技能。目前来看,学生也很欢迎这类自由实践活动,不少学生认为,这类活动提高了他们对毕业以后从事相关工作的信心。

从课程模块设置到课程内容实施再到课程实践体系建构,我们较完整地构建落实了"汉语+文学文化"课程。但是,教学实践中依然存在一些问题,比如:如何使"汉语+文学文化"课程的设计思想真正落实到每一位任课教师,如何设计和打造更广阔的实践平台,如何更有效地推动学生参加"汉语+"实践活动以及更合理地考查学生的实践成果,等等。这些都需要我们不断地努力探索。

参考文献

[1] 中华人民共和国教育部高等教育司.普通高等学校本科专业目录和

专业介绍[S].北京:高等教育出版社,2012.

[2]许琳.汉语国际推广的形势和任务[J].世界汉语教学,2007(2).

[3]季诚均.大学课程概论[M].上海:上海教育出版社,2007.

[4]汤洪.汉语国际教育本科专业课程设置初探[J].四川师范大学学报(社会科学版),2016(2).

[5]王淑华.关于汉语国际教育本科专业课程设置的思考——基于《普通高等学校本科专业目录和专业介绍(2012)》的讨论[J].云南师范大学学报(对外汉语教学与研究版),2017(1).

[6]刘文霞.新形势下汉语国际教育本科专业课程设置研究[J].兰州教育学院学报,2014(12).

[7]陈慧.汉语国际教育本科专业中华才艺课程体系研究[J].湖北工业大学学报,2013(6).

[8]杨明全.课程概论[M].北京:北京师范大学出版社,2010.

本文原载于《淮阴师范学院学报》2020年第1期。

应用型本科院校对外汉语专业实践体系构建研究

——以浙江越秀外国语学院为例

郭红玲

一直以来,对外汉语专业教育方面的基础理论研究较为充分,学生的专业理论学习资源充足。但是,对外汉语专业实践教学研究较之基础理论就稍显薄弱,在具体操作上也由于多种原因,在实践基地、实践时间、实践指导、实践经费等方面难以得到充分保障。如一些高校的对外汉语专业实习实践环节主要以毕业实习为主,时间大致安排在大四学年,此时学生临近毕业,心态较为浮躁,加之实习单位性质、类型各异,专业不对口现象比比皆是,导致整体实习效果欠佳。

在教育部提出并多次强调本科教学工作中实践教学重要性的大背景下,对外汉语专业实践教学体系构建与内容充实方面的研究已经受到了诸多对外汉语专业教育研究者的重视,并已形成这样的共识:实践环节是对外汉语专业人才培养的重要一环,必须重视并加强。

为推进对外汉语专业发展,培养社会需要的专业人才,有必要进一步加强实践体系建设,构建一个涵盖课堂教学、校内实践、基地实训和社会体验等方面的立体化、多层面的教学实践体系,让学生在课堂、校园和社会都能开展全方位的实践,为未来专业实习和工作奠定基础。本文拟结合浙江越秀外国语学院的相关情况对应用型本科院校如何构建对外汉语专业实践体系进行简要论述。

一、构建对外汉语专业实践体系的重要意义

2005 年 1 月 7 日,教育部印发《关于进一步加强高等学校本科教学工作的

若干意见》，重点指出，"大力加强实践教学，切实提高大学生的实践能力。高等学校要强化实践育人的意识，区别不同学科对实践教学的要求，合理制定实践教学方案，完善实践教学体系"，并把实践教学作为教学工作评估的关键性指标。对外汉语专业要培养的是语言教学实践型人才。需要因地制宜、因材施教，创造性地构建和完善对外汉语专业的实习实践体系。

应用型本科重在"应用"二字，以体现时代精神和社会发展要求的人才观、质量观和教育观为先导，构建适应经济与社会发展需要的学科方向、专业结构和课程体系，培养具有较强社会适应能力和竞争能力的高素质应用型人才。因此，就应用型本科院校而言，对外汉语专业要培养语言教学和文化交流方面的实践型人才，既要强调专业性、实践性，又要与学院的整体办学理念相吻合。

根据教育部加强实践教学的精神和越秀外国语学院应用型本科办学理念，以及对外汉语专业的学科性质——实践性，对外汉语专业建设要重视实践体系的构建。这也正是越秀对外汉语专业在建设过程中特别强调的一个重要目标：专业自身定位为应用型本科院校中的对外汉语专业，要以越秀 SPT 主导性办学理念为指导，坚持应用型人才培养，以外语应用能力、专业实践能力和综合职业能力三个核心能力培养为重点，进行专业建设。专业实践体系的构建是培养学生专业实践能力和创新能力的重要环节，对专业教育水平有直接的重大影响，是专业人才培养目标能否顺利实现的关键所在。

浙江越秀外国语学院对外汉语专业在建设过程中，逐步探索建立了一套课内实践与课外实践相结合，教学实践与社会实践相结合的人才培养综合实践体系，以培养学生的专业技能与综合职业能力，取得了初步成效。但是，就整个体系的框架和内容来看，还有待进一步完善，需进一步落实人才培养中的创新精神和实践能力的养成，逐步完善应用型人才培养理念。

二、对外汉语专业实践体系的内容构成

近年来，浙江越秀外国语学院在应用型本科教育理念指导下，结合自身办学特色和地方经济发展需要，逐步探索具有越秀特色的对外汉语专业实践体系。这个体系主要包括：

（一）专业实践教学的指导思想

以教育部相关文件内容和越秀 SPT 主导性办学理念为指导进行专业实践教学构建。在大的方向上,教育部已把实践教学作为教学工作评估的关键指标之一,各所高校必须高度重视此项工作。具体到浙江越秀外国语学院自身,其已明确定位为应用型本科高等院校。SPT 主导性办学理念是学院性质的最好体现,即坚持应用型人才培养,以外语应用能力、专业实践能力和综合职业能力三个核心能力为人才培养的重点。

（二）专业实践教学的培养目标

教育部 1998 年颁布的《普通高等学校本科专业目录和专业介绍》中,对外汉语专业的培养目标是:本专业注重汉英(或另一种外语或少数民族语言)双语教学,培养具有较扎实的汉语和英语基础,对中国文学、中国文化及中外文化有全面的了解,有进一步培养潜能的高层次对外汉语专门人才及能在国内外有关部门、各类学校、新闻出版、文化管理和企事业单位从事对外汉语教学及中外文化交流相关的实践型语言学高级人才。在总的专业培养目标这个大前提下,我们将专业实践教学的培养目标定为:在学生具备扎实的专业理论知识的基础上,通过实践教学,将其知识转化为能力,落实为学生的专业实际操作技能,融入学生综合职业能力的整体框架中。

（三）专业实践教学的模块构成

在越秀对外汉语专业建设过程中,我们尝试着初步建立起一套人才培养综合实践体系。这个体系强调了实践教学活动中课内实践与课外实践相结合,教学实践与社会实践相结合。我们将实践教学的模块划分为课堂教学、校内实践、基地实训和社会体验四个部分。

（四）专业实践教学的具体形式

四大模块的具体实践形式多样,并且可以相互交叉但不完全重合,如对外汉语教学实践在四个模块中均可实施,主题征文、演讲辩论等可在校内实践模块中进行,与外国人士日常文化交流可放入校内实践和社会体验模块,等等。需要注意的是,实践教学体系的模块构成是体现在诸多具体实践形式之中的,本文第三部分将会对此加以详细分析。

（五）专业实践教学的评价激励机制

为实现专业实践教学的最佳效果,我们建立了一套评价激励机制。在学生从事专业实践活动过程中和结束时,指导教师可根据实际情况进行具体评价,点评学生在专业实践活动中的具体表现及进行成绩评定,促进学生实践水平的不断提升;同时,对积极开展实践教学活动的指导教师和学生实行精神表彰和一定程度的物质奖励,更好地推动专业实践教学的发展。

（六）专业实践教学的质量监控机制

为保证专业实践教学的质量,我们还建立了一套质量监控机制。从专业实践计划的制订、专业实践活动的启动到专业实践活动的进展、结束和总结,综合设计一套指标体系,要求专业实践活动按照统一标准规范化展开。

三、对外汉语专业实践教学的主要模块与具体形式

对外汉语专业学生必须掌握专业知识,同时又要具备专业技能。专业知识与专业技能的关系就是理论与实践的关系,将对外汉语专业的相关理论知识付诸实践活动,必须让学生在实践中融会贯通,做到所学知识在具体实践中应用、延伸。实践教学的主要模块及具体形式如下:

（一）课堂教学

能够从事对外汉语教学工作是对外汉语专业人才培养的主要目标之一。教学工作的主要开展地即为课堂，因此，培养和锻炼教学能力，课堂教学是首要环节。在专业课程学习中，学生们通过"对外汉语教学概论"和"对外汉语教学法"等核心课程学习掌握课堂教学的基本要求与技巧，与此同时，还必须通过模拟及实际的课堂教学活动保证能力的真正获得。对于指导教师来说，要提前做好教学准备工作，组织学生详细讨论教学内容和实施计划，将教学任务具体落实。先将本班级内对外汉语专业学生假定为非母语学习人群，进行模拟教学，待学生熟练后，分期分批安排学生给在本校学习的留学生授课。参与课堂教学的学生又可分为两类：一类是固定每周均为留学生讲授实践课，完成一个学期的完整教学活动；一类是为留学生教师担任教学助手，不定期参与课堂教学活动。两类实践学生在指导教师的指导下均要经过搜集资料、讨论试讲、课件制作等教学环节，多次操练，以保证实习效果。

（二）校内实践

充分利用本校留学生资源，让留学生与对外汉语专业学生结伴学习对方的语言，创建语伴互动实践模式。语伴之间的语言学习交流是一个互动的过程，他们之间的交流能形成有利于语言教学的环境，在这个环境中，教学相长，相得益彰，既可以培养和锻炼学生的外语能力，又可以进行中外文化交流与对比，无形中也提高了学生的对外汉语教学能力。此外是组织学生参与校内各种中外文化论坛。如近年来，我院组织了中美英语网络与教育国际论坛、中韩国际文化节等，邀请了来自世界各地和国内的诸多专家和学者，专家们的报告和讲演开阔了学生们的视野。此外，西班牙语、德语、法语、俄语等语言与文化沙龙活动，英语集中营训练，日语、韩语文化体验基地，一年一度的"英语文化节""东方风情节""欧情风尚节"等都让对外汉语专业的学生们不出国门便能置身于异域语言文化环境之中。

（三）基地实训

稳定的实习实训基地是实践教学工作顺利进行的保证,没有合适的实习地点与实践场所,实践也就只能是流于形式。长三角地区外向型经济发达,拥有较多的外资企业,也有很多的外籍人士工作、生活于此。我院对外汉语专业的学生积极利用课余时间前往绍兴新东方教育培训学校、义乌三维外语培训学校等校外实训基地进行实习,锻炼对外汉语教学和对外文化交流的技能。同时对外汉语专业的学生还在课余时间到中小学、双语学校或幼儿园开展实训活动,走上讲台授课,为将来向全世界推广汉语言文化做好准备工作。我院目前已在越秀双语幼儿园、越秀双语小学等建立了校内实训基地。目前我院正逐步探索在海外合作学校建立实训基地,以国际教育合作为平台,培养学生的国际视野和全球意识。

（四）社会体验

根据学校的 SPT 人才培养体系,近年来我院为学生开辟了丰富多彩的海外活动。赴美海外寒暑假社会实践活动,赴美企业专业实习,赴韩国企业文化语言实践,赴国外大学进行学生交流,赴新加坡半工半读,暑假赴合作大学学习体验,等等,使学生的专业理论和专业知识转化为实际能力。学生们通过这些海外实践活动,丰富了自己的跨文化交际体验,增强了跨文化交流能力。除海外实践活动外,课题调研也是社会体验的主要内容之一。结合对外汉语教学内容,拟定目标课题,学生结合自身实际和爱好,选定课题,组成若干调研课题组,调研后形成调查报告。如对本地外教和留学生的汉语学习需求、学习技巧进行调研,对文化差异的体验等进行调研;还可以结合绍兴本地及长三角地区外向型经济较为发达的现状,组织学生走访外资企业及外事机构进行外国人汉语学习、跨文化交际等方面的调查研究。参与社会调研有助于学生进一步理解专业属性、深化专业认知及增强专业归属感。

综上所述,通过构建对外汉语专业实践体系,可以让学生加深对未来职业的认同,了解本专业实际,获得本专业的一些感性经验,有助于发现现有学习的优势和不足,进一步明确接下来专业学习的任务和要求,为未来专业实习和工作奠定基础。

参考文献

[1]梁京.CDIO 理念指导下的对外汉语专业实践教学体系构建[J].赤峰学院学报(汉文哲学社会科学版),2012(10).

[2]张发清.对外汉语专业课外实践性学习之探索[J].安徽警官职业学院学报,2009(1).

[3]夏明菊.对外汉语教学应强化实习实践环节[J].新疆职业教育研究,2004(3).

[4]余波.构建对外汉语专业实习实践模式的思路与方法[J].文学界(理论版),2010(8).

本文原载于《教书育人》2012 年 9 月 25 日。

论外派汉语教师跨文化能力模型的建构

曹春静

2004 年第一所海外孔子学院在韩国建立,标志着我国的"对外汉语教学"开始向"汉语国际推广"发展,汉语教学格局发生转变,由单一的"引进来"转变为主动的"走出去"。随着汉语走向世界的形势发展不断加快,赴海外从事对外汉语教学与中国文化传播活动的对外汉语教师人数不断增多。事实上,从跨文化能力的角度来看,根据海外任教的工作环境和工作内容不同,将外派教师分为任教于孔子学院(孔子课堂)和任教于外方大学或中小学两类可能更为合适。孔子学院是推广汉语和传播中国文化与国学的教育和文化交流机构,有中方院长及中方的行政人员和教职人员,在管理理念上有较为系统的中方模式兼顾外方的特色与要求。与此不同的是,外方大学的东亚语言系或中文系,则完全隶属于该国的教育体系,在该国或该校的教学管理和教学理念的指导下开展教学活动。显然,这两种不同的工作环境,对汉语教师的跨文化能力要求并不相同,后者对汉语教师的跨文化适应能力与本土化要求更高。

因此,本文将研究对象集中在外派至外方大学相关学院进行汉语教学的教师上,主要分析这类外派教师在海外汉语教学工作中面临的问题和存在的困难,进而从跨文化能力模型的角度分析外派教师跨文化能力的内涵。

一、跨文化能力的内涵与维度

(一)跨文化能力的内涵

国外学者在跨文化能力方面的研究始于 20 世纪 50 年代,对跨文化交际能力(Intercultural Competence,ICC)的定义、构成要素、评价量表和评价模型进行了大量的研究,在最近一二十年,国内外学者对跨文化能力定义基本上形成了一些共识,他们普遍认为跨文化能力是个体在特定跨文化环境下有效得体地完成交际活动的能力。并且,学者们在其跨文化能力定义中指出特定交际环境、有效性和得体性(适当性)、知识、技能、态度(动机)和意识等组成部分的重要性。同时,他们还特别强调跨文化能力依赖于"特定的文化环境"。Deardorff(2004)通过专家调查法研究发现 Byram(1997)的跨文化能力定义专家认可度最高,其内容概括如下:"他国文化知识,本国文化知识,跨文化交流技能,语言交际技能,认知和互动技能,重视并尊重不同文化的价值观、信仰和行为,批判性文化意识和自我意识等能力维度对于个体在特定跨文化环境中与来自不同文化的人进行有效得体的交流和互动起着关键作用。"

(二)跨文化能力的维度

关于跨文化能力维度,不同的学者提出了各自的看法,各有侧重。其中最具影响力的跨文化能力维度是以 Byram(1997)为代表提出的欧盟模式,将跨文化能力分为知识、技能、态度和意识等四个能力维度。Judith. M artin 和 Thomas Nakayama(2009)在其跨文化能力的新模式中指出跨文化能力的四个构成要素,即情感因素、心智活动特征、知识因素和情境特征。

关于跨文化能力模型研究,大致可归结为以下三种类型:(1)成分模型,如 Byram(1997)设计了以知识、态度和技能三个维度为主要成分的模型,Fantini (2000)构建了以意识为核心成分的知识、态度和技能 ICC 模型;(2)结构模型,如由 Gertsen(1990)提出的区分认知、情感和意动的跨文化能力模型;(3)发展模型,如 Bennett (1993)构建了跨文化敏感度发展模型。

目前,国内对外派汉语教师跨文化能力的研究才刚刚起步。对在外方大学汉语专业任教的外派教师的跨文化能力的内涵及跨文化模型的建构的探讨还非常有限。那么,当前外派汉语教师的跨文化能力存在哪些问题?针对外派教师的职业要求,其跨文化能力应该包含哪些维度?能否建构一个相应的跨文化能力模型?

二、外派汉语教师跨文化能力存在的问题

基于前文对孔子学院汉语教师与外派至外方大学相关学院的汉语教师工作环境之间的差别，我们认为后者在对外方的本土化文化适应上要求更高，尤其是在对对方教育体制的适应方面。但目前外派教师的跨文化能力还存在许多问题，主要表现在以下几个方面：

（一）文化知识不足

外派教师跨文化能力不足，首先表现为文化知识欠缺。

一方面，外派教师对中华文化本身的理解不够深刻。外派汉语教师基本上来自高校教师，老师们专业不一，有的并不是汉语相关专业，即使是汉语相关专业的老师，其汉语文化知识的掌握也存在很多问题，主要表现为：文化知识不成体系，缺少系统宏观的把握；对中华文化缺乏深刻的理解，难以将传统文化与当代中国社会现实问题结合起来，有效解释和传递中国文化的精髓。

另一方面，对外派国家缺乏了解。外派教师对外派国家的文化、社会习俗、人际交往等缺少了解，课堂教学难以准确捕捉学生的兴趣点，缺少和学生的共同话题，不易赢得学生的认同感，这些都对教学产生了不利的影响。

（二）海外汉语教学技能和文化传播能力较弱

海外汉语教学与国内的对外汉语教学环境不同。国内对外汉语教学中，教师对教学体系较为熟悉，教学方法和技能等都已形成，并且学生身处目的语语言环境中，接触的文化、谈论的话题也多和中国有关，相对来说，对教师了解他国文化特别是当前的各种热点问题的要求低一些。但是进行海外汉语教学时，外派教师身处他国，对外方国家的教育体制、教学模式、教学理念及师生关系等方面缺乏充分的了解，因而常常把国内的教学理念、教学方法、交际模式直接带入所在国，容易在教学管理、课堂教学、师生相处等活动中引起冲突。同时，学生身处母语环境，关注和谈论的话题多为本国话题，如果外派教师对

这些内容不熟悉,则会给课堂教学的开展带来障碍。他们在海外工作和生活中出现了各种问题,逐渐引起了学界的关注,其中很多问题的出现与外派汉语教师的跨文化能力密切相关,但相关的研究还很不足,且为数不多的研究基本集中在孔子学院教师跨文化能力的问题上。

同时,外派汉语教师还肩负着传播中国文化的责任,但是在如何在国外异文化的环境中进行汉文化的推广活动,如何避免与当地文化风俗之间的冲突等方面都还存在较大的问题。此外,受限于外语能力水平,教学过程中存在一定的语言障碍,影响教学和沟通的效果。

(三)对异文化的态度

一些外派教师对不同国家的文化态度不同,对欧美文化更多地表现为崇尚、接纳的态度,但对相对落后的国家和地区的文化缺少包容、理解和接纳的态度,比如对伊斯兰教的文化缺少理解和包容,甚至表现出对当地风俗习惯的不尊重,在外事礼仪方面表现不得体。

(四)缺乏差异意识

大部分外派教师缺乏差异意识,或者说因为对对方国家的文化不了解,所以对文化差异缺少敏感性和处理文化差异的灵活性。因此本土化适应障碍问题突出,导致教学与文化活动的开展效果不理想。

可见,外派教师跨文化能力存在的问题主要体现在知识、技能、态度和意识等方面。这些方面存在的问题对外派教师在海外生活和工作的顺利开展造成了障碍。

三、外派汉语教师跨文化能力模型与建构

(一)模型的确定

对跨文化能力模型的探讨主要发生在国外学界,其对跨文化能力的定义、内涵、要素等问题看法不一,但总的来说,他们认为跨文化能力可归纳为知识、技能、态度动机、意识四个构成要素维度。

结合上文分析的外派教师在跨文化能力方面存在的问题,本文认为外派教师的跨文化能力也可以归纳为知识、技能、态度、意识四个构成要素维度。具体表现为中外文化知识、海外汉语教学与文化推广的能力与技巧、对赴任国文化的态度、对文化差异的敏感意识等四个维度。这四个维度彼此相关,中外文化知识的基础会影响对文化差异的敏感度,一般而言,对两国文化知识了解得越多,掌握得越好,对文化差异的敏感度就越高。中外文化知识、对文化差异的敏感度会对对赴任国文化的态度产生影响。同时,这三个维度都可能对海外汉语教学与推广能力产生一定的影响。因为海外汉语教学的教学环境不同,文化的相关因素都会对教学产生影响。具体模型如图 1 所示:

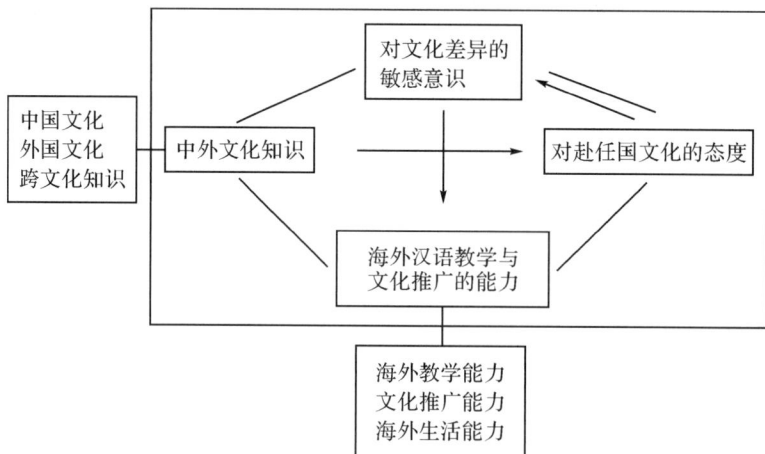

图 1　外派汉语教师跨文化能力模型

（二）该模型四个维度的内涵

1. 文化知识

中外文化知识包括中国文化知识、外国文化知识及跨文化知识。了解本国和外国的生活方式、教育观和价值观等知识，了解文化和跨文化交流与传播等概念的基本知识。

在中华文化方面，首先应该注意中华文化知识的广度，掌握系统全面的汉文化知识，满足相关课程的要求。其次，对与教学特别相关的文化知识应加强理解的深度。再次，对当代中国社会的现状和问题有准确的认识，对传统文化的精髓有正确的把握，能向学生准确地传递中华文化的精神。

在外国文化方面，了解外国的生活方式、人际交往模式，更好地适应当地的生活。同时了解所在国所在学校的教育体制、教学理念、教学方法，要善于学习所在国教师的教学方法，在所在国教育体制范围内尽量与其教学理念相融合，使教学活动更为顺利有效。同时，了解所在国的价值观是正确对待文化差异的基础。

在跨文化方面，应具备跨文化交际的相关知识，了解不同文化背景的人们在交际时应注意的问题。

2. 海外教学、文化推广和生活的能力

在教学方面，一是扎实的汉语教学基本技能，包括语音、词汇、语法等语言要素教学和文化教学的技能；二是海外汉语教学的特殊技能，即在特定异文化环境中对原有的教学手段和方法等进行调适，为异文化群体所接受，更适应当时当地学生的具体情况，取得理想的教学效果。三是良好的文化推广能力，包括课内外文化活动策划能力，在异文化环境中的宣传能力、组织能力等。

在生活方面，存在跨文化适应能力的问题，包括理解当地文化社会价值、习俗的能力，调整心态和情绪的能力，适应当地文化环境的能力，尊重对方文化差异、行为弹性、互动松弛和身份维持的能力。

3.对赴任国文化的态度

对赴任国文化应抱有尊重、理解、宽容、接纳的态度。尊重应该是首要的，尊重当地文化的社会价值、社会习俗的能力，在尊重的前提下能理解当地文化，对跨文化交际中出现的问题更为宽容地对待，甚至达到接纳异文化的程度。

4.对文化差异的敏感意识

在跨文化交际过程中，对文化差异的敏感意识尤为重要。对外派汉语教师来说，无论是生活还是教学过程中，文化差异无处不在，无时不在，许多问题的根源在于文化差异。具备较强的对文化差异的敏感意识，有助于教师从根本上找到问题的本源，更好地对待教学、生活中出现的问题，并有效地加以解决。

四、结语

本文以知识、技能、态度、意识的跨文化能力模型为基础，从这四个维度进行阐释，具体分析了外派教师在文化知识，海外教学、文化推广与生活的能力，对赴任国文化的态度，对文化差异的敏感意识等方面的具体要求。

对于外派汉语教师跨文化能力的探讨，与外派教师教授汉语、传播中国文化的定位和发展方向是吻合的，也是对全球化时代涌现的跨文化行为新特点的关注。从理论建构的层面对外派汉语教师跨文化能力进行建构与培养，也是全球化汉语教师队伍建设的工作之一，值得后续关注与进一步研究。

参考文献

[1]安然.孔子学院中方人员跨文化适应能力理论模式建构[C]//第十届中国跨文化交际国际学术研讨会论文集,2013.

[2] DEARDORFF, D.. The Identification and Assessment of Intercultural Competence as a Student Outcome of International Education at Institutions of Higher Education in the United States [D]. Raleigh：North

Carolina State University，2004.

［3］BYRAM，M.. Teaching and Assessing Intercultural Communicative Competence［M］. Clevedon，UK：Multilingual，1997.

［4］JUDITH MARTIN，THOMAS NAKAYAMA. Intercultural Communication in Contexts［M］. Beijing：Foreign Language Teaching and Research Press，2009.

［5］BYRAM，M.. Teaching and Assessing Intercultural Communicative Competence［M］. Clevedon，UK：Multilingual，1997.

［6］FANTINI，A. E.. Exploring Intercultural Competence：A Construct Proposal［Z］. NCOLCTL Fourth Annual Conference，2001.

［7］GERTSEN，M.. Intercultural Competence and Expatriates［J］. International Journal of Human Resource Management，1990(3).

［8］BENNETT，J.. Toward Ethnorelativism：a developmental Model of Intercultural Sensitivity ［C］//In R. Paige（ed.）. Education for the Intercultural Experience［M］. Yarmouth，ME：Intercultural，1993.

［9］安然.赴泰汉语教师志愿者跨文化适应研究（国家汉办项目，〔2011〕229 号），调研报告［R］,2011.

本文原载于《牡丹江大学学报》2018 年 6 月 25 日。

关于改革本科毕业论文的组织和指导模式的初步构想

刘家思

在高校哲学、人文社会科学的专业中,本科毕业论文写作是大学生必须经历的一个学习阶段,也是对大学生本科学习状况的一次检验,是大学生专业水平的一次总结性亮相,也是高校教学质量的温度计。因此,本科毕业论文无论是对于学生个人还是对于院系和学校来说,都是十分重要的。在高校由规模扩张向质量提高转变的过程中,高校要在急剧的市场竞争中抢胜,主要取决于两个联系紧密的因素:一是过硬而有朝气的师资队伍,二是自己制造的产品质量——学生的素质与水平。这种情况下,本科毕业论文成为教育行政部门检视高校教学质量的一个重要抓手,也是高校进行自我观照与对外显示的一种重要方式。因此,如何提高本科毕业论文的质量和水平,成为教育行政部门和高校都很重视的一个重要课题。教育行政主管部门专门制定文件、出台规定、组织检查、强化管理,学校教务部门和院系也出台了一系列管理文件,制定了许多表格、规范流程等,试图以规范的管理来提高本科毕业论文的质量和水平。其出发点无疑是好的,也起了一定的作用,但客观事实显示,其成效是有限的。据目前情况看,在本科毕业论文的指导工作中,许多教师不堪重负,被拖入了疲怠战之中。那么,如何搞好本科毕业论文的组织与指导工作,还是值得进一步探讨的。我觉得,出路还在于从实际出发,端正认识,改革组织与指导模式。下面仅谈谈自己的初步构想。

一、当前本科毕业论文的现状

按既定的教育目标,本科毕业论文是大学生本科学习必须完成的学习任务,是学校培养和检验学生创新能力的重要途径。那么,目前普通高校本科毕业论文的现状如何呢？客观讲,现状不容乐观。

(一)从完成的方式看,本科毕业论文存在的问题突出

目前,由于从上到下都十分重视毕业论文,学生毕业论文的写作呈现五花八门的方式,主要有如下几种:

1.独立完成式

这种毕业论文,从选题、资料、大纲、观点,到最后写作,都是学生自己完成的。这里有两种情况。一种情况是在整个论文的写作过程中,学生都积极主动,始终处于主动地位。教师担任这种学生的指导工作是很幸运的,真正只要指导,一点就通。这种论文质量较高,往往选题较新,具有创新性品质,可以显示学校的教学水平。可是,这种论文如凤毛麟角,十分罕见。另一种情况是,虽然是学生自己完成的,但学生不够投入,长时间回避指导教师,自己干其他事情,到了快要交稿了,花上个把星期,甚至是两三天时间仓促成文交差,其质量显然是大打折扣的。从而,即使是好的选题也会被学生弄糟,他自己的水平也淹没了。但是,即使是类似于这样的论文也是少之又少的。

2.指导成型式

这种论文,一般是学生先有一个大致方向,经指导教师多次指导确定好论题,然后指导教师又告诉他们方法,指导他们去看哪些参考资料,学生拿出初稿后,经过指导教师多次指导和修改,最后形成一篇能参加答辩、有一定质量的论文。这种论文在本科毕业论文中应该算是好的,也是值得提倡的。但要这样写出一篇论文,指导教师非常辛苦,工作量非常大。试想,要将一个不成文的东西弄成一个像样的文章,难度是可想而知的。尤其严重的是,有的学生自己写不成,却又不重视,躲着不见指导教师,最后一星期拿出所谓的论文,更是为难指导教师。指导教师本着对学校负责的态度,只好夜以继日地一遍一遍去看、去改,真正弄得疲惫不堪,心力交瘁!目前,这一类论文数量颇多。

3.剪接拼贴式

这种毕业论文表面上是自己完成的,但实质上是将别人的论文加以剪接

拼贴而成的。整篇文章往往是东抄人家一段,西摘别人一节,文章风格前后不一致,语词特征前后迥异。稍微好一点的,自己进行了修改。本来,借用别人的观点或别人使用过的材料来证明自己的观点和看法是完全可以的,因为任何研究成果都离不开前人成果的支持,但其前提是必须在自己的思考框架之内,也就是说,必须是由自己的观点统摄的。而这种剪接拼贴的论文并无自己的观点,虽然文中也有论点,但都是他人的,并不是自己的思考所得。读这种文章,除了觉得选题陈旧之外,重要的一点就如文中所说,总是给人似曾相识的感觉。比剪接拼贴式更为恶劣的是整篇抄袭剽窃,一声不吭地侵犯著作权。这种投机取巧的方式,在当今的本科毕业论文中所占的比例不小。

4.请人捉刀式

这种毕业论文,学生压根儿没有动过脑筋。学生总是以自己写不出来为由,自己放松,自己放弃,但是,论文又要完成,又要毕业,怎么办?索性就请人代写,钱文交易,最后蒙混过关。这种文章一个很大的症状就是一出手,就显得比较老道、成熟,虽然也没有多少新的东西,但是它能够自成一体,形式上也比较规范。这种情况时有出现,这是一种必须禁止的歪风邪气。

5.老师包办式

这种毕业论文,从题目到大纲,从观点到材料,从论证到最后写作成文,都是指导教师做的。这种情况通常是在遇到那种能力比较差、无法指导的学生时才出现,指导教师在没有办法的情况下,为了学校的声誉,只好自己动手包办。写出初稿后交学生去打印,然后又修改,又交学生去打印;有的教师为了省事,干脆自己直接输入电脑,然后发给学生,叫他打印成文交差。指导教师这样做,实在是无奈,为的是学校在接受上级检查时不拉后腿,真是一片苦心。这种情况虽然不多,但也绝不是个别。

从以上情况来看,当下的本科毕业论文存在着明显的问题,可以说,它应有的积极意义已经被越来越多的消极因素所消解。

(二)从论文本身看,本科毕业论文存在的问题很突出

目前,学校从上到下都很重视毕业论文,教师也以强烈的指导者精神认真

去做好指导工作,自然也完成了这样一项教学任务,有的还取得了比较好的成绩,当然是可喜的。但是,当我们理性地来审视这项工作,追寻一种更加有效的工作形式的时候,我们就不能无视学生在毕业论文写作中曾经存在,至今仍然存在的一些原初性致命问题。从总体上说,当今的本科毕业论文低水平重复的占绝对多数,论别人之所论,说他人所说之话,有创造性的极其罕见。具体说来,主要存在以下一些问题:

1. 选题失当

多年的经验告诉我们,目前本科毕业论文存在的一个首要问题是选题失当。所谓选题失当,包括两方面的问题,一是选题没有价值。许多学生发现不了问题,找不到题目,所选择的通常都是前人已经有很丰硕成果的老题目。老题目是不是就一定不能做呢? 当然不是,只要能够深化以往的研究,就可以继续做。这除了有新视角、新方法之外,最重要的是要有新的看法。当然,发现了新材料,也是可以继续做的。但是,客观情况表明,学生并没有超越前人。二是选题大而无当。许多学生都不知道哪些题目适合自己做,并且能够做好,所以往往选题都偏大。例如"论鲁迅的杂文创作""论张爱玲的小说""论王安忆的女性书写"等,都是可以写出一部专著的大题目。众所周知,题好半篇文;反之,题目没有选好,自然也就失去了半篇文。由于题目失当,所以本科毕业论文中不仅有创造性的很少,而且许多言不及义,不得要领,空泛不实。

2. 立论偏失

本科毕业论文原初性的另一个重要缺陷是立论偏失。不少学生不知道如何立论,论文的观点表面看似正确,实质上很偏颇,既不准确,又不全面,更不稳妥,常常顾此失彼,甚至前后矛盾,不能自圆其说。有些论文的观点是建立在诡辩的基础之上的,根本没有学理上的持重公允。例如,有一篇论述鲁迅个性心理中的妥协的论文,应该说,这篇论文的选题是有一定意义的,是一个值得继续深入研究的问题。从全文看,作者有自己的思考,花了功夫。但是他不会立论,整篇论文的观点都值得斟酌。他这样说,"没有鲁迅的妥协,就没有鲁迅的反抗","鲁迅所说的'遵命文学'就是对政治的妥协"。如此等等,观点看似正确、新锐,但很专断,强加于人。立论偏失,显示出学生思维上的缺陷,对问题的思考不缜密不仔细,降低了论文的质量。

3. 举证无力

这也是本科毕业论文中存在的一个比较普遍的问题。不少学生在论文的写作中不会选择和甄别材料,随便使用材料来证明自己的观点,不管它是否合适,这就导致了举证无力的毛病。这种毛病,一方面表现为使用似是而非的材料,另一方面表现为堆砌材料。不少学生因为掌握的材料有限,常常拿一些似是而非的材料来证明自己的观点,自损说服力;有些学生掌握了比较丰富的材料,却不会判断其优劣,就将其堆砌在一起,这样反而降低了举证的力度。例如,有一个学生在论述曹禺戏剧的科诨时,全篇几乎是台词的摘抄,不管好坏,连篇累牍地堆砌在一起,甚至还将一些本不属于科诨范畴的段落,也不加甄别地放进论文中来,使全篇陷入矛盾与对抗之中。由于相互不统一、不协调、不一致,反而大大降低了可信度。这样的情况在毕业论文中比比皆是。

4. 论证散乱

在目前的本科毕业论文中,论证散乱、思路不清也是一个突出问题。具体表现为两个方面。一是论证缺乏逻辑性。许多论文在论证的过程中,要么前后缺乏内在的必然的逻辑联系,要么前后逻辑混乱,颠来倒去,一团乱麻。二是论证缺乏层次性。本来一个问题可以分几个方面来一一论述,可是不少学生就是划分不开,而是杂乱地将它们放在一起,弄得没有一个问题说清楚了,没有一个问题能够给人清晰的认识,也没有一点能使人信服。例如,有一篇论述曹禺戏剧《原野》的"出走"模式的论文,作者将仇虎的复仇、金子的反抗、焦大星的软弱、焦母的凶悍狠毒混在一起,就是分不清他们之间的关系,理不出头绪,使整个论证非常散乱,不知所云。这种弊端还导致了论文结构混乱和不完整的缺陷。

5. 不合规范

所谓不合规范,就是指形式上、内容上不符合学术论文的规范化要求。目前,本科毕业论文存在着许多不规范的现象。一是语言上不规范。作为中国大陆的高校本科大学生,除外语系学生之外,其他学生撰写毕业论文必须使用标准的现代汉语,但是许多学生外文比中文还学得好,比起使用外语,使用国语似乎更艰难。一些学生不会正确使用标点符号,通篇下来要么就是逗号,要么就是句号。本人指导的几十个学生中,有多人不会正确断句,整篇文字连在一起,弄得表述不清,本人一一予以改正,交给作者输入电脑后再拿给我看,结果还有错误。要反复好几次才能改成通顺的文本。一些学生不会用词造句,词不达意,甚至出现不少词意完全相反的情况。有百分之四五十的同学不会区分"的""地""得"三个助词的正确使用方法,一些学生弄不清一段文字的前后逻辑顺序,前后颠倒混乱。二是不会组织文章的结构,段与段之间比较散乱。三是形式上不规范。很多同学不会提炼内容摘要和关键词,不少同学的引文不规范,有些同学的注释和参考文献很不规范,很不完整。四是文献综述也不合要求。这一些问题使文章的质量大打折扣。由于不合规范,指导教师要一一将这些问题改正过来,工作量十分巨大。

不可否认,多年来高校在抓本科毕业论文上是有成效的,取得了可喜的成绩,使大学生受到了良好的训练与培养。这不仅激发了他们的创造性思维,而且形成了他们的创新能力,为改革开放事业提供了有力的人才支持。但是,我们还必须看到这些不尽如人意的地方,不能盲目乐观,掩盖总体上质量不高的事实。

二、造成本科毕业论文质量不高的原因分析

客观地讲,本科毕业论文中存在一些问题是正常的。毕竟我们教师写的学术论文有时也不可避免地存在这样那样的问题。正确的做法是要正视所存在的问题,尽可能少出问题,尤其是不要出现类似于不会正确使用标点的低级错误。要减少问题,我们必须找到出现这些问题的真正原因,以便对症下药。我认为,主要有以下几个方面:

(一)基础不扎实,能力达不到

我认为,本科毕业论文中存在的这些问题,第一个原因就是学生的基础不扎实,能力达不到。这个问题既有高校的责任,但又不能全部归结于高校。从某种意义上说,更重要的,是中小学教育质量上所欠的账遗留给了高校。例如标点符号和"的""地""得"三个副词的正确使用问题,应该是小学解决的问题,

可学生将这个拖欠的账从小学带到中学，又从中学带到大学；再如用词造句、篇章结构、论证过程和材料的选用等问题，是中学应该解决的问题，现在带到大学来了。当然，这些问题在大学也可以补课，但它们不是大学主要承担的教学任务。而专业基础不扎实则与大学有一定关系，但这个问题还与政策导致的后遗症有关系，具体来说，是大学扩招带来的一个问题。大学扩招使更多学生读上了大学，目前的大学教育是一种大众化教育，根本脱离了精英教育的轨道。从基础教育到高等教育，都没有打好基础的学生，知识层次和结构及思维能力都不能保证他们可以顺利完成精英教育阶段需要完成的任务。所以，有些同学不会选题、有些同学不会立论等一系列问题都来了。能力达不到，完成不好任务，不是学生自身的责任，而是教育目标不适当的结果。

（二）学术训练少，准备不充分

本科毕业论文是一种学术论文，是表达学术研究成果的一种文字载体。学术研究必须要建立在比较扎实的学术训练的基础之上。古语云，"凡事预则立，不预则废"，"不积跬步，无以至千里"。打基础，做准备显得十分重要。目前本科毕业论文中存在的许多问题，都是学术训练不够造成的，有的同学可以说根本就没有经历过学术训练这一个环节。一个没有经过任何学术训练，没有任何基础的人，一下子怎么能够写出合格的文章来？一个没有得到很好的学术训练的人，怎么能够写出质量高的学术论文呢？在大学扩招的背景下，在校大学生虽然也有一些专业练习，但这些练习大都并没有从学术研究的视角去要求，只是从巩固知识的角度要求的。有的高校虽然也开了"学术论文写作"这样的课程，但并没有落实在具体的科学研究中，这种"不在场"方式，多半是空对空的理论介绍，并没有对学生进行实质性的学术训练。尽管开课有一定意义，但因其不实在，故学术训练的效果达不到。而且，学术训练是一个系统工程，不是一门课就能完成任务的。目前，许多高校都是将毕业论文的写作安排在大四集中进行，从专业学习和知识储备的角度来说，这个时间段是科学的，但学生平时缺少训练，没有任何准备，这种"突击式"的安排，并不能取得好的效果。可以说，这是本科毕业论文质量不高的一个最基本的原因。

(三)认识不端正,态度不认真

在本科毕业论文的写作中,本来有一些学生素质良好,有能力做出像样的毕业论文来,可是最终却没有写出好的论文来,原因是对本科毕业论文的认识不端正,态度不认真。这些同学往往将毕业论文写作看成一种负担,而不是将它看成一个必须完成的学习环节和自己本科学习的一个总结,更不把它看成是对自己的专业功底和创新能力的一次展示;有些同学甚至从实用主义出发,非常功利地对待它,认为它与今后的工作帮助不大,所以就抱着马虎了事的应付心理来对待。他们总是十分草率,在快要进行答辩资格审查时才匆匆忙忙和指导教师联系,有的甚至故意躲避指导教师,直到交初稿时才与教师见面。不少论文初稿是匆匆拿出来的。没有经过千锤百炼的钢不是好钢,没有认真的态度,不经过反复训练是保证不了论文质量的。所以,论文总是存在很多的问题,使指导教师接到后措手不及,只好加班加点进行修改。更为严重的是,有些同学干脆找人代笔或者直接抄袭剽窃别人的成果。可以说,态度如何,毕业论文的质量也如何。只有态度认真,才有可能做出有一定价值的毕业论文。

(四)精力不集中,功夫没下足

有一些本科毕业论文质量不高,不是因为专业基础不好,能力不行,也不是因为态度不好,而是因为精力不能集中,没有充裕的时间保证,功夫下得不够。为什么会这样呢？主要是与就业的冲突。众所周知,大学生目前的就业形势十分严峻,许多大学生大学一毕业就失业。这种形势逼迫在校大学生时刻关注就业问题,提前进入找工作的阶段,不少同学在大三就奔波于职场与学校之间。有些学生在这时就找到了工作,有的单位从效率与效益出发,或要求学生提前去工作,或要求学生提前去见习。学生在无奈的情形之下只好做出学业让位于就业的决定,提前上班,"半工半读"。所以,有的学生整个大四一年都不在学校学习,而是在单位。本人所指导的学生就有多人是这样的情况。他们在相隔学校较远的其他城市或乡镇工作,本人只好不断地用电话催,加以邮件指导,但是由于缺乏面对面的交流,他们不能准确理解教师的意思,加上时间和资料不能保证,本来选题有创新,思路也可以,结果却没有拿出理想的论文。例如有一个学生从传统戏曲的影响这一曹禺研究中比较薄弱的视角去选题,选取了曹禺戏剧中的科诨艺术来作毕业论文,选题很好,是一个值得很好地研究的课题。可是因为作者一直在一所学校上课,根本没有时间对问题进行仔细、全面和深入的研究。这样,本来可以做得很好的论文,拿出来后却还有不少缺陷,不能使人满意。此外,学生的勤工助学,也与毕业论文的写作产生了一些冲突,也影响了论文的质量。可以说,时间与论文的质量是呈正比的。

(五)机制不完善,指导不到位

机制不完善,指导不到位也是造成本科毕业论文质量不高的一个不可忽视的重要原因。所谓机制不完善,是指高校尚未建立一套完善的切合实际的机制;所谓指导不到位,是指高校没有保证对学生进行一种有效的指导。应该说,高校教务部门和教学单位对毕业论文的写作是十分重视的,例如制定了一些措施,出台了一些规定,加强教学督导的监督,等等,但是这并不意味着各高校都建立了健全的机制,并不意味着学校对学生进行了有效的指导。可以说,担任毕业论文指导工作的教师,没有一个人不希望自己指导的学生写出好的毕业论文来,真正对指导工作不负责的只是极个别的。但是,由于客观的原因,往往不排除会出现自己的指导无效的情况。目前高校教师学生毕业论文的指导工作大多是分配制,并不是根据教师的实际来确定的。所以,往往出现指导不到位情况:一是外行指导,即教师所指导的论文,不是自己学术领域中的问题,所以往往不能进行切实的指导;二是无力指导,按配给制分配任务,导致人人有责,一些学术视野还不宽、学术能力还没有显示出来的教师往往也被迫要担任指导,实在是勉为其难。有的高校发现了这个问题,所以改成了选择与分配结合制,即先由学生报自己选题的学科方向,院系按其意愿分配给该学科的教师指导。这显然是一种好的做法,解决了外行指导的问题,对于提高论文质量显然有所助益。但是,它还没有解决无力指导的问题,同时也带来了一个所选学科太集中、学科教师不堪重负的新问题。他们一方面要完成上课工作量,一方面要完成科研和教研任务,又要指导成批的论文,无疑会使自己始终处于超负荷运转的状况。这样一来,危及其身体健康与生命安全不说,产生指导疲劳的心理障碍是难免的,进而指导不周全、不仔细的情况也就很自然地出现了。指导不到位,很难保证毕业论文的质量。

由此可见,导致本科毕业论文质量不高的原因比较复杂,在这里,既有社会的原因,又有教育政策方面的问题;既有高校自身的原因,也有中小学遗留的问题;既有学生本人的问题,也有组织安排与指导上存在的欠缺。可以说,要扭转大学扩招背景下本科毕业论文质量不高的现状是一个系统工程,光高校一方还不能彻底解决问题。

三、关于改革本科毕业论文的组织和指导模式的初步构想

如前所述,提高本科毕业论文质量是一个系统工程,尽管涉及方方面面,但高校并不是没有可以继续努力之处,而且不可否认高校在这里所担负的应该是主要责任。那么,高校如何去做好这项工作呢?我觉得关键还在于改革,只有改革才有出路。

(一)从实际出发,因材施教,变独木桥为双轨制

本科毕业论文作为高校的一种教学方式,是我国从苏联引进的,这是 20 世纪 50 年代的事情。中华人民共和国成立初期,我国不仅仿效苏联的教育制度,而且学习和采用他们的教材、教学模式和教学方法。苏联在高等教育中反对通才教育,把它定位为培养高级专门人才。因此,在苏联,高等教育的学制较长,一般都需修业五年,工科院校则需五年半至六年。毕业要求较高,除国家考试合格外,规定文理科需做毕业论文,工科需完成毕业设计,方能毕业。在平时,文理科需要写学年论文,工科则要做课程设计。可以说,毕业论文的教学方式是建立在精英教育基础之上的一种学习要求,与现代的高校大众化教育背景是不适应的。而且它的学制是 5—6 年,长于现在本科 4 年的学制,学生在校学习的时间长,知识的掌握与积累就更扎实、更丰富,能力的培养与锻炼也更充分。这就为学生写作毕业论文奠定了更加坚实的基础。现在的学制短了一两年,加上现在的大学生面临强大的就业压力,与当年的大学生只要埋头学习,就业有保障不同,现在学生心态比较浮躁,功利主义大涨,学习上精力不集中,学业显然不如以往的学生扎实。这样,要以扎实的专业知识功底和

较强的专业技能为基础的毕业论文写作,在当今这种大众化教育阶段显然存在着突出的原初性不足。可以说,本科毕业论文这种教学方式已经不能完全适应当今的本科教学对象的实际,必须进行改革。我们必须从实际出发,因材施教,改变毕业论文这种独木桥式的毕业检验方式,代之以毕业论文与实践报告相结合的双轨制检验方式。

作为教育学最基本的原理就是因材施教,但是本科毕业论文却不是一种因材施教的合适方式,因此我们必须改革。我们可以根据学生的实际,让学生进行自行选择,或者做毕业论文,或者做实践报告。这不仅可以调动学生学习的积极性,还可以让不少学生走出书斋,直面社会与人生,达到增长知识,锻炼能力的目的。其实,检验知识功底,巩固基本知识,扩大知识面,检验和培养学生获取和运用知识以及探索与创新的能力,就是本科毕业论文这种教学方式在理论构想上最本质的目的。学生如果选择做实践报告,也完全可以达到这个目的。就全国来说,一本的学生可以做毕业论文,二本的学生应该实施双轨制;就高校内部来说,对于专业基础比较扎实的学生,学校可以建议写毕业论文,对专业基础差一点的,则可以建议其做实践报告。这样,统一的僵化的教学方式就变成了一种因材施教的灵活的方式。将社会实践报告纳入毕业检验的方式之中,不仅能使学生得到真正的锻炼,而且可以大大减少请人代刀、教师包办和抄袭剽窃等严重的学术道德问题;既可强化学生与社会的联系,又可解决学生择业与学习的普遍性矛盾;同时,因为社会生活日新月异,会不断出现新情况、新问题,它能够使学生扩展视野,增长才干,而且有利于解决做毕业论文时往往出现的找不到论题,发现不了新问题,造成没有创新、低水平重复的问题。

(二)科学安排,循序渐进,变集中突击式为习惯性培养式

对于本科毕业论文的写作,普通高校比较普遍的做法都是安排在第四学年集中进行,搞突击战。这种大规模的突击战必须以战斗员——学生的战斗力做保证,这就必须以训练有素为前提。试想,一个连枪都没有摸过的人,上战场怎么能够杀敌,怎么能打胜仗。然而,当今的本科学生,大都在平时缺乏训练。忽视这方面的基本训练几乎是高校的一种普遍现象,尤其在一般的普通本科院校更为突出。如前所述,我们的本科毕业论文的教学方式本来是学

习苏联的做法，可是绝大多数高校却将苏联与之配套的教学方式——年度论文取消了，这固然是由自己的实际情况决定的，但是，这恰恰违反了一项最基本的教学原则——循序渐进的原则。平时没有训练，突击式怎么解决得了问题？因此，我觉得，要提高本科毕业论文的质量与水平，必须科学安排，强化平时训练，循序渐进，变集中突击式为习惯性养成式。

习惯成自然，这是最为普通的道理；百炼成钢，这是前人智慧的总结。它们也都是前人留给我们后人从事教育工作的宝贵精神财富。这是循序渐进教育原则的另一种话语方式，是对教育产品走向优质的一种过程性的规律揭示。本科毕业论文不能违反这一规律，必须重视习惯性养成教育，重视平时的训练。当我们取消了年度论文的教学方式后，必须找到一种替代的方式，平时训练这一环不能少。如何去进行呢？专业是由学科课程支撑的，所以只能落实到学科课程的教学中去。关键的一点就是要加强学科课程平时作业的学术性训练。既可在平时的练习中要求，也可以撰写学术述评或学科课程论文的形式予以强化，但后者效果更好。学校可以规定，在一门学科课程结束时，或要求学生就学科课程中的某一问题研究现状进行梳理，加以评价，或提交有自己一定见解、符合学术规范的学科论文。其篇幅一般在 3000—5000 字，其成绩按百分之五十记入该课程的最终成绩。学科论文或学术述评比起一般的平时作业效果要好，不仅可以培养学生刻苦钻研、积极探索问题，发现和解决问题的能力，而且可以形成良好的学风。

当然，这里必须解决两个问题。一是教师工作量加重的问题。客观地讲，无论是学生做学术述评还是做学科论文，都要大大增加教师的工作量。目前许多高校对教师工作量的计算仅仅记其课时数，而将教师备课、批改作业及辅导学生等一些工作忽略掉。这在行政化的高校更加突出。这是很不科学的做法，也是不合理的做法。他们的基本理念是，行政人员上班，教师就是上课。难道教师要开一门课，要上好一节课，是凭空可以完成的吗？我觉得教师工作量计算必须在课时之外再适当增补其他。如果是这样的话，我们的改革就可以进行。二是学生负担问题。通常而言，一学期学生做一两篇学科论文或学术述评是不成问题的，但如果学科课程多，又集中在一个时段结束，学生恐怕承受不了。因此，这里有一个教学上的规划与协调的问题。如果规划好了，也是没有问题的。

（三）师生互选，优化指导，变配给制为遴选制

指导机制十分重要。以往，大多数高校实行的都是配给制，即由教学院系将学生平均分给每个教师指导，往往出现学生的选题方向不属于指导老师所在学科范围的现象，给指导教师带来了许多困难，如：无法去把握选题的意义；无法指导学生去搜集和占有资料；无法判断使用材料的准确度；无法判断论文有没有新见解，是否取得了新成果；等。遇到这种情况，大多数教师都只好从形式上予以指导，无法从实质上予以指导，论文的质量当然很难把握，甚至连学生有没有抄袭剽窃行为也很难判断出来。因此，要提高本科毕业论文的质量，必须打破这种配给制，实行师生互选的遴选制，优化指导工作。

本科毕业论文是一种学术研究成果的表现形式，要有效地指导学生写论文，首先必须具备两个前提：一是教师熟悉选题所在学科的研究现状，二是教师有一定的学术研究经历。只有达到这两个条件，指导工作才有保证。所谓遴选制，就是充分考虑这两个前提后提出来的。它包括两个方面，一是教师选学生，二是学生选教师。具体可以这样操作：首先征集学生的选题或选题方向，然后按学科方向分类，将学生划分到不同的学科，由教师来选择学生；教师选定以后将结果反馈给学生，学生如果对教师不满意，可以提出来换指导教师。遴选制实行双向互选，更加具有针对性。因为，无论是教师还是学生都已经对对方有所了解，尤其是教师，他在选学生的时候就考虑到了自己能不能指导学生提交的选题与方向。所以，无论怎样，遴选制是一种优化毕业论文指导工作的方式，也是提高本科毕业论文质量的一种切实的制度保证。

（四）相互协作，优势互补，变个人独立指导模式为一人主导、多人参与的指导模式

目前许多高校采取的都是一对一的指导方式，这种方式有它的好处，就是责任落实，有利于调动教师指导工作的积极性和主动性，强化教师的责任意识。但是，这种指导方式也有它自身的缺陷，就是它忽视了教师之间的差异。这种差异，除了个性心理上的不同之外，更重要的一点，就是学术上的差异，科

研能力的强弱不同,学术视野的宽窄有别。高校教师不同于其他教师之处就在于他们都具有自己的学术领域和方向,即使处于同一学科的人,他们在学术研究上也总是有自己的一块学术领地。所以,每一个教师都有自己的优势,也有自己的不足。既然这样,那么,本科毕业论文一对一指导模式的弊端就不言自明。因此,要提高本科毕业论文的质量和水平,必须做到指导教师之间互相协作,互相取长补短,这就必须改变一对一的个人独立指导模式,代之以一人主导、多人参与的指导模式。

所谓一人主导、多人参与的指导模式,是指由一个人集中负责,多人参与指导的模式。这有利于避免因个人的偏狭所带来的不足。那么这种混合制如何进入实际的操作过程? 多人指导又如何进行呢? 一般可以这样做:对毕业论文全过程的指导必须由一个人负责,否则会出现相互扯皮、推脱责任的情况,而在全过程的关键环节则实施多人指导的原则,这种多人指导可以学科或教研室为单位组织进行。目前,有些高校的院系对于学生毕业论文的选题已经进行了教研室评议,这是很好的一种举措,对保证毕业论文的质量有着积极的意义。然而也有些人只是走教研室主任签字的过场,如此只是增加了教研室主任的工作,并无实质性意义。实施这种混合制,各学科或教研室可以组成学术指导小组,制定本学科当下值得研究及正在研究又尚待深入的课题指南,对学生自主选择的论题进行价值论证,对不同论题所包含的内容及应该采取什么样的方法进行研究,对学生拿出的初稿进行审读,提出修改的意见及方法,对定稿是否符合答辩要求进行资格审查,等等。这样,既明确了教师各自一对一指导的责任,同时又集思广益,借助集体智慧来把脉会诊,大大强化了指导的针对性与有效性。这种混合制尤其对科研实践经验较少的指导教师能够提供切实的帮助。

本科毕业论文是学生创新素养与学识水平的一个重要标志。但这种教学方式是以精英教育为背景的,它与当今高等教育大众化的情势并不十分切近。精英化与大众化的矛盾扩张,导致了种种问题出现,使当今高校本科毕业论文在质量上存在较多的问题。因此,必须改革这种教育方式。在高等教育大众化的前提下,必须重提并遵循因材施教的原则,将本科毕业论文这一独木桥改成毕业论文与实践报告并举的双轨制,并按照循序渐进的原则,把突击式教育改为习惯性养成教育,优化指导,相互协调,以遴选制替代配给制,将一对一的指导转换成有多人参与的混合指导,从而切实提高本科论文的质量,提升高校的教学水平。

参考文献

顾明远.论苏联教育理论对中国教育的影响[J].北京师范大学学报(社会科学版),2004(1).

第 二 部分

"汉语十"国际中文教育与大中文专业改革

"汉语＋"线上汉语教学的实践与探索

罗荣华

2010年以后,移动互联、大数据、人工智能等新一代信息技术的发展使互联网教育爆发出新潜能。这一阶段的互联网教育模式出现颠覆式创新,形成了全新的知识传播模式和学习方式,教育形式呈现多媒体化、互动化。基础教育、职业教育和语言学习等领域的互联网教育企业如雨后春笋般兴起,各种在线教育平台也应运而生。唐风汉语、哈兔中文等一批在线汉语教学平台异军突起,为海外汉语学习者提供线上一对一或一对多汉语教学服务。

近些年,随着中国国际地位的提高,国际影响力的扩大,以及"一带一路"倡议的实施,世界各地掀起了学习汉语的热潮。据国家汉办粗略估算,目前除中国(含港澳台)之外,全球学习使用汉语的人数已超过1亿,并且以较大比例的幅度逐年增长,而在这之中,除了传统学校、孔子学院/课堂和语言培训机构的汉语学习者之外,还有90％以上的汉语学习者选择依托互联网途径学习。这些汉语学习者的学习需求多元化,年龄层次、学习动机、语言环境和专业背景多元化。线上汉语教学平台便成了不同需求、不同语言环境的汉语学习者最便捷的学习渠道,其一对一或一对多的教学方式帮助了许多海外汉语学习者拥有了本土汉语环境的沉浸式体验,汉语水平提升较快。最常见的线上汉语教学类型包括线上一对一或一对多教学、公开课直播教学、录播教学等。

随着互联网教育的发展,"一带一路"的持续推进,汉语国际推广和中华文化传播的战略任务的实现,国际汉语教师的需求量增大,他们不仅要具备传统的线下汉语教学技能技巧,还要具备线上汉语教学的技能。然而,传统汉语国际教育人才培养模式只着力培养传统的线下国际汉语教师,没有关注国际汉语教师市场需求的新变化,忽视了线上国际汉语教师培养,导致国内外线上汉语教学平台缺乏优秀的线上国际汉语教师。

浙江越秀外国语学院密切跟踪汉语国际教育市场的变化,与国内互联网教育企业保持密切联系与合作。汉语国际教育专业于 2017 年开始实施"汉语＋三型一化双线"的人才培养模式，开展了为期两年的探索与实践，取得了很好的效果。

一、"汉语＋"线上汉语教学实施方案

浙江越秀外国语学院广泛深入调研了汉语国际教育人才市场需求情况，调查了国内几十所高校汉语国际教育专业的人才培养情况，有如下现象：

（1）"互联网＋教育"正在改变人类传统的学习模式，海外汉语学习者的汉语学习模式发生了改变，表现为：学习方式互联网化、学习时间碎片化，学习内容个性化。在线汉语教育商业平台也应运而生，国内著名的腾讯资本、红杉资本也进入了这个领域，著名的平台有：汉声中文、Lingobus、Italki、Ihatoo（哈兔中文）、Tutorming、Chinesebon（中文帮）、Chinlingo。（2）国内各大高校没有重视汉语国际教育市场的这一积极变化，所执行的培养方案依然是培养线下汉语国际教育人才的方案，毕业生就业路径不通畅，专业对口就业率低。教育部 2018 印发的《教育信息化 2.0 行动计划》通知中指出："建成'互联网＋教育'大平台，推动从教育专用资源向教育大资源转变，努力构建'互联网＋'条件下的人才培养新模式、发展基于互联网的教育服务新模式、探索信息时代教育治理新模式。"为了贯彻《教育信息化 2.0 行动计划》的精神，学院努力突破汉语国际教育专业毕业生就业难与线上汉语教学人才极其短缺这一瓶颈，对汉语国际教育专业人才培养模式改革与创新，使本专业的专业定位更加清晰，更加符合专业目录的要求和人才培养的实际需要，制订了具有互联网特色的人才培养方案，实施了"汉语＋三型一化双线"的人才培养模式。具体实施方案如下：

①更新人才培养目标："培养具有扎实汉语基础能够胜任对外汉语教学以及中外文化交流等相关工作的应用型、复合型、创新型、国际化人才。"

汉语国际教育所培养的人才应该是立足于汉语这一主体，培养跨语言学、心理学、教育学、文化学等学科的复合型人才；培养能在汉语国际教育教学的基本理念指导下运用所学理论和方法解决教学中存在的实际问题，熟练使用现代教育技术和教育手段的应用型人才；培养具有创新意识、创业能力并能够进行课程开发、教材编写的创新型人才；培养具有良好的跨文化交际技能和中

华才艺,善于处理国际文化合作、交流沟通的国际化人才。

②新增培养要求:"掌握互联网教育的基本规律、技能技巧,能进行线上汉语教学",即培养具备线下与线上汉语教学技能技巧的国际汉语教师。

③增设了"跨境线上汉语教学与实践"的实践课:学生要在跨境线上汉语教学实训室进行一对一的线上汉语教学实践,并且要回看教学录屏、撰写教学反思,让学生熟悉线上汉语教学模式,掌握线上汉语教学方法与技能技巧。

二、"汉语＋"线上汉语教学开展情况

从 2017 年 9 月开始,我校先后与哈兔中文网络学院和深圳市中文路教育科技有限公司合作,为我校汉语国际教育专业的学生提供跨境线上汉语教学实践机会,学生们利用公司的平台,与外国学员进行一对一的跨境线上汉语教学实践。

(一)小组分工,各司其职

跨境线上汉语教学实践以小组形式开展,每组 4 人,组内设置课程顾问、助教、主讲等角色。其中课程顾问负责课前与公司分配给本组的外国学员进行沟通联系,调研学员年龄、文化背景、汉语水平和学习需求;课后回访学习者,获知学习者的上课感受,搜集其对教师的意见和建议,引导其说出对于教师、课程及学习目标的期望。助教负责组织课程顾问及主讲进行集体备课,配合主讲撰写教案,制作课件,并负责监督学习者按时按质完成课后作业,解答作业中的疑问。主讲负责给学习者授课,熟悉教学内容及课件,使用合理的教学方法达到教学目标。角色不同,对学生的要求也不同。课程顾问要求善于沟通交际,具备较强的英语能力和跨文化交际能力;助教要求熟练掌握电脑的基本操作,擅长课件制作,逻辑条理清晰;主讲要求语音面貌好,具备扎实的专业知识,掌握一定的对外汉语教学方法和驾驭课堂的能力。根据不同角色的不同要求,学生根据自身所长,选择适合自己的角色,组内合理分工,团队协作共同完成本组外国学员的教学任务。每小组第一期教学任务完成后,第二期教学任务可以进行角色互换,让每位学生能够得到全方位的锻炼。

（二）线上汉语教学实施过程

线上汉语教学实践任务基本流程如下：

（1）获取学员信息。公司提供外国学员的基本信息后，由课程顾问负责先跟外国学员取得联系，了解外国学员的现有汉语水平和学习需求，比如是学习日常交际用语还是学习商务汉语等。（2）制订个性化教学计划。获取相关信息后，各组组员共同探讨以确定阶段性的教学内容，制订教学计划。（3）集体备课、撰写教案。根据选定的教学内容，按照教学计划进行集体备课，撰写教案，制作 PPT，授课前组员集体讨论教学方法等。（4）小组进行线上教学。授课过程要求组内所有成员同时登录教学平台，主讲对学员进行授课，其他组员观摩教学。（5）观看教学录屏，撰写教学反思。课程结束后，组员通过回看教学录屏材料，结合课堂观摩情况，提出教学过程中存在的问题，并对这些问题进行讨论，搜集学生在学习过程中所产生的偏误等，并撰写教学反思，标明录屏文件中哪个时间节点处理得很好，哪个时间节点存在问题，方便查看。

（三）跨境线上汉语教学与实践课的开展

跨境线上汉语教学与实践课既有理论讲解，也有实践指导。

理论方面的内容有：（1）"线上汉语教学"的概念，产生背景，发展的现状和未来的趋势；（2）"线上汉语教学"的理论基础、教学特点、教学方法、教学技巧等；（3）跨境线上汉语教学需要掌握的基本技能有电脑的操作、现代化教育技术、扎实的汉语基础、较强的英语交流能力、跨文化交际能力、沟通能力、对外汉语教学能力等；（4）线上汉语教学团队中各种角色（主讲、助教、课程顾问等）所需具备的素质和所发挥的作用。

实践方面的内容有：（1）跨境线上汉语教学平台的介绍、操作使用方法及注意事项；（2）观看有经验的教师线上汉语语音、词汇、语法、汉字片段教学的录屏材料，直观感受线上汉语语音、词汇、语法、汉字教学，学习线上汉语语音、词汇、语法、汉字的教学方法与技巧；（3）教师筛选学生线上汉语教学录屏，并组织学生观摩，然后组织学生集体讨论该教学片段的优缺点，教师点评，并指出下一步改进的办法。

三、"汉语＋"线上汉语教学实施效果与存在问题

通过两年的跨境线上汉语教学实践,学生们的对外汉语教学水平得到显著提高。比对学生第一次与最后一次线上汉语教学的录屏,学生们的教学水平提升极快,由最初的教学门外汉成长为具备一定教学经验的能自然驾驭课堂的国际汉语教师了。学生的收获主要有以下几方面:

(一)能提高对自身知识水平和汉语国际教育专业的认知

在线上汉语教学实践之前,很多学生对自身专业只有一些感性的认识,具备一些基本的理论知识,一般都没有教学实践经验。通过跨境线上教学实践,学生们深切体会到与外国学员的沟通交流是一种跨文化交际;通过体验一对一线上汉语教学,了解到线上汉语教学对象、教学内容、教学过程等与线下汉语教学都有所不同;学生们在不断遇到困难、解决困难的教学过程中,很快会意识到自己的专业知识不够扎实,书到用时方恨少的危机感促使学生更加重视专业知识的学习。很多学生在对跨境线上汉语教学实践进行总结时,说到最大的一个感受就是实践让他们认识到现代汉语知识和英语在教学实际中的重要性,以后一定要加强这两方面的学习训练。线上汉语教学实践,检验了学生们对于专业知识的理解与掌握程度,让他们对自己的专业技能有一个较为理性的判断,促进他们提高学习的自主性;也正是这样的实践活动让他们了解汉语国际教育专业在实际应用中的新趋向,增强对专业的兴趣与认同感。

(二)能全面提高各项专业技能

跨境线上汉语教学实践,从与外国学员沟通开始,到根据学员的学习需求选定教学内容,制订专门的教学计划,撰写教案,制作PPT,再到一对一的线上汉语教学,以及最后的教学反思,整个过程都是学生们通过合作讨论,全员参与实现的。这样就让学生们对整个线上汉语教学的流程、教学方法等有一个清晰而全面的了解。为了激发学员的学习热情,提升教学效果,学生们会千方

百计地运用各项专业技能。通过实践,学生的双语教学能力、跨文化交际能力、人际沟通能力、电脑操作能力、课堂教学能力、随机应变能力、课堂驾驭能力和课件设计制作能力等各方面都得到全面提升,极大地丰富了学生的实践教学经验。

(三)能提高创新能力

在整个跨境线上汉语教学实践中,学生不管是在与学员的沟通上,在课程内容的选定与讲解上,还是在一对一的课堂教学上都不可避免地会遇到一些问题。这时需要冷静地思考和讨论,找到解决方案,这样学生能养成科学态度和科学精神,提高发现问题和解决问题的能力,树立创新意识,培养创造力。比如在实际教学中,对于学员提出的一些问题,学生们备课时没有考虑到,课后一定会想办法查找资料来解决学员提出的问题。另外,在教学过程中,发现学生们在前期由于经验不足,教学方法比较单一,学员注意力不集中,学习兴趣不浓厚,这会促使学生们想办法不断创新,选择更加适合外国学生的教学方法,并撰写教案、编写教材、制作精美的PPT,这样,学生的创新能力就能得到培养。

(四)能学会合作和分享

此次跨境线上汉语教学实践采取小组形式进行,每个组的成员都必须通力合作,才能让教学实践顺利进行,任何一个环节或任何一个角色出了问题,都会直接影响教学实践的进行。在实践教学开始之初,各组组员都处于磨合期,也确实出现过组员之间意见不一致、关系不和谐的情况。但是最终大家都需要以服务教学为宗旨,学会团队合作,学会与他人交流,学会倾听教师和他人意见,向他人表达自己的观点及与他人分享自己的成果。

跨境线上汉语教学实践给学生们带来了很多收获,但在实践过程中学生也遇到了一些问题,学生们在解决这些问题中不断成长。

1. 公司平台的问题

哈兔中文教学平台有时存在不太稳定的现象,同时登录的人员过多可能会影响上课的效果,有时候与学员上课时会出现教学与不同步的现象。有些学员所处网络环境不够理想,不能满足一对一课堂教学的需求;有个别外国学员的学习态度不是特别端正,有的学员工作或者学习太忙,不能保证按时上课,甚至出现失约现象。应该建立相关的制度,能够约束学员,以保证实践教学的顺利进行。

2.学生知识储备的问题

在跨境线上汉语教学实践之前我们的学生已经进行了两年专业理论的学习,但是在教学实践过程中,我们发现,学生的知识储备,特别是跟汉语国际教学相关的专业知识储备还存在明显的不足。其中表现最突出的是学生的英语听说问题,不论是在课后跟学员的沟通交流上,还是在课堂上学员用英语提出疑问时,经常会出现学生(在线教师)听不懂的情况,或者出现外国学员听不懂学生(在线教师)所说的英语的情况,影响彼此的沟通、交流和课堂教学的进行。虽然在汉语国际教学中,我们并不提倡学生大量使用英语进行授课,但是一定水平的英语能力是作为一名对外汉语教师必须具备的,不容忽视。另外,学生与汉语国际教学相关的汉语知识储备也比较欠缺,特别是在给学员讲解汉语语法和近义词时,学生对汉语本体知识的认识不够,教学底气不足,有些问题不能很好地为学员解答。因此,大一、大二阶段应该多强调与汉语国际教育相关的专业知识教学,增加学生的专业知识储备,只有知识储备充足了,才能自如地应对教学中的各种问题,更好地进行教学。

3.课堂教学常见问题

通过对学生在跨境线上汉语教学实践期间课堂教学表现进行观察,我们发现学生们在课堂教学方面存在一些问题。首先,很多学生在实践之初没有将自己的角色转换过来,没有把自己当成一个真正的国际汉语教师,而是觉得自己是一个学生,所以在上课的时候常常表现出来的是底气不足,不够自信,没有发挥教师对课堂的主导作用,有时候甚至会被外国学员牵着鼻子走。其次,由于经验不足,很多学生在课堂教学过程中驾驭课堂的能力还很欠缺,课堂的应变能力不足,遇到外国学员提问题时表现得很不淡定,不知道如何处理,会很紧张,不能及时处理学员在课堂上提出的问题。再次,课堂教学方法较为单一,学生最初都比较依赖自己带读、学员跟读的单一教学模式,不敢尝试更多新的教学手段和方法。不过随着教学的推进和教师对教学的建议以后,这一方面也渐渐有所改变。另外,学生在课堂教学时对学员的反应没有准确的判断,比较依赖自己设定的教学流程和教学环节,不能根据学员的反应对教学做出适当的调整。

4. 人际沟通常见问题

教学实践过程中还多次出现了学生与学员沟通方面的问题。一方面,是因为学生与学员的沟通属于跨文化交际,与平时中国人之间的交际存在一定的差异;另一方面,也与学生还没有走入社会,对人际交流中应注意的一些事项了解不够有关。有的学生与外国学员初次联系时,在还没有了解学员的汉语基础时就直接使用汉语或者汉字与学员交流,造成交流出现障碍。有的学生在和外国学员沟通上课时间时出现问题,造成教师进了虚拟教室而学生迟到或失约的现象。

综上所述,跨境线上汉语教学的实训实践培养了学生线上汉语教学技能技巧。虽然在实践过程中多少遇到了一些问题,但是正是在发现问题和解决问题的过程中,学生们得到了成长,在摸索中不断前进。

参考文献

[1]李丹萌.汉语国际教育中线上汉语教学的应用研究[D].长沙:湖南师范大学,2003.

[2]吕军伟,张丽维.基于"互联网＋"的汉语国际教育在线互动教学平台建设现状研究[J].前言,2017(8).

[3]张和生,洪芸.简论基于互联网的对外汉语教学[J].北京师范大学学报(人文社会科学版),2001(3).

[4]李斌.利用互联网开展对外汉语教学研究[D].长沙:湖南师范大学,2003.

[5]张丹,钟绍春.基于互联网对外汉语教学模式的研究[J].广西师范大学学报(自然科学版),2004(1).

本文原载于《现代教育科学》2019 年 9 月 15 日。

汉语国际教育专业实验教学探索

姜兴鲁　周　莹

实验教学是在人为设置的情景环境中进行的具有操作性、验证性的教学，是学生知识建构和知识转换的必要途径。它不但促进知识向能力转化，也通过各种实验环境和实验条件的设置，使学生获得理论课堂得不到的能力学习和能力锻炼。也就是说，专业实验课对专业课具有提炼和升华作用。2018年教育部文件特别强调指出：以促进学生全面发展为中心，既注重"教得好"，更注重"学得好"，激发学生学习兴趣和潜能，激励学生爱国、励志、求真、力行，增强学生的社会责任感、创新精神和实践能力。要使学生学得好，增强创新精神和实践能力，加强专业实验教学是必须的举措。理工科实验教学由于历史和学科的原因，已经具备相当成熟的体系，而文科实验教学则还在起步，关于文科实验教学的观念、理论、模式等都还处于探索阶段。

汉语国际教育专业是适应汉语国际传播需要而迅速发展起来的新兴专业。汉语国际教育专业的培养目标是：培养从事汉语国际教育和相关对外交流传播的具有国际视野的应用型复合人才。在培养规格上，要求较好地掌握汉语言文化和汉语国际教育的基本理论、基本知识，并具备独立进行对外汉语课堂教学的能力、外语综合应用能力、人际沟通能力、团队协作能力和社会活动能力，具备涉外事务处理的基本能力，具备较强的实践动手能力和一定的现代教育技术应用能力。也就是说，相比一般文科专业，汉语国际教育专业具有更强的实践性，更强调知识结构和能力结构并重，更强调知识与能力的相互转化。因此，专业实验教学在汉语国际教育专业人才培养中具有极为重要的地位，探索更有效的专业实验教学路径，开创汉语国际教育专业实验教学的新局面，对于专业发展而言就显得非常重要。

一、汉语国际教育专业实验教学特点

文科实验教学与理工科实验教学一样,同样是高校人才培养体系的重要平台和载体。文科实验教学在培养文科学生发现问题并解决问题的能力、自主学习能力、创新能力方面有不可替代的作用。但是,由于学科专业的不同,文科实验具有与理工科实验不同的特点。

(一)文科实验的参数具有复杂性

理工科实验面对的是自然物质世界,研究物质世界在一定参数下的变化或反应情况,这种作为实验的参数是明确并可以计算的。文科实验面对的是人与社会,"将人和人类的活动规律作为研究领域"。而人的行为心理各不相同,社会现象的产生和变化也受许多因素影响,因而,介入文科实验的各种参数要比理工科实验复杂得多。汉语国际教育专业的实验主要集中在对外汉语教学和相关对外交流上,其实验项目的完成自然受到更多复杂因素的影响。

(二)文科实验的过程具有不确定性

物质世界的各种反应变化是有一定规律的,在一定作用下的反应或变化过程是确定的,因此理工科实验具有程序化特征。文科实验因为面对的是复杂多变的人与社会活动,受许多不确定因素影响,各种条件的变化是难以准确预计的,因而文科实验的参数和过程具有更多的不确定性。就国际教育专业来说,即使同样进行文化交流的活动设计,也会因对象不同、时间地点不同等因素,导致实验过程的不确定性,不可按图索骥。

(三)文科实验的结果具有不可复制性

由于文科实验面对的是不断变动的人和人的活动,影响文科实验的因素多而复杂,每次实验的条件状况也不是一成不变的,导致文科实验的结果具有不确定性。即使按照教科书的方法去完成实验项目,每个人、每个小组、每届学生的实验结果也是不同的。文科实验教学的目的是引导学生实际操作和综合运用各种知识技能解决不同的问题,无论结果如何,学生得到锻炼提高就实现了目标。

二、汉语国际教育专业实验教学体系建构

实验与实验教学不同。实验是具体的实验项目操作,是附属具体课程,为某一课程的具体教学目标服务的。实验教学是一种教学组织形式,有完整的教学内容和教学环节,传授具体的实验知识和实验技能。从实验转为实验教学,表明单独零散的从属于理论课程的实验已经不适应现代高校人才培养的需要,应该在更高水平上设置相应的独立的实验课程,建立实验教学体系,形成实验教学与理论教学相互独立又相辅相成的格局,全面培养和完善学生专业知识结构和能力结构。

建构主义认为,意义是由人建构起来的,也就是说,知识不可能以实体的形式存在于具体个体之外,尽管我们通过语言符号赋予了知识一定的外在形式,甚至这些命题还得到了较普遍的认可,但这并不意味着学习者会对这些命题有同样的理解,因为这些理解只能由个体学习者基于自己丰富和独特的经验背景而建构起来,这取决于特定情境下的学习历程。汉语国际教育实验教学体系正是针对汉语国际教育专业知识命题而为学生提供的自我知识建构平台。

(一)汉语国际教育专业实验教学体系构成

汉语国际教育专业教育课程基本分为四大块:对外汉语相关课程、语言学类课程、文学类课程和文化类课程。这些课程讲授的基本属于陈述性知识和间接性知识。陈述性知识,即命题性知识,是关于"是什么"的知识。学生是从教材和课堂获得这些知识的,所以也是间接性知识。他们需要实验教学提供程序性知识和直接性知识。程序性知识主要是说明性的知识,是关于"怎么做"的知识。学生通过实验教学和具体实验操作获得直接性知识。

经过反复尝试,我们在国际教育专业实验教学体系设置了与这四大类课程相配套的实验课程体系,形成如下实验教学板块:

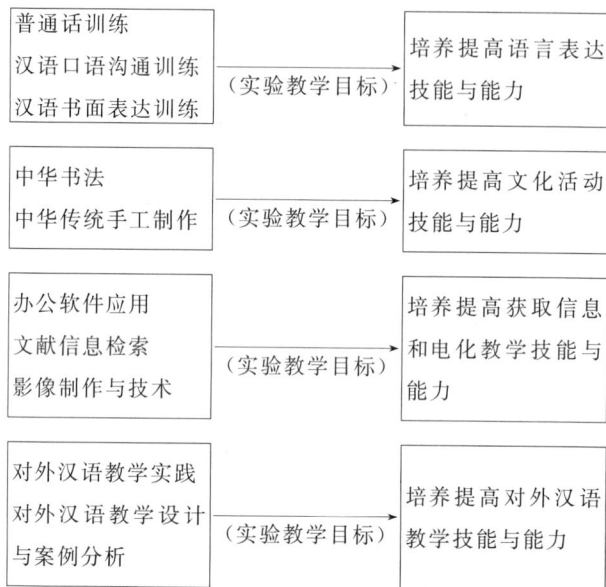

普通话训练 汉语口语沟通训练 汉语书面表达训练	→（实验教学目标）	培养提高语言表达技能与能力
中华书法 中华传统手工制作	→（实验教学目标）	培养提高文化活动技能与能力
办公软件应用 文献信息检索 影像制作与技术	→（实验教学目标）	培养提高获取信息和电化教学技能与能力
对外汉语教学实践 对外汉语教学设计与案例分析	→（实验教学目标）	培养提高对外汉语教学技能与能力

（二）汉语国际教育专业实验教学体系的层级性

实验教学体系还应具有层级性。专业实验教学贯穿整个大学学习过程,作为完整的实验体系,实验课程的设计应体现出不同年级实验教学在内容上、技能上、目标上的等级次序,使学生获得循序渐进的提高。汉语国际教育专业实验课程的层级性可以体现为:单项技能的实验课程—多项技能的整合实验课程—综合性实验课程。

单项技能的实验课程,教学内容和实验内容单一,是在限定空间时间范围内的单项技能操作训练,基本不涉及或很少涉及外在环境,也很少涉及更多的其他技能,如普通话训练、汉语沟通交流训练、中华书法等课程。

多项技能的整合实验课程,教学内容和实验内容相对复杂,需要调动多项技能及相关知识的实验。如果说,单项技能实验课程可以视为整体知识和能力结构的零部件打磨,那么多项技能整合实验课程可以视为知识技能零部件的成块组装。比如书面表达训练课程中有操练各种教学文件写作的内容,除了基本格式训练之外,教学文件写作必然需要调动有关的语言知识、教学理论知识才能完成。

综合性实验课程是实验教学体系的顶端,是各种学习、各种技能的综合性、创造性运用。相比单项技能实验课程和多项技能实验课程,综合性实验课程更多地涉及外在的人、事、物,也具有更多的不可预期性,有时甚至需要自己创造实验条件、拟定实验途径。比如"对外汉语教学设计与案例分析""对外汉语教学实践"课程,教师指导学生完成一个完整的教学任务。在这个实验过程中,学生不但需要综合运用所学过的全部语言、文化、教学等理论知识,也需要运用之前学习训练过的课件制作、影像制作、板书、文化手段、口头及书面表达等各种相关专业技能,还需要运用分析问题和解决问题的能力、与人沟通交流的能力、寻求合作的能力、创造性完成任务的能力等。

我们的汉语国际教育专业实验教学体系就是希望将这样三个层级的实验课程前后衔接,形成逐步上升的台阶,从而实现汉语国际教育专业实验教学的最终目标:使学生具备对外汉语教学的基本理论、知识和技能,能够实施完整的教学行为。

三、汉语国际教育专业实验项目的设计

实验项目是实验教学的载体,有具体的实验目标、实验要点、实验程序、评估标准。学生通过完成实验项目达到将知识转化为技能和能力的目的,教师通过实验项目指导学生实现知识转化。在汉语国际教育专业的实验项目设计中,应注意多样性、挑战性和层级性。

(一)实验项目设计应该多样化

汉语国际教育专业的学习内容涉及广泛,包括语言理论、二语习得过程、文化及跨文化交际、教育原理、教育心理学、教育技术、语言教学方法、文化技能等。而学生的能力要求,也包含独立学习能力、合作学习能力、交流沟通能力、课堂教学能力、综合创造能力等。实验课要使学生得到多方面的知识运用和技能操练,就必须注意设计不同角度、不同形式、不同目标的任务,使学生从不同方面进行知识构建,完善知识结构,运用不同的理论知识,得到不同方面

的锻炼,提高各种相关能力。在汉语国际教育专业实验教学中,按项目任务,可以有观察性的项目、技能操作性的项目、研究性项目、集成组合性项目、案例分析性项目等;按完成方式,可以有个人独立项目,也可以有小组合作项目。

(二)实验项目设计应具有难度空间

克拉申的"i＋1"理论指出:理想的语言输入模式是语言输入应略高于学习者现有语言水平,其中i代表学习者现有水平,1代表稍稍高出学习者的现有水平。使学习者通过"跳一跳"来获得学习提高。这虽然是二语习得的理论,但同样可以推广借鉴。我们说的实验项目设计应具有难度空间,就来源于这一构想。即在学生的基础知识能力与任务目标之间,设置一个难度距离,不给学生提供现成的方法或途径,学生必须自己搜索相关信息,找出实现目标任务的方法路径。

四、汉语国际教育专业实验课程的程序学习和成绩评定

实验教学具有不同于理论教学的内容,它不是让学生学习理论所概括的事实和语言,而是使学生"很快找到所需要的模式去解决某一个特定的问题"。因此,我们必须考虑如何在实验教学中实施程序学习。另外,文科实验教学的成绩评定应该不同于理论教学,当然也不同于理工科实验教学。

(一)实验教学的程序性知识学习

文科教学常用的复述、讨论、语言分析或材料分析等都属于思辨性学习。学生通过思辨性学习获得陈述性知识即概念性、描述性、命题性知识,是对具体事实、事件的经验性概括。实验教学则主要提供程序性知识,它包括行动的环节、步骤、方法、策略、技术等。学生只有先了解这些程序性知识,才能省却运用各种程序实现知识转化的步骤,达到新知识建构的目的。因此,实验教学首先要使学生了解掌握相应的程序化知识。具体说来,就是教师应给学生提供必要的实验操作框架,使学生学会解决问题的基本程序步骤。

我们的教学对象是正在学习的学生，他们并不熟悉了解课程的内容，也不知道怎么去完成实验，尤其是文科实验项目不像工科教学那样都有较为固定的模式化操作流程，因为文科实验面对的是社会现象，而社会现象本身就是复杂的，理论与实际也不具有简单对应的关系。以学生的水平，如果没有相应的程序引导，必定是不知所措，甚至敷衍了事，导致实验失败。所以教师必须在精心设计实验项目的基础上，给学生必要的引导，在工作内容、具体步骤、可引用资源和成果形式等方面，给出明确的框架要求。使学生明确要解决的问题以及解决问题的途径，知道应该采取哪些步骤来完成，使他们的行动有一个基本指向。如：

实验项目：第二语言课堂教学记录与分析

实验框架：

1.观察课堂教学环节的展开，记录各环节的具体内容。

2.观察课程知识点的安排与讲授。

3.观察教师使用了哪些教学法（传统的翻译法、听说法、直接法、功能法、视听法、认知法、交际法等），如何使用。

4.运用第二语言教学的理论对该次课进行分析评价。

5.上交完成的记录和分析。

每个实验项目都应该有类似的操作框架，不但给学生指明操作步骤，教师还需要在实验过程中给予指导，实现对实验教学的全程有效控制。

（二）实验教学的考查方式

文科实验的成果形式通常不像理工科实验那样具有直观性的量化评价标准，文科实验考核标准不能只注重单一的分数量化，还应注重多级的、全面的评估。因此，为了更好地适应文科实验特点，我们采用的主要考查方式是评议，是依赖过程性和多层级评议的方式。使学生认识不断深化，使教学得以继续深入。

所谓过程性评议，一是指把实验操作和实验成果都纳入评议范围，实验过程伴随着评议过程。在这个过程中，教师引导学生在实验的不同阶段进行评议。二是将每一实验项目成绩纳入期末成绩。一方面通过各环节的评议能更好地帮助学生领会掌握实验精髓，提高学生兴趣，约束学生行为，顺利完成实验,达到教学目标。另一方面也有助于更全面合理地考查学生,避免仅凭期末考试一锤定音的偶然性,使成绩评价更合理。

多层级评议则是指实施学生自我评议—学生集体评议—教师评议的方式,把评议过程纳入学习过程,使评议过程也变成学习过程。从学生自我评议到学生集体评议再到教师评议,学生得到不同层级的评议资源,从不同角度吸收观点意见,与自己的实验结果相印证,得到更深入的体会和提高。

首先,学生对自己的实验过程和实验结果进行自我评议,目的在于促进学生的反思,而不是做完就完了。学生需要总结自己的实验操作过程、理论运用、解决问题的方法步骤和实验结论等,提出成功之处和不足之处。

其次,由班上同学集体进行评议。全体学生自由发言,对具体的个别的实验项目完成情况进行评议。因为评议者和被评议者都是学生,围绕身边的具体实验实例进行讨论,更接地气。能够从学生的角度反映他们对相关知识技能的理解掌握情况,锻炼全体学生运用有关知识观察问题和分析问题的能力,也能发现共有的学习缺陷。这一评议不仅能够加强学生之间的彼此关注,而且来自同学的意见和建议常常更易让被评议者接受。

最后,教师在学生评议的基础上再进行评议,不但对完成实验的学生所做的工作进行评议,也对其他学生的评议做评议。对较好的评议给予肯定,对不太到位的评议则引导学生进一步加深理解。这促使学生更好地理解课程内容,也帮助学生更深入地从其他学生的实验结果中获得经验教训。

五、汉语国际教育专业实验教学的拓展

目前学者们较为认可 20 世纪 50 年代中期芬兰学者马尔顿和沙砾欧的"深度学习"概念,即在理解学习的基础上,学习者能够批判性地学习新的思想和事实,并把它们融入原有的认知结构中,能够在众多思想间进行联系,并能够将已有的知识迁移到新的情境中,做出决策和解决问题。有些学者则更具体地提出了构成深度学习的四个维度:学生体验课程中的高级思维能力、学生整合性学习、学生对自身思维的探索及学生在生活中运用新知识来学习和拓宽自己的理解。而实验教学所具有的参与性、整合性、知识迁移性,正可以成为实现这种学习的一种途径,可以说,深度学习所期望的知识重构,也正是实

验教学的目标。为此,我们不仅通过实验教学完成对课内理论和技能的了解掌握,更要努力使实验教学向外拓展,实现已有知识向新情境的迁移,在各种现实情境中,提高学生的实际能力,实现学生认知结构的升级。

(一)从实验向实践拓展

我们认为,实验属于教学内容,以固定班级形式有计划地在课堂或实验室进行。实践则是在课堂教学之外,学生自主进行的专业活动。实验有具体实验课程和实验项目,实践则只有指定范围,由学生自己设计具体活动内容和目标。从实验教学到专业实践,是实验教学的必要拓展,因此,在专业实验教学之外,我们要求并引导学生进行课外实践活动,其中很重要的一项就是利用我校的留学生院开展专业实践。越秀汉语国际教育专业的学生都必须在留学生院至少工作一学期,具体可担任留学生班助、留学生个人语伴等。如果说专业实验实现专业理论知识从书本到操作的迁移,实现陈述性知识与程序性知识的统一,那么专业实践就是把通过专业实验获得升华的知识技能迁移到课外应用中,学生得以进一步印证课内知识,操练专业技能。

(二)从实验室向社会拓展

从实验到实践是知识的迁移,是从课内向课外的迁移。从实验向社会的拓展则是学习和实践的空间拓展。学生可以在更广阔的现实空间中真正运用专业知识技能,全面锻炼与人沟通能力、自主学习能力、合作能力、反思能力、创新能力等,更好地实现国教专业人才培养目标。

我们每学期都布置了实践任务,也积极鼓励引导学生参加各种校外专业实践。近年来,学生利用假期自行设计完成了各种专业调查,如针对义乌、温州、青田、宁波等外国人聚居地区进行的外国人汉语学习调查、外国人语言交流方式调查等。学生们还利用业余时间参加了哈兔中文网站的网络教学工作,目前已经完成了多期网上视频教学任务,并设计制作了相关教学材料,将其放到网站上。

(三)从实验向研究拓展

完成实验的过程使学生获得某种认知体验,得到技能的操练和整合运用。但是,从知识重构的程度来看,我们还需要进一步发挥实验教学的作用,更大限度地应用实验教学的成果。也就是说,把实验获得的浅层知识发展为深层知识,从低阶思维到高阶思维。从这种认识出发,可以将学习理解为一种信息的两种转化:从教师到学生的人际转化,从文本到产出的认知转化。而体现高阶思维的文本产出可以体现在有意识引导学生在实验项目基础上进行研究性课题,例如学年论文、毕业论文、学术论文,以及各种大学生挑战杯、大学生创新项目等。

汉语国际教育专业本身就是一个比较新的专业,从 1985 年的全国首届对外汉语专业招生开始算起,也不过 30 多年。对这个专业的教学研究还很缺乏,实验教学研究更是处在发轫阶段。我们必须从理论和实际上充分认识汉语国际教育专业实验教学的特殊性、复杂性、困难性,认真研究提高专业实验教学的方法和途径,更好地为建设一流本科教育服务。

参考文献

[1]宋永臣,杨明军,刘卫国.本科生实验教学研究探讨[J].实验室研究与探索,2019(2).

[2]刘春生,李磊,张恭孝.文科实验教学中心建设模式的探索[J].中国现代教育装备,2009(2).

[3]倪丽娟,陈辉.从文科与理工科实验教学差异的视角谈文科实验教学[J].实验技术与管理,2013(1).

[4]陈琦,刘儒德.当代教育心理学(第 2 版)[M].北京:北京师范大学出版社,2007.

[5] ROD ELLIS. Second Language Acquisition[M].上海外语教育出版社,2000.

[6]赵宏霞,赵万鹏.深化实验教学改革的思考与实践[J].商丘职业技术学院学报,2011(2).

[7]张琪.e-Learning 环境中大学生自我效能感与深度学习的相关性研究

[J].电化教育研究,2001(4).

[8]赵宗金,王小芳,宋文红.高校大学生深度学习水平及相关因素研究——基于中国海洋大学学情调查的分析[J].教育研究与实验,2013(1).

[9]曾家延,董泽华.学生深度学习的内涵与培养路径研究[J].基础教育,2017(4).

多向性、应用型中文人才培养模式的现实意义

李巧兰

在知识经济的新形势下,社会需要什么样的人才,高校怎样为社会培养更多有用人才,是值得教育工作者深思的问题。在新的社会发展形势下,中文专业如何更好地为经济社会发展服务,怎样体现中文专业的应用性,也是我们面临的一个新课题。

一般认为,"应用型人才不同于传统教育模式下所培养的人才,在知识层面上注重应用型知识的掌握,在能力层面上注重适应能力与实践能力,而其素质的核心是具有创新创业精神"。这种人才一般应具有如下两个基本特征:一是知识体系的多学科性或跨学科性,能力的多向性,具有多种能力和发展潜能,能在本学科专业或相关学科专业内多方位地开展工作,有较强的适应、理解能力,有一定探索和创新精神,具有"一专多能,一能多用"的复合型特点;二是具有人文精神、科学素养与创新能力,他们是身体、智力、道德和谐发展以及知识、能力、人格完整统一的全面发展的人。作为中文专业的教师,我们的任务就是培养这种具有多科性、多向性的应用型中文人才,这是社会发展给我们提出的要求,也是人才自身发展的必然途径。

一、多向性、应用型中文人才培养是经济社会发展的必然要求

随着知识经济时代的到来,人才与经济社会发展的关系日益密切。人才资源成为经济社会进步的第一资源,而经济社会的发展也产生了巨大的人才需求。目前,我国正处于经济转型、社会转轨阶段,传统的"中国制造"式生产正在向技术密集型"中国创造"生产方式转变,人才需求也处在快速转型时期。经济转型、社会转轨表面上看是物质要素和结构的提升,其实质则是人才质量

和结构的优化。经济转型期，生产方式的转变体现在经济活动和管理活动中就是高级应用型人才需求增长。社会用人单位的价值取向已从偏重人才的专业性向偏重人才的适应性及实际工作能力转移。这就使得多向性、应用型人才越来越受到社会的青睐。河北省某一课题组曾于 1998 年和 2000 年对用人单位进行了两次专题调查，结果表明，用人单位越来越需要具有社会实践能力的应用型人才。另外，关于生产企业对高等教育人才需求类型问题，清华大学有关人员曾对一些生产企业进行过人才需求类型问题调查。调查结果是：明确需求人才为应用型人才的企业占 66.2%，需求创新型开拓人才的企业占 13.7%，既需要应用型人才又需要创新型人才的企业占 9.8%。这两组调查数据都表明，随着经济社会的发展，应用型人才越来越受到社会的青睐。

目前，我们许多高校的中文专业方向及课程的开设在不同程度上还带有机器大工业时代和计划经济的痕迹，难以满足社会经济、文化发展对创新型中文人才的要求。在知识经济飞速发展的今天，知识的生产和创新、知识的传播及应用是经济社会发展的核心，而高素质的多向性人才是经济社会发展的关键。多向性人才的劳动能够解决难度更大、范围更广、涉及许多学科和矛盾的问题。这类人才是在多学科交叉融合的知识体系下培养出来的，既有扎实的本专业基础知识和能力，又有相关相近学科的理论知识和技能，有持续发展的可能性和拓宽转化的可能性。总之，发展应用型本科教育，培养多向性、应用型中文人才是适应社会发展和现代化经济发展的客观需要。

二、多向性、应用型中文人才培养模式的社会价值

著名人才学专家叶仲恺先生认为，人才价值是由两方面构成的：人才社会价值和人才自我价值。人才社会价值是指作为客体的人才个体对一定的社会主体的发展需要的满足。

多向性、应用型中文人才的培养，既是获得多种就业机会的有效途径，又是实现人才社会价值的有效手段。

（一）实现多岗位就业目标的有效途径

高校扩招使得中文专业的毕业生数量急剧增加,在市场经济条件的冲击下,中文专业人才的就业竞争趋于白热化。就业难已经成为一个不容忽视的残酷现实。同时,社会的发展、经济的建设急需大批人才,国家每年都会投入大量人力和财力用于人才培养。这充分说明就业难,其实并不是人才过剩的问题,实质上是人才专业结构和人才的素质结构不能适应经济社会发展需要的问题。

随着经济社会文化的快速发展,传统中文专业人才培养体系日益显示出缺乏鲜明的学科特色和实用性的弊端。

学科特色"既是一个学科的立足之根,又是一个学科的竞争之本"。简单地将中文专业改成各种相近的新专业,实际上是放弃中文的精髓,将中文教育简化为职业训练的一种急功近利的做法。真正需要做的应该是下功夫去主动适应市场经济,全面进行中文教育培养模式的改革,使中文教育回归到造就具有较宽社会适应面、高素质应用型中文人才的教育模式上来。由培养理论型人才转向能力与理论相结合的多向性、应用型人才的培养。

我们中文专业要适应为地方经济服务,为经济社会发展服务这样一种现实处境,立足现实,着眼未来,"要顺应时代要求,发挥综合性多学科优势,积极推动教育教学改革,不断探索创新人才培养模式,采取多种措施为知识复合型人才的培养创造条件",构建具有特色的人才培养模式。坚持以能力为本位,以就业为导向,针对当前日益严峻的中文专业学生就业形势,深化、拓宽中文学科的专业知识结构和能力结构,由培养只适用于某一行业或岗位的专业型人才转向培养适用面广的多向性、应用型人才,就成了我们培养人才的唯一选择。

总体来看,中文专业设置应"以宽为主,宽窄并存",以满足市场经济发展以及不同经济区域的实际需要。在这样的体系中,针对不同的教育目标,为学生提供更多的学习选择机会和自由发展空间,为学生天赋和潜能的充分开发创造宽松的环境,为学生的就业拓宽渠道,实现多岗位就业,最大程度实现人才的社会价值。

（二）实现人才社会价值的有效手段

胡锦涛同志在清华大学校庆讲话时指出："要注重更新教育观念，把促进人的全面发展和适应社会需求作为衡量人才培养水平的根本标准，树立多样化人才观念和人人成才观念。"人才培养工作只有在不断满足社会各种实际需求的前提下才可能真正实现自身的社会价值，正是社会需求的多样性决定了高校教育培养目标基本定位的多向性。

教育是通过人才培养来为经济社会发展服务的，是以各种人才产品来满足经济社会各方面发展需要的。当今社会对人才的需求是多样化的，现代社会人才观念也正在发生转变，正在趋向于多样化、多层次的人才价值观，教育的模式也必须随之转变。这就要求高校教育不仅要适应社会人才观的转变，而且要起到促进人才价值重构的作用，培养出各种各样各层次的人才，使人才的价值结构多样化、多层次化，为人才的社会价值实现打下良好的基础。

作为中文专业，我们构想的"多向性、应用型"中文人才培养的特色模式，应该要建立起以应用能力培养为主线，实现从基本技能训练到综合技能训练再到实际应用能力训练，增强实际岗位角色性的实践教学模式。这是我们中文学科适应社会变化、经济发展的必然选择，也是最大限度发挥中文人才社会价值的有效手段。

三、多向性、应用型中文人才培养模式是实现人才个性发展的有效途径

早在 20 世纪 80 年代邓小平同志就明确指出："教育要面向现代化，面向世界，面向未来。"所以，教育的终极目的是要培养有利于民族和社会发展的未来型人才。"这样的人才有着丰富广博的知识，但绝不是现有知识的奴隶；这样的人才有着很强的实践能力，但绝不是操作的简单重复和熟练。一句话，这样的人才是富有头脑，善于思想，敢于开拓，勇于创新的未来型人才。"我国的高等教育亟须加强教育创新，以适应社会发展的挑战。传统教育体制越来越不适应知识经济的发展，封闭式的教育方式妨碍了学生知识和人格的全面发

展。知识经济时代是全球人才素质和人才标准发生量的变化和质的变化的时代,其间人才的内涵和外延将有别于工业经济时代的知识人才观。培养全面发展、具有高知识含量的高素质人才是经济社会发展对教育提出的新要求。大学不能仅仅被当作训练技能的场所,它更是一个具有开放性和多元性的社会团体。它所培养的人才不仅应具备适应社会不同需要的能力,也要达到自己多重生活的目的。这就需要在人才培养过程中,融知识传授、能力培养和素质提高为一体,通过科学的教育途径,在人的天赋条件基础上,融进社会的新质,提高人的各种素质水平,使其得到全面、充分、和谐的发展,实现社会需要和个人价值的统一。

高等教育要根据人的生理、心理、知识结构等特点,对人才进行有针对性的、个性化的培养,扬长避短,发挥优势,最大限度地挖掘人才潜能。要把学生的学习空间由过去狭窄的中文专业扩大到建立在学科群体基础上的大文科,并努力实现自然科学、技术科学、社会人文科学之间的相互渗透,在人才培养中坚持知识、能力、素质的辩证统一和共同发展。因此,在具体专业的培养方案中,应该对培养目标和培养规格进行多样化设计,使学生能够找到相适应的培养渠道,以充分发扬个性和发展潜力。这同样要求我们改变传统的中文专业教育模式,由专门人才的培养转向多向性、应用型人才的培养,如此才能最大限度地发挥学科优势,尊重学生的潜能差异,促进人的个性发展,进而实现人才的自我价值。

参考文献

[1]陈新民.完善本科院校应用型人才培养体系的几点思考[J].中国大学教学,2009(1).

[2]杨志坚.本科教育培养目标基本定位的战略调整[J].辽宁教育研究,2004(10).

[3]谢桂华.关于学科建设的若干问题[J].高等教育研究,2002(5).

[4]刘畅.发挥多学科优势培养复合型人才[J].北京教育(高教版),2007(3).

[5]徐珊玲.培养创新才能构建未来人才[J].卫生职业教育,2004(16).

本文原载于《河北青年管理干部学院学报》2012 年 9 月 25 日。

"大文科"意识与中文人才培养新模式

李巧兰 杨 洲

《国家中长期教育改革和发展规划纲要(2010—2020 年)》(以下简称《纲要》)明确指出,深化教育体制改革,关键是更新教育观念,核心是改革人才培养体制。教育理念是人才培养活动的灵魂,是人才培养模式构成的第一要素。因为"人才培养模式是在一定的教育理念(思想)指导下而形成的,换言之,教育理念(思想)的存在和指导,是人才培养活动的前提,是人才培养模式形成的必要条件"。因此,培养符合社会需要的、为经济社会发展服务的应用型、创新型、复合型中文人才,首要是更新教育理念,唯此才能实现培养模式的创新。《纲要》同时指出:"适应国家和区域经济社会发展需要,建立动态调整机制,不断优化高等教育结构。优化学科专业、类型、层次结构,促进多学科交叉和融合。"这就为当前教育理念的更新指明了方向。作为传统的文科专业,怎样才能做到多学科交叉和融合呢? 对此,国内许多知名大学做过一系列有益的探索,并提供了一些宝贵的可资借鉴的经验。我们认为,中文专业要达到优化学科专业的目的,首先要在思想观念上树立"大文科"意识。

所谓"大文科",不是若干具体人文学科的简单组合,而是以文化为主线,以人文精神为特色体现,以具体人文学科为载体,是由哲学、经济学、管理学、行为学、法学、政治学等学科整合而成的学科集成群体。具有"大文科"意识,就是在教育理念上首先突破单一学科的局限,在课程体系的构建和培养模式的调整上一定要有学科群的系统观念,从而实现培养目标的多样性。

"大文科"教育理念的形成,不仅有助于增强中文人才服务社会的能力,还有助于打破传统意义上的学科壁垒,建立务实的中文人才培养课程体系,同时也有助于构建独具特色的中文人才培养模式,实现中文人才多向性发展,拓宽就业渠道。所以,树立"大文科"意识,其根本目标是解决传统模式中存在的一系列无法化解的问题,培养符合经济社会发展需要、能为经济社会服务的合格人才。

一、"大文科"意识有助于增强中文人才全面服务社会的综合能力

传统的中文专业课程设置由于偏重理论性,缺乏应用性,无论是培养的人才还是科研状况,在市场经济的大背景下,都不能直接转化为经济效益,不能直接为地方经济社会发展服务。那么,中文专业的出路在哪里? 即怎样实现中文专业在新的社会发展历史条件下的转轨,增强其全面服务社会的综合能力,这是一个值得深思的课题。

胡锦涛在庆祝清华大学建校一百周年的讲话中指出,要注重更新教育观念,把促进人的全面发展和适应社会需要作为衡量人才培养水平的根本标准,树立多样化人才观念和人人成才观念,树立终身学习和系统培养观念,造就信念执着、品德优良、知识丰富、本领过硬的高素质人才。在这一思想的指导下,首先应科学合理地调整学科专业的布局和设计,对已不适应社会变化的专业进行调整或改造。开设适应社会需要的专业方向,使人才培养和市场需求紧密衔接,本着宽口径、厚基础、强能力、高素质的专业理念,打破传统的学科界限,将原来外延较窄的中文学科拓展为一种包含相邻或相近专业的"大文科",以扩大学生知识面,同时也扩大学生的就业面为方向。并且让学生人人都能成为既有专业知识又具备相应能力,道德高尚、信念执着的高素质人才,这可以说是中文专业走向未来的必由之路。

教育部负责人曾指出:"高等学校的素质教育,应渗透到专业教育中,贯穿于人才培养的始终,必须通过人才培养模式、教学内容、课程体系、教学方法以及教育过程的整体优化来实现。"教育过程的整体优化,可以保证学生知识结构中根基扎实与拓宽发展相统一。所以,在"大文科"教育理念的指导下,教学上可打破文、史、哲三科专业界限,由此更加注重对人才的综合素质培养,为大学生打下相对宽厚的基础,有利于他们形成多点多面灵活的思维方式,既有深厚的文、史、哲理论基础与人文科学素养,又有较强的对现实问题进行分析和综合的能力,能更好地为社会和经济发展服务。

为了满足高速发展的经济社会需要,尤应注重对大学生综合素质的培养,因此,拓宽专业面,优化知识结构,这也是当前社会人才需求多样化的必然结

果。在"大文科"意识的指导下,中文专业可以发挥现有专业优势,努力寻找与社会的结合点。教学核心是为社会实践和经济社会发展服务,以为大学生就业定位服务为理念,努力寻找专业教学内容与社会需求的契合点。在"大文科"教育理念的指导下,补充学生的边缘学科知识,在此基础上进一步深化其专业知识,并辅以一定的能力训练项目,开展短期的非学历培训项目,如语言交际训练、礼仪训练、计算机操作能力培训等。由此使中文专业毕业生均有较强的社会适应能力,实现中文专业在新的社会历史条件下的转轨,增强其培养人才服务社会的能力。

二、"大文科"意识有助于打破学科壁垒,建立高效务实的人才培养课程体系

不同的教育理念和培养目标,决定着不同的课程结构。从一定意义上说,教学改革和人才培养模式改革的核心问题是课程结构问题。因为课程结构决定着学生的知识结构,并进而决定大学生的能力结构和素质结构。"课程体系是人才培养的基本知识框架体系,其设计必须基于知识、社会与人三个不同的逻辑关系。"目前,高校中文专业课程设置主要是根据学科的内在逻辑体系来确定的,课程体系主要由专业基础课程和专业方向课程组成,跨学科、跨专业课程很少,课程主要着眼于学科性,很少考虑实际应用性,更没有考虑实现人的全面、自由发展的本质需求及社会的各种不同需求等因素。从而使传统中文专业人才培养模式仍停留在过分注重专业教育阶段,学科及专业的划分过细,学生除可较为系统地掌握本专业、本学科的知识与理论外,对其他学科门类较少涉猎,致使知识面不宽,视野狭窄,思路不够开阔。

从"大文科"的角度来看,文、史、哲是不分家的,它们本身就是相互融合交叉又相互促进的。如果专业课程界限划分过严,就会造成学科知识面狭窄,进而严重影响学生综合素质、专业素质能力的形成。为此,当下首要的任务是建立起一套高效务实的新教学体系。

所谓高效务实的教学体系,所务之"实"是社会需求的实、学生全面发展的实、知识体系内在逻辑性的实,所以,新教学体系并不只是简单地对原有课程进行增减修补,而应从现代社会所需中文人才的专业素养构成出发,以实践动

手能力的培养为基点,联系当前高校中文专业教学改革发展状况,进行较系统的改革,增强教学内容的跨学科性、现实性和应用性,使中文课程体系得到整体优化。这就要求在构建课程体系时,以构建起"大文科"为出发点,加强学科之间的整合,多开设综合课程,力求拓宽专业内容,突出高效务实的特点,重新调整专业设置,构建由"两个层次,四个模块"组成的课程体系,即专业基础和拓展提高两个层次,公共必修模块、专业基础模块、能力提高模块、知识拓展模块四个模块。这样培养出的人才一般可具有多学科综合的知识结构,有更宽的社会就业适应面。

以"大文科"意识为指导,构建由"两个层次,四个模块"组成的课程体系,是在考虑了社会需求、学生发展、学科特色等各方面后做出的一种必然的选择。

首先,中文专业社会适应面广。其专业课程应当根据大学生未来不同的职业取向,设置相应的专业基础课程供其选择。同时,深化专业性的专题性课程、前沿性课程,进一步拓宽学生知识面,满足学习兴趣和个性需要的各类人文科学、社会科学和自然科学方面的专题性课程、综合性课程和交叉性课程等。这样从满足专业知识需求出发,同时也教会学生如何做人,培养其创新能力、社会实践能力,紧跟时代发展步伐,真正成为社会所需要的高素质人才。这就要求我们进行课程设置时,考虑学生能力拓展与提高的可能。

其次,不能简单地把中文专业理解为职业技能培训,更要重视培养学生融会贯通的思维能力,培养其更广泛的社会适应能力、人际交往能力等。在原来的公共必修模块、专业基础模块课程的基础上,要为其提供可以选择的能力提高和知识拓展模块的课程,如办公自动化、文字处理、应用文写作、社交能力、管理能力、金融常识、税务常识等。此外,随着学习型社会的形成,终身学习成为一种必然的趋势,所以还要注重培养学生独立的学习能力、研究能力,因此,还要开设有关学习能力拓展类课程。

为此,需根据分布特点,有意将一些相邻或相近的学科进行整合,打破原先的专业界限壁垒,将"大文科"理念引入专业改造中来。在课程体系改革的同时,同步进行课程内容的改革;部分课程和某些课程中脱离实际、过于老化和陈旧的内容要大刀阔斧地砍掉,增加一些实际应用的课程和内容,建构务实的教学内容体系。知识体系以"大文科"为其背景,"适用"为其追求的指标,高效务实是课程体系培养高素质、专业能力和实践能力较强的中文人才的根本机制。

三、"大文科"意识对构建多向性、应用型中文人才培养模式的重大意义

人才培养目标基本定位的主要依据是社会发展需要，人才培养只有在不断满足社会实际需求的前提下，才能真正实现社会价值。根据社会对人知识与能力的多方面要求，高等教育应加强社会适应性，所学内容必须突破学科界限，以增强学生的实践能力和社会适应能力，促进其综合素质的形成及发展。人才培养的特色源于学科的特色，中文专业作为高校文科的传统专业，适应面广是其显要特色，但随着现代社会的发展及对人才对口专业的不同要求，也表现出知识面宽而实践能力弱的缺憾。故对中文专业培养模式的改革，应以适应为地方经济和社会经济发展服务的现实需要为出发点。以特色求生存，以特色求发展。立足于地方社会发展对汉语言文学专业人才的不同要求，突出应用型特征，在人才市场上打造高信誉品牌。这既是高校适应社会发展、科技进步之需，为社会提供具有多重专业知识和能力的人才，也是学科和专业发展及成熟过程中的必然反映。

一是科学合理地调整学科专业的布局和设计，对不适应社会变化的专业进行调整或改造，构建与社会发展相适应的以多向性、应用型为特征的中文人才培养模式。二是这种模式下培养的人才，是一种德、智、体等全面发展的具有宽广的基础知识和厚实的专业知识，有一定的科研能力和较强的社会实践能力，能胜任中文相关领域多方面工作的高素质、技能型人才。

培养多向性、应用型中文人才，在教学上，打破文、史、哲专业界限，更加注重人才的综合素质，既要有深厚的文、史、哲理论基础与人文科学素养，又要对现实问题具有较强的分析和综合能力，以达到特色的人才培养模式目标。同时坚持"以能力为本位，以就业为导向"，不断深化、拓宽中文学科的专业知识结构和能力结构，由培养只适用于某一行业或岗位的"标准件"转向培养适用面广的多向性、应用型人才，实现中文人才的多向性发展。

参考文献

[1]姜士伟.浅析人才培养模式嵒概念、内涵及构成[J].山东省青年管理

干部学院学报,2008(2).

　　[2]周远清.建设高等教育强国[J].中国高等教育,1999(17).

　　[3]陈新民.完善本科院校应用型人才培养体系的几点思考[J].中国大学教学,2009(1).

本文原载于《河北学刊》2012 年 1 月 1 日。

关于汉语言文学专业学生写作能力培养的思考

潘连根　王静义　李佩仑

中文类专业是我国高等院校设置最多、历史最悠久的专业之一,更是高等院校专业构建中不可或缺的基础专业之一。汉语言文学专业具有基础牢固厚重、就业适应面宽、社会需求量相对固定等传统优势。但信息社会的到来,我国社会经济文化、教育科技的快速发展,正在越来越深刻地改变着我们固有的教育和人才观念,冲击着这个传统人文专业的命运。

中文专业作为一个历史悠久的传统专业,其基本内涵早在五四运动就初步确立,现有的专业课程体系结构是 20 世纪五六十年代通过借鉴苏联模式确立的。时代的局限使其基本的人才培养模式是知识型的,能力培养只是知识传授的衍生物,能力培养本身不是它的目的。而当今社会对有突出专业能力的应用型人才的需求极其迫切。就中文类专业的毕业生而言,写作能力是最能彰显本专业人才优势的素质之一,也是社会对中文专业人才的基本要求。从已有的毕业生就业情况看,其主要从事语文教学、文化的普及和推广、新闻出版、文秘及行政管理等工作,这些工作都对写作能力有很高的要求。因此在大学期间,应该让学生积累扎实的语言文学功底,培养文学气质、审美品位和创意思维,提高语言文字表达能力,为踏上社会做好充分准备,使毕业生因适应面广而受到社会欢迎。因此,对中文专业的课程体系、培养模式进行结构性调整和改造,选择从目前社会对本专业人才所急需的写作能力的培养入手,全面提升本专业人才适应经济社会发展的能力,从而形成自身鲜明的特色,是既切合实际又顺应时势的。

任何高校的中文专业都重视学生写作能力的培养。近年来,我们通过课堂教学和课外实践双管齐下,学生在具有较深厚的文学修养、较高的鉴赏能力的基础上,强化写作能力的培养,已初见成效。但是已运用的各种措施和方法,都是在传统的课程体系中附加的,力度不够,惠及面也往往难以推至全体学生。在当前学生就业日益严峻的形势下,调整和改造传统的中文专业课程体系和培养模式,强化对全体学生写作能力的培养,已势在必行。对此,我们在实践探索中得出一些思考。

一、突破"一体两翼"模式,改革写作类课程教学

中文专业,无论是汉语国际教育专业还是汉语言文学专业,写作类课程包括基础写作和应用文写作,写作类课程的内容结构通常是"一体两翼",即以写作基础理论为体,以文学写作和实用写作为两翼。教学安排是:第一学期进行写作基础理论教学,通常是将写作过程分为感知、立意、构思、表达、修改等若干阶段,分别加以理论性的阐述,辅以各阶段的专项练习;第二学期进行文体写作教学,侧重于文学类、新闻类和评论类文体的理论知识和写作要领,辅以各类文体的习作;第五学期专门开设应用文写作课,进行公务文书、事务文书、学术论文等应用文体的写作教学。

由于传统的写作基础理论是在对一般文章的写作过程的研究和总结的基础上提炼出来的,比较笼统,与实际应用中的很多文体的写作均有不同程度的脱节。例如,基础理论中的"想象与联想"部分,与规范性很强的应用文写作并不合拍,但对创意性很强的广告文案写作就非常重要。又如就"构思"而言,规范型写作与创意型写作的要求完全不同,前者必须循规蹈矩,依规定或惯例而为,不可与众不同;后者则恰恰相反,往往只有打破常规,突破窠臼,才能实现作品的价值。因此,写作基础理论这"一体",无法同时使文体写作的"两翼"齐飞,故必须改革写作基础理论的教学内容。

要改革写作基础理论的教学内容,首先应该厘清各类文体写作的性质、特点和要求。前人对文体分类做过许多探索,划分的标准、角度和方法不同,分类也就各不相同。高校通用写作教材中最新的分类法,即文学作品与文章(狭义)相分立的分类法,以内容和功能为标准,把广义的文章先分为文学作品和文章(狭义)两大部类,前者以审美为主要功能,后者以实用为主要功能,下面再做多层次的划分。但这种分类法"并不完善,文学部类与非文学部类仍有交叉"。何况随着时代的发展,一方面,社会的需要使得各种新文体不断涌现,另一方面,一些传统的文体在内容和功能方面也发生了变化。例如,在当今市场

机制下能够不靠资助而生存的文学作品,不仅类型越来越多样,内容和功能也都悄然发生着变化,文学作品的写作方式和方法也都随之变化。又如广告文案一般被归属于实用文章,但广告文案的写作必须兼顾审美和实用两大功能。因此,我们认为,以现有的文体分类法来建构写作理论,容易裹挟不清。写作理论的建构应从写作本身出发,即以写作的运思方式和表达要求为标准,来划分写作的类型,按此标准,写作应可分为创意型写作和规范型写作。

所谓创意型写作,即追求新颖性和创造性的写作,要求感知角度独特,想象大胆新奇,立意出人意表,构思不拘一格,表达生动。其写作的目标是让作品对受众有足够的吸引力,能够在市场竞争中生存,产生一定的经济效益或社会效益。央视春晚的语言类节目编剧,每年都在孜孜以求写出几句绝妙的"流行语",并以此为成功的标志。而众多厂商更是为求一句朗朗上口的广告语不惜一掷千金。在文化产业占 GDP 比重越来越高的大趋势下,社会对创意型写作人才的需求将急剧上升。

创意型写作与文学写作的重叠度很高,但其外延大于文学写作。创意型写作教学不仅仅培养文学创作者,还更多地着力于为整个文化产业发展培养具有创造能力的从业人才,为图书出版业、动漫产业、影视产业、报刊业、新媒体业、广告业等所有文化产业提供具有原创力的文学创作者和创造性文案的撰写者。从我国当前汉语言文学专业建设和教学改革的角度看,创意型写作"不仅能够提供学科和专业的可持续发展的原动力,而且能够为汉语言文学专业的人才培养与新世纪我国文化产业的崛起之间建立一种现实而有效的连接机制,为我国文化产业创意人才资源的开发提供后备力量"。

关于创意型写作的理论,学界还鲜有涉及,远未形成体系,我们也只是在初步探索当中。在高校基础写作教材尚未革新的情况下,我们目前仍以传统的"阶段论"为基本框架,但在各环节的教学中突出强调创意型写作的新颖性和创造性特点,如开放性、多角度的感知,别出心裁的想象和联想,新颖的立意和构思,陌生化的语言表达,等等,着重培养学生的创造性思维品质,为创意型写作能力的形成和提高打下基础。

至于规范型写作,即体式有法定(如公文、合同)或约定俗成(如事务文书)的规范的文章的写作,绝大部分应用文写作皆归属此列。其理论相对比较简单,现有的写作基础理论和应用文写作理论完全可以指导规范型写作的教学。值得一提的是,规范型写作的教学重点并不在对各类规范性文体体式的掌握,而在于逻辑思维能力的培养,因为任何规范体式的形成,都源自日常生活和工作中严谨的逻辑思维。

根据上述分析,在写作教学中,我们区分出创意型写作和规范型写作这两大类不同性质、特点和要求的写作类型,对两大类写作的理论分别展开教学,学生可在均衡提高写作能力的同时,根据自身兴趣和特长,有选择地侧重某一方面能力的发展。

二、确立"大写作"观,开辟写作教学多样化课堂

传统观念中的写作课只是中文专业的一门课程,限定在本门课程课堂教学的狭窄范畴中。"大写作"观认为,写作教学其实"是对各种写作资源的整合过程,也是一个极具开放性的系统化工程",把写作教学这个系统放在课堂、校园、社会这一大系统之中,拓展写作教学的广度和深度。在"大写作"观的视野下,其他课程也可成为学生写作的园地,校园活动可为学生写作创造良机,而广袤的社会生活,则是学生写作的源泉和指向。

首先,中文专业各门课程,都应该也可以和写作挂钩,都应该也可以有写作的要求和历练。我们一方面引导学生在各门课程的学习中,贯穿写作意识,自觉地培养写作思维,训练文字表达能力;另一方面,也要求各门课程的教师,把写作因素渗透在课堂教学和课后作业之中,从各个不同方面促进学生写作能力的提高。

其次,组织开展丰富多彩的校园文化活动和社会实践活动,激发学生的写作热情,为学生学习写作提供更多的机会。近年来,绍兴文理学院人文学院为培养学生的文学创作和文案写作能力,积极组织文学采风活动和诗歌节活动,确保每年一次,已形成惯例。同时,人文学院每年开展的文学沙龙、研讨会、讲座、朗诵会、写作赛事等活动,也吸引着越来越多的人文学子参与其中。特别是学生创办的文学刊物《河洲》,为学生写作提供发表园地,已在国内高校中有较大的影响;拔尖的学生文学作品,还可推荐在绍兴文联的《野草》文学杂志正式发表。2009年,人文学院首次举办风则江文学奖评比活动,获奖作品正式结集出版,并作为一年一度的校园文坛盛事保留下去。

三、构建网络实践平台，创新写作教学与训练

写作类课程（包括"基础写作""应用写作"等）是实践性极强的基础性课程，所以传统写作类课程的教学向来十分重视实践环节的设计与训练。但是，写作能力的提高和写作技艺的熟谙，仅靠有限的课堂练习及课后作业则很难达到理想目的。而且，对于在新环境下成长的一代学生而言，传统教学模式几乎有着难以弥补的先天局限。有鉴于此，在写作类课程教学过程中积极引导学生创立网上培训基地和写作实践平台，极大地丰富了教学资源和教学手段，调动了学生的写作积极性，培养了颇具规模的写作梯队，形成了对传统课堂教学的有益补充。

首先，网络传播具有传统媒体所不具有的独特优势，它的无边界、超媒体、跨时空、高速度、交互性、数字化的特点，为其成为写作实践活动的良好平台提供了得天独厚的条件。

一方面，网络传播可以跨越地域、边界的限制方便地进行全球性传播。这在很大程度上引发了学生写作的欲望，因为他们知道，自己的文字真真切切地与别人、与更多的人发生关联。同样，自己也可以轻松地分享到精彩纷呈的"外面的世界"。同时，互联网以超媒体、超文本的方式组织各种信息，"白纸黑字"的线性文本结构在网络平台上完全可以变成网状的多媒体和超文本结构。这种"超文本结构"大大拓展了学生们的创作表现空间和个性表达空间，他们在网上实践平台所实现的自由与独创都达到了前所未有的程度。此外，网络的实时传播、瞬时传播和及时传播的特点，也使传统媒体望尘莫及。而且网络平台实际上是一个自由而无限的虚拟空间，它在传递各种信息的时间上和容量上是可以不受限制的。这些特有的优势都使网上写作实践平台最大限度地集聚了学生写作资源，最大限度地释放了学生的写作能量，实现了对传统课堂教学的超越。

另一方面，网络传播的广泛普及，给受众的地位和作用带来了根本性变化，这也改变了网上写作平台作者与读者的传统角色。在传统的大众传播过程中，受众总是被动地接受大众传媒传递的信息，不能同传媒主体进行平等的交流，更没有条件主动发出声音。而网络写作实践平台则从根本上改变了读

者(写作者)的这种被动地位和角色,使他们具有了前所未有的平等独立性和亲历参与性。这让学生们开始主动收集材料,进行精心的取舍、分析和加工,并开始对自己的描述、解释和评论加以斟酌,而不再像过去那样只是为了应付作业而练笔写作。同时,网络实践平台对个性化的保护与对交互性的支持,使得每一个学生作者和读者都可以充分地表达自我,在较少受到外界因素干扰、保留完整内心的前提下力求凸显个性,并尽量做到有效地与他人进行交流。相比于传统教学模式中练习只为交给老师评阅、作业只能由老师批改,学生自己很少获得相互间的评判、交流的状况,网络平台无疑也最大化地实现了教学相长的教育规律的科学要求。对于有强烈个性化色彩和互动性要求的写作行为而言,这种平台就显得尤为可贵。

其次,充分利用网络在线资源,强化读写互动关系。

互联网是一个有着海量资源的巨大的信息数据库,有随时可以获得的优质信息,也有通过传统方式难以找到的信息。对于写作而言,互联网已成为一个不可替代的有效辅助工具,尤其是网络在线阅读,更是深化了阅读与写作的交互关系。阅读与写作原本就是传统语文学习的"一体两面",二者相辅相成、不可割裂。刘勰就说过"凡操千曲而后晓声,观千剑而后识器。故圆照之象,务先博观。……无私于轻重,不偏于憎爱,然后能平理若衡,照辞如镜矣"。进一步说,阅读是写作的准备和前提,不但可以从中提取成熟的写作技巧和优秀的文化精神,而且还可以把自己的写作感悟、写作范式重新投放到各种鲜活具体的写作流程中加以验测和比较。而在互联网环境下,这种验测和比较行为就会更加便捷和直接。所以,在网络化环境下,就要求我们更加充分地利用网络在线资源,把阅读论与写作论作为一个有机整体融通起来,正确把握理论、阅读和写作三者的互动关系,使学生认识并努力将写作与科学的思维方式、生活的哲学感悟、深厚的文化涵养、非智力情感因素、敏感的语体把握、自觉的文体意识、艺术的审美趣味、电脑的知识技能结合起来。在此基础上,启发学生灵活地在阅读活动和写作小组的交流活动中学习别人的写作经验。

四、确保"四年一贯制",坚持写作教学与训练的长效机制

鉴于写作类课程的基础性地位,并考虑到网络传播的特性和互联网环境

下成长起来的新一代学生的特点,我们认为有必要对传统大学写作教程进行改革。要使写作教学取得切实提高学生写作水平的效果,光靠大一的基础写作课程是不够的,为此,我们设想在汉语言文学专业的课程体系、培养模式的结构性调整和改造中,通过强化写作类课程建设,倡导课内写作教学训练和课外写作实践的有机结合,实施"四年一贯制"写作教学与训练。

第一学年为奠定基础阶段。主要是培养学生的阅读兴趣和文字基本功,使学生掌握基本的阅读方法和写作理论,求得开阔的阅读视野、科学高效的阅读实践和语言表达的文通句顺,培养基本的写作能力。要求学生完成 30 篇习作,文体可不限,但最好结合阅读及理论学习。同时,在文学社的基础上成立写作兴趣小组,开展经常性的写作交流活动。

第二学年为技能练习阶段。主要是培养学生的写作技能,通过专项训练使学生熟练掌握写作各环节的具体要求,并掌握不同文体的特征、风格与写作要求。要求学生进行写作环节专项训练,包括观察与采访、感受与审美、分析与综合、想象与联想、立意与选材、思路与谋篇、表达方式的运用、语言的积累与锤炼、起草与修改等;在此基础上进一步进行文体学习与写作训练,包括文学文体、新闻文体、评论文体与应用文体。

第三学年为专业提高阶段。主要是使学生能够在较高层次上对专业知识与写作技能加以整合,培养专业的审美体验能力、综合分析能力和创新表达能力。如进行文学专业性写作实践,包括诗歌、小说、散文、戏剧等文学体裁的写作。同时,在大学前两学年理论知识储备的基础上进行专业性评论写作实践,包括文艺评论和思想评论。此外,要完成 20 篇应用文写作,旨在培养学生常用应用文的写作能力。

第四学年为应用验收阶段。主要是使学生具备较高的应用能力和一定水平的研究能力,通过应用文体与毕业论文的写作对其写作能力进行检测。如通过实习平台加强应用文写作能力实境演练;通过毕业论文的写作对研究能力进行综合检测;引导学生在相关刊物及出版机构发表、出版(或结集出版)相对成熟的各类作品。

总之,从社会对汉语言文学专业人才写作能力的需求出发,加强中国文化概论、中国古代文学、中国现当代文学、文学概论等汉语言文学专业核心课程的建设,使其在人文素质教育中起主导作用,培养与提高学生的"文内功夫",在此基础上,进一步加强对写作类课程的改革,并通过组织丰富多彩的课外写作实践活动,使学生的个性和兴趣在写作能力的培养中得到充分的重视和发挥,学生自主参与的积极性得到充分引导和调动,从而形成融课内与课外、专业教学与个性发展为一体的写作能力的培养模式,最终达到强化学生写作能力的目的。

参考文献

[1]路德庆.普通写作学教程[M].北京:高等教育出版社,2001.

[2]葛红兵,许道军.文坛三分格局的形成与文学创意写作学科的创生——2009年中国文坛热点问题述评[EB/OL].(2010-03-08)[2021-03-05].http://blog.sina.com.cn/s/blog_473d280c0100ge7w.html.

[3]韩景连.写作教学的"大写作观"[J].写作(高级版),2004(1).

本文原载于《绍兴文理学院学报(教育教学研究版)》2010年5月28日。

图式理论与对外汉语阅读教学

陈蘅瑾

　　对外汉语教学的内容主要包括语言要素的教学和言语技能训练两大方面。语音教学、词汇教学、语法教学和汉字教学是语言要素教学的主要方面，而言语技能训练则主要体现在听、说、读、写这四个方面。在言语技能训练这一领域，阅读技能的训练显得尤为重要。科学研究表明，在感觉器官接受的信息总量中，视觉占 83％，听觉占 11％，其他器官占 6％。在对外汉语教学中，阅读课的重要性可见一斑。因此，如何提高阅读课的教学水平，如何对留学生进行有效的阅读技能训练，成了我们必须面对的问题。

　　不少有较丰富对外汉语教学经验的教师、学者纷纷献计献策：刘慧清老师强调侧重朗读训练和造句练习提高对外汉语阅读课的教学效果；廖智宏老师提出应在汉语阅读课中引导学生运用已掌握的汉语知识，导入更多的文化因素；戴雪梅老师从词汇和文化背景教学两个方面论述了图式理论在对外汉语阅读教学中的应用。他们的宝贵意见对汉语阅读课教学都有着很好的指导作用。笔者在这几年的对外汉语教学实践中，汲取其精华，以美国人工智能专家鲁梅尔哈特（D. E. Runelhart）图式理论为理论依据，按照留学生不同水平将其划分为初级、中级、高级三个阅读阶段，分阶段、有重点地进行汉语阅读教学，收到了良好的教学效果。

一、图式理论

(一)图式理论的产生

德国哲学家康德(Kant,1781)最早提出了"图式"这一概念,后由英国心理学家巴特利特(F. Burtlett,1932)引至现代心理学领域。美国人工智能专家鲁梅尔哈特(D. E. Runelhart)经过大量研究,将其发展为一种完整理论,并用于研究阅读理解等心理过程,是认知心理学中用来解释和理解心理过程的一种理论模式。梅尔哈特认为,图式是知识的建筑材料,是表征存储在记忆中的一般概念的资料结构,即人们通过各种渠道所积累的知识、经验等,并以抽象的构架形式有条不紊地储存在大脑的长期记忆中,在大脑中构成一个庞大的网络图。

(二)影响阅读能力的图式

图式阅读理论认为,读者的阅读能力主要是由三种图式决定的,它们分别是语言图式、内容图式和结构图式。语言图式指读者对阅读材料语言的掌握程度,即词汇、语法和习惯用语等方面的知识;内容图式指读者对文章主题及背景知识的掌握程度;而结构图式则是指读者对文章体裁特点、逻辑结构等的了解程度。由此不难看出,文章的语言、内容和结构与读者脑中的相关图式相互作用,决定了其对文章的理解程度。鲁梅尔哈特同时又认为有三个方面的原因造成读者不能正确理解文章的意思:一是读者没有具备与文章相应的图式,此时读者根本不能理解文章的内容;二是读者虽已具备了与文章相应的图式,但文章作者提供的线索不能让读者的图式与之相连;三是读者自以为读懂了文章,却不是作者的表达意图,而是对作者意思的误解或曲解。

（三）图式理论下发展的阅读模式

图式理论的研究推动着阅读模式的不断改进，在以往的自下而上、自上而下的基础上，产生了相互作用阅读模式。相互作用理论既重视运用图式知识进行预测、推断这些高层次阅读技巧，又强调低层次的迅速解码能力，在实际阅读过程中两种能力可以互为补充。

二、图式理论与分阶段对外汉语阅读教学

在对外汉语阅读教学中，阅读训练的主要目的是培养相应的阅读理解能力、阅读技巧，以及通过培养阅读能力来全面提高学生的语言水平。学生通过大量的阅读实践，学习分析处理语料的方法，掌握阅读理解的技能技巧，逐步积累汉语阅读经验，将学到的语言知识最终转化成言语能力。

在对外汉语阅读教学实践中，阅读课要根据学生不同的阅读水平，确定阅读教学训练的重点。根据对阅读能力形成过程的初步认识和当前的教学实际，阅读训练可分为初级、中级和高级三个阶段。初级阶段阅读训练的重点是识字训练和词语理解的训练。在中级阶段，则是全面训练阅读能力的阶段，在第一阶段训练的基础上，更加突出语法训练，增加文化知识的介绍，培养猜测、推断能力和"抓关键、跳障碍"的技巧。到了阅读训练的高级阶段，阅读训练的侧重点就落在了不同专业学生需求的不同文体阅读材料的训练上。从某种程度上说，阅读训练三个阶段的不同侧重点与阅读能力的三种图式相互对应，即语言图式、内容图式和结构图式的形成与完善是逐步提高学生阅读水平的有效方法。下面分析图式理论在阅读教学不同阶段的具体应用。

（一）图式理论与阅读训练的初级阶段

在阅读训练的初级阶段，训练重点是识字和词语理解。识字是词汇积累的过程，换言之，初级阶段阅读训练的侧重点就是词汇的积累。以《驾校毕业了》(《汉语阅读教程》第二册，北京语言文化大学出版社版)一文为例，传统的

词汇教学就是按生词表顺序依次解释,再结合课文分析进一步积累词汇的。从表面看来,这样让学生对每个生词都有了一定的信息接受量,但根据学生课堂反映及课后的检查情况来看,学生需要在课后花大量的时间巩固复习才能基本掌握所学词汇。在另一个班,根据课文内容设计语义场图式来进行词汇教学,学生不仅了解了课文的主要内容,同时掌握了课文中的主要词汇及用法,收到了事半功倍的效果。笔者根据教学内容设计如图1:

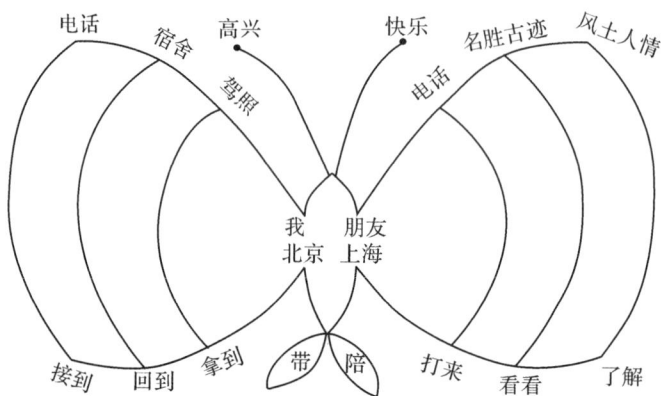

图1 教学内容设计图

学生根据此图,不仅了解了文章的主要内容与人物之间的关系,还轻松掌握了主要的动词、形容词及常用的名词,取得了较好的阅读效果。

(二)图式理论与阅读训练的中级阶段

在阅读训练的中级阶段,阅读教学的重点是在前一阶段学习的基础上,突出语法训练,加强文化知识的介绍,培养学生根据文章大意猜测和推断的能力。对韩国留学生的文化知识介绍中,以《元宵节》一课为例,分析图式理论的具体应用。

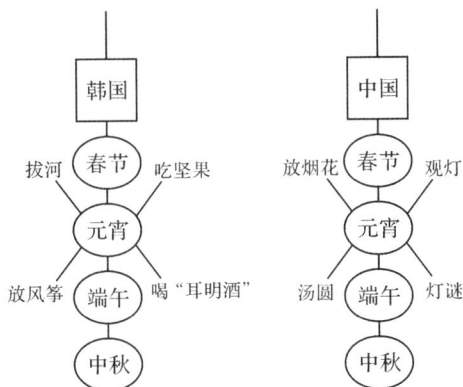

图 2　中韩节日对比图

　　在此图式中,中国和韩国的主要传统节日一目了然,通过图 2 可以使留学生原有的知识与所要教学的内容相互联系、比较,对全面了解中国的元宵节,收到了事半功倍的效果。

(三)图式理论与阅读训练的高级阶段

　　高级阶段的阅读教学目标大体可分为以下三种:一是以获得日常性知识为目标,主要是了解时事、政治、文化等内容,也可称报刊阅读;二是以阅读文学作品为目标;三是以专业阅读为目标,主要是指某个专业理论性文章的阅读。

　　在这一阶段的阅读理解中,学生如何启动旧的图式,进而建立新的有效的图式显得尤为重要。我们以《闲话中国茶》(《汉语阅读教程》第三册)为例,阐述如何有效利用结构图式达到较好的阅读效果。

　　首先,以提问的方式启动学生的旧图式:(1)来中国后喝过什么样的茶?(2)你知道的中国茶有哪些? (3)你认为喝茶对身体有益吗? 以上问题能激发学生再现相关的经历,并能较好地预测文章的相关内容。

　　其次,作为一篇介绍性的文章,有其相对稳定的结构模式,如起源、发展、特征、分类、价值、地位等,因此学生掌握这些结构图式,也就基本了解了文章的整体结构和内容。如第一段第一句"中国是茶叶的故乡",就表明了茶的起源地;第二段中,最后一句"到目前为止,饮茶习惯已经流传到 100 多个国家和地区,产茶国家和地区也已达近 50 个"表明了中国茶在世界的影响;第三段介绍了茶叶的分类,第四段对此做了详细介绍;第五段、第六段的第一句则分别说明了茶的价值和茶具。

了解此结构图式,对提高阅读速度和阅读质量有非常重要的作用。

三、结语

对外汉语教学实践表明,汉语阅读教学呈明显的阶段性。每个阶段有其各自的目标,为了达到各阶段目标,就必须采取与之相适应的教学方法。运用图式理论进行阅读教学和训练,以语言图式、内容图式和结构图式作为阅读训练不同阶段的突破口,有助于激活旧的图式,帮助学生丰富和完善图式网络,从而提高学生的汉语阅读能力。

参考文献

[1]刘慧清.留学生阅读教学思考[J].云南师范大学学报,2003(9).

[2]鲍丽娟,由田.关于韩国留学生阅读课教学的思考[J].长春大学学报,2003(10).

[3]戴雪梅.图式理论在对外汉语阅读教学中的应用[J].汉语学习,2003(4).

[4]冯波.图式理论与阅读教学[J].文教资料,2006(4).

[5]林挺.应用图式理论提高阅读效果[J].现代外语,1996(4).

[6]周小兵.对外汉语教学入门[M].广州:中山大学出版社,2004.

本文原载于《现代语文(语言研究版)》2008 年 4 月 25 日。

基于热词新语的对外汉语当代中国文化教学

曹春静

热词新语是语言对社会变化最敏感的体现,是了解当代中国的窗口。以热词新语为载体,在对外汉语教学中进行当代中国文化的教学,是一种全新的尝试。本文在分析热词新语与当代中国文化密切相关的基础上,从内部因素和外部因素,即语言本身和语言使用两个方面探讨了对外汉语文化教学中热词新语的选择原则,并对课程设置、教材开发与编写、网络或电子课程平台开发提出相关的建议。

对外汉语教学中,新词语的教学历来被纳入语言教学来考量,学界对此主要持两种观点:一是认为词汇教学是对外汉语教学中语言要素教学的一部分,在对外汉语词汇教学中占据重要地位;二是认为新词语、新结构还未稳定,有一些不规范,因而不主张专门教学,而是采用点拨式教学。其中第二种观点占主导地位。

本文赞同第二种观点,但同时也发现,热词新语虽然不宜列入专门的词汇进行教学,却是进行当代中国文化教学的良好载体。因为热词新语是语言对社会变化最直接的体现,凸显了社会的动态变化、人们关注的焦点,也及时地反映了当代中国社会的方方面面及当代中国人的生活和价值观,是了解当代中国文化的窗口。以热词新语为载体进行当代中国文化的教学,一方面能够弥补现有研究以传统文化教学为主的不足,满足当下留学生了解当代中国文化的学习需求;另一方面能够将语言和文化有机地结合起来,取得更好的教学效果。

因此,本文拟从网络热词新语入手,不以探讨热词新语的教学为目的,而是以其为载体,探讨如何选择热词新语、如何通过热词新语进行当代中国文化教学等问题。

一、热词新语与对外汉语文化教学

语言反映了一个民族的思维方式、文化模式和社会生活方式。社会发展日新月异,语言词汇也不断丰富发展变化。凡是社会上出现了新的事物或热点事件,都会在语言中以一定的形式表现出来,其中最为主要的表现形式就是热词新语,主要包括热词、新词语和新构式。

热词即热门词汇,是指在某一特定时期内各类媒体上频繁出现的词语,反映了一个国家、一个地区在某一时期内人们普遍关注的问题和事物,常常涉及一个时期的热点话题及民生问题,具有鲜明的时代特色。如"全面二孩、中国梦、土豪、中国大妈、正能量、颜值、一带一路、天价虾、熔断机制、异地高考、G20"等,几乎一个热词就是一个热点事件,真实而及时地反映了当下中国社会在政治、经济、文化、外交等方面的新发展和新变化。

新词语就是具有新的语音、构词形式或语义内容的词语。如"暖男、女神、男神、剩男、剩女、网红、云备胎、小公举、傻白甜、什么鬼、涨姿势、心塞、干货、撩妹、普大喜奔、累觉不爱"等。新词语往往是特定语言社团的语言创新,与当代人们的日常生活息息相关,从中可以窥见当代中国人的日常及其价值观。

此外,还有不少新构式在新兴媒体中广泛运用,成为广大年轻人表达观点、宣泄情感的重要手段。如"哥 X 的不是 Y,是 Z""X 并 Y 着""且 X 且 Y""今天你 X 了吗""X 都去哪儿了"等。

不断涌现的热词新语反映了当代中国社会的基本国情、当代中国人的日常生活、当代中国人的思维方式和价值观。热词新语与当代中国文化之间的这种高度相关性,正是本文选择热词新语进行当代中国文化教学的根本原因。

二、对外汉语文化教学中热词新语的选择

一般而言,热词新语先出现于网络媒体,随着使用频率的增加,可能扩展到其他领域。近年来,对热词新语的关注度也越来越高,可以通过以下途径了解主要的热词新语:一是《年度中国语言生活状况报告》,自 2005 年开始,教育

部、国家语委每年制订并发布《年度中国语言生活状况报告》;二是各大网站发布的年度热词新语,各大网络平台每年都会根据产生时间、使用频率、搜索频率等发布年度十大热词、十大流行语、年度网络热词等;三是相关报纸杂志,如《咬文嚼字》《语文建设》等。

由于留学生语言教学和文化教学都是第二语言教学,因此,热词新语的选择必须根据第二语言教学的特殊性,综合考虑语言本身和语言使用,即内在因素和外在因素两大方面,具体表现为以下几个原则:

(一)内在因素:语言本身

1. 语义的可懂性

汉语作为第二语言教学,虽然热词新语不作为其教学目标,只是文化教学的载体,但也必须考虑其难易程度。热词新语的难易程度首先表现为语义的可懂性。应该选择从用字和结构上较易推导出词语意义的热词新语,避开过于生僻难懂的。比如"剩女",可以从字面上比较容易地得出"剩下来的女生",结构上也与"剩菜剩饭"相同,学生较易理解其表面的意义,再由表面意义推导出内在意义。再如"猴赛雷",从字面上很难理解三个字之间的关系,也很难推导其意义,这种类型的词语并不适用于留学生汉语教学。

2. 与文化的关联度

本文所说的热词新语并不是教学内容,而是文化教学的载体,因此,在选择时必须注意热词新语与当代中国文化的关联度,选择关联度高的,避开关联度低的。比如"丈母娘需求"与"前方高能",前者是中国社会结婚买房的传统观念,丈母娘为女儿考虑,要求未来的女婿必须先买房才能结婚,这种"特钢需求"导致房价上涨,生动形象地反映了当下中国人在结婚买房上的真实状态;后者是指各视频弹幕中经常会出现的"前方高能"之类的弹幕,使用范围较为小众,与当代中国文化的关联度不高。两相比较,应选择前一类词语进行教学。

（二）外在因素:语言使用

1. 使用频率

在语言使用方面,首先应该考虑使用频率。应尽量选择高频使用的热词新语。热词本身是按照某一时期出现的频率统计而得,新词选用也应考虑高频这一因素。新词高频使用,说明它所指称的事物或事件在当代中国较为普遍,也更能体现当代中国的文化。比如"拼爹",百度搜索得到 13700000 条,而"逼婚女"则为 21100 条,词语使用频率的高低也与词语本身反映的社会情况的普遍程度呈正相关。

2. 使用效应

留学生教学任务,肩负着推广中国文化、让世界了解中国的责任,因而教师在选择热词新语时要考虑到其使用效应。网络语言中,不乏一些粗俗低级趣味的表达,"尼玛""屌丝""逗逼""逼格""你妹""滚粗"等。热词中也有相当部分与负面事件相关,比如"被幸福""躲猫猫""习惯性执法""天价虾"等。

在选择热词新语时,应注意正面效应与负面效应的比重,以正面效应为主,并不排斥负面效应类词语,但应注意比重,并适当加以引导,辩证地看待问题。

3. 使用者需求

另外,在选择热词新语时,还应充分考虑留学生的兴趣点和学习需求。在教学中,我们也常常发现教材、教师预设的内容,并不一定和留学生感兴趣的内容很好地吻合。因此,在进行选择的过程中,应该从留学生的角度出发,了解他们的兴趣点,而不是从中国人、从教师的角度出发去选择相关的热词新语。

三、如何利用热词新语开展对外汉语文化教学

利用热词新语开展对外汉语文化教学,涉及教学、教材、教师等诸多方面。限于篇幅,本节只针对课程设置、教材、课程平台等方面提出一些建议。

(一)课程设置

本文所说的文化教学不是指语言中的文化因素教学,而是指独立的文化教学,且用汉语作为教学语言。因此,这类课程不宜在初级阶段开设,可以在中高级阶段设置选修课,比如"学新词,看中国",或者在高级阶段开设专门的文化课,比如"当代中国话题",通过热词新语引出热点话题,尽量覆盖社会生活的多个层面,让学生了解一个较为全面的当代中国。

(二)教材的开发与编写

目前,利用热词新语进行文化教学的教材并不多见。因为教材编写出版的周期较长,往往具有滞后性。而热词新语具有很强的时效性,尤其是热词特别集中在这个词相关事件发生的前后时间段中,往往具有新闻时效性,新词也具有明显的时间性。因此,需特别注意教材的滞后性与热词新语的时效性之间的矛盾,在开发教材时应尽量选择一些既具有时代特色,主题又相对不易过时的内容进行编写,尽量避免内容与时代脱节。当然,更为有效的方法是自编教材。自编教材应该注意以下几个方面:

一是教材编写应注意教学对象的特点,满足学生的需求。与直接使用现有教材相比,自编教材能够更好地针对学生的特点来设计。应该充分考虑学生的汉语水平、年龄层次等各方面因素。最为关键的是,应该尽量满足学生的学习需求,结合问卷调查了解学生对当代中国文化感兴趣的方面,设置相关的主题板块,并根据二语习得的特点,对文章进行适度改写,使其符合留学生汉语教学之用。

二是教材编写应该全面客观地反映当代中国的真实情况。当代中国有发

展,有进步,也存在不少问题。教材编写不应该回避问题,只展现好的一面。同时也应该避免一味传递负面信息的倾向,应尽量真实客观地反映当下中国社会的情况。

(三)网络或电子课程平台开发

在传统课堂和纸质教材之外,可以开发网络课程平台进行文化教学。课程平台可以设置多个板块,如"在线词典""课程资源""留言""主题讨论"等板块。在线词典,用于检索热词新语的释义、出处、语义和语用效果。在线词典是开放的,是即时更新的,便于学生查找最新学习和接触到的热词新语。课程资源,包括文字资源、图片资源和视频资源,老师和学生都可以登录,老师提前整理相关的资料放在相应板块,同时鼓励学生查找相关信息,进行补充。主题讨论,结合课程资源,定期对相关的问题进行讨论,可与学生所在国的相关情况进行比较,讨论语言不限,从而调动学生的积极性,同时增加学生对所学内容的理解。

同时,也可以将上述材料和功能做成相应的微信公众号或 App。这类网络或电子平台,可以结合相应的课堂教学课程、教材设置,也可以作为一个独立的学习平台进行教学。

对外汉语教学中热词新语不是语言教学的基本内容,但以热词新语为载体进行当代中国文化教学是一种全新的尝试。基于热词新语的当代中国文化教学,还涉及教学方法、教学技术、教师和学生等诸多方面的问题,这都有待学界进一步的研究和探讨。

本文原载于《知识文库》2018 年 1 月 8 日。

汉语国际教育专业学生外语课堂焦虑实证分析

孙永红

一、问题的提出

作为世界语言的语种之一,汉语日益得到世界人民的关注,越来越多的外国人加入学习汉语的行列中来。国家汉办最新数据显示,目前有 142 个国家开办了 516 所孔子学院,1076 所孔子课堂,各类学员 210 万人。面对人数还在上升的国际汉语学习者,加强国际汉语教学的师资培养尤为必要。作为国际汉语教学重要的师资后备力量,汉语国际教育专业学生担当着重要使命。加强对他们能力和素养的培养不容忽视,尤其是外语能力和素养的培养。加强外语能力的培养,一方面可以帮助他们很好地适应国外的生活,较好地与外国学生乃至家长和同事沟通,另一方面可以让他们通过自身外语学习的经历,体味外语学习的方法和技巧,更好地搞好汉语教学。基于此种考虑,本项研究针对外语课堂焦虑展开,以汉语国际教育专业学生为对象。此项研究希冀有助于外语教师们了解汉语国际教育专业学生的外语课堂状态,在帮助学生们了解自身外语学习焦虑情况、提升外语能力和素质的同时,也希冀在后方法时代理论背景下为构建汉语国际教育专业人才培养模式提供实证数据。

学习焦虑作为教育心理学研究的内容之一,日渐成为学者们研究和关注的重要问题之一。在外语界,人们从外语学习焦虑的定义、分类、定量等角度开展了研究。不同专家和学者对焦虑的定义持有不同的观点。对于外语学习焦虑的分类,不同学者从不同角度对焦虑进行了划分。Horwitz 等指出,焦虑被分为交际焦虑(communication apprehension)、考试焦虑(test anxiety)和负面评价焦虑(fear of negative evaluation)。为了搞好外语焦虑定量研究,

Horwitz等还研制了外语学习焦虑量表。Horwitz等编制"外语课堂焦虑量表(Foreign Language Classroom Anxiety Scales)",此量表简称"FLCAS"。学者们就外语学习焦虑开展了定量研究。无论是以英语和法语为外语的研究,还是以汉语和日语为外语的研究,都得出了外语课堂焦虑与外语成绩呈负相关的结论。

在所有的外语学习焦虑定量研究中,被使用率较高、影响较大的当数Horwitz等编制的"外语课堂焦虑量表(FLCAS)",其较高的信度和效度得到了学术界广泛认可。在目前的已有研究成果中,尚未发现针对汉语国际教育专业学生而进行的外语课堂焦虑状况研究,所以本项研究选择以"外语课堂焦虑量表(FLCAS)"为研究工具,在汉语国际教育专业大学生中开展了定量研究。

二、研究内容

(一)研究设计

本项研究对应用型本科院校——浙江越秀外国语学院的汉语国际教育专业2013级、2014级和2015级中国籍本科生的外语课堂焦虑开展研究。研究以问卷调查为主,辅之以个别访谈。调查问卷由指导语、被试基本情况和外语课堂焦虑量表(FLCAS)中文版三部分内容构成。外语课堂焦虑量表共有33道题,研究者从英文翻译为中文,并请既会英语也会汉语的外国籍汉学家审校。

考虑到被试掌握的外语语种情况,其都掌握两门或两门以上外语,且第一外语均为英语,学校专业课程设置里每学期都开设了不同形式和内容的英语课,所以,为了确保被试的外语语种一致,此项调查问卷内容所涉及的语种仅确定为一种外语,即英语。

(二)研究过程

研究设计结束后,即开展问卷调查,它是在项目研究者的亲自组织下进行的。汉语国际教育专业三个年级的学生以班级为单位,分别在不同的时间段于教室内填写完问卷,每人填写一份问卷,填写问卷的时间不做时间限制。被试者按问卷填选了自己的基本情况后,对焦虑量表中的 33 个问题就李克特(Likert)5 级量表的内容选出了最符合自己的选项。

问卷全部上交后,研究者逐一审查问卷填写情况。剔除有漏答问题及有明显反应倾向的问卷后,录入数据,计算结果。因为每个问题所述内容不同,所以,计分方法也有所不同。33 个问题中,第 2、5、8、11、14、18、22、28、32 题,被试选择完全同意的得 1 分,选择同意的得 2 分,选择不同意也不反对的得 3 分,选择不同意的得 4 分,选择完全不同意的得 5 分。其他 24 个问题的计分方法与前面所述的 9 道题计分方法相反,即选择完全同意的得 5 分,选择同意的得 4 分,以此类推。每名被试者各题得分的总和就是其英语课堂焦虑状况值。得分越低,说明英语课堂焦虑越弱。得分越高,说明英语课堂焦虑越强。理论上,此量表的总分最低得分为 33 分,最高得分为 165 分。统计结果经 SPSS 2.0 计算得出。统计结果算出后,研究者对不同年级的被试者进行了个别访谈。

经统计,本项研究共收回有效问卷 187 份,其中男生 18 人,占比近 9.63%,女生 169 人,占比 90.37%。被试者最小年龄 18 岁,最大年龄 24 岁,平均年龄 21 岁,学习英语的平均年限近 11 年。通过大学英语四级考试的被试者有 166 人,另有 21 人截至问卷调查时没有通过大学英语四级考试。

(三)研究问题

本项研究共有 7 个问题:
(1)汉语国际教育专业学生外语课堂焦虑总体状况如何?
(2)不同年级的汉语国际教育专业学生外语课堂焦虑状况有无差异?
(3)不同焦虑层次的汉语国际教育专业学生外语课堂焦虑状况有无差异?
(4)不同性别的汉语国际教育专业学生外语课堂焦虑状况有无差异?

（5）不同性格的汉语国际教育专业学生外语课堂焦虑状况有无差异？

（6）对外语持不同态度的汉语国际教育专业学生课堂焦虑状况有无差异？

（7）通过大学英语四级考试的汉语国际教育专业学生和未通过的汉语国际教育专业学生外语课堂焦虑状况有无差异？

三、研究结果

（一）汉语国际教育专业学生外语课堂焦虑总体状况

统计结果显示，187 名被试者的外语课堂焦虑状况均值为 103.95，标准差为 18.58，最低值为 57 分，最高值为 145 分。经对调查数据的可靠性分析，得出克伦巴赫系数为 0.93，说明信度较好。此结果表明，被试者在外语课堂上普遍存在焦虑感。

本项研究的焦虑均值高于以 FLCAS 为研究工具的相关国内学者的研究结果，具体情况详见表 1。

表 1　以 FLCAS 为研究工具的定性研究结果比较

资料来源	被试者身份	被试者人数	外语语种	学习外语年限	均值	标准差	最低值	最高值	克伦巴赫系数
钱旭菁（1999）	美日韩等国留学生	95	汉语	0.5 年到 3 年以上	88.46	15.23	43	131	未提及
王才康（2003）	中国大学生	418	英语	至少 7 年	83.9	16.4	未提及	未提及	0.89
秦晨（2006a）	中国大学生	301	英语	至少 7 年	95.33	18.92	34	163	0.88
本研究	中国大学生	187	英语	平均近 11 年	103.95	18.58	57	145	0.93

研究结果之所以不同,除了因为被试者存在个体差异之外,还可能与两个因素有关:

一是可能与不同的计算方法有关。比如,钱旭菁的研究以"A 非常同意、B 同意、C 不同意也不反对、D 不同意、E 完全不同意"为选项,以"选择 A 得 5 分,选择 B 得 4 分,以此类推,选择 E 得 1 分。将全部 33 题的得分相加"的方法进行数据计算。其研究中未提及 33 道题中部分反向问题的计分方法;王才康老师的研究中则仅指出"采用 Likert 5 点量表形式,1 表示非常不符合,5 表示非常符合",未提及每道答题的得分计算方法。

二是可能与 FLCAS 量表的中文表述不同有关。除了钱旭菁针对留学生开展的问卷调查使用的是 FLCAS 英文原版还是中文版,未见提及之外,表 1 中后三项研究均使用中文版 FLCAS。秦晨的研究中未提及中文版量表的翻译方法,王才康的研究中则明确指出"中文版 FLCAS 由本文作者从英文版译出,并首次投入使用"。秦晨以实际中文版量表第 24 题为例,明确指出与王才康翻译量表中文表述之不同。

(二)不同年级的汉语国际教育专业学生外语课堂焦虑状况

本项研究调查了汉语国际教育专业三个年级的本科生,即 2013 级、2014 级、2015 级。不同年级被试者得分排序情况如表 2 所示:

表 2 不同年级的汉语国际教育专业被试者外语课堂焦虑状况

年 级	人 数	均 值	标准差	最低值	最高值
2013 级	56	106.82	18.41	62	144
2014 级	67	101.37	16.57	57	134
2015 级	64	104.14	20.54	58	145

表 2 结果显示,2013 级汉语国际教育专业被试者的外语课堂焦虑状况最高,2015 级被试者的状况居中,2014 级被试者的状况最低。2013 级被试者外语课堂焦虑状况最低值为 62 分,最高值为 144 分;2015 级被试者外语课堂焦虑状况最低值为 58 分,最高值为 145 分;2014 级被试者外语课堂焦虑状况最低值为 57 分,最高值为 134 分。可见,外语课堂焦虑的最低值出现在 2014 级

被试者中,最高值出现在 2015 级被试者中。方差分析结果显示,三个年级的被试者英语课堂焦虑状况没有显著差异[$F(2,184) = 1.32, p > 0.05$]。

(三)不同焦虑层次的汉语国际教育专业学生外语课堂焦虑状况

187 名汉语国际教育专业被试者的外语学习焦虑状况均值为 103.95,标准差为 18.58。基于此结果,本研究将被试者分为三组:低焦虑组、中焦虑组和高焦虑组,低焦虑组被试者的得分小于 103.95—18.58,即得分小于 85.37 的被试者;高焦虑组被试者的得分大于 103.95＋18.58,即得分大于 122.53 的被试者;得分介于 85.37 和 122.53 之间的被试者为中焦虑组。具体焦虑状况如表 3 所示。

表 3　不同焦虑层次的汉语国际教育专业被试者外语课堂焦虑状况

外语课堂焦虑层次	人 数	所占比例	均 值	标准差	最低值	最高值
低焦虑组	30	16%	75.53	8.41	57	85
中焦虑组	122	65%	103.53	10.33	86	122
高焦虑组	35	19%	129.86	6.59	123	145

表 3 结果显示,低焦虑组共有被试者 30 人,均值为 75.53,标准差为 8.41;中焦虑组共有被试者 122 人,均值为 103.53,标准差为 10.33;高焦虑组共有被试者 35 人,均值为 129.86,标准差为 6.59。低焦虑组的外语课堂焦虑状况最低值为 57 分,最高值为 85 分;中焦虑组的外语课堂焦虑状况最低值为 86 分,最高值为 122 分;高焦虑组的外语课堂焦虑状况最低值为 123 分,最高值为 145 分。方差分析结果显示,低焦虑组、中焦虑组和高焦虑组这三组被试者的英语课堂焦虑状况差异非常显著[$F(2,184) = 266.25, p < 0.01$]。

(四)不同性别的汉语国际教育专业学生外语课堂焦虑状况

参与此项研究的汉语国际教育专业学生中,女生 169 人,男生 18 人。其焦虑状况如表 4 所示。

表 4　不同性别的汉语国际教育专业被试者外语课堂焦虑状况

被试性别	人　数	均　值	标准差	最低值	最高值
男	18	91.06	18.74	57	123
女	169	105.34	18.08	62	145

表 4 结果显示,男生组共有被试者 18 人,均值为 91.06,标准差为 18.74;女生组共有被试者 169 人,均值为 105.34,标准差为 18.08。男生组的外语课堂焦虑状况最低值为 57 分,最高值为 123 分;女生组的外语课堂焦虑状况最低值为 62 分,最高值为 145 分。

独立样本 t 检验结果显示,男生组和女生组这两组被试的英语课堂焦虑状况差异非常显著($t=-3.17, df=185, p<0.01$)。

此项结果与钱旭菁(1999)、秦晨(2006a)的研究结果不同,但是与王才康的研究结果相同。这可能与本项研究的男女被试者性别所占比例差距巨大有关,且男生被试者的样本量较小,仅为 18 人。不同研究中不同性别所占比例见表 5 所示。

表 5　不同研究中性别人数所占比例

资料来源	男生人数	所占比例	女生人数	所占比例
钱旭菁(1999)	58	61.05%	37	38.95%
秦晨(2006a)	153	52.49%	143	47.51%
本研究	18	9.63%	169	90.37%

(五)不同性格的汉语国际教育专业学生外语课堂焦虑状况

此项研究中,请被试者就自己的性格进行自我评价,有 97 人自评为内向性格,有 90 人自评为外向性格。表 6 结果显示,内向组均值为 107.51,标准差为 16.56;外向组均值为 100.16,标准差为 19.92。内向组的外语课堂焦虑状况最低值为 66 分,最高值为 145 分;外向组的外语课堂焦虑状况最低值为 57 分,最高值为 144 分。独立样本 t 检验结果显示,内向组和外向组这两组被试者的英语课堂焦虑状况差异非常显著($t=2.76, df=185, p<0.01$)。

表6 不同性格的汉语国际教育专业被试者外语课堂焦虑状况

性 格	人 数	均 值	标准差	最低值	最高值
内 向	97	107.51	16.56	66	145
外 向	90	100.16	19.92	57	144

(六)对外语持不同态度的汉语国际教育专业学生课堂焦虑状况

被试者对英语持有两种态度,一种是喜欢,另一种是不喜欢。表7结果显示,喜欢组共有被试者99人,均值为96.30,标准差为16.55;不喜欢组共有被试者88人,均值为112.59,标准差为16.95。喜欢组的被试者外语课堂焦虑状况最低值为58分,最高值为143分。不喜欢组的被试者外语课堂焦虑状况最低值为57分,最高值为145分。独立样本t检验结果显示,不喜欢英语组和喜欢英语组这两组被试者的英语课堂焦虑状况差异非常显著($t=2.76, df=185, p<0.01$)。

表7 对外语持不同态度的汉语国际教育专业被试者外语课堂焦虑状况

对英语所持态度	人 数	均 值	标准差	最低值	最高值
喜欢	99	96.30	16.55	58	143
不喜欢	88	112.59	16.95	57	145

(七)通过大学英语四级考试的汉语国际教育专业学生和未通过的汉语国际教育专业学生外语课堂焦虑状况

表8结果显示,通过大学英语四级考试组共有被试者166人,均值为102.04,标准差为18.17;未通过大学英语四级考试组共有被试者21人,均值为119.19,标准差为14.56。通过大学英语四级考试组的被试者外语课堂焦虑状况最低值为57分,最高值为144分。未通过大学英语四级考试组的被试者外语课堂焦虑状况最低值为82分,最高值为145分。独立样本t检验结果显示,通过考试组和未通过考试组这两组被试者的英语课堂焦虑状况差异非

常显著($t=-4.16, df=185, p<0.01$)。

表 8 通过大学英语四级考试者与未通过者英语课堂焦虑状况

组 别	人 数	均 值	标准差	最低值	最高值
通过考试组	166	102.04	18.17	57	144
未通过考试组	21	119.19	14.56	82	145

四、结论与启示

(一)结论

此项研究结果显示,汉语国际教育专业学生在外语课堂上普遍存在焦虑状况。不同年级的学生外语课堂焦虑状况不同,但没有显著差异。低焦虑组、中焦虑组和高焦虑组的学生焦虑状况不同,且差异显著。男生的外语课堂焦虑状况低于女生,且差异非常显著。外向性格的学生外语课堂焦虑状况低于内向性格学生,且差异非常显著。喜欢外语的学生课堂焦虑状况低于不喜欢的学生,且差异非常显著。通过大学英语四级考试的学生外语课堂焦虑低于没有通过的学生,且差异非常显著。

(二)启示

汉语国际教育专业学生在外语课堂上普遍存在焦虑状况,外语课堂焦虑又与外语成绩呈负相关。因此,有必要注重降低学生的外语课堂焦虑状况。外语课堂教学是由教师和学生组成的,因此至少应从这两大主角角度改进外语课堂教学。

1. 教师要以语言教学理论为指导,针对不同的学生开展差异化教学

此项研究结果显示,汉语国际教育专业的学生外语课堂焦虑状况普遍存

在。不同焦虑层次的学生、对外语喜好程度不同的学生的焦虑状况都存在显著差异,而且未通过大学英语四级考试的学生与通过者也存在显著差异。很多实证研究得出了外语焦虑与外语成绩呈负相关的结论。可见,通过降低不同情况学生的焦虑程度来促进学生的学习效果非常重要。如今,第二语言教学正处于后方法时代,外语课堂教学要用后方法时代之长,减学生外语学习之焦虑。由库玛为主要代表人物的后方法语言教学思想,强调教学没有固定的方法,应以特殊性、实践性和可行性作为语言教学的框架。外语教师应以后方法理论为指导,针对不同特点的学生开展外语教学,做到因材施教,以降低学生的课堂焦虑状况,从而对外语成绩产生更多积极正面的影响。

访谈中,我们发现,不同的学生就教师在外语课堂上采用的登台进行外语口语演讲的形式表达了不同的感受。性格外向的学生更愿意主动参与,他们能够轻松自如地完成这项活动,内向的学生则表示压力较大,心里紧张。对此,教师还要在教学中注重观察学生的不同性格,了解不同学生的心理感受,根据学生的需求,开展差异化教学。对于喜欢登台演讲的学生,多给他提供机会;对于不喜欢登台演讲的学生,可以引导他通过记录、写作等受学生个体喜欢和擅长的方式来完成学习任务。这不仅助于缓解不同个体的心理焦虑,还可以让学生扬长避短,强化优势。教师还要注意关注和了解课堂焦虑状况程度不同的学生,通过观察、谈心、征求意见、正向评价等方式,减低焦虑较高的学生心理压力。

2. 教师要关注学生心理状态,注重理性情绪培养

针对汉语国际教育专业的学生普遍存在外语课堂焦虑这一现象,教师应有意识关注学生的心理状态。焦虑作为一种重要的心理情绪形态,一直为专家学者们所关注。美国心理学家理性情绪行为疗法(Rational Emotive Behavior Therapy,简称 REBT)创始人埃利斯指出,人们按理性去思维、去行动,就会行有成效。情绪上的困扰由非理性思维导致。绝对化的要求和过分概括化等表现是非理性信念的特征。教师在教学过程中,除了注重外语知识和技能的培养之外,还不能忽视对学生情绪状态的关注,注重培养学生的理性情绪。一方面从思想上引导学生养成客观要求自己的心态,对课堂的教和学不要予以基于主观的过分概括,另一方面引导学生将理性情绪体现在外语学习的行动上,引导学生做到对教师、对自身、对所学语言拥有较为客观的认识、

要求和评价。学生们具备了理性情绪,并能用理性情绪带动行为,就有可能减少焦虑。

3.学生要设立外语学习目标,下功夫学好外语

针对男生的外语课堂焦虑状况与女生的状况存在显著差异这一结果,我们对两名英语学习成绩优异的男生进行了访谈。一名学生入学三个月后高分通过了大学英语四级考试,后又通过了大学英语六级考试,因为没有获得优秀等级,他再次参加了考试,获得了优秀等级后,即制订参加剑桥商务英语考试的计划,顺利通过后,又备战雅思考试,大学二年级末即取得了雅思英语考试7分的好成绩。这个成绩意味着他在外语方面具备了可以申报牛津大学的资格。该生表示,之所以能够通过这些考试,就是因为他在完成一个目标后,马上给自己树立新的目标,以完成目标为导向,努力学习外语,所以在外语学习中,他不觉得有压力,不觉得有焦虑。另一名学生英语口语很好,先后担任乌镇第二届世界互联网大会和G20杭州峰会的翻译志愿者。他表示,因为英语水平不错,所以上英语课对他来说轻松自如,不觉得焦虑,但是,因为自身没有制定具体的、更高的外语学习目标,所以感觉外语进步不大。这两名男生的经历和感受提示学生要不断地给自己设立目标,下功夫学好外语后,焦虑状况就会很低。此外,对于汉语国际教育专业的学生来说,学好外语不仅能展现自身很好的外语能力和素质,也是搞好国际汉语教学的专业需要。因此,汉语国际教育专业学生要设立外语学习目标,这样会减少焦虑,获得外语学习的成就感和轻松感。

五、结　语

本项研究成果对汉语国际教育专业的外语教学提供了具体的数据支持,两名外语学习优秀者的访谈又对如何减少学生的焦虑提供了新的视角。但是,因为该项研究范围仅限于一所大学的汉语国际教育专业的大学生,所以普适性有待商榷。在今后的研究中应进一步拓展样本采集范围。同时,亦应在把英文版的FLCAS量表翻译为汉语时,注意汉字表述的一致性和准确性。

参考文献

[1]国家汉办.砥砺奋进的五年:数据看孔院(2012—2017)[EB/OL].(2017-10-23).http://www.hanban.edu.cn/article/2017-10/23/content_702594.htm.

[2]HORWITZ,E.K.,HORWITZ,M.B.,JOHN,C..Foreign Language Classroom Anxiety[J].The Modern Language Journal,1986(2).

[3]MACLNTYRE,P.D.,GARDNER,R.C..Anxiety and Second Language Learning:toward a Theoretical Clarification[J].Language Learning,1989(2).

[4]张日晟,袁莉敏.大学生外语焦虑、自我效能感与外语成绩关系的研究[J].心理发展与教育,2004(3).

[5]秦晨.大学生外语焦虑状况的调查与分析[J].河海大学学报(哲学社会科学版),2006a(3).

[6]秦晨.英语专业大学生与非英语专业大学生外语焦虑的比较研究[J].扬州大学学报(高教研究版),2006b(4).

[7]钱旭菁.外国留学生学习汉语时的焦虑[J].语言教学与研究,1999(2).

[8]Language Anxiety:The Case of Students of Japanese[J].The Modern LanguageJournal,1994(2).

[9]王才康.外语焦虑量表(FLCAS)在大学生中的测试报告[J].心理科学,2003(2).

[10]崔永华.后方法时代的汉语教学理论建设[J].国际汉语教学研究,2016(2).

[11]库玛.超越教学法:语言教学的宏观策略[M].陶建敏,译.北京:北京大学出版社,2013.

[12]阿尔伯特·埃利斯.控制焦虑[M].李卫娟,译.北京:机械工业出版社,2014.

本文原载于《现代教育科学》2017 年 12 月 20 日。

汉语国际教育专业学生英语学习策略实证研究

孙永红

一、问题的提出

随着中国在国际社会地位的不断提高,全球范围内学习汉语的人愈来愈多。仅以孔子学院为例,截止到 2015 年 12 月 1 日,有 134 个国家和地区建立了 500 所孔子学院和 1000 个孔子课堂。作为汉语国际教育重要的师资后备力量,加强汉语国际教育专业学生的英语水平培养不容忽视。研究汉语国际教育专业学生的英语学习策略使用情况,不但有利于他们搞好英语学习,提高英语水平,而且对他们未来搞好国际汉语教学工作也有一定的借鉴意义。

二、研究过程

(一)调查工具

本项研究以问卷调查为主,辅之以个别访谈。调查问卷由指导语、被试基本情况和 Oxford 研制的语言学习策略量表组成。按照 Oxford 的分类标准,英语学习策略由六种不同策略组成,它们分别是记忆策略、认知策略、补偿策略、元认知策略、情感策略和社交策略。

(二)调查过程

被试者为浙江越秀外国语学院汉语国际教育专业学生。被试者在教师的组织下于教室内填写完调查问卷。调查结束后,调查者又对部分被试者就英语学习策略进行了有针对性的访谈。本次调查共发放问卷 129 份,收回有效问卷 121 份,被试者中男生 10 名,女生 111 名,平均年龄约 21 岁。被试者学习英语平均年限为近 11 年。被试者中大学英语四级考试成绩达到 500 分(含)以上者共 18 人,另外,还有 18 人没有通过大学英语四级考试。

(三)数据统计

调查采用 Likert 量表记分,被试者根据自身实际情况与学习策略内容的相符程度由低到高以 1 分至 5 分给分。得分越高,说明使用的学习策略频率越高。调查数据经 SPSS20.0 统计后得出。

(四)研究问题

研究问题有以下三个:汉语国际教育专业学生的英语学习策略总体使用情况如何? 不同学习策略的使用情况如何? 大学英语四级成绩较好的学生和未通过大学英语四级考试的学生英语学习策略使用情况有无差异?

三、研究结果

(一)汉语国际教育专业学生的英语学习策略总体使用情况

统计数据显示,汉语国际教育专业学生的英语学习策略总体情况是:学习策略使用的均值为 2.8 分,克伦巴赫系数为 0.85。

可见,此项调查信度较好。根据 Oxford 对其设计的调查量表得分提出的评价标准可知,汉语国际教育专业学生有时使用学习策略,使用频率为中等程度。

(二)不同学习策略的使用情况

6 种具体策略的得分排序情况如表 1 所示:

表 1　汉语国际教育专业学生不同学习策略使用情况

策略名称	均值	标准差	使用频率	评价
记忆策略	2.4	0.52	低	不常使用
认知策略	2.7	0.58	中	有时使用
补偿策略	3.2	0.64	中	有时使用
元认知策略	2.7	0.67	中	有时使用
情感策略	2.6	0.67	中	有时使用
社交策略	2.8	0.72	中	有时使用

从表 1 可以看出,均值从高到低的排列顺序是补偿策略、社交策略、认知策略和元认知策略、情感策略、记忆策略。根据评价标准可知,汉语国际教育专业学生有时使用补偿策略、社交策略、认知策略和元认知策略、情感策略,使用频率为中等程度;汉语国际教育专业学生不常使用记忆策略,使用频率为低等程度。

(三)大学英语四级成绩较好的学生和未通过大学英语四级考试的学生英语学习策略使用情况

统计结果显示,通过大学英语四级成绩较好组的学生英语学习策略使用情况均值为 3.0,未通过组的使用情况为 2.6。可见,大学英语四级考试较好组和未通过组都是有时使用学习策略,使用频率均为中等程度,但是较好组比未通过组更多地使用学习策略。

两组学生具体的英语学习策略使用情况如表 2 所示:

表 2 大学英语四级成绩较好组和未通过组英语学习策略使用情况

组别	得分及标准差	具体策略名称					
		记忆策略	认知策略	补偿策略	元认知策略	情感策略	社交策略
较好组	均值	2.5	3.0	3.4	3.0	2.9	2.9
	标准差	0.61	0.76	0.68	0.78	0.56	0.73
未通过组	均值	2.4	2.6	2.8	2.7	2.4	2.5
	标准差	0.38	0.46	0.70	0.53	0.72	0.72

由表 2 可见,汉语国际教育专业学生大学英语四级考试较好组和未通过组的 6 种英语学习策略的使用情况不同。在 6 种学习策略中,较好组所得均值都高于未通过组。

较好组 6 种学习策略均值从高到低的排行是补偿策略、认知策略和元认知策略、情感策略和社交策略、记忆策略。可见,较好组有时使用补偿策略、认知策略、元认知策略、情感策略、社交策略、记忆策略,使用频率均为中等程度。

未通过组各项学习策略均值从高到低的排行是补偿策略、元认知策略、认知策略、社交策略、情感策略和记忆策略。根据 Oxford 提出的评价标准,未通过组有时使用补偿策略、元认知策略、认知策略、社交策略,使用频率为中等程度,不常使用情感策略和记忆策略,使用频率为低等程度。

方差分析结果显示,较好组和未通过组在使用补偿策略[$F(1,34)=5.832,p<0.05$]、认知策略[$F(1,34)=5.573,p<0.05$]和情感策略[$F(1,34)=5.016,p<0.05$]上有显著差异,而在社交策略[$F(1,34)=2.811,p>0.05$]、元认知策略[$F(1,34)=2.013,p>0.05$]和记忆策略[$F(1,34)=0.981,p>0.05$]上无显著差异。

四、结论和讨论

(一)汉语国际教育专业学生的英语学习策略总体使用情况

研究结果显示,汉语国际教育专业学生有时使用英语学习策略,使用频率为中等程度。

"策略"一词,在中国和西方的来源和意义不尽相同。在西方,"策略"一词来源于希腊语,英语写为 strategy。古希腊时期,"策略"是指赢得战争的总体计划。在中国古代,"策"和"略"是两个词,两词都是"计划"的意思。直到《三国志》一书,"策略"才成为一个词。策略就是为实现一定的战略任务,根据形势发展而制定的行动方针。可见,古希腊时的策略侧重于总体的安排,而中国古代的策略则侧重于具体的行动。关于学习策略,很多的学者从不同角度进行了界定。概括而言,学习策略就是指在学习过程中,学习者为了达到学习目标,所采用的学习手段、方法和技巧。

此次调查的学生都是汉语国际教育专业的大学生,均为成年人,而且都有10年以上的英语学习经历。在学习英语的过程中,他们有时能够注意思考和运用英语学习策略,这是他们多年来学习英语形成的一种学习习惯。在调查后进行的访谈中,有的学生表示在多年的英语学习过程中,已经形成了一套相对适应于自身的学习习惯,在学习英语的过程中不会刻意去考虑是否使用了学习策略,也不会考虑应该使用哪种学习策略,当然,对于使用学习策略和学习效果的关系,也不会多加考虑。

(二)不同学习策略的使用情况

研究结果显示,汉语国际教育专业学生有时使用补偿策略、社交策略、认知策略和元认知策略、情感策略,不常使用记忆策略。

以上各种策略的侧重点不尽相同。很多研究结果表明,这些策略都有助于提高学生的英语学习水平。补偿策略通过整合和替代等方式帮助学习者补偿已经忘记或者无法表达的英语知识,社交策略通过与他人、与群体采用不同的交流方式来学习英语,认知策略帮助学习者理解和生成英语,元认知策略帮助学习者了解、规范和评价自己的学习行为以提高英语学习水平,情感策略则关注学生英语学习过程中的情感需求,借以在满足情感需求的基础上,提高英语学习的效果。这些学习策略在英语学习中都能起到提高学习效率的作用。调查结果显示,汉语国际教育专业学生使用最多的学习策略是补偿策略。这可能和他们的学习习惯有关,多年的英语学习经历使他们形成了用猜测、联想、代替等习惯来解决遇到的英语问题。

记忆策略则是采用不同方法和路径,帮助学生有效记住所学英语知识的策略。汉语国际教育专业学生不常使用记忆策略,一方面和他们的年龄有关,另一方面和他们 10 多年的英语学习经历有关。心理学研究表明,随着年龄的增长,人的记忆能力减弱,而理解能力增加。汉语国际教育专业的学生均为成年人,他们的理解能力越来越优于记忆能力。加之,学生们学习汉语平均时间为 11 年,最多者长达 18 年。10 多年的英语学习经历使他们掌握了相当数量的英语词汇和语法知识,形成了自身习惯并且适应的英语学习策略和英语实战技巧,这使得他们更关注知识的整合和补偿,而不常使用记忆策略。

(三)大学英语四级成绩较好组和未通过组英语学习策略使用情况

调查结果显示,较好组和未通过组都是有时使用学习策略,不过,较好组比未通过组更多地使用学习策略,且在 6 种策略的使用情况中,较好组各种学习策略均值都高于未通过组。较好组有时使用补偿策略、认知策略、元认知策略、情感策略、社交策略、记忆策略,使用频率为中等程度。未通过组有时使用补偿策略、元认知策略、认知策略、社交策略,使用频率为中等程度,不常使用情感策略和记忆策略,使用频率为低等程度。较好组和未通过组在使用补偿策略、认知策略和情感策略上有显著差异,在记忆策略、元认知策略和社交策略上无显著差异。

较好组比未通过组更多地使用学习策略这一结果,说明了英语学习策略的使用情况和英语学习成绩是相关的。这一结果提示教师在教学中要注意引导学生使用学习策略,特别是要注重引导英语学习成绩不好的同学运用英语学习策略。当然,认知策略、补偿策略和情感策略的显著性差异也提示着未通过组还应大力向较好组学习,提高补偿策略、认知策略和情感策略的使用频率。

五、启示

(一)教师们要加深认识,引导汉语国际教育专业学生注重使用英语学习策略

研究结果显示,在英语学习过程中,汉语国际教育专业学生有时使用英语学习策略。此专业学生们使用外语学习策略的程度不及其他专业。多项研究结果表明,在外语学习过程中,学习策略的正确使用有助于提高学生的外语学习成绩和水平。因此,教师应该注重引导汉语国际教育专业的学生使用英语学习策略,在备课、授课和布置作业等过程中,注重引进相应的英语学习策略,引领学生使用学习策略,并引导学生们发现适用于自己的有效学习方法,为英语学习提供快捷、有效、简明的路径。此外,教师还可以在学生中开展英语学习策略培训活动,通过培训和教学引导学生培养使用学习策略的意识,养成自觉使用学习策略的习惯,在教学中带领学生运用英语学习策略。同时,应用型本科院校也应和政府有关部门合作,采取有效措施提升汉语国际教育专业学生的英语学习能力和英语水平,使之能够适应未来的国际汉语教学工作。

(二)汉语国际教育专业学生要提高认识,养成经常使用英语学习策略的习惯

很多研究结果已经表明,外语学习策略的使用和外语学习成绩正相关,外语学习策略有助于提高外语学习成绩。尽管此项研究结果显示了大学英语四级成绩较好者的英语学习策略使用程度高于未通过组,但是还应看到,较好者的学习策略使用频率尚处于中等程度。这和经常使用或者总是使用学习策略这样的高评价标准还有一定距离,所以,汉语国际教育专业学生自身要提高对

外语学习策略重要性的认识,要意识到使用英语学习策略不仅有助于提高他们的英语成绩,提升他们的学习能力和外语水平,还有助于他们总结自身经验,将英语学习策略有效运用到未来的汉语教学中,提高汉语教学水平。学生在英语学习过程中要有意识地使用学习策略,在使用中体会,在体会中总结,在总结中摸索经验,在总结英语学习策略的同时,提高自己的英语水平,同时,也为将来的国际汉语教学提供外语学习策略储备。

(三)教师和学生们要加强对补偿策略、认知策略和情感策略的重视和使用

研究结果显示,大学英语四级成绩较好组与未通过组在补偿策略、认知策略和情感策略的使用上存在显著差异。这表明,补偿策略、认知策略和情感策略的使用情况和英语成绩相关。因此,教师在教授汉语国际教育专业学生的过程中,要注重引导学生运用补偿策略、认知策略和情感策略,在教学中撷取原汁原味的英语文章、电影或广播等语料,引导学生反复模仿和强化,加强认知;对于学生不熟悉的单词,注重引导学生运用猜测、手势、替代等补偿方式表达自己;在英语学习和训练中,引导学生放松心情,勇于出错,不怕出错,在英语学习中强化情感策略的具体使用。

参考文献

[1]国家汉办官网[EB/OL]. http://www. hanban. edu. cn/confuciousins titutes/node_10961. htm.

[2]OXFORD, REBECCA L.. Language Learning Strategies：What Every Teacher Should Know[M]. New York：Newbury house,1990.

[3]史耀芳. 二十世纪国内外学习策略研究概述[J]. 心理科学,2001(5).

[4]李行健. 现代汉语规范词典[Z]. 北京：外语教学与研究出版社,语文出版社,2005.

[5]GUO ZHIYAN. Character Learning Strategies among Beginners of Chinese：a Preliminary Study [C]. London：Applied Chinese Language Studies III, Sinolingua London Ltd. , 2012.

[6]尚晓华,王海华.大学生英语学习策略与英语水平的相关研究[J].外语教学,2010(3).

[7]文秋芳,王海啸.学习者因素与大学英语四级考试成绩的关系[J].外语教学与研究,1996(4).

[8]王丽媛.应用型本科院校职校生源学生英语学习策略研究[J].职业技术教育,2015(32).

[9]杨翼.高级汉语学习者的学习策略与学习效果的关系[J].世界汉语教学,1998(1).

[10]刘亦春.学习成功者与不成功者使用英语阅读策略差异的研究[J].国外外语教学,2002(3).

[11]吴勇毅.不同环境下的外国人英语学习策略研究[D].上海:上海师范大学,2007.

本文原载于《职业技术教育》2016 年 6 月 10 日。

大美学视域下的汉语国际教育

韩 雷

从新中国成立到"文化大革命"结束这段时期,来中国学习汉语和中国文化的很少,留学者主要来自苏联或东欧的社会主义国家,而出国学习去苏联者居多。其实,越是封闭的社会越能滋长人们的好奇心理:国人想了解外面的世界,外面的人想了解中国。20 世纪上半叶,美国好莱坞电影对中国文化和中国人的呈现很暧昧:阴暗的背景下,华人男性多似大烟鬼,阴气太旺,神秘兮兮的,往往又不堪一击。香港功夫片明星李小龙等的出现,才逐步改变以美国为代表的西方社会对中国的认知。西方通过电影叙事想象中国这一文化的他者,其中增删或过滤掉的都与其文化背景有关。造成如此尴尬认知的原因在于彼此文化交流的不充分不深入。而文化若要沟通顺畅,首先要过语言这一关。因此最初的汉语国际教育更重视文化交流的功能,即重视语言教育,进而言之,是对外的汉语言教育。这从其名称的演变史就可以窥见一斑。

一、从对外汉语教学到汉语国际教育

中国改革开放至今已逾 40 年,随着国门逐步的深度打开,自愿或政府通过特殊优惠政策吸引来华留学的人数逐年增长,招收外国学生的院校也在不断增加。在王力、吕叔湘等老一辈语言学家的共同推动下,1983 年,中国教育学会对外汉语教学研究会成立,对外汉语教学再也不是小打小闹了,而是作为一个专门的学科正式出现在中国教育部制定的学科目录里。我们尤其要注意"对外汉语教学研究会"这一名称里面的关键词,首先是"汉语"这一关键词前面的"对外"两个字。通常我们国家的学生要到美国留学,首先要通过人家的英语水平测试,即托福考试,然后出国学习,学习的大都是技术或人文社会学科,而不是单纯的语言,即使学语言,也是语言学或比较语言学之类。中国改革开放初期到现在,留学生大都把汉语或汉语文化作为一种贸易或文化交流的工具,而不是通过语言来学习中国的先进技术。对外汉语教学当然会牵涉到文化,语言即是文化,但这里的文化肯定不是教学的重点。换言之,这一阶段的对外汉语教学尚处于较低的层次。

中国的对外汉语教学大都发生在较大的城市,尤其是沿海经济发达的地区,当然首先是作为中国政治经济文化中心的北京。北京也是中国举足轻重的现代化国际大都市,其他像上海、广州等大都市就聚居了大量来中国学习汉语的外国人。外国人学好汉语主要是为了与中国人做生意。对外汉语教学研究会的成立,可谓顺应了时代的发展。

上海对外汉语教学进行得比较早的高校有华东师范大学和复旦大学。2017年10月,前者在对外汉语学院、国际汉语教师研修基地的基础上组建国际汉语文化学院;而对外汉语学院的前身是对外汉语系,隶属于文学院,与中文系并列。复旦大学的国际文化交流学院组建于1987年5月,自2006年起设立硕士点,招收对外汉语教学专业研究生(科学型),2009年起增设汉语国际教育专业硕士点(专业型)。北京对外汉语教学更早,如北京师范大学于1965年就成立了留学生办公室,同时组建了留学生汉语教研室,开始批量招收外国留学生,开展对外汉语教学。从"对外汉语教学中心"到"对外汉语教育学院",再到"汉语文化学院",北京师范大学的对外汉语教学经历了三次跨越式发展,从语言教育到将语言和文化并重,越来越将语言与文化的关系清晰地融进对外汉语教学事业之中。北京大学也是我国开展对外汉语教学最早的学校之一,其始于1952年院系调整后的"北京大学外国留学生中国语文专修班"。从"对外汉语教学中心"到"北京大学海外教育学院",再到"北京大学对外汉语教育学院",北京大学定位渐渐明晰。北京大学的对外汉语教育至少在名称上没有强调"文化"二字,可能跟其专业方向设置有关。

总之,从对外汉语到汉语国际教育,从对外汉语系到对外汉语学院,从国际文化交流学院到国际汉语文化学院,中国大陆高校的对外汉语教育大致走了相似的道路,从中我们可以看到改革开放对海外汉语教育影响的深度和广度。

二、全球化背景下的汉语国际教育

随着中国正式加入世界贸易组织,中国的经济和文化演进在全球化进程中骤然加速,外国人学汉语的热潮从此一波接着一波。我们在全球化背景下有必要重新审视对外汉语教育。在这样的历史情境下,一个国家或民族很难不受其他国家或民族的影响。经济上的贸易往来必然带动文化上的深度互动或传播。立足于作为贸易工具的语言教育,愈来愈不适应更深入的经济或文化上的互动。如果说从对外汉语系到对外汉语学院的升级可谓对外汉语教育规模上的拓展,那么从对外汉语学院到国际汉语文化学院的悄然转身,绝不仅仅是强调汉语教育的国际性维度,"汉语"后面加上"文化"二字,瞬间提升了对外汉语教育的精神密度,同时也意味着中国全方位的全球化之开始。

汉语国际教育不仅仅是对外的汉语教育,还是对中国文化的传播,亦即文化上的他者理解并接受中国文化的过程。当前文化交流与传播已经上升到国家战略层面,汉语国际教育将面临新任务新挑战。因此,有学者提出,传统诗歌教学对汉语国际教育有着极其重要的意义。具体言之,诗歌教学有助于语音教学,有利于提高外国学习者的汉语表达能力,有利于中华文化的传播。在诗歌教学策略上,诗歌素材选取的原则和具体的教学方法需要重点研究,另外校本课程开发和校本教材的编写也是一个不错的尝试。诗歌素材的选取主要依靠代表性原则、分级教学原则、文化共性与个性原则等;具体的教法上需注重建立科学系统的教学模式,同时采用恰当的教学方法。通过优秀的汉语诗歌来感受体验汉语表达之美,进而感受到中国特有的审美文化。审美确实可以渗透到汉语国际教育的过程中,也是落实语言文化教育的感性途径。在笔者看来,现在的美学研究已经不满足于所谓艺术哲学传统的"小美学"了,而是追求以优秀艺术品为中心,放眼人类整个生活世界并探索生命意义和价值维度的"大美学"。在全球化背景下,汉语国际教育之所以能上升到国家战略层面,实则跟传播本身之美和传播内容之美密切相关。真实客观地传播中国传统的优秀文化,向世界传达中国文化的真诚和魅力,就是对"修辞立其诚"的朴素实践。

汉语和中国文化之间存在着相辅相成的关系,相互依存、相互影响。珠丽德孜·托力洪别克曾撰文讨论过中国文化如何融入对外汉语教学的问题。中国文化是人们在中国长期的社会发展历程中所有物质财富和精神财富的总和。汉语和中国文化之间存在着相互依存、相互影响的关系,在长期的社会发展历程中,汉语是中国文化的重要载体,中国文化对汉语教学具有促进作用。从中国文化的层面来考量汉语的教学和发展,汉语发展不仅涉及语言系统,还涉及与之密切相关的中国文化系统,中国文化的传承和发展必然会影响汉语教学的发展,因此,要做好对外汉语教学工作,必须重视中国文化在对外汉语教学中的有效融入。中国文化赋予了对外汉语教学人文特质,丰富了对外汉语教学内容,使对外汉语教学的思想更深刻。中国文化融入对外汉语教学的策略有:增加中国文化在对外汉语教材中的内容比重,采用多元化的教学方法,提高教师的中国文化素养。概而言之,也就是我们的对外汉语教学要树立"大文化"的观念。

以党的十一届三中全会为标志的改革开放,是新中国成立以来的重要历史转折,不仅为我国政治、经济、文化的发展带来了春天,也为汉语国际教育事业和汉语国际教育学科的发展带来了繁荣。这跟全球化的汹涌浪潮有关,中国需要了解世界,世界也需要了解中国,彼此了解的广度和深度都在逐步增加。诚如有学者所研究的那样:学科地位渐显化,学科研究精细化,学科体系国际化,教学理论模式化,教材教法多元化;学科发展中存在的主要问题是学科与事业发展不够协调,主体学科与支撑学科发展不够平衡,学科建设的责任者不够明确,学科建设的发展方向不够清晰。经济和文化的全球化既是机遇也是挑战,关键在于我们如何应对。满足于现有的语言和文化并重的汉语国际教育已经很难适应当下世界的发展,我们应该扩大深化文化教育的内涵,使之从"大文化"上升到"大美学"。

三、汉语国际教育的人类学维度

随着全球化时代人类对共同面临的生态危机日益迫切的关注,关于环境美学的诸多命题逐渐成为当代美学的热点。世界各地的理论家为此贡献了许多具有建设性的提议。多视角的切入使相关思考进一步深入。在这些视野中,生态主义是一个重要的切入点。生态主义的视野基于这一前提:只有承认以"生态正义"为主导的"生态伦理",我们才能真正把环境保护的问题从传统意义上作为审美欣赏的"小美学",提升到直接关系到人类生存的生态和谐与创建良好生活世界的"大美学"。这是一个需要我们投入更多智慧的根本性问题。它将我们的视线重新引向与天地万物融为一体的自然之美。在此意义上,从生态主义视野出发的环境美学最终提示我们的,并非仅仅是对客体对象的关注,而是我们自身对人类中心主义立场的放弃。著名学者徐岱教授的这一观点对我们当下对外汉语教学理念的升级换代很有启发。

对语言这一客体对象的关注和强调诚然重要,但语言背后的文化,以及文化的创造者和实践者也很重要。"大美学"落实到生活世界,肯定要牵涉人类主体性存在;人类的主体性是文化长期浸润涵化的结果。因此"大美学"确实关联文化人类学研究的区域,甚至勾连民俗文化。

汉语是我国在长期历史发展过程中形成的交流符号,在我国历史背景下有着特定的意义,对于文化上的他者而言可能难以理解。在对外汉语教学过程中,教师若能不断提高自身专业能力,尤其是充实文化人类学方面的知识,其教学效果会更好。教学的过程也能强化我们的文化自觉和文化意识。就像季龙飞所说的,在教材的选择上注重时效性,引用最新的事件向他们讲述我国文化。通过我国对外汉语教学的不断创新,弘扬、传播我国优秀文化,促进国家间的文化交流。总之,汉语国际教育的人类学维度不应被遮蔽。

四、结语

改革开放 40 年来,"对外汉语教学"已经发展为"汉语国际教育"。这不只是学科名称的转换,也反映了学科内涵的更新和提升。更为重要的是,历经40 年的洗礼,汉语国际教育学科正呈现出前所未有的大好发展态势,形势令人鼓舞,这一切都得益于国家的改革开放政策。在新时代里,汉语国际教育无论是作为事业还是作为学科,都将面临更多的机遇和更大的挑战。让我们在"大美学"视域下,努力把汉语国际教育这项国家和民族的伟大事业不断推向前进。

本文系 2019 年度省级一流本科专业建设点(教高厅函〔2019〕46 号)成果

和浙江省高等教育"十三五"第二批教学改革研究项目"外语院校以中华优秀传统文化育人铸魂的教学改革与实践"(jg20190507)的阶段性成果。

参考文献

[1]杨辉,胥娜娜.文化自信与传播视角下汉语国际教育诗歌教学研究[J].北京印刷学院学报,2018(12).

[2]珠丽德孜·托力洪别克.关于中国文化融入对外汉语教学的几点思考[J].戏剧之家,2018(25).

[3]刘利.从"对外汉语教学"到"汉语国际教育"[J].教育国际化,2019(2).

[4]李泉.对外汉语教学:学科建设四十年——成就与趋势,问题与顶层设计[J].国际汉语教育(中英文),2018(4).

[5]徐岱.从生态主义视野理解环境美学[J].文学评论,2016(1).

[6]季龙飞.对外汉语教学中的文化意识与渗透[J].教育教学论坛,2019(3).

第 三 部分

"汉语➕"课程改革

汉语国际教育专业"中国现当代文学"教学改革探索

王慧开

　　汉语国际教育专业是为适应国家汉语国际推广战略和频繁的国际交流而设置的特色鲜明的专业,有其独特的培养目标。中国现当代文学作为汉语国际专业的一门必修课程,需要在授课中有针对性地突出专业特色,因此需要确立审美教育与职业教育相结合的教学目标,突出专业针对性的教学内容和创建具有专业性教学目标的实现途径,努力进行汉语国际教育专业中国现当代文学课程的改革探索和多维拓展。

　　随着中国国力的提升和世界汉语热的出现,以及我国高等教育的发展和社会对人才需求的多元化,很多高校在传统的中文系下设置了汉语国际教育(以前称对外汉语)专业。"我国大学本科教育中的对外汉语教育,既蕴含着普通高等教育的属性,又有其自身的特殊性。""对外汉语专业是为适应汉语国际推广战略和日益频繁的国际交流而设置的特色鲜明的专业,专门培养能够在国内外将汉语作为第二语言进行教学的师资,以及从事中外文化交流的专门人才。"因此,汉语国际教育专业注重培养拥有扎实的双语、双文化基础,并拥有能够将汉语作为第二语言进行教学的能力,具有国际视野和全球意识,跨文化交流和跨文化思考的能力,具有对新问题进行综合和表达的能力,能够在复杂的信息环境下对外来文化和变化中的世界进行了解和判断的能力的学生。

　　中国现当代文学作为中文系的主要课程之一,在汉语国际教育专业中也是一门必修课。但由于汉语国际教育专业与汉语言文学专业有不同的培养目标和培养模式,其相对来说是一个实践性、操作性更强的专业,因此在这一专业特征下的课程应注重培养学生的实践能力。中国现当代文学是一门本身内容庞杂多元,线索和思路丰富多样,且还在发展和延续的学科。在汉语国际教育专业的教学中,教师应该有针对性地根据人才培养目标来选择深化和拓展的内容,建立一套更符合这一专业的教学体系和授课内容及方式,让学生能够学以致用,这也是中国现当代文学这一课程教学改革的有利探索和多维拓展。正如温儒敏先生所说:"在整个中文系课程体系中,现当代文学课程如何适应当前中文学科人才培养的目标,这门课的功用是否应当有所变通,这个定位的调整,是有待解决的问题。"

一、确立审美教育与职业教育相结合的教学目标

现如今,我国的教育非常重视素质教育和通识教育,中国现当代文学课程作为一门古老经典又与时俱进的课程,既是通识教育的一部分,又是素质教育中审美教育的重要载体。中国现当代文学中承载的强烈的历史感、现实性、人文性、情感性等在培养学生的审美能力、塑造学生的健康人格方面起着不可忽视的作用。同时,文学课程又是非功利、审美的课程。著名文艺理论家童庆炳先生在《文学概论》中提到:"文学是一种具有审美特质的意识形态。"教师在中国现当代文学课程的讲授中要努力挖掘审美和人文素养内容,从文学史、作家作品以及社会影响等方面提升这门课程的审美效果。

人文素质教育是高校积淀自身文化底蕴和培养大学生人文精神的基础,对专业性职业教育的学生来说是走出校园顺利进入职场的前提。汉语国际教育专业的学生主要学习如何教授外国人学习汉语,而在与外国人的交流中,中国文化、礼仪、民俗等会成为重要的交流内容。因此,在中国现当代文学课程中,在培养学生的审美和人文素养的基础上,有针对性地突出中国文化和中外文化交流,培养学生通过文学思考观照自身文化的能力,在文学史、作家作品等内容的讲解中着重分析和比较其隐含的文化内涵,并在了解文化内涵的基础上比较文化差异,掌握合适的跨文化交流能力和技巧。正如查尔斯·弗赖斯在其著作《将英语作为外语教学》中所说的那样:"把文化背景当知识去学只是第一步,更重要的是要透过背景知识去了解目的语国家人们的生活和行为方式以及他们的文化心理与价值观念。"有针对性地在中国现当代文学课程中将文学审美性的人文素质教育和汉语国际教育专业的职业教育结合起来,建立一套专业目标明确的教学目标和教学内容等,以顺应国际化市场,从而培养出社会需要的人才。

二、突出汉语国际教育专业的针对性教学内容

汉语国际教育专业主要是以汉语为本体的,以跨文化交流为主要目标的专业,因此在中国现当代文学课程中需要突出汉语和中国文化的本体性。首先,教师应强调这门课与现代汉语、古代汉语、中国文化等课程的联系。在阅读作品时,向学生强调建立语言敏感度,不仅要欣赏语言传达出的美感,更要关注语言的搭配使用、语言的手法运用、语言的文化内涵等。语言的搭配使用是外国人学习汉语中重要的也是较难掌握的内容之一,而关注语言的文化内涵便于日后在跨文化交流中解释语言的使用,以及语言中隐含的民族文化和地域文化。同时教师也要提醒学生注意文学语言和应用语言的区别,因为日后的对外汉语教学中留学生首先接触到的是应用语言,即实用性的对话或口语及书面表达。当然随着汉语能力的提高,留学生会在阅读中接触更多的文学语言。但这两种语言的搭配、使用场合及所含文化韵味都是不同的,因此需要特别提醒学生注意区分,以便在日后的工作中减少交流障碍。

其次,在中国现当代文学课程中有针对性地突出和强调文学中的对外交流以及跨文化内容。中国现当代文学的开端"五四文学革命"就受到了外国文化的影响,在这段文学史中,对文化的碰撞、冲突及结果都应有针对性地进行强调,引发学生对文化交流的思考和分析。现代文学作家如老舍、林语堂、张爱玲、钱锺书等都有丰富的异域生活经验,并将这些经验写入作品中,这些作家的作品中都相对突出了中外文化的异同,有强烈的跨文化色彩,同时也描写和刻画了鲜明的异国和他者形象。进入改革开放后,中国当代文学以更加开放的姿态迎接世界文化,"寻根文学"作家作品凸显了更多的少数民族文化和独特的地域文化,先锋文学中展示出了更多元、丰富的外国元素,20世纪90年代后的港澳台及海外华文文学更加显示了中国现当代文学的对外交流和跨文化书写能力。授课教师在对外汉语专业的课堂内着重突出和强调这些内容是更符合专业教育特色的,也更能吸引学生的关注力,更容易展开课堂互动,更能提升学生的专业能力。

最后,在汉语国际教育专业下的中国现当代文学课程中,教师注重介绍和强化中国作家作品在域外的传播和影响。晚清时期,中国国门被迫打开,直到

新时期的改革开放,中外交流日益频繁,中国作家及作品走出国门成为文化交流的重要表现。现代文学大师鲁迅先生在世界享有盛誉,他的作品被翻译成几十种文字,用特有的中国思维和世界眼光书写现代中国并影响世界文学。当代第一个获得诺贝尔文学奖的中国籍作家莫言,他作品中汪洋恣肆的语言和天马行空的想象,以及神秘又强烈的东方文化吸引着世界读者。莫言作品被翻译成不同的文字,被不同的文化解释和阐发,其中有认同也有冲突。在汉语国际教育专业的课堂上教师应有意识地引导和启发学生思考这些传播及影响,简要分析其中的利弊等,便于日后在跨文化交流中有所准备,跨越文化障碍,显示出合适的跨文化能力和技巧。

三、创建具有专业性教学目标的实现途径

为了汉语国际教育专业的中国现当代文学课程能够有针对性地突出和强调中国语言和文化本体并兼及文化交流内容,教师需要建构将这些内容落到实处的实现途径。

(一)需要加强与专业主修的相关课程的联系和互动

如,在强调建立语言敏感度时,就需要建立与现代汉语、古代汉语课程的联系和互动,教师与学生展开交流,提示学生在课堂内外注意现代和古代汉语知识的回顾和延伸,文学语言中出现的语言理论和语言运用情况,作品中方言古语中体现的古代汉语知识,等等。涉及作品中反映的中外文化交流的历史和实践意义,以及作品的海外传播路径等内容时,需要和中外文化交流及跨文化交际等课程发生联系与互动,产生互文解读。涉及作家作品对外国文学的借鉴和参考时,如鲁迅受日本、俄国及弱小民族国家文学的影响,莫言作品中受拉美文学影响而表现出魔幻现实主义的特点,等等,需要学生有一定外国文学的阅读和了解基础。文学作品中展示的风物民俗等,以及隐含的文化就需要在民俗文化课程中展开交流互动。中国现当代文学中大量的作品被改编成影视作品,作品本身具有的影视元素及作家与导演的创作意图,就可以参照影视文学的课程内容,将文学与影视展开互动和互读。在课堂上开展汉语国际

教育专业的相关课程知识互动与联系,便于学生将相关专业知识打通,提高课程效率,更好地实现教学和专业的培养目标。

(二)在课程中启发学生建立当下意识和增加现实关怀

中国现当代文学是一门持续发展的课程,没有时间下限,而且使用汉语写作的华人在空间上也是不断延展的,因此中国现当代文学是一门具有强烈的现实关怀和当下意识的课程。作家面对如今的中国及世界,在作品中展现了相当丰富的现实情怀,如底层写作、官场文学、伦理关怀等,海外华人作家更多地站在中西场域用跨文化的视角来书写中国及世界,传达出超越时空的人性呼唤。关注当下才能更好地培养学生把握中国和世界的能力,掌握更好的跨文化交际能力。

(三)注重选择具有针对性的作品文本进行细读

文本细读是文学课程教学的基础和重点,它不仅是提高人文素养和审美能力的载体,也是锻炼和提高实践能力和职业能力的有效方法。正如有学者所说:"文学课教学的目的不仅仅在于教给学生文学知识,更在于使学生获得文学审美能力、文学想象能力及写作能力。大学中文系学生的培养目标应该是使学生具有深厚的人文知识、深刻的人文思想、敏锐的审美感悟能力、丰富的想象能力和较强的写作能力。"以语言和文化交流为主要目标的对外汉语专业,应该在文本细读中感受作家使用语言的敏锐和丰富,以及深入体验不同语言中蕴含的文化意义,感受语言的魅力。对于具有跨文化背景的作家作品,如张爱玲、林语堂及现今的海外华文作家的作品更要细读,让学生感受作品中不同文化的差异,包括地理环境、饮食建筑、宗教信仰和风物民俗等。这些对于对外汉语专业学生在日后工作中尊重异文化及克服跨文化障碍都很有帮助。

中国现当代文学的文本丰富庞杂,需要教师在教学中突出介绍一些创作语言有特色的作家作品,并针对学生生源区域介绍一些使用方言的特色作家作品,同时介绍一些地域和民俗文化表现丰富的作家作品,让学生在课下细读,做好摘抄笔记,能在联系和对比中简要分析语言特色及文化表现和异同,并能在课堂中进行讨论和分析,将一些内容进行强化和深化,使文本细读将课堂内外结合起来。最后,要改革中国现当代文学课程的教学方式及考核评价体系。改变传统的教学方式,将知识传授和实践运用相结合。因中国现当代文学课程要满足汉语国际教育学科专业性和实践性的要求,故授课教师要根据专业的具体情况选择灵活的教学方法,做到教师指导和学生自主学习相结合,知识传授和实践运用相统一。

传统的中国现当代文学教学方法相对单一,以教师讲、学生听为主,这对于课时有限、文学基础相对薄弱的对外汉语专业学生来说,很不适用,导致教师花大量时间备课讲解,疲惫不堪,而期末考试时学生由于复习内容多叫苦连连。我们需要打破这种一言堂的做法,教师在课堂上主要厘清中国现当代文学的发展脉络和每一时期的主要文学现象,然后有针对性地布置课下自主学习作业,比如语言的搭配、方言使用、文化表达等,并组织相关的课堂专题讨论,同时锻炼学生的思考分析能力和表达能力。同时,可以将中国现当代文学文本作为语料库,探索语言的发展变迁及所蕴含的文化意义,将知识传授、实际体验与研究探索结合起来。

改革以往期末考试一卷定大局的做法,加大学生平时阅读、讨论和探索的成绩比重,重视学生平时的自主学习收获,同时结合汉语国际教育专业其他的主干课程表现,以此进行综合评价。同时鼓励学生进行文学创作,使其在创作中提升审美情感、语言敏感度,加深文化了解,给予参加创作大赛或获得奖项的学生加分奖励,等等。

参考文献

[1]吕必松.关于语言教学的若干问题[J].语言教学与研究,1995(4).

[2]唐贤清,廖加丰.对外汉语专业硕士人才培养目标与模式研究[J].湖南师范大学教育科学学报,2009(6).

[3]温儒敏.关于现当代文学基础课教学改革的思考[J].中国大学教学,2004(2).

[4]童庆炳.文学概论[M].武汉:武汉大学出版社,2000.

[5]毕继万,张德鑫.对外汉语教学中语言文化研究的问题[J].语言文字应用,1994(4).

[6]王卫平.师范大学文学课教学的困惑、问题与出路[J].北京大学学报,2003(5).

本文原载于《现代语文(教学研究版)》2016年5月15日。

古代汉语课程中古今字的教学探讨

姜兴鲁

汉字记录了汉语的发展历史。在长期的汉语变革历程中，汉字呈现出不同的用字现象，如古今字、异体字、通假字、繁简字等，其中也存在古今字与其他汉字学术语纠缠模糊的问题，造成了汉字逻辑上的紊乱。针对这一问题，我们需要立足于古人的角度，从实事求是的科学态度入手，将古今字作为古代汉语课程中重要的教学内容，并与异体字、通假字相比较和辨别，从而客观认识古今字与其他术语的差异，避免方枘圆凿的偏见和误解。

一、当前古代汉语课程教学中古今字的教学现状

古代汉语课程中对古今字的表述较为模糊，不十分确定，主要表现为以下三个教学观点：

第一，古今字在时代的动态变化下衍生。在古代汉语课程教学中，古今字被认为是根据时代发展变化的动态用字现象，"古"即古人所用的字，"今"即现代人所用的字，是在时代的变迁之下汉字的变革形态。

第二，古今字的实质是为了区别和辨析。汉字在古代的数量较少，便有了"一字"替代"多词"的文字现象，伴随着时代的变迁和社会的进步，"一字"替代"多词"的现象难免产生误解和歧义，于是，便有了现代新造的字，以示与古字的区别，在"今字"与"古字"区别的前提下，便有了对古今字的辨析和认识。

第三，今字替代古字的含义。由于古字的数量较少，常用同一古字表示多种含义，为了将其中多元含义进行解离，便创造出另一个新字，这个新字可以是古字的变形，也可以单独另创，于是，就产生"古今字"的文字现象。

由上可知，古代汉语课程教学并未形成完整的科学体系，甚至存在混乱和

矛盾的现象,各家持有各家的观点和认知,造成古代汉语课程教学陷入迟滞的状态,这也造成了古代汉语课程教材中的迟滞,如:《玉篇》之中的"鞭"意为坚硬的状态,表示这个意思时,现代则很少用"鞭"而是用"硬",这显现出教材的滞后性。

在古代汉语课程教学内容中,有异体字、古今字、通假字、繁简字四种不同的文字形态,相比较而言,学生易于理解和接受繁简字和异体字,而对于古今字和通假字则缺乏认知,这主要是由于繁简字和异体字的文字形态上都表现出显著的差异,如:爲——为、劍——剑、淚——泪、夢——梦、頓——软等字,看到如此笔画或书写虽有差异却也相似的文字,学生会自然地加以辨析和理解,不会产生对文字上的困惑。然而,古今字和通假字对于学生而言,经常难以辨析和理解。通假字例如《论语》中的"是知也","知"应当通假为"智";又如"不如早为之所,无使滋蔓"中的"无"应当通假为"毋";再如"公寤生,惊姜氏,故名曰寤生,遂恶之"中的"寤"应当通假为"倒逆"。不过对于通假字的学习,学生只要细心地深入研究,即可以进行大部分通假字的理解和认知。最为困难的却是古今字的理解和辨析,学生由于缺乏文字的时代共通性,因而无法学习不同历史朝代的古今字。

二、古今字的概念及特点认识

关于古今字在古代汉语课程中的概念性认识,各家有各家的理论观点,不尽相同。王力没有给出一个明确的概念,但是举有两例:责——债,舍——捨。可见,他认为某一词义在不同时期的先后表达即为古今字。王海棻认为古今字是相对而言的,它是为了避免同一字兼任数种含义的混淆现象而产生的,如:"辟"字表达了多种词义,有逃避、开辟、邪僻、受宠幸的人等含义,而后在时代的发展下,又造出了新字以表达上述各个含义,这些新造的字即与"辟"形成了古今对比,成为古今字。朱振家认为古今字也即分化字,有同源分化的古今字,也有同音假借的古今字。如此等等,不一而足。总而言之,对于古今字的特点,我们可以从以下几方面来加以了解:

(一)古今字的性质表现为一种用字现象

古今字归根结底是古今用字的不同造成的,它是汉字在历史记录的进程中生成的,由于古代汉字数量较少的问题,而出现了同一汉字的引申义、假借义等。在时代的变迁下,为了避免用字混淆和字义的模糊,采用了新字以表达原字的部分功能,于是,古今字是源于古今之人用字不同而产生的汉字现象。

(二)古今字的本质应是一种历时现象

古今字是汉字在使用过程中先后为表达某一词义而产生的不同字形,其中的"古"与"今"是相对而言的,即"古今无定时",因此我们要用历时的观点来看待古今字,要显现出古今字"古用今无,今行而古废"的特点,要意识到古今字不是共时平面上同时并存的,如果有了某一"今"字而再使用古字,则不能称之为古今字,而应视之为通假字。

(三)古今字的形义关系表现为"今"字解离了部分"古"字的功能

由于古代汉字数量较少,"今"字解离了"古"字的部分功能,这不仅仅是指古字的含义,还包括古字的引申义、假借义,也就是说,"今"字分担的是"古"字的部分功能,而非"古"字的部分含义。

古今字的语音关系应该相同,然而,由于时代的变化,汉语语音发生了改变,这就使一些"今"字与"古"字的读音产生不同,这是可以理解的正常现象和变化。

三、古代汉语课程中古今字的教学变革与深入

在古代汉语课程教学中,要重视古今字的教学,对教材进行讲解和适当的补充,要让学生消除对古今字的疑惑,通过教学增进对段玉裁所说的"古今无定时"的观念理解,要在教学应用中加深对古今字内涵的把握,增强对文字的

时代性理解,从而更好地拓展古今字的外延学习。

(一)要以严谨的态度进行汉字的研究

在古代汉语课程教学中,要从文字和作品的全方位角度,对古代汉语教学进行严谨、趣味性的教学,以增强学生对古今字的理解。例如:读音为"ban"的新词在唐代的意义为"搬运",其古字写作"般",这可以结合文学作品加以辨析,在《旧唐书·食货下》一文中,有"多属汴河干浅,又般运停留",而到了元明时期,对于"般"字的创造增添了"手"字旁,产生了更多的含义,在《金瓶梅词话》中,有"将妇人的床帐奁箱笼,搬的搬,抬的抬,……"其中读音为"ban"的字,由唐代的"般"转变为元明时期的"搬",显现出明显的古今变化关系。这个典型的例子对于学生理解古今字有较大的启发,应当纳入古代汉语课程教学内容中,要它成为教材的补充,作为古代汉语课程教学讲解古今字的例证,帮助学生更好地理解古今字的历史变化内涵和外延。

(二)要正确辨析古今字的内涵及特点,增强对古今字的理解

由于学生缺乏对古今字的时代性认知,无法理解作品中的古今字,因而要培养学生对古今字时代性的理解性认知。例如,作为副词意义的"具——俱",这个文字在上古时代的《诗经·小雅·节南山》中,有"赫赫师尹,民具尔瞻",在这里,"具"的读音为"ju",而且是指"都"的意思,全句意思为:老百姓都看着您呀! 这个时期还没有产生"俱"的汉字,因而并不存在"具——俱"的关系命题。历史发展到了宋代,已经产生了"俱"这个汉字,在范仲淹的《岳阳楼记》之中,就有这样的作品,"政通人和,百废具兴",这时,句中的"具"则是通假字现象,而不是古今字了。在宋代新字"俱"表达"都"的意义产生之后,如果再用"具"字就是不规范的表现,例如"万事具备,只欠东风",这个句子就存在别字现象,即"具"字是一个不规范字,这个时代已经用"俱"字表示"都"的意义,而不是上古时代的"具"字了。由此可知,时代变迁下的汉字需要进行历时的分析,要对时代的汉字变化加以仔细把握,从而明确古今字的内涵和形式,从读音为"ju"的视角来看,副词"具——俱"就是古今字现象。

又有古今字"说——悦",就需要仔细辨析。在《左传·僖公三十年》作品

中,有"秦伯说,与郑人盟",这里用的是古字"说",读音为"yue"。还有《孟子·梁惠王上》之中,有:"王说,曰:'他人有心,予忖度之。'"这里用的是古字"说"。但是,在同一时期,我们却看到在《孟子·公孙丑上》之中,有:"曾西艴然不悦曰:'尔何曾比予于管仲!'"这里用的是今字"悦",这就存有疑惑,为何同一时代的文字产生了古今字同用的现象,难道"说"和"悦"不是古今字,而是通假字?这就需要我们在教学中仔细地辨析和理解,要避免在古籍传抄过程中的误改。由于存在"传写既久,看杂难辨"的问题,因而需要我们尽可能地还原古书作品的原貌,用科学的态度加以探究,而不能妄自论断。

四、结 语

综上所述,对于古代汉语课程教学的古今字知识,我们需要用科学的、实事求是的态度,细致地辨析和理解。由于古今字是同字异义的文字现象,它们存在一一对应的关系,因此,我们要用辩证的观念、全面的观念,对古今字进行理解和认知,避免用同源字、通假字替代古今字,要明晰古今字的概念和特点,在"大同小异"的汉语文字环境下,进行古今字的教学传承与改革,激发学生对古今字的兴趣,探索中国古汉语的文化魅力。

参考文献

[1]安甲甲.古今字研究综述[J].太原师范学院学报(社会科学版),2013(4).

[2]邓敏.古今字研究概述[J].南昌高专学报,2010(2).

[3]刘立.试析《论语》古今字[J].时代文学(下半月),2010(4).

[4]吴文.浅析汉语古今词义的差异[J].赤峰学院学报(汉文哲学社会科学版),2013(3).

[5]杨毅华.通假字与古今字、假借字关系说略[J].赤峰学院学报(汉文哲学社会科学版),2013(6).

本文原载于《语文建设》2016年4月11日。

文学概论课程教学中学生自主学习能力的培养

尹传兰　姜婷婷

在汉语言文学专业的学科体系中,文学概论课程在教与学两方面的难度都比较高。一则文学概论的课程内容多且杂,不像文学史课程有明确的时间顺序,也不像语言类课程可以按照语法结构的组合由浅入深来安排。二则理论类课程缺乏作品讲读的形象性和趣味性,也没有语言应用的直接实践性和操作性,再加之学生在中学阶段文学理论基础普遍薄弱,文学概论课程的教授状态往往呈现为教师教得累,学生学得烦,这样的恶性循环势必使这门课程既难以出彩,又因为很难激发学生的兴趣而使大量的学生在考研时对文艺学专业绕道而行,所以,文学概论课程的教学改革势在必行。扭转当前文学概论课程教学现状的方式和手段很多,如提高教师自身素质、运用多媒体手段、整改教材、调整课时结构等,但这些方式和手段只是外在于学生的被动构成要素,只治标一时,不治本一生。因而,问题并不在于被动构成要素是什么,而在于如何使其转变为一种主动因子以激发学生潜在探求欲,达到提升学理修养的教育目的。正如叶圣陶所说:"教亦多术矣,运用在乎人,孰善孰寡效,贵能验诸身。为教纵详密,亦仅一隅陈,贵能令三反,触处自引伸。"可见,能否激发学生的自主学习能力,是进行文学概论教学改革的关键所在。

一、学生自主学习能力的基本内容

自主学习,是指"学生在学习活动中表现出来的一种综合能力。具有这种能力的学生有强烈的求知欲,善于运用科学的学习方法,合理安排自己的学习活动。善于积极思考,敢于质疑问难,在学习过程中表现出强烈的探索和进取的精神"。对于文学概论课程来说,这一能力尤为重要。理论课程内容庞杂,学派众多,这门课程的主要目的与其说是传授知识,不如说是培养学生对文学和文化的判断力和鉴赏力,因为由学习理论到应用理论再到创建理论,都要依靠学生自主学习能力的培养。

第一,阅读理论文本的能力。文学概论课程的主要目标不在于知识传授而在于思维能力的培养,上课所用的教材及教师的条理化讲解应该只起一个引领的作用,而思维能力的锻炼则需要学生独立阅读理论文本来完成。文学概论课程的教材教参多种多样,难度不一而足,但相对学生熟悉的文学文本难度都要大得多,使学生产生畏难心理,习惯于被动接受教师的讲解而不能自主阅读,因此,学生的自主学习能力首先体现在能够独立阅读相对抽象的理论文本并能将其中的理论思路理清上,这是最根本和最重要的能力。

第二,理解概念原理并进行建构式分析的能力。相对于汉语言文学专业的其他课程,理论课往往存在着一种比较尴尬的局面,就是这些课程研究的是文学的基本概念、基本原理,但是这种概念原理本身又是一个相对的、随时代变化而有诸多改变的存在,各种学派、各种理论家、各种教材教参对同一种概念原理的界定又都不尽相同。比如"文学"这个定义本身就是随着时代和文化的变化而变化的,文学的本质也同样无法进行绝对的界定,正因为如此,学生更应该去理解这些概念原理而不是去机械地背诵。同时,针对文学概论课程的这一特殊性,以陶东风教授为代表的一些学者提出了"建构主义"文论的概念,即不去追寻本质、不去依附概念的教学理念。这一理念现在正在试验和推广过程中,虽然当前还没有在全国高校的文学概论教学中铺开,但可以借鉴这一理念培养学生的建构式分析能力,使其学会不依赖任何一本教材中的概念原理界定,而是通过理解自主把握概念原理中最关键部分的能力。

第三,严密准确的逻辑概括能力。文学理论的学习和研究与文学作品类课程略有不同,其需要的不只是细腻的审美感受能力和作品创作能力,更重要的是冷静的分析能力和逻辑推理能力,需将分散抽象的概念原理按照逻辑顺序进行梳理,并使用严密的语言进行概括总结,这也是在教师"满堂灌"式教学模式下学生最欠缺的。

第四,理论与文学作品及文化现象结合的实践应用能力。文学理论与文学史、文学批评之间有着非常密切的关系,文学理论运用相关理论指导、分析文学作品,文学作品实践检验文学理论,促进理论的改革和创新,所以,理论来源于作品,又终究要回到作品当中去,学习理论绝不能和作品实践脱离,成为空中楼阁,因此,学生还必须有从作品中来、到作品中去的应用能力,将理论与作品实践紧密结合起来。这是建立在深入理解的基础上真正自主运用文学理论知识的能力,是进一步进行文学研究的基本前提。

二、培养学生自主学习能力的方式和途径

学生自主学习能力的培养是一个长时间的过程。虽是自主学习能力,但却无法单纯依靠学生自己养成,尤其是文学概论课程的开设时间大多是在大一和大二,学生大都还没有完全适应大学的学习方式,而这种理论性强的专业课程更容易让他们无所适从。这就决定了文学概论课堂教学不但要传授知识,更要承担起培养学生能力的重要任务,而这种能力就是"授人以渔"的自主学习能力。在教学实践中,我尝试使用了以下几种方式:

第一,理论著作选读,培养学生阅读理论文本的理解归纳能力。汉语言文学专业的学生在进入大学之后大都会自觉阅读一些文学作品的经典著作,但是极少会有人主动阅读理论著作。究其原因,主要是接触文学概论这门课程之前,很多学生认为所谓的专业书籍就是中外文学作品名著,还有很多学生表示看不懂或不想看。这样,学生的阅读能力就会被搁浅在单纯的文学作品审美欣赏上,而很难进入理论层面,因此,需要教师在文学概论的教学中,以作业的形式强制学生阅读理论著作。但检验的方法不是读后感,而是理论著作基本观点的归纳概括和举例求证,理清作者的逻辑思路,概括理论著作的主要观点。同时,所有能在文论史上留存的著作虽然都有一定的时代局限性,但又都有其合理性和影响力,不论学生是否同意这种理论,都需要先举例证明其合理之处,这是阅读一切理论应有的一种态度和思路:先理解,后质疑。

第二,课堂辩论会,培养学生建构式分析的能力。尽管理论类课程的概念原理大都在教材上有着明确的论述,但是一味背诵某一本教材上的界定只能导致学生对理论课程的机械把握和抵触倾向,同时也会造成文学理论静态死板、等同于教材上的"正确答案"的印象。陶东风就认为,文学理论的学习和研究应该"制定诸多文学理论之间的对话规则,努力在如何对话这个问题上达成一致,而不是选择一种文学理论作为'绝对真理'"。在当前文学和文化形态发生剧烈变化的今天,文学理论的学习者和研究者必须具有与时俱进的独立思

考能力,将文学理论放到客观的社会历史文化语境中去考察,而不是将教材上的概念原理看成是"正解""唯一"。培养学生的这种建构式分析的能力,可以通过课堂辩论的方式实现,鼓励学生通过对话、质疑、争论的方式去认识课本上的概念原理。在质疑与对话中,学生可以逐渐形成一种态度和习惯,不只以背诵课本上的概念原理为学习目标,而是去独立思考、接受、质疑和创新。

第三,学生助讲,培养学生的逻辑概括能力。类似文学概论这样的理论课程,基本上以教师讲授为主,而教师讲授给学生的内容却不仅仅局限于教材,而是教师经过充分的备课,查阅资料,整理、归纳、概括,举例之后的内容,学生直接接受这样的内容也可以快速全面地把握知识的重点和难点,但是这样非常容易养成学生的惰性,更重要的是他们只能被动接受知识,离开教师便无所适从,无益于自主学习能力的形成。其实,教师的备课和讲课这一过程是最能够锻炼分析概括和综合的能力的,如果把这一过程移交给学生,让学生尝试解析重点难点,将不同资料中的观点进行综合概括和逻辑分析,制作 PPT,并讲授出来,这样既让学生可以独立思考知识内容,提高逻辑分析概括能力,又可以摆脱教师一言堂,使学生自由地表达自己的观点,还可以间接地培养学生的语言表达能力。更重要的是,实践证明,学生对经过自主备课讲授的内容的理解深度和记忆时长,要比直接听教师讲授高得多。当然,这种方式比较占用课上时间,也不可能完全代替教师讲授,教师可以通过选择难度较低的章节和小组分工合作的方式来完成。

三、学生自主学习能力的考量机制

学生自主学习能力的培养和提高是个长期工程,而检验自主学习能力的方式也必须摆脱单纯机械的试卷考试,增加新的考量标准。传统的文学概论考核往往由课堂提问、学期论文、期末试卷几个部分组成,而期末试卷占总成绩的比例较大。从期末试卷的试题设置来看,一般都以对概念原理的考查为多,因此,成绩的高低往往取决于学生对概念原理的记忆清晰与否。虽然课堂提问和学期论文会作为成绩参考项,但这两项所占比例往往较小。传统考量标准会给学生造成一个误区,让他们认为文学概论课程就是要练好"背功",这对学生自主学习能力的培养是极为不利的,因此要调整考量机制。既然自主学习能力的提高是一个养成过程,考量机制也应该突出养成的性质,即把考量重心向平时转移,缩减期末考试卷面成绩在总成绩中所占的比例,最多占到50％,并在题目设置上适当增加应用性试题的比例。更重要的是,在平时成绩的评定上增加新类别,让学生拿到的每一分都有一定的意义。比如,可将平时成绩的50％分成四个部分:理论著作思路提纲,学期论文,课堂辩论和课堂助讲的表现。其中,前两项比较容易形成成绩,后两项由于课堂学时的限制也许不能保证全员参加,但可以小组记分的方式形成成绩,这样可以锻炼学生的科研协同能力并刺激他们积极主动地参与学习。进行了这样的调整得出的最后考核方式绝对不会是比谁的"背功"好,而是看谁真正认真地参与了自主学习。

总之,要想使文学概论这门传统课程通过改革焕发出新的光彩,在课堂教学上的必经之路就是摆脱传统文学概论教学单一枯燥的一言堂模式,切实培养学生的自主学习能力,引导他们发现文学理论的实践价值,达到叶圣陶所说的"教是为了不教"的目的。以上一些思考和实践只是一些初步探索,实践中笔者仍然会陆续积累经验、发现不足,并在此基础上进行深层次的研究和尝试,以便能够在教学实践中引导更多的学生真正步入理论世界。

参考文献

[1]叶圣陶.叶圣陶语文教育论集[M].北京:教育科学出版社,1980.

[2]杨胜利.如何培养学生自主学习的能力[J].教育教学论坛,2011(25).

[3]陶东风.文学理论:建构主义还是本质主义?[J].文艺争鸣,2009(7).

本文原载于《教育与职业》2012年第10期。

文学概论课合作式教学模式探究

尹传兰

文学概论这门课程出现于 20 世纪 20 年代初期,新中国成立以后,它作为中文专业的一门核心课程的地位得到确定,而且新闻、外语等学科也普遍开设了这门课程。它的主要任务在于系统阐述文学的基本知识和基本理论,其教学目标主要在于帮助学生初步了解文学理论研究的基本范畴,同时适当了解一些文学理论活动的基本知识和方法,培养科学的文艺观念。显然,文学概论不是一家一派的概论,它包含了对整个文学过程和多种文学理论的辨析、评说,它为学习其他文学专业课,特别是更加专门的文学理论课提供了基础理论准备。但是理论课抽象、枯燥的特点,容易使学生产生厌烦心理,同时由于长期以来理论讲授与文本的阅读鉴赏实践脱环,理论处于架空地位。大多数学生认为文学概论课开与不开效果是一样的,自己的阅读鉴赏能力和理性思辨能力并没有因为此课的开设而有什么本质性的改观。这种感觉的产生源自传统教学理念的陈旧和教学方法的单一。因而,只有构建起一种行之有效的教学模式方能改变文学概论课的尴尬地位,也方能缓解教授文学概论课教师的尴尬处境。从师十余年,在进行了多年教学模式的探索与尝试后,我认为合作式教学法理应是当前最见成效的一种模式构建,因为它实现了三个方面的合理转向。

一、单一"授话"向多元"对话"的转向

传统课堂教学往往是以教师为主体,采用"注入"式教学。教师往往充当着战场上的旗手或号兵角色,而学生充当"听客"角色,只是被动地接受,只会跟着旗帜方向的改变或号声节奏的更换而有所变动,有部分学生对台上的号

令发出者甚至采取消极抵抗的态度，呈现出"你讲你的，我干我的"的不尽如人意的局面。这种教学模式中，教师处于"授话"者地位，而学生则处于"听话"者地位，知识的传授也就相应地呈现为单向的直传过程，这对于教、学双方都是一种制约。教者会由于没有异音的冲击而固守其原有的知识结构和认知方式，学生的个性则会由于缺少对话的平台而被湮没于共声之中。

合作式教学则是一种主张以学生参与为核心，以教师、学生间的平等对话为基础，以教育主体团队合作为动力的教学模式。在教师引领下，学生可以根据已有的知识积累、经验体会，与小组其他人员共同合作、交流，一起探索、分析解决问题的途径。在这一过程中，教师要使每一个参与者都能积极投入，都有阐发和提出自己独特见解的机会，使参与者学会合作学习。格式塔心理学家认为，整体不是部分的简单相加，整体永远大于部分之和。我认为合作式教学法所取得的成效正是这种理论机制的实效性之所在。通过合作，通过师生、生生间的多方平等对话可以解决一些个体无法解决的问题，达到个体认为永远实现不了的目标，真切体会到与他人合作获取知识的快感及共同合作突破重围、攻克难关的重要性。

如我在讲文学创作与人生经验这一节时，布置作业：以某个作家的人生阅历对文学创作产生的影响来谈文学创作与人生经验之间的关系。也许是地域的缘故，在验收时发现各小组不约而同地将视线对准第七届茅盾文学奖得主——黑龙江省著名作家迟子建（当时恰逢第七届茅盾文学奖揭晓不久），大家结合她的爱情与婚姻生活对她的创作产生的影响，论及影响文学创作的人生经验的一个维度，即缺失性的体验，根据这个维度，小组成员采用逆向思维推衍出另一个维度，即丰富性的体验。这样的训练既让学生有意识地关注本地域的文学发展动向，又扩大了学生的阅读范围，增强了学习理论的兴趣，同时也凝聚了小组成员的向心力，此可谓一举多得。

二、被动"接受"向自主"探求"的转向

教学活动中两个核心要素是教师和学生，教学改革的一个重要举措就是在教学活动中给教师和学生一个合理的定位。传统教学活动中，教师是主体，掌控牵制学生，学生是受体，迎合适应教师，教师不断膨胀的主体意识将学生

受体逼到边缘地带,游离于教学活动之外,久而久之,学生受体思维模式固化而成思维惰性,创新探求欲逐渐退化。但随着合作式教学方法的推广应用,教学要素的地位发生了一系列的变化,从以"教师为主体"转向了以"学生为主体",知识的获取从单向传递转向了多途径合作学习,学生从被动接受转向了自主探求。自主探求型的实施方式常常是多人合作探求,是以合作小组成员的个体探求和独特感悟为基础,在科学交往的基础上学生与学生之间,教师与学生之间在阅读活动中相互交流、相互启发、相互促进的互助性学习行为。教师已从知识传授者转向学生学习的促进者、引导者、合作者,以"平等中的首席"参与教学活动之中。正如教育家第斯多惠的名言:"不好的教师奉送真理,好的教师教人发现真理。"教师在这个过程中担负的职责是引导学生入门、解答疑难、评价分析、充实提高并促进学生主体间协调发展、营造良好的人际氛围。

合作式教学不仅为师生、生生搭建一个平等对话交流的平台,同时也为个性全面和谐的发展和创新能力的培养提供一个契机。

培养创新能力已是当前时代的一个紧迫要求,面对世界科技飞速发展的挑战,我们必须把增强民族创新能力提到关系中华民族兴衰存亡的高度来认识。教育在培育民族创新精神和培养创造性人才方面,肩负着特殊使命。每一所学校都要爱护和培养学生的好奇心、求知欲,帮助学生自主学习、独立思考,保护学生的探索精神、创新思维,营造崇尚真知、追求真理的氛围,为学生的享赋和潜能的充分开发创造一种宽松的环境。这就要求我们必须转变那种妨碍学生创新精神和创新能力发展的教育观念、教育模式,特别是由教师单向灌输知识,以考试分数作为衡量教育成果的唯一标准,以及过于单一呆板的教育教学制度。学校的校长和教师,在精心培育人才方面负有特殊的责任,既要严格要求,又要平等待人,更要善于发现和开发蕴藏在学生身上的潜在的创造性品质。然而大学学习生活和习惯不同于中学,尽管文学概论课已至大二开设,但很多学生还不能够完全适应"没人管"的学习方式,多数学生仍在茫然不知所措中踟蹰前行,不知道如何打发"闲置"时间,更不知道怎样将所学理论应用到具体的阅读当中。课堂上有限的交流不能满足学生的个体心理需求。这恰恰给教师提供了一个利用这段"闲置"时间的机会,可以通过提供更多的支点填补空白,开掘学生的创造潜能。如利用现代化传媒和网络技术,指导学生科学合理地利用网络资源;如建立博客,根据所讲内容有计划地将各类文学文本上传,可约定时间集体登录博客讨论,每个人都可以"隐在"的身份发表意见,也可通过信箱和QQ进行个别交流,使每个学生主体的创造潜能都可得到最大限度的开发。适时抓住学生闪现的灵光,指导其将生硬的理论术语自如地运用于文本的分析和解读中,让有限的课堂时间在课后无限地延展。

三、知性分析向审美感知的转向

传统教学模式中文学概论课运用的是基本原理的传输和基本概念范畴的确证的知性分析方法,但"如果我们一旦习惯于知性的分析方法,只知道把事物当作孤立的、固定的,僵硬的、一成不变的研究对象。……那么,我们就得陷入形而上学"。合作式教学模式则提倡在主体异质火花的不断碰撞中集体攻关,而不强调先入为主的先在结构理论抽象后的架空。

也就是说,如果"作为研究文学的文论,在将文学变成理论的抽象后,却似乎难以保留文学对人的关怀的那种热情与渴望。将文学的生命变成概念,将创作的过程理性化、逻辑化,文学成了蝴蝶的标本,不再能飞,它好像烂死在或者说沉睡在文论的陈述中,没有被文论家与文论教学所复活"。那么,面对文学艺术多元化的局面定会"失语"。若要"复语",必须完成从知性分析向审美感知的转向。

因为文学文本与非文学文本的最大区别在于它的文学性、审美性。这种文学性和审美性是借助于艺术形象、艺术语言来传达的,审美感受、体验、思想、感情都依靠艺术形象来表现。面对这样一个用艺术形象语言建构的审美世界,要进入,想读懂,只有依赖与之相应的接受方式,这种方式就是鉴赏。鉴赏是以审美感知方式来接受文学作品的,而且也只有运用这种接受方式,我们才能进入文本的审美世界、文学世界,而不是其他什么世界。

例如巴金"激流三部曲"里的高觉新,是大家比较熟悉的人物。对这个形象最常见到的评论,是把他视为一个牺牲品,由于他的长子地位、由于他个性的懦弱,他被封建伦理家族文化扼杀了。这个分析着眼于他的生存环境、社会文化对他的迫害。作者巴金自己似乎也是这样理解他笔下的高觉新的,其原型是巴金自己的哥哥。但是,如果以审美的方式进入作品,即读者凭借着感觉、感受来阅读作品,以体验的方式与这个人物发生联系,就会发现,这个人生活得极为压抑,他习惯于自我克制、自我贬低,他过分地谦卑,缺乏自信,随时准备为任何人放弃自己甚至牺牲自己。这一切使我们在感觉上不能不产生一种压抑感,其实这种压抑感正是来自高觉新的自我压抑。在这个意义上说,杀死高觉新的实际上是他自己,在这一点上,高觉新是一个类似于祥林嫂的人物,他们的悲剧部分是外部的社会原因,部分却是自己内部的原因。高觉新的悲剧在很大程度上是自己一手造成的。他们的真正悲剧正在这里。假如没有体验和感受,以感性的审美方式参与作品中的人物,就难以达到这个层面。

理论是灰色的,生命之树常青。文学概论以其高度的抽象性和思辨色彩而让人敬而远之。在人们普遍信仰缺失的今天,在价值观发生了巨大扭曲的当代,文学、文学理论还有什么用呢? 这就需要教师正确引导学生以审美感知的方式走进文学,感悟人生,在物欲横流的社会帮其构筑起一个精神伊甸园。我坚信文学是"人学","只要人类尚在,只要人性不灭、人心不死,文学就不会消亡,关于文学的探讨研究也就不会停止。文学之树作为人类精神的象征,将在人类的精神求索中永葆青葱"。

高等教育大众化形势下,高校外延发展道路的时代已成为历史,提高当代大学生的质量是当前和今后很长一段时间内的主旋律。合作式教学恰与走内涵发展道路相契合,与贯彻高校强省目标相对接,为有效地为社会、为地方培养和输送更多的能力型人才提供了方法上的借鉴。它打破传统课堂教学观念,构建了一种新的课堂教学模式,消除了师生、生生间的隔阂,使每个学生都有成为主角的可能,激发每个学生的探求欲,为每个学生提供了展示自我独特性的舞台,更重要的是让每一个学生都能在审美感知中品悟文学的美妙和人生的真谛。

参考文献

[1]小威廉姆·E.多尔.后现代课程观[M].王红宇,译.北京:教育出版社,2000.

[2]江泽民.教育必须以提高国民素质为根本宗旨[M]//十五大以来重要文献选编(中册).北京:人民出版社,2001.

[3]王元化.文学评论选[M].湖南:湖南人民出版社,1983.

[4]刘锋杰.人的关怀与文论教学[J].文艺理论研究,2001(4).

[5]鲁枢元,刘锋杰,姚鹤鸣.文学理论[M].上海:华东师范大学出版社,2006.

本文原载于《教育与职业》2012 年 10 月 21 日。

在应用写作课程中培养职业汉语能力的探索与研究

王慧开

当前许多大学生汉语应用能力不高。据国家劳动和社会保障部的调查统计，近几年来，汉语应用能力低下是许多大学毕业生遭遇"就业瓶颈"的一个主要原因。2004 年国家劳动和社会保障部职业技能鉴定中心（OSTA）推出了职业汉语能力测试（ZHC）。国家职业汉语能力测试是组织国内语言学和心理学等方面的专家开发、测查应试者在职业活动中实际运用汉语能力的国家级测试，被称为"汉语四六级"。

职业汉语能力是指人们在职业活动中运用汉语进行交际和沟通的能力，运用汉语获得和传递信息的能力，是从事各种职业所必备的基本能力。ZHC 测试中将职业汉语能力归纳为：在一定语言环境中理解字、词的含义并掌握字、词的用法；从语言材料中获取主要信息并把握主要内容；根据上下文推断语言材料中省略的一些非关键性内容；领会语言材料中所表达的态度、情感、语气、情绪；根据语言材料做出合理的推断；以口语和书面语方式正确、清晰、得体地表达自己的意思。

一、在应用写作课程中培养职业汉语能力的可行性

语言是一种交流沟通的工具，在当今社会，具有良好的职业汉语能力已经成为高素质人才的重要特征。企业在选人时越来越看重人的语言交际能力。原世界汉语教学学会会长、专家委员会主任吕必松先生指出："一个人的语言能力影响到一个人的工作效率，影响到一个人的自身职业形象，在实际的职业活动中，一个人的语言不仅代表着自己的形象，还往往代表着自己的单位、自己的地区，甚至自己的国家。"无论是就业还是升学，良好的职业汉语能力对未

来发展都具有重要意义。

随着社会经济的发展,应用写作越来越体现其重要性和广泛性,逐渐进入社会的政治、经济和文化各领域,也成为综合素质的体现,成为重要的职业技能之一。近年来应用写作课程也成为高校通识教育的基础课程之一。以职业汉语能力测试为指导,应用写作课程中通过案例教学法分析字词句和层次结构,在情境式和项目法教学中培养学生准确获取信息和把握内容,用得体清晰的语言表达自己意思的能力。因此,在应用写作课程中培养学生的职业汉语能力具有探索价值和实践意义。

二、构建培养职业汉语能力的应用写作课程体系

构建以培养汉语能力为目标的应用写作课程体系,要树立以职业汉语能力培养为目标的教学理念,构建多层次的教学内容,运用综合性的教学方式,建立多方位的互动平台,对教学进行综合考核。

(一)确立以职业汉语能力为方向的培养目标

在应用写作的实际教学中以培养职业汉语表达能力为目标,包括汉语理解能力、分析能力和表达能力,实施情境式的教学方式,让学生能够综合判断和分析表达者的真实意图,并做出相应表达,收到理想的沟通效果,传达出交际应有的情感礼仪,等等。

应用写作课程应培养学生以职业汉语能力为核心的综合能力,包括人文素养、情感礼仪和美学传达等。

(二)制订以培养职业综合能力为中心的教学方式

一般认为,职业综合能力是专业能力、方法能力、社会能力和个人能力组成的整体能力,也是将来职业发展的关键能力。

应用写作课程在不同的专业模块中采用情景式和项目化的教学方法培养学生的职业汉语运用能力,在情境式教学方式中培养学生信息收集、筛选和果

断决策的方法能力,在项目化的教学方法中培养和提高学生沟通交际和协作的社会能力及认真负责、注重细节的个人能力。

(三)构建多层次、综合化的教学内容

应用写作课程要和学生实际的生活工作结合起来才能取得良好的教学效果,才能开拓其教学空间。

按照不同专业的职业发展需求,将课堂训练项目和实践训练项目结合起来,比如将计划、总结、求职信等放在必修模块中,和学生实际的学期计划和总结结合起来;将演讲稿、竞聘稿、调查报告和学校的演讲活动、竞聘活动和社会实践要求结合起来;将启事、求职和申请书等和学生自己的学习生活结合起来。

大学教育要结合学生的专业、职业发展及学校和社会对学生的要求。应用写作课程不仅要涵盖关系学生个人职业发展的文秘类、财经类、法律类等各种教学内容,也要包括事务类、会务类、求职类、调研类等教学内容,同时还要包括培养和提升学生人文素养的礼仪类、宣传类等教学内容。

(四)制订多层次、丰富的、细化的教学环节

在应用写作课程中培养和提高学生的职业汉语能力,就要制订多样和细化的教学环节。

首先授课教师讲解不同文种的使用要求、基本结构和注意事项;其次,通过案例法展现大量的优秀例文,并且在阅读例文的基础上分析例文所使用的语言,比如固定的语言搭配、不同语言所传递的情感和内涵,分析例文的逻辑结构;再次,采用情境化的项目教学方法,使学生能正确理解和分析情境,并做出相应得体合适的表达;最后,在课堂上师生共同挑选评改学生的作业,利用教学互动平台共同交流和评价。

(五)建立多元化、互动性强的教学平台

建立教学主体的互动平台。应用写作教学是教师与学生及学生与学生之

间互相交流的过程,教师要引导学生在积极参与实践活动中培养和提高理解和表达能力,因此要建立如 QQ 群、微信群等的交流平台,及时向学生和相关教师发布实践活动,让学生亲临现场去体验、思考和表达,如招聘会现场、新闻现场、论文答辩现场等。

建立与相关课程的互动平台。应用写作课程要求与各种专业性课程及现代汉语、口语表达、社交礼仪等课程有紧密关系,要建立和这些课程的互动平台,引导学生遇到问题时主动链接相关课程内容。

建立与实践主体的互动平台。应用写作课程除了教学主体的教授和训练之外,应建立与行政机关、企事业单位、社会团体等实践主体的交流互动方式,如聘请有实际写作经验的社会各界人士来做讲座,链接实践主体网站的写作板块,派学生到实践写作部门去实习,等等。

(六)建立开放、动态的综合评价体系

构建多元化的评价主体。评价学生的写作训练,可以分为自评、专任教师评、学生互评、团队评、相关科目教师评、有经验的专职人员评等方式,有效发挥学生的主动性和积极性,形成对学生的综合和整体评价。

采取开放性的评价方式。鼓励学生参加征文竞赛、开展优秀作品专栏、根据书面稿展开演讲等,使应用写作课程将写和说、个体与团队结合起来,使教学课堂走向校园和社会。

实施动态化的评价过程。把学生平时的听课状态、课堂实践态度和成果、课下自主学习表现等按比例列入考核,以动态的过程考核评价为主。用主动与被动相结合的评价方式来培养和提高学生的职业汉语能力。

三、实施应用写作的实践和细化教学原则

基于职业汉语能力的培养,在实用写作课程中实施实践细化的教学基本原则,构建以培养职业汉语能力为核心的教学体系和课程目标。

（一）模块化的实践设计

应用写作课程可以根据不同的专业和不同的阶段构建多样的教学模块，如精细化的专业模块、通识性的必修模块、特色化的选修模块和应急的强化模块等，适应不同层次和多元的职业化需求。

（二）项目化的实践内容

为了更好地体现应用写作的实践性和专业性，教师在教学中不仅采用案例法精讲让学生模仿写作，同时可以将文种项目化，以项目训练为主导，理论和实践相结合。项目化训练都有具体的项目情境要求，不仅可以检验学生对本文种写作的掌握程度，还可以检查学生是否可以正确地理解项目和能否成功地完成项目。

（三）情境化的实践教学

应用写作教学中不仅要有案例和项目，还要有实际的情境，特定的情境可以将学生带入真实的工作环境，训练和培养学生在实际情境中的理解和接受能力，培养学生领会情境中表达的态度、情感、语气、情绪等，根据情境做出合理推断，然后正确、清晰、得体地表达自己，成功完成交际目标。

（四）多元化的实践途径

应用写作的实用性不仅要求教师在课堂教学中用项目化和情境化教学，而且还要有效结合学习和生活的各种需要，如个体的计划、申请书和集体性的调查报告、访谈等，学校的校园活动，如演讲词、倡议书，还有行政公文和商务函件及应试性的申论等。

四、在应用写作教学中注重"三结合"

为培养学生职业汉语能力,在应用写作教学中要注重讲与练、写与说、评与改的结合。

(一)讲与练

应用写作课程采用以教师讲授和学生练习为主要内容的教学方式。教师在讲授过程中不仅要讲授文体的适用范围、基本格式等基本内容,还需要根据职业汉语的要求深入不同文体的特定语言、句式和逻辑结构以及文化,共同讨论例文的结构和逻辑层次。

练也是写作教学的重要组成部分,但不能盲目随意地练,教师要给学生一定的情境和项目,并鼓励学生利用各种平台去寻找练习项目。练不仅要掌握固定格式,更要注重语言、逻辑结构、传达的审美和文化等内容。

因此,应用写作课程教学不仅要学生多练,还要在讲中提高学生的汉语表达能力。

(二)写与说

应用写作课程内容一般是以书面表达为主的,所以写是本课程的主要训练方式。

不过教学内容中有很多文体是以说为主要表达手段的,如演讲稿、述职报告、欢迎词、辩论词、主持词等。在训练中可以将这些内容在书面表达的基础上改为口头表达,来锻炼学生的口头表达能力和实际反应能力。通过各种平台开展口头表达的现场活动,如主题演讲、招聘会、辩论赛等。

因此,应用写作课程要将写与说结合起来,在书面和口头表达中合力培养和提高学生的职业汉语能力。

（三）评与改

应用写作课程有大量练习需要评改,可以由写作本人先评,然后由其他学生评,再由任课教师评改,最后可以利用互动平台要其他教师和专业人士评。

应用写作评价重要,修改同样重要,评价是理论认知,修改是真正的实践性提高。修改要从整体的情境出发,从字词句、文章结构到逻辑层次和文化内涵及体现的美感等方面进行全面修改。学生不仅在教师的要求下被动修改,同时还要积极主动地修改。因此,应用写作课程要在评与改的结合中真正提高学生的职业汉语能力。

参考文献

[1]陈桂良.高职院校学生职业汉语能力培养路径探析[J].黑龙江高教研究,2009(11).

[2]温梅,孟翔君.构建抛锚式应用文写作教学模式[J].中国教育学刊,2007(6).

[3]李博微.高校应用写作课写作训练改革探索[J].教育探索,2007(11).

[4]李素梅.内隐学习指导下的应用文写作教学改革[J].职业技术教育,2010(26).

[5]徐贞同.国家职业汉语能力测试下的高职语文教学改革[J].河南职业技术师范学院学报,2007(5).

本文原载于《语文建设》2014 年 10 月 21 日。

应用写作教学的问题和对策初探

潘连根　何宝梅

我国著名教育家叶圣陶说："大学毕业生不一定会写小说、诗歌,但一定要会写工作和生活中实用的文章,而且非写得既通顺又扎实不可。"随着社会对应用写作能力的重视,应用写作能力与外语能力、计算机能力并列成为目前高等院校必须重点培养的三种基本能力。在这三种能力的培养模式中,外语能力和计算机能力的培养模式已相对成熟,其重要性也为各学校的教学工作者及学生所认识,全国统一的英语和计算机等级考试成为这一能力的基本保障。与此相比,尽管人们对应用写作能力的重要性已经有了一定的认识,但是,从投入的程度上分析,与前二者相比,完全不在同一个层面上。

为了培养和提高学生的应用写作能力,我国各级各类院校都相继开设了应用写作课,应用写作教学作为高等教育适应社会发展的重要组成部分已直接与高校人才培养模式、人才素质教育、人才与社会适应等重大话题紧密联系在一起。然而,应用写作教学所取得的成效却不尽如人意。很多大学生仍然明显存在着应用写作知识贫乏、应用写作能力欠缺、不能适应工作岗位的问题。

我们可以结合浙江越秀外国语学院的实际情况从"教"和"学"两个环节直接解剖教学效果中存在的问题。

从学校和教师这一环节出发,应用写作教学中的主要问题有:

重视应用写作能力的培养,但缺乏切实有效的措施,随意性较大。随着地方高校人才培养中应用性原则的强化,学校对学生应用写作能力的重要性已经有所认识,并在相关专业开设了应用写作课程。但是,对于大部分综合院校来说,其措施仅止于此,且其课程地位处于"说起来重要,做起来次要,忙起来不要"的尴尬境地,课程性质也不甚明朗。以本校为例,在 2004 版的教学计划中,应用文写作的课程性质是公共必修课,土木工程专业、计算机科学与技术等工科专业、工商管理等管理专业的培养方案中,都设有应用写作课程,且课程性质均属于公共必修课。既然属于公共必修课,其开设范围应该覆盖全部或大部分专业。然而同为 2004 版的培养方案,音乐专业、法学专业等专业并不开设这一门公共必修课,数学专业开设的则是大学语文课程。故应用写作作为公共必修课的性质有名不副实之嫌。在 2007 版的培养方案中,应用写作已经退出了公共必修课的舞台,本校的大部分专业(除元培学院)已不再开设应用写作课程,相关专业涉及应用写作能力培养的课程名称和课程性质也是五花八门。汉语言文学专业、英语专业等开设的"应用写作"课为专业限选课,行政管理专业的"文秘管理与应用写作"课为专业必修课;对外汉语等专业开设的"应用写作"课则为专业任选课,工商管理、会计学等专业在 2007 版的培养方案中用"秘书理论与实务"课替代了原有的"应用写作"课。从上述种种可见,应用写作课程在我校正处于走下坡路状态,课程性质和课程地位模糊不清。

教师队伍不稳定,缺乏团队合作精神。任何一门学科要提高其教学质量,必须有一支稳定的师资队伍,并形成相应的学科梯队,发挥团队的优势,搞好课程建设。然而,毋庸讳言,由于应用写作的性质,其学科地位往往微不足道,同时该课程又不具备"两课"的特殊性,难以形成一支稳定的师资队伍。以本校为例,近年来,尽管有多名教师承担应用写作课程的教学工作,但是他们分属于不同的教研室,有的是文秘档案教研室,有的是语文教学教研室,有的是现代汉语教研室,有的是大学语文教研室,有的只是担任行政工作的兼职老师。有些院系由于工作量缺口较大,往往把应用写作作为调剂类课程,让从未接触过写作教学的老师充任本门课程的教学工作。由于没有相应的应用写作教研机构,各位老师往往自行其道,没有统一的教学计划,没有统一的教学重点,没有统一的考核方式,他们存在着处理教材自主性过大,甚至随心所欲的状况。自笔者从事应用写作教学十余年来,本校未开展过独立的应用写作教研活动,团队的合作和互补就更谈不上了。从师资队伍的稳定性上分析,情况也不容乐观。应用写作的师资队伍存在着较大流动性和不稳定性。应用写作往往是汉语言文学专业老师完成教学工作量的配菜,比如:有的老师因为专业课的教学工作量不足;有的是新上岗的老师,暂时没有专业课的教学任务……因为种种原因,他们临时承担了应用写作的教学任务。教师队伍的不稳定,也在很大程度上影响了应用写作教学质量的提高。

　　教师知识结构不尽合理,投入精力有限。应用写作教学具有专业性、政策性、实践性的特点,要求教师不仅具备一般的文字写作能力,还需要掌握相关的政策,了解相关专业的知识,具备一定的专业背景。多数从事应用写作教学的教师往往是汉语言文学专业的教师,虽然写作基础理论、写作基本功较扎实,但综合知识贫乏,讲授专业文体力不从心,捉襟见肘。更重要的是许多老师对应用写作的教学存在一种敷衍的心态,没有全身心地投入。如前所述,应用写作具有较强的实用性,以目前的评价指标和考核体系而言,在综合性院校中,很少有老师愿意投入大量的精力去研究提高学生应用写作能力的实训体系,因为这种付出很少会得到学术上的肯定。因此,大部分老师都以完成课堂教学为目的,在提高学生应用写作的能力上鲜有成效。

　　教学方法比较传统,考核方式缺少更新。由于教师投入本课程的热情有限,大部分老师还是采用了传统的"满堂灌"的教学方法,较少组织费时费力的实训。在教学模式上,不少教师至今未能跳出"格式加例文"的窠臼。简单地用"例文"印证"格式",写作思维也缺乏应变性,重讲轻练。受教学时间的限制和大班形式的限制,许多老师在教学中往往只讲文体格式写法等,而忽略了引导学生对问题进行分析思考。另外,从考核模式来看,本校应用写作的考试形式比较单一,期末"一卷定优劣"依然是其主导的考试模式,这种考试方式使很多学生并未真正把它作为一种重要的交流工具来使用,而更多的是把它等同于一般课程。也容易使学生把学习的重点放在对有关理论知识的死记硬背上,而不是把这些理论知识融会贯通,从而提高自身的应用写作能力。

　　从学生角度出发,提高应用写作教学效果的障碍有:功利思想。尽管从社会的需求中,从各类招聘广告的应聘条件中,学生能够认识和感受到应用写作能力的重要性。但是,由于应用写作能力没有标准化的测量指标,与计算机、英语等级证书相比,在激烈的就业竞争中应用写作能力与求职没有直接关系,也未纳入全国统考,加之课程性质及老师重视程度不高,大部分学生认为利用原有的写作功底可以蒙混过关。所以,主动投入的时间和精力就少得可怜。

　　学生的知识结构存在较大的局限性。在校大学生绝大多数是由中学直接进入大学的,他们经历单纯,虽然有较丰富的书本知识,但直接感知社会的范围偏窄,程度偏低,缺乏社会阅历,缺乏必需的社会知识、专业知识,这直接影响他们的思维和学习,增加了教师教学的难度。由于应用文都是因事而作,写作者必须对事情的前因后果有基本的认识,而学生往往对事情本身缺乏认识,写出来的文章也大多是空中楼阁。以行政公文为例,如果学生对党政部门的职能不了解,对国家的法规政策及职能部门的规定不熟悉,就很难写出实际工作需要的应用文。

针对应用写作教学中存在的问题,结合我校实际情况,我们认为,要切实提高学生的应用写作能力,必须重点关注以下问题:

稳定师资队伍,组建应用写作教研机构。稳定的师资队伍是提高应用写作教学水平的首要保障。教学管理部门应该组建一支稳定的应用写作师资队伍,改变"百搭"的现状,要制定让应用写作的任课老师安于该课程教学工作的若干措施。同时,在"教改"立项等方面予以扶持,毕竟它有着比普通专业课更广泛的受益面。在教学与科研的评价体系中,应充分考虑课程实用性的特点和公共课的性质,让老师把主要精力放在教学上。另外,为了充分发挥团队的合作精神,学校应该组建跨院系科室的应用写作教研机构。有了统一的教研机构,就能将不同院系承担本门课程教学任务的老师组合起来,发挥团队的优势,对教学计划、教学内容、教学模式展开研讨,并且制定统一的考核标准,也便于监督检查。并且,也能以团队的形式开展教学改革活动,以进一步提高教学质量。

改革教学方法,改变"满堂灌"的传统模式。应用写作课不是理论研究课,而是能力训练课,其目的是提高学生的实际写作能力和综合素质。因此,应用写作教学亟须改变以往封闭式的重理论、轻实践的传统教学模式,改变传统应用写作教学中教师唱主角、单一讲授型的模式,而代之以开放式的、与社会实践相结合的精讲、多练,重培养实用技能的教学方法。据此,可以重点尝试以下两种教学方法。一是改良例文评析法。例文评析法是比较传统的教学方法,是目前应用写作老师广泛运用的教学方法。但是,目前的例文分析法存在着两大弊端:其一,例文陈旧,缺乏时代性。例如,最新的国家行政机关公文处理办法是2000年颁布的,很多老师仍旧把20世纪的公文作为样板文展开分析,知识严重滞后。如把"意见"当作非正式公文,把已经进入历史状态的政府部门作为行文单位,等等。其二,只提供例文,不展开分析。目前的应用写作教材都少不了例文,但是大部分教材只提供例文,很少对例文展开解剖和分析,由学生自己赏析。由于应用文的实用性,所以,事实上很少有学生有兴趣自己去仔细体会范文。由此,有人提出"要摈弃传统的按文体一一讲来,格式加例文"的教学格局。

对此,我们认为,尽管例文评析是比较传统的教学方法,且存在上述弊端,但是例文评析依然是应用写作教学的一个重要环节,并具有无可替代性。当教师在讲课中使学生懂得了应用文体的概念、性质、作用、种类、结构、写法、要求等知识后,例文就成了桥梁和纽带。规范、贴切、真实的例文可以让学生获得直观的感受。例文的直观展示可以让学生铭记不忘,这是应用写作在学生心中的"内化"。因此,我们只要例文选择恰当(符合时代性和典范性的标准),分析评述到位,例文评析法依旧是应用写作教学过程中较为有效的一种方法。

二是运用个案实践法。如果范文评析可以让学生对应用文获得直观的认识,那么运用个案实践法则可以更有效地提高学生的应用写作能力。所谓个案实践法,是由老师选择并提供最常用的应用文种写作条件、环境、背景及材料,让学生在一定氛围中分析和讨论,按一定思路寻找写作方案,最后形成有实用价值的文章。个案实践法有鲜明的启发性、客观性和综合性的特点。它可以让学生实现从写作理论向写作实践的转化,达到理论与实际相结合,以弥补实践经验的不足和实际写作能力的匮乏。在个案实践法的运用过程中,我们应注意以下问题。首先是必须明确训练的重点。从应用写作在我校的设置情况来看,课时数一般控制在 36 课时以内,每一种文种都采用个案实践法明显不具有可行性。因此,我们可以根据学生的专业特征,选择最常用且最具有可操作性的文种展开训练。其次,我们也可以灵活运用个案实践法。如提供我校人文学院拟设国际文化系这一事件的背景材料,由学生拟制出与这一事件相关的公文,如请示、批复、通知等,综合训练学生实际运用各类文种的能力。其次,个案的组织应该具有现实性和典型性,这是个案实践法是否获得成功的关键之一。任课老师应该与社会保持较为密切的接触,适时展开社会调查活动,通过各种途径收集个案,并进行分类整理,将系统和全面的写作教学案例有效地提供给学生。

培养学生的学习兴趣,将应用写作能力的训练和培养延伸到课堂之外。应用写作最大的特点在于它的实用性。就算是典范的应用文,也很难让学生产生一种审美的愉悦,从而热爱应用文。因此,要培养学生的学习兴趣,就必须让学生明白应用文在现代管理中的基本价值。让学生感知应用文在现实生活中无处不在,而规范、标准的应用文能使我们更有效地实现工作价值。明确了应用写作能力的重要性,才能使学生提高学习的自觉性,努力将应用写作能力的训练和培养延伸到课堂之外。事实上,高校学生无论是在社会工作还是在社会实践活动中,都会产生应用写作的实际需求,应该倡导学生抓住每一次实践机会,灵活运用应用写作的理论知识,提高应用写作的实践能力。

较高的应用写作能力是需要长期的实践和丰富的经验的,高校的应用写作教学如果能让学生获得应用写作的系统知识,感知并能初步写出符合实践需要的规范的应用文,使学生尽快地与社会接轨,也就基本达到了应用写作的教学目的。

参考文献

[1]马正平.高等写作学引论[M].北京:中国人民大学出版社,2002.

[2]赵飞.对高校应用写作教学改革的思考[J].中国高教研究,2002(6).

[3]陈桃源,郭春华.高等学校应用写作教学研究的回顾与思考[J].南京工业职业技术学院学报,2006(3).

本文原载于《绍兴文理学院学报(教育教学研究版)》2009年5月28日。

基于 MOOC 平台建设的港澳台暨
海外华文文学课程的教改刍议

刘红英　朱文斌

　　"港澳台暨海外华文文学"在 20 世纪 80 年代初,几乎是无人问津的空白之地。随着中国改革开放与全球化进程的加快,这门课越来越得到各大高校的重视。1982 年在广州暨南大学召开了第一届"台港文学学术研讨会",随后在一些大学开设了"港台文学"的选修课,但基于我们普遍对港台文学的先设认定,特别是对"香港是文化沙漠"的认识,以及 20 世纪 80 年代言情小说盛行,在内地(大陆)仍以精英文学为主的大学校园中,几乎很少有学生重视这门课。随着 20 世纪 90 年代新移民移居海外,"新移民文学"兴起,港台文学领域很自然地扩大到"港澳台暨海外华文文学"。2002 年 10 月,"世界华文文学教学研讨会"在徐州师范大学召开。相对来说,教学型会议在召开的次数与规模上都没有学术型会议那样的多频与庞大。但一旦召开,便显示出本学科建设在该领域的必要性与重要性。

　　作为一门新兴的学科,由于其产生的背景、学科性质及教学大纲所规定的教学内容等,"台港澳暨海外华文文学"亟须在网络平台上开设以 MOOC(Massive Open Online Courses)为平台的在线精品课。不过,在坚持建设精品课程教学理念的同时,我们需要注意它作为人文学科的特殊性。

一、学科归属与教学大纲的制订

　　"台港澳暨海外华文文学"是一门新兴的学科,它的学科归属在当前学术界仍存在争议。以新移民文学为例,它指的是"20 世纪八九十年代从中国大陆移民海外的留学生、知识阶层及大量技术移民和投资移民等移民群体。新移民文学的主体大多由数量庞大的留学生文化人所构成"。对这一文学现象的评介,有学者指出:"新移民小说在世界华文文学中具有贴近中国经验的先天优势,创作主体与大陆文坛关系更为密切,作品传播拥有更广大的市场,评论研究与之隔膜最小,它实质上是大陆新时期文学的离境写作,而又吸收了作家从居住国吸收的异质文化因素,可看作中国当代文学富有新质的组成部分,有足够的依据进入中国当代文学史。"然而,与此同时,也有学者持相反的观点:"世界各地的华人,应该有他们自己的华文文学理念,表达他们自己的身份认同,反映他们自己的生活经验,思考他们自己所关心的问题。"不过,这位学者同时指出:"海外华文文学的独特价值,就在于它既与中国传统文化和中国现当代文学保持了内在的联系,而又不是中国现当代文学的那种独特身份,在于它能以这种独特身份为我们提供中国人在走向世界的过程中,民族文化如何与外国文化融合,在一种全新的社会政治、文化、经济环境中谋求生存和发展的智慧和经验,在于这些华人在谋求生存和发展的过程中所表现出来的坚毅精神,这些构成了一份宝贵的精神财富。"上述两种看似截然相反的观点其实同中有异、异中有同。它们的共同点就是既承认海外华文文学与中国现当代文学的关系,又强调海外华文文学的独特性。海外华文文学是否入史,不是本文关注的问题,这个争论使我们明白,世界华文文学具有两个基本特征:中国性与世界性。即世界华文文学具有跨学科特征,兼涉中国现当代文学与比较文学两个学科。所以它在教学内容的设计上涉及两个学科的内容,特别是在内涵建设上,涉及中国文学史与比较文学史两个部分,涉及文学史背后的文化理念、哲学背景、思维方式等内容。事实上,海外华文文学的讲授不仅与中国现当代文学、外国文学有关系,而且与中国古代文学也有着不可切分的关系。

因此,在教学大纲的制订上,就要体现它的跨学科特征。每一章的内容,都要体现中西文化的互渗性、交融性和汇通性。这种理念不仅要渗透在第一节的概述中,也要体现在对作家作品的文本分析过程中。比如讲授新移民文学时,要先介绍新移民文学的概念与新移民文学的审美特质。新移民文学概念涉及新移民作家的身份归属与文化认同,身份与文化的问题涉及中西双重身份与双重文化,审美特质亦然。我们认为,新移民文学处于"第三空间文化"中,体现出"第三种文化特征",既来源于中国传统,又游离于中国之外;既体现西方在地性,又背离其特征。它具有双重资源,同时生发出独特性价值。在具体讲授某个作家作品的时候,也是如此。以新移民作家严歌苓为例,她的小说大部分取材于中国内地,有中国文学的特质,但任何一部作品,绝不仅仅有中国元素。比如《第九个寡妇》,取材于中国河南的乡村生活,但王葡萄形象却与中国文学中任何一个文学形象都不同,陈思和先生认为"她是中国现当代文学的一个补充"。再如《扶桑》,取材于国外,但扶桑上善若水的性情、个性,其内质是中国性的,是中国文化的表征。诸如此类,每一章节所涉内容繁多。就"台港澳暨海外华文文学"中 4 个板块的内容——中国台湾文学、中国港澳文学、东南亚华文文学、欧美澳华文文学,蜻蜓点水式的讲解方式都不足以点到。值得庆幸的是,在网络传媒如此发达的全球化语境中,在教育部所提倡的MOOC 建设教育教学改革背景下,本课程的教学正待展开在线精品课的建设与打造。

二、基于 MOOC 平台线上线下混合式教学特点及其步骤

MOOC 被公认为"印刷术发明以来教育最大的变革"。它的基本功用在于:它可以不固定地点与人数进行教学;教学进度以数倍或更高的速度提升;它以碎片化的课程组织形式进行;师生交流方式多样化(邮件、在线提问、问题答疑等很多环节);考核方式便捷、客观、公正、及时;减少教育成本……MOOC 的教学理念给我们带来了新的挑战与机遇,特别适用于理工科、语言类专业与各种考试培训的科目。对人文学科而言,MOOC 的推广因其教学对象与教学课程本身的性质,相对来说比较滞后与迟疑。然而,针对庞大与繁杂的教学内容,教学大纲的制订与实施,MOOC 的打造也势在必行。

(一)"以点带面"的线下教学与"视频课"的线上教学结合

"台港澳暨海外华文文学"精品课建设,分线上线下两种形式,这样可以很好地解决目前教学大纲与教学时数的矛盾。在每一章中,重点讲解第一节的"概述",选取重要的 3 个或 3 部作家作品进行讲解。在讲解的过程中注重分析与鉴赏的方法性引导,即如何分析与鉴赏文学作品、评论某一个或某一类作家,而不是进行传统讲解与展示。知识浩瀚如海,现在的教学不应该以传授知

识为主,而应该在激发思想的同时进行方法引导,相当于理工类的例题讲解,以便学生能举一反三。大量的阅读与自学分析留给学生自主完成。比如,在讲解"台湾文学"的内容时,第一章概要性地介绍"台湾文学"的发生发展过程,以及如何把握其总体特点。第二章、第三章、第四章重点讲解台湾的乡土文学派、现代文学派与新生代文学。每章内容设置两个课时,概述半个课时,其余一个半课时以某一个作家为主,以点带面地进行讲解。比如,在讲现代文学派时,以白先勇为例,白先勇创作的总体情况占半个课时,其余一个半课时,以某一部或两部作品为例。对现代文学派的学习最重要的是培养学生对文本的分析能力与思想获取能力。白先勇的《游园惊梦》《永远的尹雪艳》都可作为经典的范文进行细读,让学生在细读中领会作者的情感。而在文本背后,我们需要领悟白先勇作品所传达给我们的他的悲天悯人情怀与博爱精神,从而领会他的人道主义精神与其作品悲剧性的审美力量。在讲乡土文学派时,重点对陈映真的创作进行讲解。在讲新生代作家时,重点讲吴锦发或李昂等。总之,要挑选具有代表性的作家或作品进行深入分析。另外,线下的课堂教学还应该留有 10 分钟左右的讨论时间。

　　教学大纲上的其余内容可制成视频课在线上进行表演教学。视频的时长一般为 15 分钟左右。一门课一般以 50—60 个视频为基准,共计 300 分钟。这样,"台港澳暨海外华文文学"这门课,除了线下的课程讲解外,还有 60 个课时的内容。视频课的优势在于缩短了课时数,内容精要,因为不必在教室里与学生进行面对面的交流与讨论,故速度就更快。这样,就能很好地完成教学大纲的要求。

（二）作业形式与疑难问答

　　根据线上线下混合式讲课方式,作业形式也要做相应变动。首先,线下的作业分 2 种类型。一类为写读后感。选取某一章节专题的相关作家作品写读后感,每 2 课时写一篇,积少成多,为期末的小论文写作打基础。另一类为分组汇报＋讨论。在开学初对每一个班的学生进行分组,在每一章内容结束时,让学生进行一次分组讲课比赛。要求选取与本章节内容相关的作家作品或某个专题,做成 PPT。PPT 内容包括:知识型的基本常识,作家创作谈,知名专家的评论,小组中每一位成员的读后感或观点表达。最后,全班对该组的讲课进行点评,并就主讲内容与形式做评论。这样的形式既有利于培养学生学习的自主性与积极性,又能激发学生对本课程的兴趣,最重要的是,能提高学生发现问题、解决问题的能力,培养其科研思维的习惯。其次,线上的作业,分为4种类型。其一是知识型的填空、选择。夯实基础知识,永远是学习的第一步。思想的激发,来源于知识的积累。所以这种题型是大学本科习题的必要组成。其二是问答与论述,形成讨论区。这两种题型每课时布置一次。其三是论述题,要求学生写小论文,每一章内容结束布置一次。其四是建立习题库。

(三)混合式教学的优点与缺憾

随着现代科技的发展与教育观念的更新,线上线下混合式授课的方式势在必行。它可以很好地推进现代信息技术与教学改革的深度融合,对教学形态进行新的塑造,可以形成"互联网＋高等教育"的新模式,可以更好地实现以学生为中心的教学改革,等等。但这种模式更有利于理工科的知识模块型教学与培训考试类的课程。于人文学科如文学、历史、哲学等教学来说,很多抽象而系统的知识与思想性的探讨难以在短时间内以视频的方式进行,特别是课堂上的那种面对面的交流与情感上的沟通,这是任何技术都难以替代的。这就造成了人文学科在新科技时代混合式教学的两难。

三、人文学科在实施混合式教学时的理念与原则

当我们遇到 MOOC 背景下人文教育改革两难的时候,我们需要坚持一种理念:作为教师,我们不可能躲过这场网络技术革命。社会正在向着数字媒体、网络信息、智能机器的方向发展,教育也是如此。我们必须尽快适应,才不至于成为被淘汰者。人文教育的特殊性,并不是指无视这种时代的现实与教育的改革,而是人文教育在实施的过程中应坚持原则,这个原则就是情感与育人。教育永远是关注人的思想、心灵、情感的手段,有很多东西是不可能用机器来替代的。无论社会怎样前进、技术如何革新,人文教育必须坚持情感的原则。教室里那种面对面的眼神交流、口头表达、互相探讨是无法用机器代替

的。康德指出"人从来都是目的,而不是工具"。网络化教学,是教育手段与方式的变化,不是教育对象的变化。教育对象与教育目标永远是对"人"的培养,对人的心灵的关切。现代社会里,健康的衡量标准首先应该是心理健康。大学教师永远肩负着"师者"的使命,是"人类灵魂的工程师"。

与此同时,大学教师还必须是一个研究者。教学和科研不能分家,对大学教师尤其如此。没有研究,就谈不上教学。现代科技的发展,使教师不需要占用太多的课堂时间进行知识传输,因为学生通过电脑、网络都可以查阅到很多知识。德国哲学家雅斯贝尔斯在谈到教育时如是表达:"大学教师首先应是研究者。如果想把大学教师当作教书匠来用,那就错了。"在高校,"最好的研究者才是最优良的教师。只有自己从事研究的人才有东西教别人,而一般教书匠只能传授僵硬的东西"。换言之,只有通过研究与发现问题,教师才能就某个问题对学生进行学理性的引导与学术性的探讨,并层层深入,在课堂上形成"头脑风暴",从而达到教学相长的目的,真正实现以科研促进教学,以教学反哺科研。在机器能够传输知识的时代,机器唯一不能做的就是心灵的沟通与引导式的现场讨论,这是 MOOC 建设中我们应坚持的原则。

参考文献

[1]江少川,朱文斌.台港澳暨海外华文文学教程[M].武汉:华中师范大学出版社,2007.

[2]毕光明.中国经验与期待视野:新移民小说的入史依据[J].南方文坛,2014(6).

[3]陈国恩.海外华文文学不宜进入中国现当代文学史[J].三峡论坛,2009(1).

[4]陈思和.自己的书架:严歌苓的《第九个寡妇》[J].名作欣赏,2008(5).

[5]雅斯贝尔斯.什么是教育[M].北京:生活·读书·新知三联书店,1991.

本文原载于《常州工学院学报》(社科版)2020 年 2 月 28 日。

关于"大学语文"和"写作与沟通"课程的几点思考

刘召明

一、"大学语文"面临的形势与挑战

近年来,"大学语文"课程面临严峻的形势。在弘扬中国传统文化的大背景下,有些高校把"大学语文"改为"中国传统文化""国学经典导读"等课程;在通识必修课总学分压缩的大趋势下,有些高校把"大学语文"课学分削减,课时压缩,甚至取消;有的高校虽仍开设"大学语文",但课程也面临随时被取代的危险;当前"大学语文"处于绝对安全区域的高校应不是太多。

2018年5月,清华大学校长邱勇宣布,将在2018级新生中开设"写作与沟通"必修课程,计划到2020年覆盖清华所有本科生,并力争面向研究生提供课程和指导。此消息引起教育界乃至全社会的广泛关注。

对开设一门课程的关注度如此之高,说明这门课程切中了长期以来课程教学的痛处,同时又顺应了社会对该课程的迫切期待。长期以来,中小学语文教学主要是语言、文学教学,写作课程未单独开设。而附属于语文教学的写作练习,多是文艺性写作。对大学生而言,虽然很多高校开设"大学语文",但写作课程是缺失的,学生写读书报告、开题报告、学年论文、毕业论文及各类应用文章都是"自学成才"。已开设写作课的高校,也存在教学与实践上的种种矛盾。而且,随着社交媒体的广泛应用,学生的篇章写作能力不断弱化,沟通能力也越来越差。因此,清华大学开设"写作与沟通"引起全社会关注也就在情理之中了。

目前"大学语文"与"写作"在同一高校、面向同一专业学生、同时开设的情形基本没有,两者在教学目标、内容、方法等方面又较少重叠,那么这两门课程的关系如何处理？有的高校决定要么开"大学语文"，要么开"写作"；有的高校二选一，两门课中必选一门，把选择权交给学生；有的高校在新生入学后举行语文知识摸底考试，通过者免修"大学语文"，未通过者必修"大学语文"，但都要必修"写作"。但不管选择哪一种开课方式，学生都不可能做到"鱼与熊掌兼得"。从语文教育的角度看，学生在知识结构与人文素养方面难免存有缺憾。

二、关于"写作与沟通"课程的思考

清华大学在写作课程名称上做了文章，加了"沟通"二字。应当说，这个名称切中了大学生在写作与沟通方面能力欠缺的要害，深合当前社会对大学生写作水平及沟通能力的期待。"写作与沟通"课程虽然包含了"写作"，但是这里的"写作"，不是附着于中小学语文和大学语文的"写作"。也就是说，它既不是文学创作，也不是普通文章写作，而是基于逻辑和证据的说理性文体写作。其侧重的是培养学生的逻辑思维能力和写作表达能力。

近年来，大学生以沟通为目的的写作能力趋弱已是不争的事实。在一个没有沟通就没有理解、没有理解就没有合作、没有合作就难以成功的社会，写作能力、沟通能力的欠缺往往会制约学生的素质完善与职业发展。而当前之所以出现大学生写作能力弱化、沟通能力不强的情形，笔者以为其原因有三：部分高校写作课程缺失；课程教学与现实脱节；社交媒体对学生写作能力造成破坏。

写作课程的缺失已成为大学生写作能力弱化的根本原因。近二十年来，真正把写作课程列为必修课程的高校已寥寥无几，或转为选修课程，或被"大学语文""中国传统文化"等通识教育课程取代，或干脆取消。众所周知，写作课具有其他课程不可取代的地位与作用，其价值与意义不可低估。然而，由于写作课程的缺失，即便学生认为写作很重要，现实有需要，内心想学好，却因课程缺失而视自身写作能力的弱化为必然和当然。当网络游戏等迎合学生的课程堂而皇之地进入课堂，而关系学生素质与能力的写作课程却被无视，甚至取消的时候，我们还能期待学生写作能力有多强、水平有多高。所以大学生令人担忧的写作能力背后，其实还是我们的教育观念存在某种偏差。而在国外不少高校，写作课是其教育体系的关键内容。如在美国高校，写作课大面积开设。据 2015 年的全美写作统计,900 多所美国高校中 96％的四年制高校开设了写作类课程,而且要求严苛,学生不得不高度重视。未来学家约翰·奈斯比特曾说,由于社会的高度信息化,"在这个文字密集的社会里,我们比以往更需要具备基本的读写技巧"。科技越发达,资讯越丰富,分工越细致,就越需要较强的读写能力对相应知识点进行理解和转化,也更需要较强的沟通能力以利于合作共赢。从这一点上说,在教育体系中写作课程应该得到加强而非取消。

写作课程教学与现实的脱节是导致大学生写作能力弱化的重要原因。现在仍开设写作课的高校中,课程教学与现实的脱节比较严重。这种脱节既表现在课堂教学内容与社会生活实践的疏远,也表现在教学内容与学生兴趣、教学效果与学生期待的脱节。这些脱节的情形直接导致了学生写作与沟通能力的弱化。写作教材的案例远跟不上时代的快速发展,写作的通识教育课程特点与专业教育也存在脱节,而写作课上单纯的理论讲解又引不起学生的兴趣。写作作为一门实践性很强却短时难以见效的课程,学生学了可能会懂,但懂了未必就会,如陆机所言"盖非知之难,能之难也"。久而久之,学生面对自己期待达到的目标越来越沮丧,由此产生的后果就是学生想学学不会、老师教了也徒劳。另外,在教师批改作业、亲身示范与学生写作能力提升之间也存在脱节。写作能力的提升是一个长期、渐进的过程,且涉及方方面面的因素,其中教师批改作业、以身示范是非常重要的教学环节。汪曾祺回忆在西南联合大学师从沈从文学习写作时说:"沈先生教写作,写的比说的多,他常常在学生的作文后面写很长的读后感,有时比原作还长。这些读后感有时评析本文得失,也有时从这篇写作说开去,谈及有关创作的问题,见解精到,文笔讲究,还会介绍你看一些与你这个作品写法相近的中外名家的作品。"沈从文先生的这种写作教学法的确非常见效,但在现在却很难效仿。一方面,我们缺乏写作水平如此之高的写作教师;另一方面,因学生数量增多导致作业批改的工作量太大。笔者从事写作教学多年,每级汉语言文学专业两个班在 90 人左右,每次批改学生作业前前后后需要近两个月,一个学期最多可布置两次作业。试想,如果一个老师面向二三百人授课,一个学期下来,大概只能批改一次学生作业。而这对于写作课老师来说,工作量已非常之大。而对学生来说,能够得到老师的亲笔批改却又非常重要,甚至可以说是促进其写作能力提升的重要一环。从这个角度看,清华大学拟采取每班 15 人的小班讨论授课方式,可以说抓住了写作课程教学的"七寸"。

　　社交媒体对写作能力的破坏是大学生写作能力弱化的潜在敌人。写作是什么？写作是表达，是阅读，是见字如面的沟通。社交媒体为写作方式的便捷化提供了千古未有的便利，但人们的写作能力并没有得到相应的提升，相反，社交媒体的碎片化、符号化、影像化对以讲求篇章、规矩为重的书面写作活动带来了前所未有的破坏。人们在直接、快捷传递信息的同时，忽略甚至省略了写作行为的特质与要求。内容的起承转合藐然不顾，句法的主谓宾状能省就省，语义逻辑牵强附会，语言表达词不达意，至于标点符号、口吻语气更是飘飘忽忽、若有若无。

　　事实上，写作作为见字如面的沟通，是基于普遍的情理、事理和道理的心理沟通。因此这种沟通不仅是就阅读的角度而言，从表达的角度看亦是如此。这种见字如面，是要"把心交给读者"，在书写时就要想象读者在读你的作品时的表情和样子、心理和态度，从而确认能否达到写作的效果，实现沟通的目的。现代大学生本来动笔较少，而先前在中小学奠定的尚不牢固的写作基础在自媒体时代被"温水煮青蛙"般不断腐蚀，以至于写作能力每况愈下。新加坡2017年高考选做题中，有一道是："书写语言的质量，正在被社交媒体所破坏，你认为呢？"事实上，社交媒体对书写语言的破坏，在若干年前就为有识之士所担忧，但时至今日，情况非但没有改观，反而愈演愈烈。一方面，现在大学生基本已经做到"人机合一"，机不离手，手不离机；另一方面，从写作的角度看，绝大多数学生没有利用手机创造有价值的信息或增加作品数量，而是不停消费、复制、转发他人的信息。即便有些许个人原创的信息，也多是简单的信息推送，与真正的文章写作活动无关。文章写作是一项艰苦的、富有创造性的活动，而通过社交媒体阅读他人的信息，往往只需被动地接受，直观性地扫视，走马观花，浮光掠影，甚至不需要逻辑思维能力。长此以往，语言能力不退化才是出人意料的。而这种写作能力、语言能力的弱化，再加上目前人际当面沟通的匮乏，所带来的正是学生沟通能力的不断下降。

　　那么，开设"写作与沟通"课程，能否真正解决目前写作课面临的困境，学生能否真正提高写作能力及沟通能力，这是值得我们思考的。

三、关于写作教学的思考

当前写作教学的主要问题是教学对象——学生发生了深刻的变化。如果教学主体——教师跟不上这种变化，对写作主体研究不够，教学活动就难以有针对性，教学过程就难以令人愉悦，写作教学的效果自然不尽如人意。教师需要顺应写作主体的变化，与时俱进，更新教学观念，改进教学方法，真正做到有的放矢、对症下药，才能使教学效果力求最优。

教师应顺应自媒体时代的要求。社交媒体对学生的影响与改变已难以扭转，且人人都是自媒体。学生在微信上阅读的文章相当多，而且在朋友圈发文章、做公众号的也为数不少。作为写作课教师，如何顺应这一时代潮流？一方面，教师要鼓励学生做个人公众号，在朋友圈分享原创文章；另一方面，教师也要"以身试水"，经常在朋友圈发表自己的文章，有条件的话也做好个人公众号，以便充分利用网络进行写作互动。如果教师长年"述而不作"，其结果就是讲起写作理论振振有词，分析文章病误隔靴搔痒，思维视野没有学生开阔，仅有的课堂教学也难免枯燥乏味。

教学内容要与时更新。教师在开展教学设计时，如果教学内容、话题、题材等较为陈旧，学生就难以产生兴趣，不仅课堂气氛沉闷乏味，教学效果也不理想。尤其是当前的写作课教材内容，存在的普遍问题是案例陈旧。当初选入教材时或较为新颖，但出版后很快让人感到不再新鲜。而学生对微信朋友圈、公众号的事件、言论、思想等更有兴趣，思维活跃且一直保持更新。在此情形下，选择教材课本有可能不如临时编写讲义，更容易引起学生兴趣。比如围绕一个热点话题，收集材料，分组讨论，提炼观点，撰写发言提纲，然后进行辩论，可能效果会更好。

充分利用线上教学手段。目前各高校都在积极推行线上开放课程，这也为写作课教学提供了极大的便利。以作文批阅为例，写作作为一种沟通交流方式，学生在写作后总希望得到来自老师的回应与反馈。如果教师没时间批阅，学生的积极性就会受挫，作业布置越多，学生应付的概率增大，久而久之，教学效果会大打折扣。如果教师充分利用在线开放课程，随机抽取，师生共同批阅或按小组分派批阅等，教师的工作量会大大减少，教学效果也会有显著提升。

总之,"大学语文"与"写作与沟通"课程,两者的定位不同,目标各异,教学内容与方法也有区别,而且在开设过程中也会面临各自的困难与挑战,但作为"大语文"体系的主要课程,这两门课程的当下处境还是受到了社会各界的广泛关注。尤其是后者,在实用至上、应用为先的时代风气中,能否真正实现其目标,对此我们拭目以待。

参考文献

[1] 约翰·奈斯比特.大趋势[M].梅艳,译.北京:中国社会科学出版社,1984.

[2] 陆机.文赋[M]//郭绍虞主编:中国历史文论选.上海:上海古籍出版社,1979.

[3] 汪曾祺.沈从文先生的西南联大[M].汪曾祺散文全编[M].北京:人民文学出版社,2019.

[4] 巴金.随想录[M].北京:人民文学出版社,1980.

[5] 川口盛之助.大趋势[M].北京:东方出版社,2018.

时代性与大学语文教学

郭红玲

自 1978 年南京大学等高等院校相继恢复开设大学语文课程以来,大学语文逐渐成为高等院校人文素质教育中的重要基础课程,在培养学生的语言应用能力、提高学生的艺术鉴赏水平和加强学生的人文素养方面,起到了至关重要的作用。但是,随着近年来高等院校招生规模的不断扩大,以及相关教改的迅速推进,重专业轻素质的思想或多或少影响了大学课程设置安排,大学语文课程地位面临边缘化的趋向,与大学语文课程设置的目的、初衷相背离。

大学语文课程的开展,既是提高大学生汉语水平和运用能力的需要,也是传承文化精髓,提升精神文明的需要。教育部高教司《大学语文教学大纲》指出:在全日制高校设置大学语文课程,其根本目的在于充分发挥语文学科的人文性和基础性,适应当代人文科学与自然科学日益交叉渗透的发展趋势,为我国社会主义现代化建设培养具有全面素质的高质量人才。

大学语文课程日益边缘化,究其原因,作为大学语文教学工作者自然可以指摘教育指导思想之得失,力争语文教育在高等教育体系中的重要地位,但这些只能是改善大学语文处境的外围行动,真正有效的措施应该是重新审视大学语文教学,从内部入手,完善、优化,从而走出困境。笔者认为,改变大学语文目前尴尬处境的一个有效措施就是为大学语文教学注入时代精神,以时代精神引领大学语文教学工作。

一、时代精神视阈下的大学语文教学

全国大学语文研究会名誉会长徐中玉在接受记者采访时谈道:"大学语文改革,需要创新,需要体现时代精神和时代特色。所以在高教版的《大学语文》

第三版中，你可以看到有爱因斯坦的文章，也有反映'和谐''生态'等时代主题的文章。"那么，大学语文教学为什么需要体现时代精神？又需要体现怎样的时代精神呢？笔者认为主要有以下几个方面：

（一）大学语文教学要体现国家与社会的时代需求

当前，我们国家以"科学发展观"统领社会主义建设事业，强调要实现全面、协调、可持续发展。科学发展观是马克思主义中国化的最新成果，是时代精神的精华。科学发展离不开人才，教育担负着为国家、社会造就合格人才的重任，在人才培养体系的重要环节——高等教育中，大学语文是人文素质教育基础课程，在促进学生的身心全面协调发展中，在养成学生的人文精神中，在激发学生对时代精神的认同感中，在培育学生对国家、社会的责任感中，起到了关键作用。大至国家、社会，小到个人，要实现可持续的全面协调发展，必须以深厚的文化底蕴为基础，以全面综合的实力取胜。因此，大学语文教学需要体现时代精神，培养学生的人文精神，加强学生的综合素养，使之成为当今社会主义建设事业的认同者和行动上的践行者。

（二）大学语文教学要满足学生"成才"与"成人"的时代需求

学生在大学阶段需要完成的任务有二，其一为"成才"，其二为"成人"。可以说，前者是学生们锻造自身成为合格人才的显性需求，是每一位学生都能清醒意识到的成才目标。相比而言，后者的需求则显得隐蔽得多，可能很多学生自己都从未认真想过这一问题。"成人"对于学生而言，是一种潜在意识，他们希望通过大学教育，成长为思想成熟的社会人。这时，"教育对受教育者来说成为生命意义的自觉需要"。这种潜在需求也促使学生们从中小学时期的单一应试、被动式接受教育的学习生活转向主动吸取有用知识、有意识融入现实的大学生活中来。由此，在大学课堂教学中，凡是与实践、生活、现实密切相关的内容，学生们都悉心听讲、兴趣浓厚，反之则觉兴味索然，教学效果可想而知。脱离现实的东西，缺乏时代精神和指导意义的内容，必然难以激发学生的学习热情，因此，时代精神作为大学语文教学吸引学生注意力、激发学生学习兴趣的重要因素必不可少。

（三）大学语文教学要满足课程改革创新的时代需求

大学语文课程在现实中容易进入"高四语文"的认识误区。《九年制义务教育语文课程标准（实验稿）》和《高中语文课程标准》对中学语文学科进行了科学界定："语文是最重要的交际工具……工具性与人文性的统一，是语文课程的基本特点。"比照教育部高教司《大学语文教学大纲》关于大学语文课程的阐述，似乎内涵大体一致，但仔细分析，不难发现，中学语文教育定位主要以工具性、知识性为主，旨在奠定学生的语言文化基础；大学语文教育则着重体现人文性、审美性、哲理性等，它是在中学语文基础上的超越，总体目标在提高大学生的品格素养与人文精神。大学语文与中学语文侧重点各异，大学语文教学理应在中学语文的基础上有所超越，而非简单重复，必须充分考虑经典性和现代性的融合、文学性和思想性的融合、国粹性和世界性的融合。

二、在大学语文教学中注入时代精神

大学语文教学要倡导知人论世，还原历史语境来读懂文本的基本含义，这是基础。但是，如果仅止于此的话，是远远不够的。我们需要"入乎其内"，也需要"出乎其外"，亦即需要突破现有大学语文教材偏重知识性、工具性的局限，跳出民族文化、文学以及国粹的框架，以人类普适价值和时代精神为参照，为大学生提供"精神成人"的诗意空间，使他们认识到成为一个真正的人的重要性，引导他们追求一种健全的、审美化的生活。语文教学不是要让学生一头扎进故纸堆中，只做文化精粹的观赏者，还要以当下的国情、世情和人情去进一步解读这些名作，从中探求它们之所以成为传世经典的理由，读出它们作为经典所蕴含的时代精神。换言之，我们可以在经典文章中找到当代社会发展理念的精髓与实质，发现它的源头与潜流，通过文学名作特有的艺术魅力、特别的熏陶方式，润物细无声般地激发学生对时代精神的认同感，增强学生对国家、社会的责任感。

"落实科学发展观，构建和谐社会"作为当代中国社会发展的指导思想，也应成为大学生的理想和奋斗目标。如果说思想政治课是以充足的论据和有力的论证申明了正确思想和重要理论的话,大学语文则是将这些融于文本之中,使学生在经典美文的学习、赏析中"自觉得到启发","在优秀作品中充分体悟"(徐中玉语)。古今中外名家名作具有强大的艺术感染力。它们以丰厚的内涵、优美的文字,春风化雨般润泽每位阅读者的心灵。故大学语文应充分发挥这一自身优势,在教学内容中加强时代性,使学生在身心的愉悦与享受中,得到感染,受到熏陶,成为时代精神的自觉认同者和践行者。

"科学发展观"与"和谐社会"时代精神的精髓是"以人为本"与"和谐"。这些高度概括、精辟的词句如果只是加以理论上的阐释和说明,势必难以引起学生的兴趣或共鸣。如果我们在文学作品中找到它们的生动演绎,则是一种很好的教与学的方式。同时,这也是解读经典的一种新思维、新角度和新方法,对于大学语文教学自身来说也是一种创新。下面以徐中玉、齐森华主编的《大学语文》(第九版)为例,简要阐述如何为大学语文教学注入时代精神。

(一)"仁者爱人"

在第一单元"仁者爱人"中,通过《樊迟、仲弓问仁》了解到孔子的仁学思想核心——"爱人";通过《兼爱》知道了墨子的"兼爱"主张——"天下兼相爱则治,交相恶则乱";通过《齐桓晋文之事》明确了孟子的民本思想——"民为贵,社稷次之,君为轻"……这些都是我们耳熟能详的中国传统思想的精华。解读这些思想,我们当然要首先明确古代圣贤是从巩固封建专制统治的目的出发而倡导以民为本的,他们的主张带有明显的稳固统治的功利色彩。但是,我们也不能因此而抹杀它们的积极意义。特别是在当代社会,现代科技文明已高度发达的今天,我们更加清醒地认识到必须以最广大人民群众的利益作为一切社会活动的出发点,即"科学发展观"所坚持的首项要点——以人为本。虽然现代文明理念中的"以人为本"与中国传统文化中的"以民为本"思想不能画上等号,但是两者有着很多共同之处。

在选自《战国策》的《冯谖客孟尝君》中,我们读到了孟尝君借门客冯谖为其"市义"而得民心继而巩固其统治地位的故事。在这个看似权术意味很浓的故事中,其实也有着"以人为本"思想的闪光点。如果执政者连如何赢得民心都茫然无知的话,那么他何以执政为民? 既知晓民心,又顺应民意,这不就是古代版本的"以人为本"吗? "以人为本"之"人"与"以民为本"之"民"在大多数情况下所指是一致的。由此,我们就从几千年前古人的经典中找到了当今时代精神精髓的活例,发现"科学发展观"之"以人为本"的实质乃是中国传统思想精华的进化、完善与优化,是每一位中国人应当继承并发扬光大的宝贵遗产。

"以人为本",这里的"人"指的是最广泛的人们群体,包括每一个宝贵的生命个体。从"以人为本"出发,进行任何社会活动,都必须关爱生命——自己的、他人的、所有民众的。所以,在"礼赞爱情""关爱生命""诗意人生"等单元中,我们一样可以深切感受到所有这些真挚感情源出的基础——"以人为本"。

(二)"和而不同"

第二单元"和而不同"中,《〈老子〉二章》以"有无相生,难易相成,长短相形,高下相倾,音声相和,前后相随"奠定和而不同之世界存在的哲学理论基础,道明和谐是根本,也是最终归宿之真理;《庄子·秋水》以寓言形象生动地说明了宇宙无限而人的认识有限的哲理,警戒人们避免陷入自我中心主义而不容异己之存在;《礼记》中的《大同》则为我们描绘了一派和谐气氛笼罩的"小康社会",为古人心目中的和谐社会;胡适在《容忍与自由》中现身说法,深入浅出地讲解了造就和谐社会理想人际关系与社会氛围的准则——戒律自己,养成能够容忍谅解别人的见解的度量。单元"洞明世事"中,钱锺书在《吃饭》中又拿吃饭来作喻,阐明他的政治理想:"照我们的意见,完美的人格,'一以贯之'的'吾道',统治尽善的国家,不仅要和谐得像音乐,也该把烹饪的调和悬为理想"……在这些优美的文字中,我们感受到"和谐"思想的无处不在,学生们也在对这些经典美文的学习鉴赏之中被感染、同化,从而产生共鸣。

人与自然的和谐也是和谐社会的特征之一,单元"亲和自然"的所有作品都是这一当今时代主题不同历史版本的演绎。这些文章虽写于不同时期、不同地域,但其中心思想都是呼唤祈求"天人合一"的理想境界。

"科学发展观"强调要在坚持"以人为本"的前提下,实现全面发展。可以说,"和谐"的理念在中国思想文化史上与"以人为本"一样源远流长,在中国古今文学名作中更是俯拾皆是。

三、结语

综上所述,将时代精神注入大学语文教学,唤起学生学习大学语文的积极性和主动性,进而带领他们进行古典与现代、中国与世界的相互观照,引导他们进入更加深远广袤的精神领地,培养他们的人文意识,是促其"精神成人"的有力措施,是大学语文课程改革革新的一个有益尝试,并可借此凸显大学语文课程在人文素质教育体系中的独特作用和重要地位。

参考文献

[1]汪瑞林.大学语文要培养学生独立思考能力——访全国大学语文研究会名誉会长徐中玉[N].中国教育报,2007-08-22.

[2]徐中玉,齐森华.大学语文(第九版)[M].上海:华东师范大学出版社,2007.

本文原载于《语文学刊》2009 年 7 月 15 日。

第 四 部分

教学方法改革与探讨

浅谈高校"影视文学研究"课程教学方法

刘丽萍

随着视觉时代的到来,各类影视剧作品逐渐丰富,大学生群体的欣赏和评价水平也应同步提高,因此高校教师亟须对大学生进行必要的基本鉴赏和研究的系统性教学。目前,大多数高校非针对专业学生开设的影视文学类课程,多是公共选修课。非专业选修课程的教学定位,就是让学生增加对影视文学多元素多方面的认知,并且通过必要的实践,让学生亲身体验影视剧制作过程中涉及的行业和能力要求,进而对影视剧的制作难度和看点有更深入的认识;最终目的是开拓学生对影视文学的视野,提高学生对影视文学的鉴赏能力,使其初步具备研究素养。

研究者结合自己承担的公共选修课——"影视文学研究"教学,通过反复的课堂实践,从教与学两个角度,探讨以下七种教学方法,它们分别是:巧用网络资源法、联系实际演讲法、纠错拍摄法、声画配音法、联想拟音法、演技评选法、文化多维欣赏法。

一、巧用网络资源法

研究者在讲授影视文学研究这门课程的时候,主要是从六个方面展开教学的,分别是文学元素、声音元素、画面元素、表演元素、文化元素和综合元素。为了便于讲授这些元素在影视文学鉴赏和研究中的多种表现,开阔学生的思路,研究者充分利用各种网络资源,对学生进行现身说法。网络资源包括不同类型:大学公开课课程,各大卫视的影视鉴赏专题片、纪录片,还有网络上的各类人气颇高的短视频教学片和剪辑片。

比如在讲影视研究的"文学元素"这一章时,课前,研究者给学生提前布置了观赏张艺谋导演的《红高粱》和美国茂文·勒鲁瓦的《魂断蓝桥》的任务。学生们绝大部分是课前提前观赏过的。课堂上,我们除了先讲解一些文学元素的基本知识外,给学生推荐了慕课网上扬州大学柏红秀的影视鉴赏课程,重庆卫视的《红高粱》短视频,还有著名公共评论人梁宏达的老梁评电影《永不枯萎的〈红高粱〉》。学生课前的整体性观赏,缺乏基础知识的扩充,缺乏对重点片段的赏鉴,因此网络资源和课堂教学的结合,使学生能够在学习理论后迅速实现理论知识和影片重点片段赏鉴的结合,使他们真正扩展了对影视剧文学元素的认知。例如我们从重庆卫视的《红高粱》短视频中抽取了重点讲解的八个片段:抬轿、颠轿、劫道、野合、遭袭、入匪窝、敬酒神、炸日军。这样使学生在二十分钟的视频播放后,能够迅速对《红高粱》中人物的神话色彩有明晰的认识。因此后面在对"我奶奶和我爷爷"人物形象概括和片段举例说明的时候,学生的回答都符合相应的专业视角。能够尽快达成这样从理论到实践的良好效果,不得不承认是这些教学视频、影视剧短视频的功劳。

从教师角度讲,该方法意味着教师课前为搜集相关的适用的网络资源要花费大量的工夫,还要把控课堂上的时间,以及提前做好任务先行、问题预设、引导学生的准备。

二、联系实际演讲法

在实际的课堂教学中,课后教师要给学生布置结合专业视角的演讲题目。学生就需要准备 PPT 和演讲稿,需要联系自己的观影储备,并且有意识地搜集相关图片和剪辑某些影视剧典型片段。比如在讲解影视剧"画面元素"的时候,讲到蒙太奇这种电影文法是最重要最常用的剪辑规则、构思思路的手段。教师在课堂上讲解平行蒙太奇、交叉蒙太奇和连续蒙太奇时,务必先结合影视剧片段进行示范,比如结合《指环王 3:王者归来》中火山口毁灭魔戒和人魔大战两线并行的片段,让学生课下自己去找对比蒙太奇、心理蒙太奇、隐喻蒙太奇在该影片和其他影片中的例子,学生们还是非常配合,积极实践的。经过课堂演讲后,学生理解了概念,抓住一个蒙太奇手法,进行 PPT 制作和演讲准备。课堂上让学生进行规定时间的演讲,可以发现三个结果:第一,学生的观影量还是十分可观的,只是缺乏专业性和有效性;第二,通过对一种蒙太奇手法的系统整理,学生还扩展到对更多蒙太奇类型的掌握,比如有学生在搜集对比蒙太奇的过程中发现了色彩蒙太奇,他举出《战舰波将金号》和《辛德勒名单》中的黑白和彩色(主要是红色)的画面对比;第三,大部分学生过多关注演讲内容本身,容易忽略自己的演讲技巧,例如与听众进行眼神交流和肢体交流时,学生要么没有要么运用不合适,再如PPT的制作包含引言、主体和结尾部分,然而学生的结构编排缺乏有效性。这些方面教师都应当给予适当指导。

从教师角度讲,教师课堂上除了对学生演讲能力的观察外,还要结合影视剧专业知识和观影体验陈述的能力进行有效性指导。对老师来说上课前对演讲、影视剧专业知识要确立明确的观察视角,比如观察学生演讲的陈述技巧,演讲的条理性,陈述内容应用理论和影视事实的恰当性、关联性。

三、纠错拍摄法

纠错拍摄法主要用于对学生的课堂及课下实践进行检验。在讲解画面元素之景别和镜头的过程中,一些学生对日常观影中的"推拉摇移跟画面"很熟悉,但是没有专业自觉性,缺乏主动意识;一些学生课堂上对景别的知识点识记很清楚,但是自己拍摄画面时,缺乏主题,因此对景别的选择会有随意性或者错误。比如一个学生拍摄运动员比赛镜头时,会有人物顶天立地、半个身子半张脸、人物背影太多、推拉镜头不平稳的错误。让学生完成一个主题实践,可以有针对性地让学生意识到自己的实践错误,使得课堂知识迅速准确应用于现实,并且可以让学生因此对影视剧的欣赏和研究视角有更真切的认识。

四、声画配音法

声画配音法教学主要针对学生对影视剧话音声画效果的理解。比如在讲声音元素之"话音"部分的时候,我们首先讲解话音的概念,主要指演员通过声音中的音质、音高、节奏、力度等变化来刻画人物个性,丰富话语情感。话音的作用有叙事、抒情、描写、议论。在概念的理解上,学生需要一些著名配音演员的现身说法和自己的配音实践才能理解话音美感。教师课上选取上海电影译制厂诸位知名配音演员的配音剪辑,如:《叶塞尼亚》的女主角配音乔榛;《简·爱》男女主角的配音邱岳峰、李梓;《王子复仇记》的男主角配音孙道临;《冷酷的心》女主角配音刘广宁;《茜茜公主》男女主角配音丁建华和施融;《佐罗》的男主角配音童自荣。选取其中几个代表性的演员话音让学生进行小组讨论分析,他们争相回答对声音的感觉,一些学生意识到"语言表演艺术"对影视剧的重要影响。接着布置课下实践任务,让学生利用各类配音软件选经典片段配音。学生的配音作业反馈结果表现出:学生对音质、音高、节奏、力度有明显的不自觉性,没有对自己声音进行艺术化的训练;经过配音理论指导和视频示范,他们有了自觉性;配音前学生必须全观整部影片,对所配角色有深刻认识,理解人物的性格和片段里的情感情绪,自己配音时要情绪饱满,情感把控到位,还要特别注意和搭档的配合合作,综合前述各方面内容才能配出符合影片需要的人物语音。当学生经过反复实践配出诗情画意,或者声情兼美的人物语音片段时,他们对课堂话音理论的认识,对影视剧话音的欣赏水平有了明显提高。

从教师实践效果来看,这个方法对促进学生学习的积极性非常有效。学生团队合作的热情高,对专业知识的琢磨劲头足,此外,对配音软件的使用体验,使他们对声音元素的专业认知在课程结束后有了更长久的延伸。

五、联想拟音法

联想拟音法主要是针对讲解声音元素之"音响"这一单元的。学生平时观看影视剧只关注到影视剧的对白、主题曲、插曲之类的内容,对影视剧里其他的音响效果缺乏自觉性。因此讲解这一章时,教师通过播放著名拟音师魏俊华谈从业经验的视频,让学生在不到半小时的视频时间里,对拟音行业有了从无到有、从虚空到现实的认知。很多学生课堂观看视频后意识到原来影视剧里的各种丰富的或生活化或空灵的声音都是通过配音师发挥想象、联想等能力,对不同材料、不同手法的使用,以及录音师的录制剪辑完成的。教师给学生布置了模拟音效和拟音方法的作业,学生不仅积极思考作答,还延展了很多不同的拟音方法。能激发学生主动学习的内动力是这种方法的最大优点。作业反馈结果表明,学生的想象力和实践能力的缺乏也是事实。

六、演技评选法

演技评选法主要是针对影视剧中的表演元素而设计的小组评选方法。为了让学生巩固课上学习的影视剧表演元素知识，教师可以让学生课下找一段五分钟的影视资料，在课上展演，并说明喜欢其中演员的理由。按小组分别完成后，让同学们选出最佳男女演员。这一实践的好处是：学生可以自由地从自己的观影储备库中找寻喜欢的演员和相关片段，他们通常对喜爱的演员有较多台前幕后的了解，能说出他们的欣赏点，再加上课堂的学习，学生可以有意识地运用专业视角，说出性格演员、实力派演员在表演某个角色的时候体现出的表演艺术。比如有个学生非常欣赏香港男演员梁朝伟，认为他无论是扮演浪子、无赖、书生、绅士、警察还是狱卒都能入木三分，惟妙惟肖。梁朝伟作为性格演员，日常性格内向，演戏容易代入角色，入戏太深，以至于拍戏结束后会花不少时间找回自己。比如他在《无间道3》中扮演的深入"黑帮"的警察卧底——陈永仁，目睹唯一知道其身份的黄警司被开枪打死，坠楼身亡的惊诧镜头，其复杂内心欲放还收的流露，让人回味。又如《东成西就》中梁朝伟扮演欧阳锋，当观众看到他误食五毒散后，那像腊肠一样的嘴上面一双深情无辜的双眼时，再加上经典台词"香蕉你个巴拉"，观众已然被他卓越的喜剧天分所征服。在该电影中梁朝伟饰演的角色和他真实性格差距很大，学生真正体会到什么才是"不工而工"的灵魂演员。

教师运用这种教学方法，学生的参与度高，也很有话说，不足之处是学生剪辑演员精湛演技片段的能力有些薄弱，语言组织还缺乏系统性。教师需要提前推荐学生学习一些常用的剪辑软件，如喵影工厂、快剪辑、会声会影、Premiere 等。

七、文化多维欣赏法

文化多维欣赏法主要是针对影视剧中的"文化元素"设计的。一部优秀电影其实是一种综合艺术，在众多艺术表象的背后其实是文化在起作用。课堂的文化元素示范就是要学生明白在观赏电影时,我们的观察角度不必只拘泥于人物呈现的剧情。影视作品中表现出的教育、科学、文学、艺术、法律、卫生、体育、民族、地域、时代等等精神的、观念的、价值的内容,都可以作为我们的欣赏对象。比如学生在欣赏李安导演的《卧虎藏龙》时,不仅关注到其中的江湖恩怨剧情,还会对其中体现的道家精神、水墨画面、古典音乐、江南与西域的风光景象有所注意。另如,美国导演凯文·科斯特纳在《与狼共舞》中展现的不仅有时代特色——美国 19 世纪最大的南北战争场面,还有民族特色——印第安苏族人的苏族文化,以及地域文化——美国西部特有的草原风光。教师让学生课前自主观看电影寻找观察点的结果是:他们关注的角度通常不少,但是脑海里整部片子处于模糊状态,尚未对其进行梳理。教师请学生选择一部代表性的片子,引导大家从细节出发,以点带面,注意归类分析;特别是既关注现象,也深究其本质,这样才能更加有效地欣赏评价电影的价值。

这种教学方法的难点有:一是学生自我多方面的知识储备若不足,那么教师课堂引导就会费力些;二是学生课下观影越细致,重复次数越多,自主确立文化观察点的层次就多;三是选修课的学生对自己偏好的片种或影片还是有一定耐心的,但他们的自我突破动力不大。课堂上老师的示范对于知识储备多、更关注深层次学习(学习思路和方法)的学生来说,他们的收获会更多;而对于只为获得学分的浅层次学生来说,他们课下学习的主动性还是有所欠缺的。

综上,高校"影视文学研究"的公共选修类课程,是针对当下影视剧剧作繁荣现状,对非专业大学生进行的影视鉴赏和研究的普及性课程;对于大部分学生来说,他们希望在有限的学习时间里开阔视野,增加对影视剧鉴赏研究的角度,在消遣性欣赏、浅层次欣赏之外,多一些专业视角的欣赏和研究。因此我们的课堂在讲授专业知识的同时,要积极增加学生的体验感。我们设计的七种方法反复在课堂上实践,基本上能达成学生课上体验之后实现课外的延续的效果,提高了学生观影评影的水准。当然,每种方法都有其适用的条件,教师课前、课中、课后还要做不少工作,教师专业素质和综合素质是用好每种方法的硬性条件。

参考文献

[1]冯学红.高校"影视文学研究"课程教学实践改革探究[J].电影评介,

2013(2).

　　[2]郭萌.汉语言文学专业《影视文学教学》方法初探［J］.民族高等教育研究,2015(3).

本文原载于《学习导刊》,2020 年 12 月。

禁忌语与马来西亚汉语教学

姜兴鲁　　洪锭发

一、引言

语言本是人们用来交流的工具,是人类在漫长的进化过程中伴随着劳动创造出来的。"从符号学角度来讲,语言的本质不过是一种符号,是一定的语音形式(能指)和一定的语义内容(所指)的结合体,语言(词)和实物之间没有必然联系,不存在什么超乎自然的力量。古代,语言被赋予了一股神秘的力量,人们相信语言是祸福的根源。"

事实上,语言本身并不具有任何神秘的性质。人们相信语言有种魔力,能给人带来各种祸福,以至把语言所代表的事物和语言本身画上等号。正因为禁忌语是被该社会成员所给定的,所以禁忌语的产生和运用受制于社会语言文化这个大环境,无法脱离使用对象、环境、时间、文化、民族、心理等因素。例如,马来西亚是个多元民族的国家,每个民族都有各自的文化体系和语言体系。人们基于人际交往的意图,达到交际的目的。在多元文化的国家,各族人都会不约而同地对语言禁忌采取回避态度,以免冒犯他族的文化信仰。尽管华族与巫族的文化背景截然不同,但因两者身处同一国度,生活在同一片国土,受限于同一个社会语言文化的大环境,在交往中涉及禁忌语时,都采用了相同的交际策略,只是内容、观点、模式有所不同而已。

为了使交际活动顺利进行,各族必须互相了解各自的文化和生活习俗,了解彼此的文化禁忌。鉴于此,我们探讨马来西亚华族和巫族在日常生活中使用禁忌语的异同,希望对马来西亚汉语教学有所裨益。

二、禁忌语的定义

"禁忌"也被称为"塔布"（taboo）。"塔布"源自南太平洋波利尼西亚群岛土语，意思是"神圣的""不可触摸的"。禁忌语不仅指带有神秘力量的词语，也包括一些带有不愉快联想色彩的词语。在社会交际中，基于某种原因，人们不能、不敢，也不愿说出禁忌语，这是人类社会普遍存在的一种复杂的文化现象。

简言之，人们不愿意提及和使用，转用另一种语言来表达的词语就是禁忌语。

三、禁忌语的产生

禁忌语是人类不理解的自然现象及其与自然力的关系在语言中的反映，它的产生、存在和延续具有明显的社会和历史根源。不同的地域有不同的禁忌语，受宗教信仰、民俗生活及教育领域的影响，人们生活中的禁忌语不断被发现，至今，禁忌语已成为一种语言文化遗产。

人们对语言的迷信和崇拜被称为"语言拜物教"或"语言灵物崇拜"。社会成员以为语言本身能够给人类本身带来幸福或灾难，认为语言是祸福的根源。谁要是得罪这个根源，谁就会受到生活的惩罚；反之，谁要讨好这个根源，谁就会得到庇护。因此，由于禁忌避讳而产生了许多禁忌语，人们使用委婉语代之。

（一）畏惧灾祸

在原始社会，人们缺乏对自然的认知，会对一些自然现象产生恐惧。"人们将自然神化，对恐惧事物的语言表达也显得惊恐不安。"而关于死亡、疾病及其他灾祸的语讳就是这样产生的。

"死"是一种不可抗拒的生理现象，对人们而言，死亡是一种不幸，是一种灾祸，古人相信"死"及其相关词语都有一股神秘的力量，导致人们在避凶趋吉的心态下使用其委婉语,这在各种语言中较常见。近代科学在一定程度上减少了人们的恐惧,人们通常抱着尊敬、怀念、赞美死者的心态,在谈及"死亡"时,人们会自然地使用委婉语。

(二)避俗求雅

禁忌语的产生与求雅避俗的需要有关。在日常生活中,许多禁忌语是关于人体器官和生理现象的,如不加避讳直接使用会被视为不文明,没有教养。出于避俗求雅的需要,人们在交际中谈论到某些粗俗肮脏的事物时,就要使用委婉语来代替。特别是随着儒家思想的盛行,因求雅而产生的委婉语也大量增加。

此外,人们对有关性的词语禁忌和回避多是出于心理联想。联想是指在特定条件下的刺激,由特定事物的经验联想起另一种事物的经验,或由一种事物的经验想起另一种事物的经验,是一种回忆的表现。一些词语被社会标记为"猥亵""粗俗""下流",并不是因为这些词语本身的意义,而是源自人们的心理联想,是旁人所赋予的意义。说话者为了顾及语言的得体,只能避开那些被认为是低俗的字眼,并以其他词语替代。

(三)婉言人短

人们在言语交际中,有时会以委婉的方式来表达思想。英国语言学家利奇提出的礼貌原则中有六个次则:得体准则、慷慨准则、赞誉准则、谦逊准则、一致准则、同情准则。这些准则体现在人们的日常交际中,人们对某些内容委婉地表达或避而不谈,正是礼貌原则中让听话人感受到说话人友善和同情之心的体现,也就是"喜别人之喜,忧他人之忧"。例如,表示生理缺陷和其他特点、短处的词语是当事人所不愿意听到的。人们出于礼貌,对这部分词语要避讳。

(四)等级观念因素

综观马来西亚华族和巫族的历史背景,两者都经历了以王权思想为核心的封建统治,社会等级森严。古代的君王都拥有至高无上的尊严和权力,这种特殊的权力不仅体现在现实生活中,在语言中也有所反映。古代社会的等级制度极为严格,这在委婉语中有充分的反映。如人们对于第一人称"我"(saya,aku)的使用,会随着说话者的身份和阶级的差异而不同(表1)。

表 1　古代不同阶级对第一人称"我"的表达

身份	华族	巫族
君王	孤、寡人、朕	beta
臣子	微臣、臣	Patik，hamba
百姓	草民	Patik，hamba

这些虽然都是表示谦虚的说法,但是在这些谦词的使用上,留下了等级观念的印记。

华巫两族除了有强烈的阶级观念,也很讲究尊重长辈,保留着长幼有序的观念。因此,古代社会成员一般不会直呼长辈、帝王、尊者的名字以示尊重。姓名禁忌的产生除了考虑到对象的身份、长幼有序的文化因素外,还由于古时候人们认为姓名与人的指甲、毛发、牙齿一样,是人身体的一部分,灵魂会附在姓名上。虽然,在现代社会中严格烦琐的名讳规则基本被废弃,但是,尊重他人的名字、身份仍是基本道德准则之一。

四、禁忌语的类别

禁忌语的使用是一种社会现象,任何场合都存在着禁忌语。人们认为语言是祸福的根源,有着某种超神秘的能力。这都是因为人类对自然界的不了解,认为得罪了祸福的根源就会得到相应的报应。在马来西亚,华族或巫族的禁忌语可分为四种:凶祸性词语禁忌、猥亵性词语禁忌、亵渎性词语禁忌及称谓禁忌。

(一)凶祸性禁忌语

凶祸之词,顾名思义即不吉利的词语。在各族文化中,一些关于凶祸之词都是禁忌的。这是因为"说凶即凶""说祸即祸",这种将语言看作具有魔力的思想在华巫文化中均普遍存在。在固定的场合,人们会避免使用相关的禁忌语。凶祸性词语禁忌包括"死""病""伤""沉""翻""鞋"等。

（二）猥亵性禁忌语

猥亵性词语禁忌主要涉及人体某些部位、性行为及分泌与排泄物等不洁之物。各种族都会对猥亵性词语有所避忌。首先是因为人身体的一些部位属于隐私,其次是由于各族文化的保守因素。因此,一些词语,如"做爱""睾丸""月经""拉屎"等等都不会出现在公众场合。

（三）亵渎性禁忌语

在各族信仰中,部分信徒称呼膜拜的对象为"佛"或"神"。由于每一位信徒都是诚心尊敬膜拜对象的,人们不能在相关的场合说出不吉利的词语及冒犯该族宗教的话。任何人都不可随便说出对该宗教不敬的话,否则就是亵渎神灵。如果有人冒犯了他人的宗教信仰,信徒们会认为此人将受到相应的报应。马来西亚亵渎性词语有"鬼""妖""狗""牛""怪兽"等。

（四）称谓禁忌语

在封建社会,人们对帝王、圣人、尊亲、师长、官吏不能直呼其名,对其姓名必须加以"避讳"。这种传统文化流传至今。如亲戚之间的辈分之称、同事之间的职位之称、头衔之称等都是人们不能忽视的。如果有人无视称谓禁忌,那么他就会被众人视为不敬,目无尊长,甚至是大逆不道。因此,各族都有尊卑之分的称谓,如:公公、婆婆、爸爸、妈妈、拿督、敦等。

五、马来西亚华族与巫族禁忌语比较研究

(一)华族与巫族禁忌语的共同点

1. 从语用视角看华族、巫族的"死"

生老病死是不可抗拒的自然规律。人们在谈及"死"时,总会伴随着痛苦,恐惧或忧虑。哪个民族都不愿提及这个字眼,从古至今出现了许多用来代替"死"的用语或委婉语。无论是华族还是巫族,人们不仅不能直接提"死"字,对于平常生活中与死亡、丧葬相关的事,也要忌讳提及。华族使用委婉的语言来代替"死"。人去世后,人们一般不会直接说"他死了",而是用比较委婉的话语来代替。如去世、谢世、逝世、不在了、长眠、安息、寿终、殉职、阵亡、捐躯、牺牲、就义、撒手人寰等。在实际的交际中,避免使用有关病、死的词语,寄托了人们一种良好的愿望及对死者不舍的特殊感情。

同样,巫族在谈及"死"时也会以委婉语来表述。如避开说"diatelahmati"或"diabarumati",而说"diatelahmeninggaldunia""wafat""pulangkerahmatullah""mangkat""kembalikepada pencipta-Nya"或"arwah"等。这些词语都是指死者已经离世、逝世或已回到"真主"身边。巫族有一句话"datang-Nyakitada tangdankepada-Nya kitakembali",即他们认为人因上苍才存在。所以,人死后终究会回到他的身边。这也促使"kembalikepadapencipta-Nya"一词出现。人们认为,使用死亡的语言禁忌是对死者的一种尊敬,如果不委婉地表达,不仅对死者不尊重,也是没礼貌的行为。这种语言上的禁忌,在各个民族的语言中都存在,并具有不同的程度,其避讳的目的也形形色色,有的是为了尊重死者、怀念死者、赞美死者,有的是为了避免提到这个可怕而神秘的字眼。

2. 从语用视角看华族和巫族的猥亵性禁忌语

人们在谈及有关生理现象及两性禁忌的时候,都会有所忌讳,他们会避讳此类话题的词汇。华族和巫族通常对于涉及性和身体部位的词语较为敏感。

其中包括性行为、性知识、性器官、生理因素等。在马来西亚社会中,关于女性或男性的身体部位的词语是不宜在公众场合直说的。所以,身体部位的语言一般都会被另一个名称替代。华族会用"上面"或"那边"来代替"胸部",用"私处"来代替"阴部",用"臀部"代替"屁股",避免直接地说出人体的私密部位。巫族也是如此,他们会把"payudara"(胸部)称为"buah dada",或用"itu""yang atas"来代替。

虽是正常的生理现象,可不管是华族还是巫族,人们都不愿意将其直接说出来,而是使用委婉语来表述。委婉语还常用于不能说或不想说的话语中,华族通常用"亲戚来找我""大姨妈""姑妈""来例假了""倒霉了""来红"等代替"月经"一词。同样,巫族把"haid"(月经)一词用"datangbulan"、"ABC"(Allah BagiCuti)、"buangkotor"、"berdarah"等来取代。这些都是女回族教徒表达月经的委婉语。近年来,在性解放运动的影响下,大家对性的态度更趋向自由、开放,人们倾向于用委婉的方式谈此内容,以避免尴尬和冒犯。

3. 从语用视角看华族和巫族的亵渎性禁忌语

原始的巫族都在森林附近生活,森林为他们提供许多生活资源。在古时的马来西亚社会,人们会对野生动物感到害怕,如老虎、蛇、大象或野猪等。人们认为在日常生活中直接提到或称呼这些野兽则有可能冒犯它们,并遭受它们的攻击,甚至丧命。因此,人们除了对这些野兽做出毕恭毕敬的行为外,还会用另外一个名称来称呼它们。例如"Harimau"(老虎)以"Pak Belang"(斑纹叔叔)来替代,"Belang"是指老虎身上的斑纹。"Ular"(蛇)以"Akar"(树枝)来替代,因蛇的身形如同树枝。"Gajah"(大象)被称为"Orang Besar"(巨人),因为大象不仅体积庞大,而且它破坏农作物,甚至伤害人类的性命。把"buaya"(鳄鱼)替代为"batanghanyut"(漂浮的木头)。原始的华族人也对野生动物避而远之。例如,把蛇称为"绳子",因蛇的体型和绳子一样细细长长。老虎则以银行的名字"maybank"来替代,因银行的标志使用了老虎的头像。华族人也担心一旦把这些动物的名称说出口,会把它们引来,所以用其他事物来替代。

在民间,受人们的道德观念和荣辱观念的影响,一些带有亵渎意味的词语也成为语言禁忌的一部分。对于一些生理上有缺陷或不足的人,华族也尽量使用委婉语,以免触碰对方的禁忌。比如,不直接说某人耳朵聋,而说他"耳背""失聪"等;不说腿瘸,而说"腿脚不好""走路不方便";把"秃头"说成"谢顶";"肥胖"则以"丰满""富态""壮"来代替;"瘦"用"苗条""秀气"等来代替。巫族也是如此。他们把"kurus"(瘦)用"langsing"代替,"gemuk"(肥胖)以"gempal""sihat"代替。在现代社会,不管是华族还是巫族,"胖"和"瘦"都是不太受欢迎的词语。所以,说话人为了不得罪听话的人,会用比较委婉、优雅的语言来代替亵渎性语言。

4. 从语用视角看华族和巫族的称谓禁忌语

对于华族与巫族而言,在日常生活中直呼长辈和尊者的名字是缺乏礼貌和尊重的行为,因此,在特定的情况下,名字就成了一种禁忌语。

马来西亚华族深受儒家文化影响,尊崇长幼有序的观念,这种观念鲜明地体现在称谓中。华人晚辈在称呼长辈时,以辈分称谓代替名字称谓,如阿公、阿嬷、公公、婆婆、爸爸、妈妈、伯伯、伯母、叔叔、婶婶、姑姑、姑丈、舅舅、舅母、阿姨、姨丈、哥哥、姐姐等。相比于直呼长辈的名字,这些辈分称谓更为礼貌得体,听话人也会有被尊重的感觉。华人在称呼对方名字的时候,有时会在名字后加上尊称,如"伟明舅舅""淑珊姐",这也是另一种礼貌的称谓。

同样,基于传统文化因素,巫族也极其注重社交礼节,他们也不直呼长者的名字,而以 atuk,nenek, ayah,mak,pak cik,mak cik,abang,kakak 等词语来称呼长辈。与华族相似的是,巫族在称呼对方名字时,会在名字前加上尊称,如"Pak CikAzman""KakSiti",这反映了该族人对他人的礼貌。

(二)华族与巫族禁忌语的不同点

至今,马来西亚的华族与巫族依然生活在同一片土地上。因此,两者的文化习俗也在相互影响着。尽管如此,两者的禁忌语还是存在差异。

1. 华族特有的禁忌语

调查显示,华族的禁忌语确实比巫族的多,有些华族的禁忌语在巫族的生活中是完全不存在的。

(1)称谓禁忌语。华族忌讳在森林里互称对方的姓名。华族深信森林内隐藏着许多人们肉眼无法察觉到的灵体,这些灵体很可能在知道某人的名字后呼唤他的名字,让其随着声音的方向走,再设法勾取该人的魂魄。因此,华族人身处森林的时候,通常会以昵称或"喂"来取代对方的名字。巫族则没有这方面的禁忌。

（2）凶祸性禁忌语。华族出海人或渔民对某些字眼也是非常介意的,某些字眼就成为他们的禁忌语。例如,他们非常忌讳说"翻",因为怕说出这个字,船会在海里翻扣过来。又如,渔船卸完货后,不能说"卸完了"或是"没有了",而要说"满了"。因为说"卸完了"或"没有了"可能造成日后捕鱼量减少无收获。相反,巫族出海人或渔民则没有这方面的顾虑。

（3）亵渎性禁忌语。华族在制作糕点的过程中也非常讲究,特别是制作华人的传统年糕时。在制作年糕的过程中,人们必须口说吉利话,绝不能在现场说"不熟""不美""凹洞"等不吉利的话语,否则蒸出来的年糕会不熟或表面凹凸不平,香蕉叶也可能因此而破裂。他们深信讲不吉利的话语会冒犯鬼神,鬼神前来捣乱,导致年糕蒸不好。因此,华人在制作年糕的过程中通常禁语,以免带来不好的效果。然而,在制作糕点这一方面,巫族是没任何禁忌语的。

2. 巫族特有的禁忌语——亵渎性禁忌语

对于巫族而言,一切和猪有关的事物都是禁忌。因此,马来西亚文"babi"是该族的禁忌语。巫族忌讳使用"babi"一词,这和他们的民族习惯有密切的关系。

华族则不避忌猪,猪是十二生肖之一,被华族视为象征福气、吉祥、财富的动物。所谓"傻人有傻福",猪好吃喝和傻里傻气的模样,成了福气的象征。

综上所述,华族和巫族在禁忌语有相同和不同之处,两族文化息息相关。除了共同避忌有关死亡和祸害的话语,华族和巫族都有忌言生理功能、隐私、身体残疾的文化。此外,两族文化的差异也导致两者对一些特定的词语产生不同反应。经过分析,可以得出华族的禁忌语比巫族的多,华族的求福心理更强,其在处理日常生活事务时都以获福为目的,华族在言语的使用上更为谨慎和讲究。

六、禁忌语与马来西亚汉语教学策略

众所周知,禁忌语的使用涉及生活的方方面面。在马来西亚,一方面是出于对本民族的认同和维护民族凝聚力和向心力的需要,华人亟须加强汉语教学;另一方面,在中国"一带一路"倡议的影响下,汉语热逐渐在世界各地升温,马来西亚作为"一带一路"的重要枢纽,自然也不例外,除华族外,巫族也有不少人开始积极地学习汉语。在这种情况下,我们应当加强汉语教学禁忌语方面的研究。

(一)基本原则

1.平等与尊重

课堂教学,本质上是一种师生之间的言语交际活动,交际双方首先应当基于平等和互相尊重的原则。教师不能因为自己是知识的传授者而忽略对学生的尊重,更不能以一种高高在上的心态面对学生,无论是本民族的还是跨文化的汉语教学,都应坚持平等对话,互相尊重。

2.多元与包容

在马来西亚多元文化的语境下,汉语教学应当坚持多元与包容的原则。不以本民族文化的尺子去衡量其他民族的文化。我们在强烈谴责种族歧视和文化歧视的同时也要警惕文化自卑。正所谓有教无类,教师应当以多元和包容的心态面对文化差异,包括禁忌语。

3.礼貌与得体

俗语云:礼多人不怪。中华文明对于礼推崇备至,礼貌是其基本的外在行为,对禁忌语的掌握和运用从本质上讲是对其他文化的基本尊重和基本礼貌,其最终的目的是要达到言语交际的得体。得体是指人们在特定的言语交际环境中(比如课堂教学),运用恰当的语言,达到最佳的交际效果。如果人们在跨文化交际中对禁忌语缺乏了解,非但不能达到得体的效果,反而容易导致文化冲突。

(二)基本策略

1. 对不同民族禁忌语及其背后的文化根源必须有一个深入而全面的了解

禁忌关系到人们的语言、行为、思维和生活,如果不了解或不尊敬彼此的禁忌,就会破坏人与人之间的感情。在跨文化交际中,禁忌语的使用有不同的含义。人们的行为表达文化价值。在日常生活中,华族和巫族之间的交流联系不可避免。当两种族沟通交流时,两种族应知道对方的禁忌语,避免不必要的文化误解和冲突。汉语教师必须认真研究禁忌语在跨文化交际中的应用,分析不同文化背景下禁忌语的异同。最终,华族和巫族可以对彼此文化有一个较好的理解,避免在跨文化交际过程中产生不必要的误会和冲突,从而实现双方和平共处,和谐发展。

2. 在课堂教学和日常交际中自觉遵守不同民族的禁忌语使用方式

师生要注意不同民族禁忌语的使用方式,避免因不同的文化禁忌产生误会或矛盾。学校教育中适当地讲解一些禁忌文化,使两种族更加了解彼此的文化,从而有效地避开由禁忌产生的误会或矛盾,让两种族彼此理解、接纳对方的文化。

同时,马来西亚这个多民族、多文化的国家会有意培养对禁忌的宽容。如在日常交流中,人们如果无意地触犯到他族的禁忌语或被触犯,就应该抱着宽容的心态去面对这一现象,而不是争执或互相伤害。

3. 主动使用委婉语化解因文化禁忌而可能产生的矛盾

委婉语替代禁忌语,应尽可能地用来解释禁忌行为、对象、事物和语言表达。例如,于2009年由嘉阳改编出版的马来西亚儿童版《西游记》,以光环取代佛教的菩萨,对猪八戒的造型也做了特殊处理——全程以纱帽遮掩头部,模糊五官,以免招致向穆斯林读者宣扬佛教和羞辱穆斯林的罪名。学习外国语的学生也应当充分利用好这种表达技巧,避免在交际过程中因疏忽导致的文化冲突。因此,在马来西亚汉语教学中要提高汉语学习者的跨文化交际能力,以及他们对文化禁忌语的理解能力。

七、结论

《礼记·曲礼上》云:"入境而问禁,入国而问俗,入门而问讳。"中华民族对禁忌语的重视由来已久。我们对马来西亚不同民族禁忌语的比较研究,有助于汉语的传播和文化的交流。在当今国际交流日益频繁,"汉语热"方兴未艾之时,我们的目光应当投向世界,和世界分享汉语,和世界分享中华文化,又岂止是在马来西亚?我们以多元文化背景的马来西亚为研究对象,希望可以抛砖引玉,帮助我们理解和包容更多的文化。

参考文献

[1]陈原.社会语言学[M].北京:商务印书馆,2004.

[2]王丽坤.民俗文化中的禁忌语初探[J].辽宁教育行政学院学报,2008,25(3).

[3]伍铁平.模糊语言学[M].上海:上海外语教育出版社,2002.

[4]游汝杰,邹嘉彦.社会语言学教程[M].上海:复旦大学出版社,2007.

[5]赵蓉晖编.社会语言学——迈向 21 世纪的语言学[M].上海:上海外语教育出版社,2006.

本文原载于《现代教育科学》2019 年 9 月 15 日。

加强科研工作以原汁式教学吸引学生

——浅谈课堂教学方式的运用

刘家思

兴趣是学生学习的原动力,"热爱是最好的老师"(爱因斯坦语)。提高学生的学习兴趣是任何一个教师在课堂教学中都十分重视的。随着社会的发展,以及教学改革的深入,课堂教学方法也多种多样,日新月异。不同的教师运用的教学方式千差万别。而到底采用什么教学方式更好呢?人们往往各执己见,众说纷纭。不过,在当今的讲坛上,我认为这样一种教学方式似乎应该得到倡导和强化,即要根据课程自身的性质和特点,充分发掘教学内容本身的引力,提高学生的兴趣。笔者在此斗胆称之为"原汁式"。

一、当前提高学生兴趣的几种课堂教学方式

教学有法,教无定法。当今的讲坛,教学方式多种多样,可谓是"百花齐放",良莠并存。在当今的高校课堂上,关于提高学生学习兴趣的教学方式,从学生的角度来说,可概括为外动式和内动式两种。外动式是学生的情绪非常激动,紧跟着老师,时时发出阵阵笑声,而其思想却凝固僵化,主体参与缺失。内动式是指学生在课堂上为教学内容所牵引,思想集中,思维活跃,思考积极,并表现出愉悦之态。从教师角度说,又可分为鱼饵式、导语式、调味品式、大杂烩式和原汁式。

(一)鱼饵式

鱼饵式教学就是教师在讲授新课之前,用类似"赋比兴"手法进行铺垫、渲

染、烘托、类比,引出正题,激起学生对将要讲授的内容的期望和兴味,使之集中精力且听老师慢慢分解的教学方式。这是一种比较通用的方法,类似于传统教法中的导课。

(二)导语式

导语式教学与常说的导课有所不同。导语式是上课一开始教师就提出所要讲的主要内容,并对学习的难点、学习的注意事项及其重要性做出强调说明的教学方式。这种方法不同于鱼饵式,有一种先声夺人之势,一下子就可镇住学生,使之集中精神开展学习。

(三)调味品式

这是一种以睿智和诙谐幽默作为基础的教学方式。在课堂教学中,教师为了打破沉寂而紧张的气氛,往往利用睿智,运用幽默来"调味":一是针对学生的兴趣借题发挥,引起欢笑;二是用幽默的语言使学生在紧张之中不时获得一笑的轻松。这是一种比较好的调节课堂气氛的方法。所以,这也是不少教师刻意追求的一种方法。

(四)大杂烩式

这是目前因为某些高校部分年轻教师较为"潇洒"而日趋盛行的一种课堂教学方式。这种教学方式有其不健康的心理基础。一是受市场经济大潮的冲击,他们已不安于清贫的教学生活,课堂上随便应付,而将精力集中在所从事的第二、第三职业上。二是面对高校学生的厌学风而产生的消极心态。他们认为,反正学生不愿学,讲好讲坏也分不清,讲好了白讲,弄不好会吃苦不讨好,不受学生欢迎,招致麻烦。所以不必那么认真,不必去白费劲。只要让他们听得高兴,感觉上课有味就行,自己也就太平无事。因此,这种教学方式常常是跟着感觉走,大杂烩,不管内容,不受任何束缚,讲到什么是什么,将规定的教学任务、教学内容抛在一边,一讲课就东西南北、海阔天空地扯起来。严重的连像样的教案都不带,只捡两支粉笔去。这是一种不良的倾向。

（五）原汁式

这是一种以教师的功底为基础，以教学内容见长的教学方式。由于教师功底扎实，对教学内容非常熟悉，认识非常深刻，在课堂上教师往往能灵活自如，游刃有余，自始至终能充分发挥教学内容本身的引力，或以独到的见解、新颖的思想吸引学生，或以清晰的思路、严密的逻辑、深入浅出的讲授取胜，或以广泛的适应性和较长的应用性见长。每一堂课都让学生有所得、有所感，并使学生产生一种不去上课就会失去一些无法弥补的知识的遗憾感。

关于这几种方式在今天教学中的生命力，我们应该冷静地分析。从是否有利于发挥学校教育的社会功能来说，我认为有的是可以保存的，有的是要摒弃的，有的是应该大力倡导的。学校教育的功能，说到底就是一句话——培养品学兼优的人才，也就是说培养德才兼备的社会主义事业接班人。教师的教学是学校教育的主体，它必须既能传授给学生扎实的知识，培养学生较强的解决实际问题的能力，又能帮助学生培养良好德性修养，形成正确的人生观、价值观和是非观。单纯的鱼饵式是一种浅层次的教育方式，虽然可以燃起学生的求知欲望，但往往持续性弱，昙花一现后就可能会陷入沉寂之中，因而并不能真正起到强化学生学习兴趣的作用，所以它仅仅是一种例行式的教学方式。要运用这种教学方式，必须设置一些扣子，使学生的兴趣保持下来。导语式能够使学生明白该堂课学习的内容和意义，以及学习的障碍，易于学生集中思想，但必须避免学生只听老师讲，自己不思考的僵死教条式现象发生。可以辅之以学生自学提问的方式进行。调味品式可以形成活跃的课堂气氛，但若运用得不好，容易产生假象——表面看来学生的精神非常集中，但实际上学生的思想分散、不易集中。从老师这个角度说，容易留下斧凿痕迹，"刀饰"之感强烈。这种教学方式的运用，必须掌握两点：一是度，二是火候。所谓度，就是要适度，不能滥，不能过量，不能片面地追求课堂活跃气氛的轰动效应。所谓火候，就是要把握"调味品"在什么时候"下锅"才适合教学的需要。当然，如若能自始至终让学生在愉快轻松的气氛中度过并较好地实现教学目的，那就是上乘了。可实际情况常常是学生听课时轻松愉快，下课时留在头脑中的学习内容所剩无几。要达到上乘必须下一番苦功。大杂烩式是一种危害性相当大的教学方式，危害来源于教师的不负责。因为教师在课堂上不受任何束缚，也不管教学内容、教学任务是否可以完成,而大谈政治风云、经济形势、体坛快讯、山水风光、宇宙世界,再到桃色事件、打架斗殴、狂赌凶杀,东西南北,国内国外,讲述内容十分随意。这种课迎合了厌学者的口味,教师讲得起劲,学生听得入神。表面看来,课堂气氛非常"活跃",而实际上是一种"喧闹",在活跃的幌子下掩盖着误向和病变。一节课下来,若问老师,你今天讲了什么,自然惭愧;若问学生,你今天的感受如何,自然"眼界大开",但若问今天学了什么知识,却又无从说起。这种教学方式,损害了讲台形象,欺骗了学生,误导了他们的思想,对社会危害严重。原汁式教学方式则不同,老师在课堂上并不是单纯地去迎合学生的口味,一心追求一种课堂外在气氛的活跃,而是对学科有足够的把握,对教学内容有深入的研究和科学的认知,依据课程自身的性质特点,紧紧地围绕教学目的和课堂任务,充分发掘教学内容本身内在的引力来营造宽松的课堂气氛,抓住学生的注意力,启迪他们的思想,开发他们的智力。这是一种以心灵的触动、思维的解放为表现形式,以学生认识的深化、能力的提高为旨归的教学方式。所以课堂上没有过多浮华的笑声,更多的是心灵的愉悦和情绪的轻松。这种课堂教学方式实际上是一种教学自觉。无论是今天、明天,都是讲坛上应该提倡的。

二、以原汁式的教学来吸引学生

大杂烩式是应该摒弃的,鱼饵式、导语式、调味品式是可以取长补短加以利用的,原汁式则是应该大力提倡并在课堂上广泛应用的。为什么这样说呢?

(一)课堂教学任务规定的要求

学校的教育目标主要渗透在教师的教学之中,教师的每一堂课,都肩负着神圣的任务。高校教师的课堂教学有两个传播源影响学生:一是显性的知识源,二是隐性的德性源。这两者像电流一样通过课堂作用于学生。这也就是教师的两大任务。前者要求教师必须具备扎实的功底,将深刻的见解、新颖的知识传播给学生;每个教师在所承担的课程教学中都必须系统而严密地将学科知识正确地创造性地传授给学生,并应及时实现知识的更新。后者则要求教师首先要以高尚的师德和情趣影响人,并要尽力发掘所授内容本身所蕴含的思想。所以,无论是从教学的显性作用还是隐性影响来说,教师在课堂上都必须一丝不苟,严谨施教。教师要以扎实的知识武装人,以新颖独到的见解启迪人,以严谨的作风影响人,以崇高的精神、高尚的品质和高雅的情趣熏陶人。尽管当今的大学课堂上存在厌学者,但作为教师仍不能放弃自己的神圣职责,而应该摒除浮躁和消极,以自己渊博的学识和优秀的品行去影响和造就人,这才"不辱使命"。这样,在课堂上必须运用原汁式教学,不浮华,不浅薄,不轻率,不粗俗。

（二）符合现代教育的要求

现代教育是一种素质教育。素质教育致力于提高人的自身素质,现代人不仅要有文凭,还要有真才实学,不仅要掌握扎实的基本知识,还要有运用所学知识解决实际问题的能力,不仅能动脑,而且会动手。原汁式教学是根据课程性质和特点而进行的,课堂上充分发掘出每节课的教学内容本身的引力,做到了激活学生的兴趣与传授知识同步。这样,各学科的教学目的就能很好地实现。理论课注重培养学生的理论修养和提高学生的认知能力和分析能力,增强其解决问题的普适性。如哲学是思维的科学,具有方法论的意义,哲学的引力也就在这里。原汁式教学充分注意在讲清概念、原理的基础上开发学生思维,使学生能灵活地运用原理来解决问题。技能课的引力在于其本身的应用性、操作性,学习后常常有一种"立竿见影"的效果出现。如果各学科都能依据学科性质、学科教学任务、教学目标的规定,充分发挥教学内容本身的引力,保证每堂课都实现既定的教学目的的话,那么,只要我们的课程设置合理,就能在各学科的合力下实现素质教育的目标。

（三）有利于树立教师崇高的职业形象,增强育人效果

教师是科学的传播者,是真理的维护者。教师维护真理,传播科学,必须具有一种严谨的科学态度和良好的学术品格及执着于真理的精神,在教学中既不生搬硬套、违反逻辑地对教学内容进行牵强附会的解说、阐释、演绎和推理,也不强拉硬扯、自以为是地将一些与教学内容完全没有关联的东西蛮横固

执地引入课堂,不负责任地强塞给学生,使学生云里雾里,摸不着头脑,辨不清方向,而应以实事求是的态度去传播科学知识,护卫科学真理。原汁式教学因为是建立在教师扎实的学科知识和学理基础上的教学方式,立足于从教学内容本身去运用技巧,所以课堂往往显得内容科学、充实、新颖,气氛活跃轻松。这种教学既可显示教师的知识功底,又能表现其娴熟的教学技巧,更能体现教师对科学真理的执着追求和严谨务实的治学态度。教师不以轻浮、浅薄、粗陋、庸俗、不负责任的态度对待学生,不哗众取宠地献媚于厌学者。这样,教师的风范就建立起来了,教师崇高的职业形象也就树立起来了。教师的风范本身就是一种源源不断的教育引力和潜能。教师培植了良好的风范,树立了崇高的职业形象,育人的效果自然就会增强。

无论是从教师角度还是从学生的角度来说,原汁式教学都具有其他方式不可比拟的优越性。那么,怎样才能运用好原汁式呢? 我认为,一个根本点就是要加强科研工作,以科研促教学。要潜心去开展学术研究,一丝不苟地进行教育教学的探索。为什么呢?

一是科学研究可以丰富研究者的知识,弥补知识上的缺陷,为发掘教学内容本身的引力打好基础。一个教师的课堂教学缺乏吸引力的原因主要有两点:一是教学内容方面的问题;二是方法上的问题。其中内容上的问题是主要的。首先,现实的情况是,许多教师的教学只会照本宣科,使学生觉得乏味。而照本宣科的根源主要是把握不住教学内容的实质。吃不烂,自然灵活不起来,也不敢"越雷池一步"。其次是视野狭窄。知此不知彼,自然只能依样画葫芦。也正是基于上述原因,许多教师在课堂上讲不清问题,更不能深入浅出地讲透问题。由于教师对教学内容没有自己的思考,教学内容自然就缺少新意,教师讲起来也不生动,学生听起来就没有兴味。而科学研究则可以弥补知识的不足,扩大教师的视野,为教师的教学打下坚实的基础,使课堂教学能够左右逢源,得心应手。因而,科研正是解决问题的关键。

二是科学研究可以使"旧瓶"装"新酒",丰富和更新教学内容。科学是不断进步的,学科也是不断发展的。教育要实现"三个面向",着眼未来,立于世界,首先必须要将新颖的知识传授给受教育者。但是,学校的课程设置是相对稳定的,而教材客观上也存在着知识的滞后性。解决这种矛盾的根本点就在于科学研究。通过扎实的科学研究工作,教师可以掌握学科的历史、现状及其发展趋势,把握前沿动态.能很好地实现新老知识的更替,可以发现新领域,创建新学科。这样,就有可能使老专业开出新课程,给老课程赋予新内容,及时将学科的前沿信息引入课堂,实现学科知识的前沿化。世界著名的大学、教授们都是通过自己严谨的科学研究后不断开出新课的,他们的讲台上根本没有教材,只有科学研究的成果报告,所以新颖的内容强烈地吸引着莘莘学子。若大学课堂"旧瓶"装上"新酒",味道自然不同,"顾客"当然会感兴趣。科研使教学内容更新了,课堂的引力增强了,学生的兴趣就会提高,教学目标就可以实现。因而,科研工作可以使教学内容本身的引力得到最大限度的张扬。

三是科研工作能够优化育人环境,反过来会激发学生的学习兴趣,增强学生对教师课堂教学的归属感。科学研究是一项锐意进取、不断创新的事业,需要有一种不畏艰难、勇于开拓的精神品质和严谨踏实、一丝不苟的治学态度及强烈的责任感、正确的人生观。如果教师们都具备了科学的态度和精神,具备了科学的人生观和价值观,具备了高度的社会责任感和义务感,学校的育人环境就会大大改善,就会给学生以良好的影响。不仅能激发学生创新进取的欲望,搅动僵化的思维,形成勤奋读书的风气,而且能陶冶人的思想,帮助学生树立良好的价值观、人生观,以及促使学生养成一种严谨不苟的处事作风和高度负责的工作态度。这样,学校的厌学之风就会大大改变,反过来,课堂的吸引力就会大大增强。

总之,如果教师能够刻苦学习,认真钻研,不断地进行科学研究,充分发掘教学内容本身的引力,并灵活地运用于教学之中,那么,课堂教学就会充满生机与活力,课堂的魅力就会得到张扬,其凝聚力会得到强化,学生就会产生兴趣,向往课堂。这样,不仅有利于学生圆满地完成学业,提高能力,而且对于学生优良品性和高雅言行的培养也大有裨益,高校的教育目标因此也就能更好地实现。

翻转课堂教学模式在课程教学中的应用

王永芳

当今社会发展日新月异,新技术、新信息、新知识不断地充斥着人们的生活,改变着人们的生活习惯、工作习惯、学习习惯,新的课堂教学模式亦应运而生,"翻转课堂"走进世界教育界视野,并以其高效性迅速颠覆传统教育模式,一时风靡全球。

笔者试从实践角度出发,将翻转课堂教学模式引入"中国戏剧现代名著选读"课程中,充分利用各种教学资源(多媒体教室、智慧树、互联网等)、教学手段(视频、图片、音频、动画、文字等)、教学方法(主动研讨、自主交流、协作探究、反思回馈等),探索这种新型教育模式能否解决该门课程现存在的问题。

一、翻转教育模式在课程教学中的意义

翻转课堂由"Flipped Classroom"翻译而来,"翻转课堂是指学生在课前利用教师制作的数字材料(多媒体课件、音视频材料等)自主学习课程,在课堂上参与教师的互动活动(释疑、解惑、探究等)并完成练习的一种教学形态"。

翻转课堂这种新型教学模式将知识的学习迁移到课前,学生"在课堂上通过小组讨论、协作探究、问题解决以及课堂作业等完成知识的内化"。这种新型教育模式贯彻落实因材施教教育理念,增加师生间的互动,可解决课堂气氛沉闷、效率不高等问题,不啻为教学领域里一场积极的变革。

(一)提高学生学习积极性,变"要我学"为"我要学"

上文已提及,该门课程课堂氛围不佳,学生不愿全身心投入课堂学习中。

何以至此呢？原因有二。其一，艺术类学生相对而言较有个性，不愿被动地接受知识，也不愿去死记硬背。在传统的灌输式教育模式中，他们很少有展现自己的机会，在听讲过程中或昏昏欲睡，或私下聊天，或沉迷游戏。其二，艺术类学生思维比较跳跃，课堂听讲时极易联想到相关知识点，注意力容易跑偏。例如，当教师提及话剧《日出》中金八这一角色的设置时，学生很容易便想起类似的未正面出场却能够影响剧中所有人物命运的角色，如电影《大红灯笼高高挂》中的陈佐千，接着，他们可能会想起影片女主角颂莲及其饰演者巩俐，又联想到巩俐饰演的其他作品。即便他们自己很想要集中精力认真听课，但有时却无法控制自己。

学生不仅是教学的对象，也是教学的主体。在课堂这个舞台上，学生不仅是观众，而且是演员。观众极有可能在观剧过程中打盹、睡觉、放空、打游戏，而演员始终要保持高度注意力与饱满的精神。即便演员此时在待场，他也要随时关注着演出进展情况，时刻准备着上台演出。因而，让学生做演员要比让学生做观众来得有效。况且，艺术类的学生愿意在镁光灯下展示自己年轻面庞、盎然的生气和张扬的个性，而不愿去做一个默默无闻的观众。

翻转课堂把课堂交还给学生，让他们可以在课堂上提出个人见解，彰显个人特性，突出个人魅力，绽放个人光彩。翻转课堂变灌输为启发，变督促为引导，变"要我学"为"我要学"，大大地提高了学生学习的积极性。

(二)提高课堂效率

戏剧艺术是一种必须经过大量鉴赏式学习、实际创作才能真正了解其真谛的艺术门类。传统课堂以老师讲授为主，没有讨论的氛围，又因为班级人数较多（平均36人），学生交流反思、发挥个性的机会较少，难以掌握戏剧规律，课堂效率低下，学习效果欠佳。如何解决这一问题呢？方法之一在于运用翻转课堂教学模式。

翻转课堂教学模式在"授人以鱼"的同时亦"授人以渔"，给学生自主思考、自主发挥、自主研究的机会，使学生更易形成知识的迁移，继而超额完成既定教学目标。

我们以话剧作品《桑树坪纪事》的教学为例来说明这个问题。这一话剧作品教学会占用两个课时（90分钟），其教学目标为：

知识目标：

(1)掌握《桑树坪纪事》编剧、导演相关文学常识；

(2)分析作品主人公人物形象及其性格成因；

(3)分析作品主题意蕴；

(4)掌握作品形象种子的运用。

能力目标：

(1)能够运用形象种子相关知识理解其他戏剧作品；

(2)形成知识的迁移，学会触类旁通，能够运用所学知识分析其他戏剧作品人物设置。

情感目标：

(1)培养学生对戏剧的热爱之情；

(2)使学生理解中国特定时期和特定文化背景下人们的生存状态，体会中国一路蹒跚成长之不易，陶冶学生爱国情操。

两种教学模式教学方式、内容及时间分配情况、对比情况如表1所示：

表 1　传统模式与翻转课堂模式时间分配对比表

教学内容	教学模式	
	传统模式	翻转课堂模式
文学常识	教师介绍作品编剧、导演、创作背景，学生听讲。(10分钟)	学生自主回顾课前自学内容，包括作品编剧、作品导演、创作背景。(5分钟)
剧情简介	教师讲授作品剧情，学生听讲。(7分钟)	学生自主交流作品剧情。(5分钟)
人物形象	教师分析李金斗人形象及其性格成因，学生听讲。(20分钟)	学生分小组研究李金斗人物形象、性格成因，探讨人物性格分析方法途径，教师予以引导、评价、补充。(30分钟)
主题意蕴	教师分析作品主题意蕴，学生听讲。(20分钟)	学生自主探究作品主题意蕴，教师加以总结评价。(10分钟)

教学内容	教学模式	
	传统模式	翻转课堂模式
形象种子及其运用	教师讲授作品中形象种子的运用及形象种子在其他话剧作品中的运用,学生听讲。(28分钟)	学生交流形象种子在该作品及其他作品中的运用,教师对正确的见解予以相应鼓励,对不正确或偏颇的见解指出其不当之处并加以纠正。(25分钟)
小结	教师总结本节课知识点,学生听讲。(5分钟)	学生总结,教师评价。(5分钟)
答疑	无	学生提出自己的疑问,教师解惑。(10分钟)

传统教学模式下,教师在介绍完作品相关文学常识、作品剧情之后分析作品的时间就不多了,课堂的教学活动只能实现知识方面的教学目标。由于时间限制,学生无法在课堂上运用所学知识解决实际问题,因而教学目标中的能力目标、情感目标都无法全方位地实现。

翻转课堂教学模式下,学生不仅掌握了基础知识,也自主分析出李金斗形象及"围猎"这一形象种子在话剧《桑树坪纪事》中的运用,总结出相应的戏剧规律、戏剧方法。与此同时,学生会获得一定程度的成就感,从而培养对戏剧艺术的热爱。在分析作品主题意蕴时,学生能够深切感受黄土高坡上深藏大山中人的生存困境,体会民族顽强的韧性与蓬勃生命力,继而升腾出对伟大民族乃至伟大祖国的崇高敬意。

综上所述,翻转课堂教学模式在完成知识教学目标之外,亦能够有效地完成能力目标、情感目标,与传统教学模式相比,大大提高了课堂效率。

(三)提高学生分析问题、解决问题的能力

我们继续以《桑树坪纪事》中人物形象这一知识点教学来说明这个问题。

传统教育模式中教师会通过李金斗为村民争取利益、欺压麦客、陷害王志科、"拐骗"青女、逼死彩芳、抢救饲料等事迹来分析这一人物性格特征,继而会结合其生存环境分析其性格成因。学生只是知识的"输入"方,只负责被动地接受教师传授的知识,然后通过记忆的方式掌握这些知识,无法将知识内化为自己的知识结构体系。

翻转课堂教学模式中,教师不再源源不断地机械化地"输出",而会启发式地抛出问题:李金斗具有什么样的性格特征呢? 其性格成因是什么呢? 学生要自主交流、主动研讨,初步得到问题的答案。教师则进一步启发,引导学生将之前分析人物性格及其成因时运用的方法、手段运用到这个问题中来,让学生自己一步步分析、解决该问题。

"翻转课堂之所以叫翻转课堂,是因为对比传统课堂,师生的角色进行了翻转。新模式让教师从讲授者变成了学习设计者、疑问解答者、知识引领者。"教师在课堂上不再强调编剧、导演等相关知识点,学生只能自己课前去自主学习;教师在课堂上不再输出式地向学生灌输人物形象等知识,学生只能自主地去分析、讨论、总结。正如地表如若没有水分,植物会努力让自己的根系变得更发达,从更深一层土地去汲取水分一样。长此以往,学生分析问题解决问题的能力自然而然会得到提高。

二、课程基于微课的翻转课堂教学模式设计

(一)该教学模式的实施流程

1. 课前(输入阶段)

课前,教师依据教学大纲授课计划为学生安排学习内容,提供相关资源(如话剧剧本、话剧视频、相关剧评、微课视频等),布置相应任务,观察学生学习活动,给予学生适量帮助。学生自主学习教师分享的资料,完成教师布置的任务,独立思考、分小组探讨教师留下的问题,对自己解决不了的问题做好记录。

2. 课堂(内化阶段)

课堂中,教师观察、检验学生课前学习成果,组织学生分小组探讨研究,给

予学生启发式的引导,帮学生答疑解惑,与学生共同完成学习活动。学生自主思考或协作学习,充分发挥自己的主观能动性。

3. 课后（巩固阶段）

课后,学生总结、运用课堂所学知识并对课堂效果进行反馈,教师整理学生意见,进行教学反思,优化课堂设计。

（二）教学过程应用实例

我们以上文提及的话剧作品《桑树坪纪事》中形象种子这一知识点为例来说明翻转课堂课程教学中的应用。

与这一知识点相关的教学目标为:掌握作品形象种子的运用,能够运用形象种子相关知识理解其他戏剧作品。教学过程可做如下安排:

师:我们在课前留下这么一个问题:话剧《桑树坪纪事》涉及三个故事,这三个故事在场景构建方面有什么联系? 现在,哪个小组想要分享一下讨论结果呢?

生1:三个故事都有"围猎"场面。

师:"围猎"? 可以具体说明吗?

生1:该剧的三个故事"捉奸""侮辱青女""杀牛",都有"围猎"画面,分别是对彩芳和榆娃的"围猎"、对青女的"围猎"及对老牛"豁子"的"围猎"。

师:这一小组的同学分析得很好。接下来,我们引入一个新的概念——形象种子。形象种子是一个演出的形象化的思想立意,它是概括思想立意的象征性形象,它可以是思想或主题,可以是矛盾冲突,也可以是情绪。"围猎"就是《桑树坪纪事》这部作品的形象种子。大家可以举出其他作品中形象种子的例子吗?

生2:有的,有的。秦腔《西京故事》里的老槐树,它象征着西京人的精神风骨。

师:非常好。有没有其他例子呢?

生3:昆曲《桃花扇》里的桃花扇。

生4:话剧《麦克白》里的女巫。

师：目前，已有三位同学说出了自己心目中的形象种子，大家有不同意见吗？

生5：《麦克白》的形象种子是森林！

生4：森林只是一个单纯的意象罢了，不能概括作品思想立意。

生5：女巫就能概括作品思想立意吗？

师：不要争执，大家回忆一下，《麦克白》主题思想是什么呢？

生4：一个野心勃勃的巨人的悲哀。

师：那么，《麦克白》的形象种子？

生5：一个巨人在鲜血的激流和漩涡中蹚涉并被卷没？

师：很棒哦！形象种子要为剧本提供的思想、观念和感情立出一个具体形象。现在，你们能否试着举出其他形象种子的例子？

生4：影片《红高粱》中的红高粱！

生5：话剧《死无葬身之地》中的监狱！

师：好，我们试着来分析一下话剧作品《死无葬身之地》中形象种子的运用……

这样，在相互讨论过程中，师生共同完成了教学目标。

三、成果分析

翻转课堂在实践中取得较好的效果。以本人主讲的"中国现代戏剧名著选读"为例，实施翻转课堂前后学生的成绩是不一样的。翻转课堂实施前，共有36名学生（1701班36名）参加学习；翻转课堂实施后，共有72名学生（1801班36名、1901班36名）参加学习。翻转课堂实施前，2017级学生本门课程成绩分布情况如图1；翻转课堂实施后，2018级学生成绩分布情况如图2，2019级学生成绩分布情况如图3。

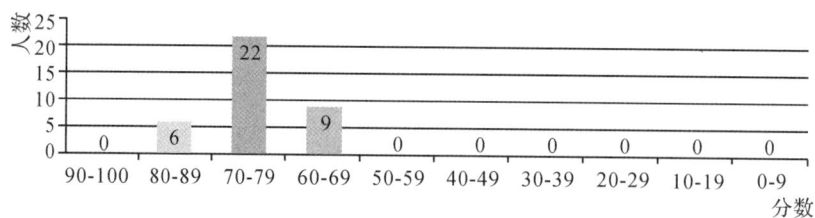

图 1　2017 级考试（考查）成绩分布图

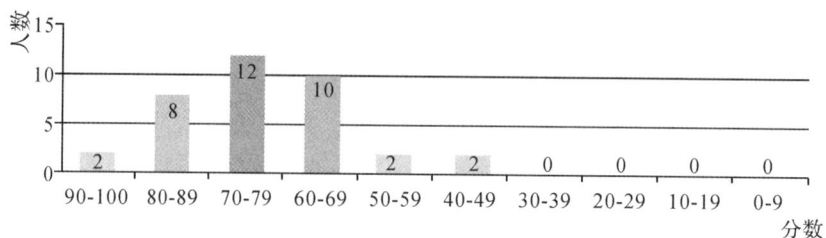

图 2　2018 级考试（考查）成绩分布图

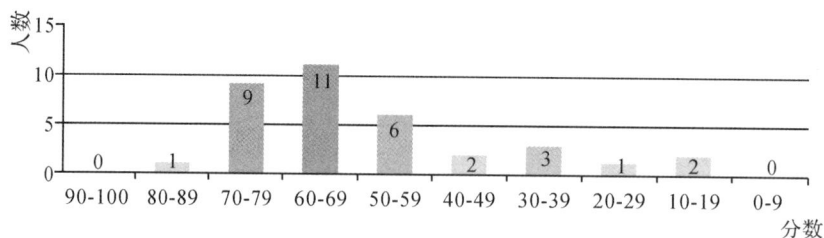

图 3　2019 级考试（考查）成绩分布图

（一）教学成果分析

1. 翻转课堂实施前后对比

2018 级与 2017 级学生相比，成绩优秀（80—100 分为优秀）学生比例由原来的 16.7％上升至 27.8％。

传统灌输式教学模式中学的主要方式是背诵，间或融入一定程度的思考，故而大部分学生在期末考试中遇到基础知识题时得心应手，能拿到相应的分数，而遇到拓展题时思维能力不强，鉴赏能力不够，答题不尽如人意，这部分分会失掉。故而学生不会不及格,但成绩亦不会很理想。

翻转课堂实施后,教师不再在课堂上强调一些学生靠自学完全可以掌握的琐碎知识点,而是把课堂时间交给学生,引导学生运用所学知识自行分析、解决问题。这样一来,部分"后进生"没有教师强迫式灌输,不再背诵相关知识点,课堂上又不发挥自己的主观能动性,成绩会有一定程度的下降。2018级学生会有 4 位同学成绩不合格(60 分以下)便是这个原因。

大部分学生会于课下自觉完成教师布置的任务,课堂上接受教师的引导积极主动思考问题,提升了自己的艺术鉴赏水平,故而优秀成绩比值会有所上升。

2. 翻转课堂实施后阶段性成果分析

2019 级学生与 2018 级相比,卷面成绩不合格学生所占比值由 2018 级的 11% 上升到 2019 级的,上升幅度较大。经分析,可能有如下原因:

(1)每届学生的基础知识水平不尽相同、适应能力亦不尽相同。经教研室研讨,戏剧影视文学 2019 级学生整体课业水平不及前两届。学生不能完成或偷工减料完成教师所布置的课业任务,学生自身学习素养有待进一步提升。

(2)每届学生期末考试内容不尽相同,2019 级该门课程期末考试难度偏大。

(二)存在问题

(1)该课题研究时间不长,学生还未适应这种教学模式,教师在教学设计方面有进一步的提升空间。

(2)学生的思维能力、艺术鉴赏能力、语言表达能力不能仅通过期末考试成绩来断定。翻转课堂教学模式在"中国现代话剧名著选读"这门课程中的运用成果缺乏一种行之有效的判定标准。

(3)大班教学的形式令翻转课堂教学模式无法很好地发挥作用。分小组探讨时,每个小组积极发言的都是固定几位同学,而其他同学的积极性并未得到充分调动。

四、结语

在不断地建构、实施、观察、反思、评价、调整、重新建构的循环往复的过程中,翻转课堂教学模式在"中国现代戏剧名著选读"课堂的运用取得了显著效果。这种新型教学模式使教育从知识本位走向综合素质本位,提高学生学习兴趣、课堂效率及学生分析问题、解决问题的能力,受到师生欢迎。

鉴于本课题研究时间尚且不长,研究对象人数目前为止尚且不多,师生仍须共同努力,不断发展完善翻转课堂教学模式,使其更好地为广大师生服务。

参考文献

[1]张渝江.翻转课堂变革[J].中国信息技术教育,2012(10).

[2]陈子超,蒋家傅.高校翻转课堂教学模式探索与实践[J].现代教育技术,2014(12).

[3]宋洪飞.翻转课堂教学模式探究[D].哈尔滨:哈尔滨师范大学,2016.

提高课堂口语教学的有效策略

陈蘅瑾

现代社会的生活方式使人与人之间的交流日趋增加,口语交流成为人际交往的一条很重要的途径。口语克服了时间和空间的限制,录音、录像、通信、广播等设备能将口头信息在顷刻之间传递到千里之外,大大提高了沟通效率。在如今这个开放的信息社会,具有出众的口才是取得成功的必备条件之一。在高职院校,随着素质教育的全面推进及"高素质、高技能""既能动脑,又有动手、动口"的培养目标的进一步落实,口语教学的重要性日益彰显。怎样利用每周短短两节课的时间,有效地提高学生的口语水平,是每位口语教师面临的崭新课题。笔者在多年的教学实践中有所体会,愿与大家一起探讨。

首先,扫除心理障碍,完成从意识到行动的突破,是课堂口语训练的关键。

许多学生不敢说话或是说不好话的主要原因在于其心理因素——恐惧感和自卑感。在课堂口语训练过程中,学生心理上固然不可能出现面临比赛或是重大交际场合的恐惧、焦虑等情绪,然而自卑或是过度自尊却表现得非常明显,主要表现在上课时不愿抓住训练的机会,甚至是训练机会已在眼前却不敢开口,也有的学生把训练机会当作无奈的任务,草草了事。课后,询问其选修口语课程的目的时,学生却又无一例外地表示想提高口语水平。学生这种主观愿望与客观表现相背离的现象,不能不引起我们教学工作者的反思。要缓和此矛盾,笔者认为主要有两种方法。第一,要营造平等、轻松和自由的课堂氛围。绝大部分学生在课外和私人空间中,如寝室,并不存在日常生活交流困难的情形,而在课堂上,面对同学和老师时,却很难流畅地表达自己的观点和想法。因此,必须创设平等、轻松的教学环境,以有效地激起学生想说的欲望和表达的信心。实践证明,在这样的教学氛围中,绝大部分学生都能积极主动投入训练,有时甚至有争先恐后之势,其有效性可见一斑。第二,要细心观察,寻找症结,主动出击。在口语教学过程中,不能否认的是,有一部分学生不管你怎样鼓励,甚或直接放机会在他们面前,他们的反应是惊人的相似——迅速低头。面对这部分学生,笔者认为,不仅要在语言上鼓励他们抓住每一次锻炼的机会,更要发现其症结所在,拉他们"下水",因为站在岸边看别人游泳的人,无法排解对水的恐惧,更无法体会到在水中游泳的快乐。只有下了水,才能不怕水,只有当众说话,才能克服害怕当众说话的心理。在开学之初的一堂口语教学课上,有一位女生的表情引起了我的特别注意,每当我走过她的课桌或与她目光相接时,她的脸马上就会涨得通红,肢体上也显得特别局促不安。在这种情况下,要让她主动进行口语训练难度较大,因此只有采取被动训练即教师点名的方式进行训练,让其在每一次的训练中逐渐克服心理障碍,一学期下来成效十分明显。

其次,从模仿到实训的渐变,是课堂口语训练的主体。

口语训练一般包括语音、诵读、复述、解说评述、演讲与论辩等内容,当然听话也是不可或缺的环节,因为听话和说话是言语交流中密不可分的部分,如果我们把说话看作是言语生成和语言信息编码的过程的话,那么听话便是言语理会和语言解码的过程。这两个过程共同构成言语交流这一大过程,从而完成信息传递的任务。听话和说话这两种能力中任何一种有所欠缺,都会妨碍言语交流,影响信息沟通。在课堂口语训练中,第一阶段的任务便是模仿。在模仿过程中,首先要让学生掌握各训练环节最基本的要领和技巧,然后根据学生的不同情况,如方言区域及其原有的口语水平基础等,分小组有针对性地进行模仿训练,这样才能优化课堂训练效果,达到事半功倍的效果。教师一定要根据实际情况,制订切实可行的训练方案,有效提高学生的语音水平。要根据其原有水平对学生提出不同的要求,同时在训练过程中,不仅要模仿对方的语音、语调等有声语言,还要模仿其手势、表情和眼神等体态语言,在模仿中不断强化与体会,并不断激发学生尝试和表现的欲望,从而渐入第二个阶段的学习——实训。这一阶段,教师可通过创设各种模拟场景,提供实训的机会,学生在实践中不断体验、不断摸索,从而不断提高。如在实际生活、工作、学习中,解说具有很强的实用性,实物图片展览的讲解,科普知识的介绍,影视解说,导游讲解,体育比赛的现场解说,广告用途的讲解,等等,都是解说。在课堂上,教师可通过图片、电影片段或是比赛录像等形式,创设实训情境,并通过解说与评述相结合的方式,进行交叉训练。这样不仅有助于学生开阔视野,增长知识,培养其细致观察和准确表达的能力,同时也有助于促使学生形成平实的口语风格。

最后，从课内向课外的延伸，是课堂口语训练的目的。

课堂的口语训练虽然具有较强的针对性，它能根据学生的实际水平设计有效的训练方案，但不可否认，有限的训练时间和训练空间成为制约口语训练不可逾越的障碍。而且，学校口语课程的开设目的是使学生能在学习、生活、社交、谈判等各种场合得体地与对方进行交流。因此，从课内走向课外应成为课堂口语训练的目的所在。那么，如何有效实现课内向课外的延伸呢？笔者认为，首先，要在校园里营造较好的口语训练氛围，如在学院公共场所张贴相关宣传材料，利用校园广播定期或不定期地播报成功口语交际的典范，以此激起学生口语训练的欲望，当然，老师的率先垂范及师生之间的直接交流，更有助于营造良好的学习氛围。其次，要开展丰富多彩的口语活动和竞赛，各类口语活动和相关的竞赛是检验学生课堂口语训练水平的重要环节，同时也是学生提高其口语综合水平的有效途径。最后，要鼓励学生走出校门，利用寒暑假的社会实践机会，展现自己的口语。社会实践给学生提供了训练和展现口才的很好的平台，学生可以在实践中总结，在实践中提高，从而在实践中取得成功。高职院校学生有其自身的综合素质结构特征，而实践性与应用性是其优势所在。因此，在口语训练中，要真正贯彻学生是主体，教师是主导，训练是主线的教学理念，营造良好的教学氛围，贯彻因材施教的教学方针，充分调动学生的学习积极性，从而全面有效地提高学生的口语综合水平，为其就业和成才打下良好的基础。

本文原载于《职业教育研究》2005 年 7 月 18 日。

从《中国汉字听写大会》看当代中学汉字
书写教育的现状与突破口

贾 娟 陈怡华

自《中国汉字听写大会》热播后，一时间汉字书写成为校园里的热门话题。这一节目的播出，除了让我们对汉字各种书写本身有一些思考之外，也引发了笔者对当前中学汉字书写教育现状和未来发展的思考。中学汉字书写教育是我们国家培养 21 世纪优秀汉语言人才的基础，也是提高公民素质的重要任务之一。在当前全国正在进行新课程改革试验的大背景下，推动中学汉字书写教育模式改革的重要性不言而喻。这也要求教师在中学汉字书写教育中，要关注、研究和创新教育模式，通过探寻新的教育模式，激发学生学习汉字书写的热情，开发学生在汉字书写方面的创造潜能，激发学生全面思考、认真学习的内在驱动力，同时提高汉字书写教育质量和水平。

一、从《中国汉字听写大会》看当前中学汉字书写教育现状

《汉字听写大会》所反映出来的问题，让我们对所谓"汉字危机"感到忧心忡忡。从目前大多数中学的情况来看，汉字书写教育的作用并不明显。中学汉字书写课程定位模糊，教学内容的选择不具有系统性，缺乏个性体系的建立，缺乏开放的意识，致使教学的内容针对性不强，不能够让学生充分吸收传统文化中的营养和精华，人文理念体现不够。

（一）部分家长和学生对汉字书写教育认知不足

部分中学还存在一些家长对学生的学习只关注成绩，而不重视孩子汉字

书写教育的情况。这些观念一定程度上对学生本人及学校汉字书写工作的安排造成一定的影响。家长和学生本人认为,一般谈到的汉字书写教育,目的无非是要通过设定的活动项目,提高成绩。这样的片面想法导致学校在一定程度上降低了对汉字书写活动重要性的认识。许多家长和学校都认为搞汉字书写、开展汉字书写教育占用孩子大量学习时间,导致学校汉字书写教育的育人功能得不到发挥。

(二)学校开展汉字书写教育的观念相对落后

开展好汉字书写教育,能发挥好其在培养学生德育、智育、美育等多方面的功能。但是当前,学生、学校和社会对于汉字书写教育促进学生全面发展的观念和对汉字书写的功能认识还不够深入。由于思想认识上的局限,很多人还只是简单地认为汉字书写无非就是练练字而已,没有将汉字书写教育上升到提高学生素质、注重学生全面发展的高度去理解。类似的观念也给中学汉字书写教育的发展带来了重重的阻碍。

(三)汉字书写教育师资力量与水平存在一定缺陷

高水平的师资是一所学校的重要教育资源,直接影响学校相关领域的教学质量和水平。中学汉字书写师资力量不够的现象更为严重,一般的学校都是学科老师兼职来做,几乎没有专职的汉字书写教师。即使有专职的汉字书写教师,其专业能力和水平也是十分有限的。加之,学校在引进教师、补充新鲜血液方面资源不多,师资问题长期受不到重视,教师水平一直停留在一个较低的水平线上。

(四)汉字书写教育基础设施与管理不完善

良好的教学环境和教学条件,才能保证相关教学工作的正常开展。大多数中学的汉字书写教育基础设施不完善,更谈不上配置现代化的汉字书写教育设备。学校建设资金有限,加之政府在此方面的投入不够,学校不可能将并不充足的资金大量投入汉字书写教育基础设施建设之中。同时,一些中学在汉字书写教育方面没有正规、系统的管理规章制度,对汉字书写教师、汉字书写设施、汉字书写教学等采取放任自流的管理方式。这些微观上的管理制度缺陷,加之学校宏观上对汉字书写工作的无目标化,给中学汉字书写教育发展带来严重阻力。

二、从《中国汉字听写大会》看中学汉字教学创新的原则

根据媒体对《中国汉字听写大会》的热议,我们感觉到当代中学生汉字书写能力缺陷的严重性。因此,在今后汉字书写教育创新设计中,只有对课程的设计、组织及实施等方面在方法上和要求上体现出教师教学与学生学习的结合,实现良性互动,才能全面提高汉字书写教育教师教学水平和学生综合素养。这一过程,笔者认为,必须注重以下几方面的原则。

一是遵循系统化原则。中学汉字书写教育的内容应该由一个完整、系统的知识体系组成。即使是在教学过程中,选择某一汉字书写专题进行教学,也要与整个体系吻合,不能随意选择,在专题的教学中也要体现出系统化,这个专题内部的课程教学板块设计、课程的扩展等都要在一个体系内设计而成。

二是遵循理论化原则。中学汉字书写教育不能只是停留在简单的书法赏析上,不能只是简单地进行一些书写技能传授,而应该从书写教学中进行总结提炼,得到一些知识的升华,进而形成一定的理论,将学生从对课本的感性认识转变为系统的理性认识。

三是遵循深入性原则。中学汉字书写教育要结合学生的理解水平,不断深入,引导学生在更高和更深入的层面去升华自己;对教育内容要多角度、多层面理解,深入挖掘其中蕴含的人文精神,提升学生的人文情怀和人文素养。

三、从《中国汉字听写大会》看中学汉字书写教育的突破口

从《中国汉字听写大会》所反映出来的学生汉字书写的各种问题来看,要做好中学汉字书写教育工作,就要在充分了解学生汉字书写学习状态的基础上,找出符合学校实际情况、符合课程改革精神的汉字书写教育模式;在具体

的教育设计上,要充分体现汉字书写内容的时代性和新颖性;在汉字书写教育方式方法上,要充分体现汉字书写教育的开放性;在教育活动的开展中,要实现师生的互动,让学生充分表达自己的个性,鼓励学生尽情表达自己的想法,形成独特的活动效果,教师要根据每个学生的实际情况,让学生参与到不同的汉字书写教育之中,实现因材施教。

(一)对中学汉字书写教育的定位要由传授知识变为能力培养

中学汉字书写教学,对其他专业知识的学习具有基础支撑作用,这个作用的表现是间接和隐性的。在改革开放不断深入的今天,传统与现代的价值观念一起冲击着中学生的思想意识。作为一门提升人文素养的重要课程,在这一阶段,中学的汉字书写课程就不能只是简单的知识传授,而是要在汉字书写活动开展中提升学生对文化的认识,培养他们思考问题、分析问题、解决问题的能力,进而提升他们认识社会的能力。

(二)要由封闭式教育方式变为开放式教育方式

传统的封闭式教学方式中,学生的主体性得不到体现,导致学生学习积极性不高,参与度不够。同时,由于忽视了学生的个性差异,课堂教学缺乏针对性,学生感觉汉字书写课没有新意。另外,在汉字书写教育课堂上现代化教学手段开发不足,直接影响了学生想象力和思维能力的开发。因此,中学汉字书写教育必须注重培养学生的兴趣,课堂的教学应该由封闭走向开放,课堂教学必须辐射到课堂外,教学内容和空间也要拓展到社会、网络和现实生活中,通过汉字书写素养的建立,引导学生关心社会、热爱生活,并积极探索智慧人生。

(三)要实现汉字书写教育中师生的良好互动

师生之间的互动交流越多,汉字书写教育的效果就会越明显。教师在教学设计时,注重在每节课上设置汉字书写教育趣味点,可以通过现代化的多媒体手段把汉字书写表现出来,增强学生对汉字书写的直观性了解,提升汉字书写教育的趣味性和学生主动参与性。教师要根据汉字书写教育的特性,在教育活动开展中积极营造良好的教学氛围,优化汉字书写教育的组织,注重师生的情感和知识沟通,充分发扬民主,形成师生和谐融洽的共同活动氛围。

四、从《中国汉字听写大会》看中学汉字书写教育实现路径

《中国汉字听写大会》提升了中学生对汉字书写的兴趣,激发了他们自觉运用语言文字的热情。在人们越来越重视人文精神和人文情怀的今天,中学汉字书写教育有必要也必须十分主动地进行自我调整和调适,变革教育模式。

(一)要注重深入挖掘汉字书写教育的趣味性和思想性,使学生获得更多的活动体验

中学时期的学生,世界观、价值观和人生观都处在一个还不是很稳定的阶段,他们思维活跃,也十分容易受到各种思想的影响,接受各种社会思想的挑战,或是被其熏陶感染。汉字书写教育的开展应该是对时代精神、所弘扬的正能量等的一种深入挖掘,汉字书写教师要注意对汉字书写教育中所反映出来的思想进行深入剖析,从中找到能教育学生、激励学生、启迪学生的具体内容,让学生将相关的思想与自己的人生体验相结合,从而得到更大更深入的人生启迪。同时也要注意对学生情操的熏陶,要在汉字书写教育中营造一个自由、宽松、愉快的学习环境,让学生在汉字书写教育中真正体验到汉字书写之美,获得对汉字书写教育最深层次的体验,将之作为自己人生的宝贵财富和人生体验。

(二)要在汉字书写教育中投入更多、更深厚的真挚情感,通过汉字书写教育开启学生智慧

汉字书写教育设计要体现出对真善美的追求。中学汉字书写教育应该是鲜活的、充满感情的,也应该是充满真善美的,它所体现的世界应该是全面的、无所不包的。因此,中学教师在进行汉字书写教育时,要注意抓住汉字书写教

育的感情表达方式,投入丰富的感情,通过自己的表达方式,激发学生的真挚情感,从而使其与汉字的世界融为一体,形成感情上的共融,让学生从中得到对现实生活进一步的体悟,培养出一种更加积极向上的人生态度。

(三)要注重介绍汉字书写的时代背景,使学生能够深入理解其反映的时代内涵

当前中学汉字书写教材缺乏系统性,因此,在知识理论体系上对人文性和知识性的结合不够。针对这一现状,我们在中学教材的选择和编排上,要注重以传统的思想文化为中心,形成一个知识体系下的汉字书写教育内容,以各个时代的汉字书写对文化的影响为重点,有针对性地进行讲解,培养学生强烈的民族自豪感。授课教师在开展汉字书写教育时,要帮助学生更好地了解汉字书写教育的内核,加强对大的时代背景的分析,让学生立足自身所处的时代背景,加深对汉字书写内涵和时代内涵的理解。

(四)要注重将汉字书写教育与当今实际生活相联系,使学生更好地学以致用

中学汉字书写教育作为提升学生人文素质的核心课程,在整个学生培养和成长过程中起到了至关重要的作用。中学汉字书写课程中,许多经典汉字书写内容都是各个时代不断锤炼最终留给后人的,它所含有的深刻思想都是经过时间检验的,对于今天的中学生仍具有很重要的教育意义。在中学汉字书写教育过程中,教师要立足长远,注重用发展的眼光看问题,让学生进一步增长才识、拓宽视野。同时,也要将汉字书写教育中所体现的思想紧密联系生活实际,做到深入思考,学以致用。

中学汉字书写教育模式改革必须是一个系统工程,其中必定会涉及对人文理念的定位问题,涉及对教育模式改革和重新建立问题,等等。总而言之,不论什么时代的汉字书写教育,它所反映的世界一定是一个全面的、精彩的、充满意义的世界。作为21世纪的社会主义建设接班人,当代中学生应该在汉字书写实践中正视汉字书写教育带给我们的宝贵财富,更好地挖掘汉字书写

的精髓,从中找到人生的真谛,发现真善美,发挥汉字书写教育的真正作用。

参考文献

[1]何勇海."汉字听写大会"背后的文化担当［N］.检察日报,2013-06-14.

[2]骆俊澎.中国汉字听写大会:"娱乐至死"时代的一次逆袭[N].东方早报,2013-09-10.

[3]王雪峰.《中国汉字听写大会》带来的喜与忧［N］.中华读书报,2013-09-18.

[4]贾宇.《中国汉字听写大会》引发文化思考［N］.光明日报,2013-10-19.

[5]王振刚.对键盘时代写字教育困境的思考及其教学探索[D].济南:山东师范大学,2007.

[6]黄荣瑜.网络时代中学生书写能力的调查[D].武汉:华中师范大学,2012.

[7]拜书婷.中小学汉字教学现状及策略研究[D].广州:广州大学,2011.

本文原载于《教学与管理》2015 年 2 月 20 日。

讲授法与情境教学法

——不同理念下的教学生成

杨增莉

　　讲授法与情境教学法是教师在课堂上经常会采用的两种教学方法。随着建构主义认识论在中国的发展以及课程理念的改革，传统的讲授法仿佛成了众矢之的，随之而来的是对其各种弊端的批判。一些美国教育家将讲授法斥之为"一种丧失了信誉毋需多事考虑的旧教育传统的残余"。提倡个别教学法的凯勒，曾经发表论文《老师，再见！》就提出了其对讲授法的否定。在笔者看来，这两种教学方法的选择并无优劣之分，不同的教学方法在实际教学过程中会导致不同的教学生成。本文以我所授课程"大学写作"为例，探究在课堂中不同教学方法的选择对学生不同能力的提高与锻炼。我教授的大学一年级学生的"大学写作"课程承接着上学期的"汉语基础写作"，这一学期我主要讲授实用文的写作，分为新闻文体、理论文体以及应用文体三类。新闻文体主要讲授消息、通讯的基本理论知识以及具体写作方法；理论文体主要讲授社会评论、文艺评论以及学术论文的写作；应用文体主要讲授行政公文、事务文书以及教学文书。在整个学期的教学过程中，为了更好地调动学生的学习兴趣，我运用了多种教学方式，在实际的教学过程中，我发现不同教学方法具有不同的教学生成，因而并不能简单判断哪种教学方法就一定是好的，而另一种教学方法就一定不好。

一、传统讲授法面临的挑战与优势

　　高校写作课是当代写作学的重要组成部分，与其他课程相比，这门课不仅具有理论性、知识性，也具有较强的实用性。为了提高大学生适应当今社会的能力,写作教学是必不可少的。因为当今社会作为信息社会,读写交流成为个体进入社会参与公共生活的基本能力。但是,在实际的教学过程中,写作教学的成效并不十分明显。学生写作能力的提高,除了依靠学生的练习之外,更多的在于教师的教学水平。教师是教学的组织者和领导者,课堂教学的改革离不开教师的设计、组织、实施和调控。同时,教师也是教学创新者,每一位教师都需要结合教学内容和教学环境,不断尝试新的教学模式,积极探索有助于培养和提高学生写作能力的教学方法。现代科学技术的发展,又要求教师能够将现代技术,比如计算机和网络引进课堂的教学中。由此可见,时代的变化给教师的教学提出了更高的要求。在具体的教学与实践过程中,笔者发现传统的讲授法面临着巨大的挑战。

首先,理论枯燥,学生没兴趣。写作课程与其他课程不同的地方在于,不仅仅需要学生掌握一定的理论知识,还需要学生掌握写作的实践能力。这之中更重要的是学生能够将理论转化为实践的运用能力。但是,从目前的写作教材上来看,很难提高学生将理论转化为实践的能力。因为,基本上所有教材都是将理论知识与例文相结合,学生无法从中得到高效的训练,从而导致学生理论和实践的脱节。面对枯燥的课程以及教师又不得不讲授的内容,写作教学一直停留在师授生受,重理论、轻实践的教学模式中,写作效果不理想已经成为困扰师生的最大难题。实用写作本身是一种能力的培养与获得,尤其具有实践性,学生必须用心实践,反复练习。教师要对学生的写作进行有效的点评,从而提高学生的写作水平。

其次,课程安排不合理,学生无法得到实践。结合笔者自身的教学实践,从整个写作课程的安排来看,我所教授的班级是整个大一年级,总共有 236 个学生。每一次写作实践意味着有 236 份作业,因此,每一次作业的点评很难顾及所有学生。授课方式也会受到影响,大多数情况下面对一个大班,只能采用讲授法,而这又很难激发学生的兴趣。学生正确的思想认识和学习态度是提高应用写作水平的关键,他们的主体性、能动性将决定学习的效果和成败。但在实际的教学过程中,学生始终扮演着"接受者"的角色,他们的生活体验和学习情感没有被课程教学所关注,学习的主动性也没有被激发出来。大多数学生平时写作文只是为了完成老师布置的作业。写作能力的提高并不是一个被动接受知识的过程,而是一个把知识转化为能力的过程,在这一过程中没有学习主体的积极参与是很难取得良好效果的。

通过以上分析,我们可以看到,传统的讲授法在授课过程中面临着不小的挑战,但是,讲授法是否在课堂上就无法起作用呢? 笔者认为答案是否定的。合理地运用讲授法能够提高学生的学习效率,提升教学效果。笔者认为讲授法可以提高学生的思维能力。传统课堂中运用讲授法,学生很难得到具体的实践。但是对于大学生来说,有很多的专业知识需要学生去了解,在这种情况下,教师的讲授就显得非常重要。学生需要根据教师的课堂安排,跟随教师的讲授思路不断思考,对重点的知识做笔记,形成每一堂课的框架结构。所以,在具体的教授过程中,我并非只讲理论,而是在调动学生积极性的基础上运用讲授法。就我所授课程来看,在对理论的讲授过程中,我并不仅仅是针对某一个理论来讲,而是特别注重对学生思维能力的训练。在讲课过程中,我时常会对学生进行提问,但这种提问并不是针对某一问题,而是将其与前面的知识相联系,形成结构框架,并且我每次会将结构框架书写在黑板上。比如在一次写作训练中,我并没有让学生自己去练习写作,而是让他们在课堂上思考,共同实践写作过程。

材料:

中部某省规定,全省乡以上党政领导每人包一个人均收入 2500 元以下的村子,实地帮助指导农民开辟新的生产门路,实现"十二五"收入翻番。村民说:"以前对那些坐着小车转、隔着玻璃看的下乡干部非常反感,现在看到干部干着活淌着汗、吃着土豆喝米汤,感到很亲切。"该省负责人明确要求,干部下乡住村要力戒形式主义,要立足发展,结合实际,与农民一道确立发展目标和发展措施,夯实发展基础,不能简单地给钱给物给项目。

请为该市(或县)代拟一份关于进一步搞好"大走访"活动的通知。

要求:(1)只写标题和正文;(2)内容周全,条理清楚,语言准确合理;(3)400 字左右。

在训练过程中,首先我让学生回忆关于通知写作的理论知识,学生回答首先要有标题,接着要有正文,我将学生回答的内容板书在黑板上。接着引导学生回答通知标题包含哪几个要素,正文又包含哪些内容,并且板书学生回答内容。通过这个实例我们可以看到,虽然看似是在讲授,但里面包含了互动的内容,在整个过程中,学生能够将原来的理论知识回忆起来,并且形成逻辑线条。

这有助于学生逻辑思维的锻炼,通过板书的内容,学生能够清楚明白地看到关于通知写作的步骤,在写作中能够培养学生的条理性。

通过实际的教学实践,笔者发现传统的讲授法确实面临着巨大的挑战,但是我们教师作为课堂的组织者和引导者,应该学会合理运用恰当的教学方法。而不是只看到讲授法的弊端却无法创新与运用。虽然讲授法存在"师授生受"的问题,但是教师只要能够将讲授与互动结合起来,也能够取得良好的教学效果。

二、情境教学法的优势与弊端

进入 21 世纪以来,随着西方教育理念的传入,中国教育界也在不断发生着变化,从中小学课程标准的改革中就可以看到。不断更新的教育理念,对教师也提出了更高的要求。在建构主义思想的影响下,形成了建构主义学习理论以及建构主义教学理论。这两者关系到教学过程中的两种角色,即教师与学生。建构主义学习理论认为学习是学习者主动进行意义建构的过程,知识不是通过教师传授得到,而是学习者在一定的情境即社会背景下,借助他人(包括教师和学习伙伴)的帮助,利用必要的学习资料,通过意义建构的方式获得。互动教学法需要教师在课堂上设置更多的教学情境与环节,以便能够与学生进行互动。但是互动并不是目的,互动是为了让学生接受新的知识,学会新的方法。

首先,设置情境,激发学生兴趣。以我所上写作课为例,在关于教学设计的授课过程中,我有意选择互动教学法,也就是设置很多的情境将学生带入今天的课堂中。当代课程理念认为:"学生是学习的主体。语文课程必须根据学生身心发展和语文学习的特点,爱护学生的好奇心、求知欲,鼓励自主阅读、自由表达,充分激发他们的问题意识和进取精神,关注个体差异和不同的学习需求,积极倡导自主、合作、探究的学习方式。"我采用这样的教学方式目的在于让学生自我感受何为情境式教学。为了让学生更好地理解新课程理念,我出示了一张"鱼牛图",通过对图片的解释,引导学生了解建构主义认识论的三个要点:理解依赖于个人经验;知识是学习者在与情境的交互作用过程中自行建构的;学生是学习的主体,教师是学习的帮助者。在此基础上,我播放一组短片,该短片内容具体为家长辅导小学生作业过程中的场景,通过具体的场景让学生体会理解依赖于个人经验等内容。在教学的过程中,我观察学生们的学习状态,较单纯的讲授法,他们更易于进入状态。

其次,良好调控,达到教学目的。互动教学法在为学生提供了更多教学情境以及互动环节的基础上,要求教师有良好的调控能力。因为在情境教学过程中,学生被带入情境之后无法很快进入课堂的秩序中。比如,放一段影片之后,学生会在下面讨论,打乱正常的教学秩序。这个时候就需要教师有很好的课堂调控能力。对于写作教学来说,教师需要和学生进行很好的互动,但是也要懂得引导学生明确上课的目的。有时候在课堂的训练中,学生并不会认真去做,对于教师布置的写作任务,不懂得积极思考,无法发挥自己学习的积极主动性。教师给学生预备了写作时间,但是部分同学也是等到快交的时候草草写完,因此,选择何种训练模式对教师来说也是需要思考的问题。写作最重要的是"写",情境教学有助于学生对一些知识的掌握,但是对于写作的具体实践来说,情境教学也并不一定能够起到很好的作用。因此,在教学过程中,教师要引导积极训练,在趣味中写作,帮助学生提高能力。而这也需要教师有良好的调控课堂的能力。

三、教学方法在课堂生成中的意义

从教学的角度来讲,预设与生成是整个教学过程中不可避免的两个因素,预设体现了教学的科学性和逻辑性,而生成则体现了教师劳动的创造性。教师所面对的任何课堂都是一个动态生成的过程,学生是发展中的人,是一个个鲜活的生命个体,在师生交流的过程中学生往往无法按照教师既定的预设路径完成课堂教学任务,反而会在此过程中让教师"始料不及"。面对学生提出的或者回答的超出预设范围的问题,一个有经验、有智慧的教师往往会意识到这是促进学生发展的好机会,而不是训斥学生不好好听问题或者启而不发。因此,在教学过程中教师不能仅仅注重教学前的预设,更重要的是发掘学生在教学过程中的生成,新世纪以来,面对素质教育的实践,教师只有在教学过程中发挥教育机智才能更好地激发学生的发展潜能。在具体的实践教学过程中,教师一定要处理好教学预设与生成的问题,不能一味拘泥于课堂预设好的教案,漠视学生在教学过程中提出的新问题和新观点,但是也不能仅仅为了提倡合作、探究的学习方式,放任学生提出很多与课堂无关的问题,白白浪费课堂资源。因此,能否在教学过程中处理好预设与生成的问题,更好地生成教学资源有赖于教师针对具体教学内容所选取的教学方法。

教师是课堂教学的组织者和设计者,"一个真正关注人的发展的教学设计,会为师生在教学过程中发挥创造性提供条件;会关注学生的个体差异(不仅是认知的)和为每个学生提供主动积极活动的保证;会促使课堂中多向、多种类型信息交流的产生和对及时反馈提出要求"。教师的教学方法是教学过程中不可或缺的课程资源,在教学过程中教学氛围的创设、问题情境的营造以及活动主题的开发等都离不开教师对一定教学方法的选择。预设是生成的基础,而生成则是预设的升华,因此在教学过程中精心的预设教学方法,能够促进课堂教学更好的生成。从具体的教学实践来看,课堂的"预设"已经不再是简单的教案写作,而是包含了教师创造力在内的一系列的劳动创造力,教师在预设的过程中已经在脑海中形成了相关的预设和生成的关系。在师生互动过程中运用讲授法,能激发学生对教师所讲内容的整体思考,提出相关的问题,提升学生的思维能力和逻辑能力;运用情境教学法,能提升学生的学习兴趣,有助于学生对相关知识点的掌握,并且生成相关的课堂资源,提升学生的探究能力。因此,在教学预设中教师对不同教学方法的选择会生成不同的教学资源,从不同角度提升学生的能力。因此,教师要注重课堂教学过程的动态性和多样性,本着一切为了学生发展的目的,根据教学内容选择恰当的教学方法,合理生成教学资源,激发学生潜能,促进学生发展。

综上所述,通过具体的教学实践,我们可以发现,讲授法并不像有些教育专家所批评的那样一无是处,反而在大学教育过程中,有助于培养学生的思维能力。而情境教学法,虽然能激发学生的学习兴趣,让学生掌握知识点,提升学生的探究能力,却不能让学生形成连贯的逻辑思维。因此,这两种教学方法在具体的教学实践过程中并不存在孰优孰劣,而是各有利弊,教学方法的选择取决于不同的教学内容,而不同的教学方法在课堂中会有不同的生成,训练学生不同的能力。教学方法是"死"的,但更为重要的是,教师如何在实践中用"活"它。

参考文献

［1］吴守一.提高课堂讲授效果的探讨［J］.江苏大学学报（高教研究版），2004(1).

［2］叶澜:让课堂焕发出生命活力——论中小学教学改革的深化［J］.教育研究,1997(9).

高校文学课程中的问题探求与知识建构

陈蘅瑾

文学类课程是汉语言文学专业的必修课,从中国古代文学到中国现当代文学再到外国文学,从古至今的世界文学发展概况是汉语言文学专业学生应了解并掌握的。传统的文学类课程的教学强调知识的系统性和连贯性。以一定的时间段为起止,按文学作品的题材进行分段教学,是最常见的教学模式。然而随着社会需求、文化语境和审美标准的不断嬗变,文学类课程面临着较大的挑战。笔者认为,以自主学习为课程教学改革的重要途径,是文学类课程突破困境的有效尝试。

一、文学类课程教学的困境

正如前面所述,文学类课程正面临着外部环境与内部教学的双重困境。就外部环境而言,目前中文专业因思想政治类课程课时量的大幅增加、管理类课程及根据社会需求新兴应用性课程的增设,在本科有限的 160 个学分内,传统的文学课程学分与课时量是一缩再缩。如今,思想政治类必修课程如马克思主义基本原理概论、毛泽东思想和中国特色社会主义理论体系概论、思想政治理论课社会实践、思想道德修养与法律基础、形势与政策、中国近代史纲要等课程在高校中文类专业的课程设置中已超过 15 个学分,而这些课程与学分已然成为"规定动作",几乎没有什么变动的空间;同时,为更好地适应社会发展,计算机类课程学分的增加也是势所必然;再者,随着大学生心理问题的日益凸现,根据教育部最新规定,各专业人才培养方案中,增设心理学类课目为大学生必修课程。于是,在本科四年有限的 160 个学分之内,能减的也就是被认为"无用"的文学类课程的学时了,如原先现当代文学是以一学年每周 4 节的课时来进行教学的,如今已被压缩到一学年每周 2 节;古代文学课程由原来的一学年每周 4—6 节,被压缩到每周的 2—3 节,外国文学课程也同样遇到此类的问题。

而从文学类课程的内部教学而言,亦不容乐观。就学习主体学生而言,随着图书馆信息的日益丰富和互联网、手机等应用功能的不断加强,学生吸收信息的途径已逐渐多元化,课堂已不再是他们吸收知识的唯一途径,他们可以通过图书,特别是网络来获得更全面与丰富的知识。在课堂上,面对老师的提问,他们可以通过手机查阅网络信息来进行解答;同时,如今网络上不仅有许多的课程资料,也有一些风格不一的课堂教学视频,这从某种程度上可以说是学生获取知识的又一较好途径,特别是共享的精品课程网站,上面有大量的课程教学资料供下载学习。更为重要的是,学生在课堂上不仅要学习知识,更要学会正确评判的方法和科学的思维方式。通过古今中外文学长河中纷繁芜杂的文学思潮和参差不齐的文学作品,学生学会思考、学会质疑、学会学习,这是文学类课程课堂教学中重要的教学目标。这自然对主讲教师的教学水平提出了更高的要求。就文学课程,特别是中国当代文学课程本身而言,“文学是人学”,文学课程的教学本身也要把人作为关注的重点。在教学过程中,也会有不少学生提出疑问:文学课程到底有什么用? 如果涉及功利与实用,文学课程似乎离实用较远了些,但在教学过程中,如何把这个“无用之用”传达给学生,培养学生的自主学习、分析鉴赏、独立思考等能力则是文学课程所应担负的责任。同时,面对中文系学生不看或少看经典著作的现状,很多教师亦是束手无策,这种不了解文学文本的课堂教学效果也是可想而知的。

因此,在内外交困的现状中,文学类课程如仍像以前那样,一味强调课程教学中知识的系统性与连贯性,课堂教学除了单调乏味的“满堂灌”,别无他法,这样的教学必然导致课堂上老师累、学生更累,更严重的还会使学生对此类课程产生反感与不满。

二、以问题探求与知识构建尝试文学类课程自主学习途径

目前,对文学类课程的教学改革研究主要从三个方面展开:一是从美育、德育、价值观等的渗透的角度切入,进行课堂教学改革的研究,提出课程中加

强人文素养的观点;二是从专业研究的角度提出在课堂教学中,通过对文学中热点与难点问题的学习、思考与探索,进一步拓展学生思维,从而使学生形成自己较为独特的观点,这个方面研究的学生主体往往是研究性高校的本科生和研究生;三是从应用型人才培养的角度提出课程教学应利用丰富的传统文化资源,锻炼学生语言表达能力,通过课堂教学努力培养学生在流行音乐、大众影视等现代文化产业方面的创新能力。

然而,当现在的大学生在课堂上通过手机或电脑直接查阅课程相关知识时,作为接受主体的学生已然打破了课堂与课外的阻隔,因此,作为教学引导者的教师,也应把视野从课内延伸至课外,从注重知识的系统性接受转至让学生自主思考与学习。学习环境的营造是学生开展课内外自主学习的前提。学生自主学习的有效开展离不开学习环境,而此处的学习环境应从两个方面来综合考虑:一是指提供给学生的、学生能直观感受到的学习环境,如图书资料、网络资源、师资力量以及学习场所等;二是指教师人为创设的学习情境、搭建的学习交流平台、提供的协作学习的机会等。就文学类课程而言,我们所特指的学习环境是后者,即任课教师人为创造的学习情境和搭建的学习交流平台。精品网络课程可以说是教师创建的供师生学习交流的非常好的平台。此平台通过课堂教案、多媒体课件、课堂录像、课外拓展、作品赏析等多种形式,极大地提高了学生课外自主学习的针对性和有效性。但是,我们也看到了精品课程存在的不少问题,主要体现在网站提供材料多、设计思考少,网站上学生下载资料多、主动沟通交流少,课程资料共性结论多、特色体现少,网站文字信息多、多媒体信息少,等等方面。因此,以精品课程建设为平台,不断优化学生的课内外学习环境,将给学生自主学习的开展提供有效的保证。

教学方法的改革是文学类课程在教学中开展自主学习的核心。文学类课程教学的传统模式便是老师在台上讲,学生在下面听记,并在课外阅读相关作品。这种以文学史为纲,以作品分析为中心,主讲教师依据教学大纲和所选用的教材,并结合自己的研究成果进行讲解的课堂教学,能较好地引导学生阅读作品并思考文学发展史上种种文学现象思潮,对学生掌握扎实的文学史知识起到了极为重要的作用。然而,面对文学类课程课时量的紧缩、多媒体时代不少学生对文学类课程"无用"的认知,在课堂教学中,往往出现主讲教师热情讲授、听讲学生冷漠以对的局面。因此,适时改变传统的教学方法是当下文学类课程教学的核心之所在。主讲教师应根据学生实际的学习基础、学习能力、学习环境和学习目标,设计更为有效的教学模式与教学方式。以课内听讲与课外自主学习相结合的教学模式,是我们可以不断探索并完善的重要领域。在文学类课程的教学过程中,以问题探求方式不断强化课程知识是开展学生自主学习的重要途径,亦是文学类课程教学方式改革的突破口之一。

以中国现当代文学课程为例,其中的当代文学史具有开放性特征,本身就存在着诸多难解的问题,比如,如何评价"十七年文学"的问题,如何看待"文化大革命"文学的问题,为什么今人对"80年代文学"如此怀旧与依恋,网络文学在当代文学中的地位与发展趋势,港澳台文学在大陆当代文学史的地位及融合,如何客观评价当代文学教材中选用的文学作品,等等,有许许多多的问题正困扰着这一课程的课堂教学。因此,在学生阅读当代文学作品的基础上,以对问题的探究激发学生主动思考,从而使学生在不断思考中形成对当代作家作品和文学现象的较为系统与深刻的理解。在课堂教学中,我们可以尝试用二分之一的教学课时数对当代文学史中的文学现象和主要的作家作品进行介绍和分析,同时在这过程中要求学生大量阅读文学文本。然而,在剩下的二分之一教学时数中,主讲教师考虑学生的实际学习能力等综合因素,围绕教材从作家作品、文学现象到文学思潮设计出一系列问题或主题,并要求学生3—5人组成学习团队,选择其中的一个问题或主题,在课后查阅大量的文献资料,小组成员分工合作,最后形成一篇报告,并做成多媒体课件,在课堂上进行分析与讲解,同时接受其他同学的提问与质疑。这样,通过每个小组的轮流讲解,学生不仅在课外能认真地对问题进行集体探究,培养分析问题与解决问题的能力,更为重要的是在学生们对问题的解决过程中,其在无形中构建起当代文学课程开放的知识体系,大大提高了学习的兴趣与效率。

三、问题与知识构建模式在教学中应处理好的关系

一是研究性高校与应用性高校中问题与知识构建的关系。高考扩招势头不减,浙江省已经完成高等教育大众化的目标,这虽让人高兴,然而也难掩不少高校对生源质量下降的感慨。尽管不少研究性高校面对扩招也在感叹学生的整体创新能力下降,但对绝大多数应用性高校而言,面临的却是学生学习能力的大幅下降。笔者曾在就职学校做过一个初步的调查:一个班一个学期能

主动阅读 10 本书的(除教材之外)只有 1 人,阅读 5 本书的不超过 5 人,绝大部分学生一个学期只阅读 1 本书,而 1 本书都不看的也大有人在。中学的教育让不少学生失去了主动阅读的兴趣与自主学习的能力。不同层次的高校对学生学习过程中通过问题构建知识体系的要求与目标显然是不一样的,如何结合各学校汉语言文学等相关专业的人才培养目标,处理好问题探求与知识构架之间的关系,是不应忽视的问题。

二是问题输出与知识输入的关系。学生具有个体性特征,当下他们获取知识途径的多元化,更使他们各自形成的知识结构存在巨大的差异。在当下的网络媒体时代,大学生们对鲜活的知识感兴趣,他们乐此不疲地在网络这个虚拟空间里自由穿梭,让海量信息在头脑中穿过。然而,要求他们写一篇既定主题的小论文,交上来的不是网上既成作品的改编,就是支离破碎的应景之作,如果能看到一篇有观点有思路的小论文,对老师而言已是如获至宝。面对大众化教育背景下的大学生,特别是应用型本科院校的中文类专业的大学生,任课教师如何立足本课程教学,处理好教师的问题输出与学生既有的知识结构之间的关系,也是文学类课程教学中无法回避的问题。只有了解学生的既有知识结构,主讲教师才能有针对性地进行问题输出,讲授也只有在学生可接受范围内,才会激发他们积极思考,从而形成问题——知识螺旋形循环的良性态势。

三是学生问题探求与教师研究专长的关系。在学生自主学习任务的设计过程中,教师往往对自己的研究专业或关注热点表现出特有的热爱与执着,这能让部分学生因教师的关注而产生特别的兴趣,从而带动学生的深度阅读与深度思考,这当然是非常好的事。然而,对应用性本科院校的大部分学生而言,正如笔者所做的关于学生阅读量的初步调查,因为受限于前期不容乐观的阅读量,不可避免地会出现凭既有的知识结构根本无法理解与接受教师根据其研究专长所设置的一系列问题的现象。因此,主讲教师如何结合自身学术专长,循序渐进地处理学生知识探求中出现的状况,也是应积极处理的问题。

文学类课程的厚重感与当今社会现实性与功利性之间确实存在着显著的反差,而当下当代文学创作的寂静使得大学生对此领域多了份游离、少了许多关注。因此,笔者提出以自主学习为课程目标,以问题探求与知识构建为重要突破,使学生的课内学习与课外探求互为联动,从而不断提高文学类课程的教学效果的对策。然而怎样更有效地提升文学类课程的教学质量,还有待于我们文学课程教学工作者不断的实践与深入的思考。

参考文献：

［1］教育部.国家中长期教育改革和发展规划纲要（2010—2020 年）［N］.中国教育报,2010-07-30(03).

［2］姚群秀,赵硕.基于科学人才观的高校人才培养研究［J］.西北大学学报:哲学社会科学版,2007(6):168-170.

［3］曾小霞,曾娟.文学类课程教学改革中的教师主导教学［J］.湖南城市学院学报,2013(3):95-98.

本文原载于《淮阴工学院学报》2014 年 4 月 15 日。

高校文学经典研读课程教学改革与实践

丁太勰

目前,大学生人文素养教育在高校教育中仍然没有得到应有的重视。从学校教育的层面上说,择业的困难性造成了教育的功利性,教育的功利性造成了人文素质培养弱化,致使经典阅读在高校遭遇尴尬的局面。从学生主体的层面上说,随着网络阅读、肥皂文化的流行,快餐式的作品取代了高品位的经典作品,碎片化的"浅阅读"取代了经典的"细读"。这种阅读方式很难将直观的阅读体验内化为主体的精神品格,而经典的人文精神也很难内化为主体的人生观、价值观、发展观和审美观。

上述的教学现状造成了许多大学生人文精神的贫弱,文化断层的现象在新时代大学生身上日渐凸显,以至于当代大学生不同程度地存在着理想信念淡化、价值取向模糊、审美能力弱化等问题。

国内学术界对于如何从经典阅读的角度提升大学生的人文素质已经有了一定的研究。尽管目前在此领域已经取得了一定的成果,但也存在重复性成果较多、具体实践讨论方法较少、对于经典的理解相对片面、探索不够深入等不足之处,需要加强对文学经典阅读课程教学改革的深入探讨与研究。任何一种教学实践都离不开理论指导,因此本课程教学改革研究以理论为指导,以实践为依托,按照理论研究—教学实践、修正理论研究—完善教学实践的研究思路展开,最后建立一个系统、动态的经典阅读与大学生人文素质培养的基本教学模式。本课程具体教学改革实践方案分为以下几个方面:

一、经典阅读与知识结构优化

知识结构包括知、识、思三层。就文科大学生而言,知是知识积累,主要指学习经典所涉及的文字、文献、文化、文学等基本概念与基本理论。例如在学习朱自清先生的《"好"与"妙"》这篇文章时,从文字上着重分析"好"与"妙"这两个字之间的区别,从文献上考察它们的意义与内涵的变化,从文学上研究它们在中国文学发展中的地位与影响,从而增加大学生的知识积累。

识是阅读理解,主要指准确解析经典所包含的情感、意旨、评价,辨析正误,避免文本误读。如在解读俞平伯先生的经典文章《〈红楼梦〉写晴雯与袭人》时,明确作者对曹雪芹文心之把握、对晴雯与袭人之褒贬。《红楼梦》中说晴雯"千伶百俐、嘴尖性大",袭人"温柔和顺、似桂如兰",而通过俞平伯先生的解读,则可发现曹雪芹对晴雯"风流灵巧招人怨,寿夭多因毁谤生"的同情,以及对袭人得新忘旧、内心阴暗的批判,这就避免了读者对文本的误读。

思是抽象判断,主要是辨析源流,正本清源,辨析史实,还原真相,抓住本质,形成准确的抽象判断,完成由感性思维向理性思维的转化,基础知识向深层内涵的转化。例如李国文先生的《胡椒八百石》,分析宰相元载的赃物中骇人听闻的八百石胡椒,从这种极具黑色幽默意味的赃物中还原出元载的小农心理占有欲,发掘出贪污犯的本质:"这六十吨胡椒,他知道吃不了,他也知道卖不了……但绝对的占有,便是绝对的快乐……这也是中外古今所有贪污犯至死不肯收手的动力。"通过对现象的分析发展到对本质的思索,帮助学生从感性认识上升到理性思维,从对贪官行为的震惊与愤怒,进而认识其犯罪之本在于"惟愚生贪,贪转生愚",最终理解作品深刻的思想内涵。

在学习中,知、识、思三层循序渐进,不断积累,形成知识链条。在教学中,优化知识结构应贯穿于整个教学实践过程之中。

二、经典阅读与洞察能力培养

洞察能力包括观察、认知、抽象、思辨四个方面,与知识结构的识和思密切关联。观察能力是在细微处发现特点,认知能力是在表象中发现本质。例如张岱的《西湖七月半》,描绘了在七月十五日的夜晚,杭州人涌到西湖边赏月的景象。张岱作为游客一员,对五种不同阶层赏月人士进行了细致入微的观察,发现五类人不同的享乐方式与审美情趣,描绘了一幅世俗风情画。《西湖七月半》正是于细微处发现特点的范本。在教学时,教师即可着重从五类赏月人士之间的区别与联系入手,来培养学生的观察、认知能力。再如美国作家梭罗在《梭罗日记》中非常直观地记录了他对大自然的观察,记录了大自然对他心灵的影响。在阅读《梭罗日记》时,首先引导学生从梭罗的视角来观察大自然,认识大自然的美妙及各种生物的神奇,"保持与自然相对应的情绪";其次引导学生认识梭罗的敏锐观察力,了解观察力的形成需要极大的好奇心与忍耐力,进一步培养学生的洞察能力。

抽象能力是在现象中概括异同,思辨能力是在矛盾中探求联系。在教学中,通过精读一些经典名篇,培养大学生在观察认知的基础上进一步形成对人生、社会本质的抽象思辨能力。如王羲之《兰亭集序》,是一篇哲理性散文,在教学中,分析作者由乐而悲的情感变化,从人生短暂与宇宙永恒的矛盾之中,探寻超越生死的哲理,进而分析王羲之的生命意识,以及中国古代士大夫共通的情感心理,培养学生的抽象思辨能力。再如清代名臣孙嘉淦的政治奏议《三习一弊疏》,文章总结了"人君"(领导者)容易犯的三种错误,分析其犯错原因,并指出了预防方法。在教学中,要注重对"三习一弊"的分析,不能局限于现象本身,而是概括其基本特征,并把这种现象提升到阴阳转化的哲学层面,提炼出"习"与"弊"之间的基本规律,帮助学生培养抽象概括能力。

三、经典阅读与语感能力提升

不同文体语言表达体式有别,概而言之,有叙述性语言、描述性语言、论述性语言三类。语感能力主要包括对这三类语言的整体接受与运用,其中运用能力,也就是语言表达能力尤为重要。

以史铁生先生的《我与地坛》为例。史铁生叙述了自己如何独自摇着轮椅去地坛排遣愁怀,叙述了他的母亲如何心神不定,到园子里去找他,叙述了自己在地坛的所见所思……他的叙述是理性与诗性的结合,其语言准确而优美。在教学过程中,通过解读史铁生散文的语言艺术,教师可以帮助学生理解叙述性语言的特点,并通过一定的课堂练习提升学生的语言表达能力。

清代文学家林嗣环的名篇《口技》是较好运用描述性语言的范例。教师在教学时,不仅要注意解读"口技人"表演技巧的精妙,更应注重品读作者描写技巧的精妙,也就是描述性语言的生动性。这种生动性体现在:一是描述"口技人"的表演,完全用声音的变化来构建深巷中某户人家的夜晚生活;二是描绘听众的反应以突出现场的氛围,强化演出的效果,使读者感同身受,有如身临其境。通过对《口技》描述性语言的分析,教师可以帮助学生掌握描述性语言的表达体式,培养学生的语感能力。

再如韩愈的《师说》虽是短文,但却是一篇中心突出、层次清晰、逻辑严密的论说文名篇。文章通过古与今、子与己、士大夫与百工之人、年龄与才智的明对比,以及李蟠与众人的暗对比,多角度论证了"道之所存,师之所存也"的道理,论证语言简洁有力,逻辑严密,说理透彻。在教学中,需注重分析其语言艺术,加深学生对论说性语言特点的认识。

在高校文学经典研读课程的教学实践中,通过对一些经典名篇的解析,教师可以培养大学生叙述性语言表达的准确性、描述性语言表达的生动性、论述性语言表达的逻辑性,以及对于语言的整体感知与表达等语感能力,并且把不同文体特征、不同语言表达体式,贯穿于整个教学过程中。

四、经典阅读与审美能力形成

审美能力包括审美阅读、审美趣味、审美鉴赏、审美表达四个方面。在教学中,教师可以通过一些经典名篇解析,促进审美阅读由工具向人文转化,审美趣味由低级向高级转化,审美鉴赏由粗浅向深刻转化,审美表达由达意向审美转化。

(一)审美阅读由工具向人文转化

以当代美学家宗白华先生的《论〈世说新语〉和晋人的美》为例。《世说新语》是一部笔记小说,记载了东汉后期到晋宋年间一些名士的言行与逸事,具有工具书的性质。但宗白华先生从史料中读出了晋人之美,这就是由工具向人文转化的审美阅读。在教学中,教师要侧重分析晋人言行逸事中蕴含的个性色彩、人文心理与时代精神,如从"阮籍途穷"中分析时代特色与人物心理,从"支道林好鹤"中分析晋人生命情调之美,从"阮裕焚车"中品读晋人性情之美,等等,帮助学生在审美阅读中提升审美能力,完善人文精神。

(二)审美趣味由低级向高级转化

傅雷先生翻译的来自意大利艺术家费代莱·达米科的文章《什么叫作古典的》是艺术学和艺术教育领域的一篇经典文献。文中对真正的古典精神做出了准确、清晰的说明:"僵死、造作与甜俗都不是真正的古典,而是一种低级趣味,真正的古典精神有朝气的、快乐的、天真的、活生生的,像行云流水一样自由自在,像清冽的空气一般新鲜。"在教学中,教师要注重辨析"伪古典"与"真正的古典"之间的区别,指出提升鉴别力需要"多方面的修养和持续的警惕"。对此类文章的审美阅读,可以帮助学生提高欣赏、鉴别、评判美丑的审美能力,审美趣味由低级向高级转化。

(三)审美鉴赏由粗浅向深刻转化

当代文学家、雕塑家熊秉明先生的散文《看蒙娜丽莎看》是一篇极"神妙"的散文。其妙处,则在其逐层深入的审美鉴赏。教师在教学中,可分三个层次来解读"看":一是作为欣赏对象的蒙娜丽莎,她神秘的微笑背后的"看",隐藏着什么样的秘密;二是作为欣赏者的画家达·芬奇,他如何看"蒙娜丽莎的看","要画出这画不出……画完这画不完";三是作为作者的熊秉明,如何以神妙的鉴赏能力,写出达·芬奇一点点趋近而又永远画不完的蒙娜丽莎的"看"。通过层层深入的解读,帮助学生从蒙娜丽莎的微笑走向达·芬奇的心灵世界,从达·芬奇的审美追求走向作者的审美境界,从粗浅的审美认识走向深刻的审美鉴赏。

(四)审美表达由达意向审美转化

以杨振宁先生著名的演讲《美与物理学》为例。物理学是一门极精密的科学,在表达上讲求客观、精确,也就是达意。然而杨振宁教授却发现了物理学之美,他认为物理学具有一种"哥特式教堂的建筑师们所要歌颂的崇高美、灵魂美、宗教美、最终极的美"。在教学中,教师需带领学生反复研读文本,品读其理性思维与审美表达结合的妙处。例如作者用"秋水文章不染尘"来形容物理学家狄拉克独特的逻辑思维,用"性灵出万象、风骨超常伦"来形容狄拉克的灵感,用"独抒性灵、不拘格套"来形容狄拉克的作风,用"非从自己的胸臆流出,不肯下笔"来形容狄拉克的独创性,这些对古诗词的引用恰到好处又十分传神,他的论述也具有难以言说的魅力与气象,从达意转向了审美。通过解析此类文章,帮助学生理解并掌握多种表达手法,从辞达走向意达、情达,并最终提升自己的表达能力,使读者获得愉悦的审美感受。

需要注意的是,在经典解析过程中,教师不仅要注意分析文本的结构方式,还要通过揭示文本的思维特点,将对学生的思维训练渗透其中,而且以抓住过程—评价、情感认同—道德重构的文本阅读为契机,将道德修养、人生智慧渗透于整个教学过程中,培养学生正确的人生观、价值观、发展观和审美观,在润物无声的潜移默化的阅读、审美过程中,追求学生与经典之间的"知音"境界。

参考文献

[1] 李国文.李国文读史[M].武汉:崇文书局,2008.

[2] 梭罗.梭罗日记[M].朱子仪,译.北京:北京十月文艺出版社,2005.

[3] 达米科.傅雷家书[M].傅雷,译.北京:生活·读书·新知三联书店,2018.

[4] 熊秉明.展览会的观念[M].上海:文汇出版社,1999.

[5] 杨振宁.杨振宁文集[M].武汉:华中师范大学出版社,1998.

本文原载于《牡丹江教育学院学报》2017 年 9 月 30 日。

第 五 部分

传统文化与实践教学

论地方区域性高校乡土知识教学的几个问题

刘家思　　巫师明

乡土知识是人们在改造世界的实践活动中所获得的关于本乡本土的认识和经验的总和。它不仅是地方文明的结晶,而且是人类文明的重要组成部分。高校是创造知识、传播文明、培养人才的摇篮,作为高等教育重要组成部分的地方区域性高校,要传播和发扬已有的地方文明,培养适合地方需求的人才,赋予学生以"地方特性"。这样,在地方区域性高校中切实开展乡土知识教学就显得很有意义。这不仅可以使学生开阔视野、丰富知识,强化学生"爱我家乡"的情感,还可以激发学生学习兴趣,推动教学改革,优化教学效果,提高高校为地方服务的能力。本文就乡土知识教学应该注意的几个问题略做论述,以求教于大家。

一、要提高思想认识

思想支配行为,认识形成思想,思想认识是一切社会实践活动的内在动力,也是进行一切社会实践活动首先必须解决的问题。地方区域性高校要进行乡土知识教学,对学校和教师来说,首先就是要提高思想认识。学校要对学生进行乡土知识教育,在教育界已提了好久,但是并没有得到很好的实施,不少地区根本就没有进行;有的地区实施了,也是大打折扣。在 20 世纪 80 年代,不少地区组织编写了教材,发到各学校,但真正将它当作一门课的学校很少,而且这更多是在中小学;在高校,有的学校用学术讲座的形式开展过乡土知识的教育,但这往往是兴致使然,并不是出于一种教学思想指导下的有计划、有安排的正式教学行为。20 世纪 90 年代后,乡土知识在学校几乎是销声匿迹了。现在看来,还是思想认识不到位的问题。今天,我们重提在地方区域性高校进行乡土知识教育,首先要解决好思想认识问题,否则一切都是白费力气。如前所述,开展乡土知识教育,不仅可以使学生开阔视野、丰富知识、强化学生"爱我家乡"的情感,而且可以使学校教育与社会实践、理论学习与工作实际相结合,从而激发学生学习兴趣,推动教学改革,优化教学效果,还能提高高校为地方服务的能力。我们认为,除了具备这种认识以外,还必须从如下方向来进一步解决思想认识的障碍。

(一)乡土知识教育是以素质教育为理论基础的

教育理论是教育行为的先导,是教育实践的基础。地方区域性高校为什么要进行乡土知识的教育呢?这是以素质教育为出发点的,也就是说,这是以素质教育理论为基础的。我们认为,只有用素质教育理论来武装思想,才能更好地认识乡土知识教育的必要性。

素质教育是 20 世纪末全世界教育的口号。这是一种依据人的发展实际需要,以面向全体学生,全面提高学生的思想品德、文化科学、劳动技能和身心素质为基本内涵,以促进个体素质全面和谐、协调发展为最终目标,以提高全体学生的基本素质为根本目的,以尊重学生的主体地位、开发人的潜能、形成人的健全个性为本质特征的教育。这既是一种现代化性质的教育,又是一种适应和促进现代政治、文化经济和科技发展的普及教育和大众教育。我们的党和政府高度重视素质教育的实施,1999 年出台的《中共中央国务院关于深化教育改革全面推进素质教育的决定》中指出:实施素质教育,"在不同地区还应体现地区特点","要从实际出发,加强和改进对学生的生产劳动和实施教育,使其接触自然、了解社会、培养热爱劳动的习惯和艰苦奋斗的精神",高校"要组织学生参加科学研究、技术开发和推广活动以及社会服务活动","有针对性地开展爱国主义、集体主义和社会主义教育"。乡土知识具有很强的地域性,是紧密联系实际,集思想性、知识性、实践性于一体,是学生接触自然、认识自然、了解社会、加强实践、培养能力、提高素质的一条重要途径。进行乡土知识教育,无疑是切合素质教育理论要求的。我们必须认真学习素质教育理论,加深对乡土知识教育重要性的认识。

（二）乡土知识教育是发掘资源，弘扬地方文化，促进地方经济建设和社会发展全面进步的要求

地方区域性高校肩负着为地方经济建设和社会发展服务的重任。一方面是要培养地方需要的合格人才，另一方面就是要为地方的发展提供社会服务，主要是技术服务和软科学服务。乡土知识是一种潜在的地方资源，隐藏着许多经济发展点和社会进步的推动力，对学生进行乡土知识教育，无疑是对地方资源的开掘、重视和宣传，不仅可以使地方潜在的资源具有经济意义和社会意义，为地方经济建设铺路，而且可以使地方资源、地方文化的知名度扩大，使其成为一种现实化的资源，为产业开发搭桥。这就无形中提高了地方区域性高校的服务能力。因此，对地方区域性高校来说，在学生中进行乡土知识教育，不光具有提高学生素质的间接社会效果，而且还具有产业意义上的社会效果。我们必须认识这一点，使乡土知识教育在地方高校真正地开展起来。

二、要把握乡土知识的特点

一方水土养育一方人，一方水土蕴含一方文明。进行乡土知识教学，首先必须全面了解乡土知识的特点，以增强教育的针对性、教学的有效性。从总体上说，乡土知识具有如下几个特点：

第一，亲缘性。乡土知识是有关本乡本土的知识和经验，生于斯、长于斯的人们非常熟悉，自小就认识、了解、浸润和感受着，对它有一种亲近性和亲切感。

第二，丰富性。乡土知识内涵丰富，学科众多，知识广泛，不仅包括人文科学方面的知识，还包括自然科学方面的知识。

第三，封闭性。乡土知识是关于某一地区的知识，是本乡、本土的，与本乡、本土无关系的不在其列，排除了外在性，与外界的碰撞和交流不多。

第四，生动性。乡土知识大多都是活生生的、具体可感的，形象性、直观性较强。例如山水风光、人情风俗、文物古迹、现代科技等都是具体生动的。

第五,质朴性。乡土知识受区域限制,大多未得到及时合理的开发利用,大多处于原始状态,其内容和形式都质朴无华。

第六,历史性。乡土知识是关于本乡本土的知识和经验,大多是在过去的基础上积累而成的,因此历史感较强。

第七,复杂性。乡土知识是人们在改造客观世界的历史过程中形成的,由于人们的世界观不同,所站的角度不同,故乡土知识成分复杂:有先进的,也有落后的;有科学的,也有迷信的;有唯物的,也有唯心的。

第八,独特性。由于人类生存和发展的不平衡,地理位置、地质特征、文化区域不一样,因而形成了乡土知识的独特性。它往往是独一无二的,是其他地方不拥有的。

第九,交叉性。乡土知识往往存在着多种学科交叉的现象。例如佛学禅宗曹洞宗的发禅地宜丰洞山就有宗教(佛学)学、哲学、文物考古学、建筑学、文学、气候学和生物学等多学科的知识。

第十,现实性。乡土知识虽然是历史积累而成的,但它的存在形式往往是现时态的。而且乡土知识,如民俗风情、环境气候、交通设施、行政治所、传统文化、风景名胜、名士贤达、自然资源等,对当代社会的各个方面都有很大的影响。因此,它具有很强的现实性。

乡土知识的上述特征,充分表明了乡土知识具有一种内在的教学活力,也预示了乡土知识包含着深厚的教学潜力,反映乡土知识在地方区域性高校的教学上具有广泛的适应性。当然,它也由此夹杂着一种复杂而斑驳的消极因素。

三、要遵循一定的教学原则

乡土知识教学,在地方区域性高校实施素质教育的过程中是大有作为的。但是,地方区域性高校在教学中如何发挥更大的正向功能而避其消极作用呢?这就必须要遵循相应的教学原则。

教学原则是根据一定的教学规律和教学目的而提出的在教学过程中必须遵循的基本要求,它决定教师教学活动和学生认识活动的性质,指导教与学的实施。根据高等学校促进大学生的知识积累、能力发展、正确世界观和优良品德形成的基本教学任务及乡土知识自身的特点和素质教育的要求。我们认为,地方区域性高校进行乡土知识的教学,必须遵循如下一般性原则和特殊性原则。

(一) 一般性原则

严格说来,乡土知识的教学不只是高校的任务,中、小学都必须进行适量的乡土知识教学。不管是中小学还是高校,进行乡土知识教学都必须遵循下列一般教学原则:

1. 选择性原则

乡土知识内容丰富、知识广泛、学科众多,所以学校必须根据自己的实际去选择教学内容。这种选择,一般是在掌握乡土知识概貌的基础上根据专业特点和培养目标的实际选择重点内容进行讲授。

2. 批判性原则

乡土知识大多处于原始状态,呈质朴性特点。由于人们处于不同的历史时期,拥有不同的世界观和方法论,乡土知识明显存在着杂芜的现象。有的在当时可能是正确的,但现在看可能是错误的;有的在当时可以是优势,是先进的,但由于生产力的发展和社会的进步,现在却是落后的,处于劣势。因此,我们必须坚持辩证唯物主义和历史唯物主义的观点,用批判的眼光去看待它,对它进行扬弃。

3. 现实性原则

进行乡土知识教学,必须立足现实,面向未来,贯穿现实性原则。教师必须根据学生实际,充分考虑现实情境,从人的成长和社会发展的视角来讲授、传播乡土知识。

4. 实践性原则

乡土知识是活生生的,有的直观性很强,比如地貌景观、文物古迹、科技产业等。因此,无论是教还是学,都应加强实践环节,走进对象之中,这样就会获得最佳效果。

5. 开放性原则

开放性原则包括两方面,一是要打破乡土知识地域性的局限,以一种开阔的视野进行乡土知识的教学,从比较的视角去审视乡土知识,加强乡土知识的外向交流;二是要打破传统的教师讲授的教学方式,让学生自己去感知和发现知识,而教师只出题目,还学生主体性。

(二)特殊性原则

高校是培养高级专门人才的场所。高校进行乡土知识教学与中小学又有所区别,其教学原则除上述一般性原则之外,还必须遵循如下特殊性原则,以期与教学的"高等教育性"相适应。

1. 学科性原则

高等教育的培养任务决定了高校教学的学科性特征十分明显。在实施素质教育的今天,它要求高校在培养通才的同时,既注意培养学生的专业兴趣,又有一定的专业侧重。乡土知识内容十分丰富,学科众多,覆盖广泛。在传播一般知识的同时,重点应结合专业学科实际去选择教学内容和组织教学。例如,农学系的可侧重讲授本地的气候特征及其对农业的影响,农作物分布特点及农业开发前景,等等;医学专业可侧重讲授地方性疾病及其治疗与防疫方法;文学专业可侧重讲授绍兴的大禹文化、戏剧文化、幕府文化、唐诗文化。这样,不仅有利于调动学生的学习兴趣,还可以提高为地方服务的工作能力。

2. 研究性原则

高等教育是一种不同于中小学基础教育的创造性教育,它必须培养学生研究问题、解决问题、服务于社会的技能。地方区域性高校则要培养学生服务于地方经济建设和社会发展的实际能力,在教学上必须将知识向能力转化,引导学生去研究问题,培养解决问题的能力。在进行乡土知识教学时,必须避免单一的知识介绍与传授,而应引导学生联系专业实际对乡土知识的相关问题进行调查研究、分析论证、设计构想。例如,经济专业和地理专业的乡土知识教学,可以在充分介绍本地旅游资源的基础上,组织学生进行调查研究,对本地的旅游发展进行设计与构想研究。这就不仅可以提高学生的能力,还能为将来学生更好地服务社会奠定基础。

3. 专题性原则

乡土知识内容丰富。涵盖众多学科,一般情况下不可能方方面面都讲得很深很透。但如果千篇一律都是概要简介,又满足不了有一定专业修养的学生的求知欲,导致学生兴趣下降。这就要遵循专题性原则。所谓专题性原则就是选择一些与专业有关的或学生感兴趣的问题讲深讲透,以提高教学效果。例如文学专业,可以选择鲁迅等浙东乡土作家或乡土文化作为专题进行重点讲授,这样学生的积极性就会提高。

4. 开创性原则

培养学生的创新开拓能力,是高校进行素质教育的一个重要任务。地方区域性高校在进行乡土知识的教学中必须注意培养学生的开拓创新能力,这就需要贯彻开创性原则。在乡土知识中,由于其封闭性、历史性和质朴性的特点,它蕴含众多的开拓创新内容等待人们去发掘利用、发明创新。教师必须侧重讲解那些可以诱发学生创造力的内容。例如历史专业,便可以对本地历史人物、文化典籍进行重点讲授,给予科学分析,以启发学生的创造性思维与能力。

综上所述,素质教育为乡土知识教学做了理论准备,服务地方的性质提出了乡土知识教学的要求,乡土知识自身的特点、高等教育的性质任务决定了乡土知识教学必须遵循一般性原则与特殊性原则。值得说明的是,本文提出地方区域性高校要进行乡土知识教学并不排除其他学校进行乡土知识教学,只是因地方区域性高校的地方性与区域性特征与乡土知识联系较紧密而已。其他学校进行乡土知识教学的原则,参照本文据实制订即可。

地方高校如何开展中国传统文化教育

赵宏艳

近代以来,西学东渐,一方面促进了中国新学的发展,推动了中国教育由传统向现代的转型;另一方面,在新学与旧学,传统与现代,本土与西方之间,如何取舍与选择,成为百年教育史的重要命题。毋庸讳言的一个事实是,现代新式教育是在借鉴西方学科体系的基础上建立起来的,在这个过程中,一个明显的倾向是"去中国化"。百年以来的现代教育用事实证明,"去中国化"的现代教育出现了种种问题,我们的文化建构中出现了无法弥合的裂痕,国人本土文化价值本位的缺失造成了当下信仰真空的泛滥。如何在中小学乃至大学教育中有效推进中华传统文化教育,重塑国人的集体无意识,加强人们对民族文化的认同感,成为迫在眉睫的问题。

2014 年教育部印发了《完善中华优秀传统文化教育指导纲要》(以下简称《纲要》)。2017 年中共中央办公厅、国务院办公厅印发《关于实施中华优秀传统文化传承发展工程的意见》(以下简称《意见》)。这两个文件的相继出台,体现出国家从政治层面对加强中华传统文化教育的重要性和迫切性的认识,同时也对各级教育部门与机构实施中华传统文化指出了明确的方向。

《纲要》指出要"在课程建设和课程标准修订中强化中华优秀传统文化内容"。在课程建设方面,"鼓励各地各学校充分挖掘和利用本地中华优秀传统文化教育资源,开设专题的地方课程和校本课程","鼓励有条件的地方结合地方课程需要编写具有地域特色的中华优秀传统文化读本"。另外针对不同年龄和不同教育阶段,又提出"分学段有序推进中华优秀传统文化教育"的策略,其中大学阶段的主要目的是"以提高学生对中华优秀传统文化的自主学习和探究能力为重点,培养学生的文化创新意识,增强学生传承弘扬中华优秀传统文化的责任感和使命感"。《意见》则进一步提出"构建中华文化课程和教材体系"的理念,"推动高校开设中华优秀传统文化必修课,在哲学社会科学及相关学科专业和课程中增加中华优秀传统文化的内容",而"加强中华优秀传统文化相关学科建设"更是把传统文化建设提升到学科层面。

由此可以看到,未来高校的传统文化教育是非常重要的一项教学内容。主要围绕修订教学大纲、编订教材、开设必修课、形成教材体系、建设学科等方面展开。修订大纲是前提,编订教材是核心工作,必修课是实施过程,目标是形成教材体系并建设完善的学科。

自 2019 年 9 月起,浙江越秀外国语学院以通识必修课的形式面向全校所有专业学生开设中华优秀传统文化(本课程所使用教材是《中国文化概论》,李建中主编,武汉大学出版社 2014 年版)课程。当然,要形成完善的教材体系及学科,仅仅开设这样一门课程是不够的。"国家知识与地方知识二者应该是互补的,地方课程、校本课程应融入以国家课程为主导的学校课程之中,从而在学校教育领域构建一种和谐发展的课程体系。"完善的课程体系应该由国家课程、地方课程和校本课程三个层次组成。如果说"中华优秀传统文化"是国家课程,那么,高校如何根据本校教学与人才培养的实际情况,结合地域文化编订合适的教材,开发出富有特色的地方课程和校本课程,是接下来高校传统文化教育要摸索和解决的问题。

浙江越秀外国语学院中国语言文化学院承担着全校所有的文学与文化类通识课,如"大学语文""中华优秀传统文化"等。在中国语言文化学院《2012年教学大纲》中,有两门课程比较富有传统文化和地方文化意味,即"绍兴地方文化"与"中国民俗学"。《2013 年教学大纲》中取消了"绍兴地方文化"。《2015 年教学大纲》中增添"汉字与文化""方言与中国文化""中华传统手工制作""软笔书法"等四门课程,具有课堂教育与实践教育相结合的特点,但是缺乏鲜明的地域文化特点。《2018 年教学大纲》中增加了"大禹文化通论",这是一门具有鲜明地域文化特色的校本课程。这门课程的增补,使我们在教材体系建设上迈出了一大步。大禹文化是绍兴、浙江文化重要组成部分,如何将大禹文化与现代教育及通识教育、传统文化及地方文化融为一体,构建具有地域文化特色的传统文化教育模式,是本文拟探讨的问题。

一、开展大禹文化教育的价值与意义

大禹文化是中华传统文化中的优秀部分,大禹文化构筑起浙江文化的重要内容。大禹文化在物质层面表现为浙江省内有关大禹的历史遗迹、传说故事、空间景观、纪念建筑等,在意识层面表现为大禹精神。大禹精神主要体现在:第一,大禹忧国爱民、无私奉献精神;第二,大禹以身作则、艰苦奋斗、自强不息的精神;第三,大禹勇于创新的精神。大禹精神是大禹文化的核心,也是浙江文化的内核,它塑造了一代又一代浙江人,激励鼓舞浙江人艰苦创业、奋发有为,从而使浙江在文化各个方面都创造了震古烁今的辉煌业绩,赢得了"文物之邦"的美誉。大禹精神在今天依然具有深刻的现实意义。

(一)重塑核心价值观的需要

《纲要》指出:"大学阶段,以提高学生对中华优秀传统文化的自主学习和探究能力为重点,培养学生的文化创新意识,增强学生传承弘扬中华优秀传统文化的责任感和使命感。深入学习中国古代思想文化的重要典籍,理解中华优秀传统文化的精髓,强化学生文化主体意识和文化创新意识;深刻认识中华优秀传统文化是中国特色社会主义植根的沃土,辩证看待中华优秀传统文化的当代价值,正确把握中华优秀传统文化与中国化马克思主义、社会主义核心价值观的关系。"重塑公民的核心价值观,关系到我国经济社会能否持续、健康、稳定发展,关系到举国文化竞争力的强弱。大禹精神毫无疑问是中华优秀文化的精髓。今天我们依然有必要通过教育的方式,让学生深刻领悟,通过各种形式潜移默化,从而将其内化为他们的核心价值观。

(二)继承和创新传统优秀文化的需要

华夏文化是中华民族孕育发展的精神土壤,承载着国人几千年休养生息的集体无意识,是华夏儿女精神品格的核心基因,传承和发展华夏文化是每个中华儿女责无旁贷的义务。新文化运动在传统与现代之间所造成的割裂至今仍未愈合,需要几代人的努力才能完成与中华优秀传统文化的有效对接。《意见》指出实施中华优秀传统文化的重要任务之一就是"深入阐发文化精髓",只有在新的时代文化背景下,对传统文化重新进行有针对性的现代阐释,才能为今天的人们所接受。勇于创新本就是大禹精神中最为闪亮的一道光辉,正是不走寻常道,勇于反思和敢于突破前人治理水患的窠臼,大禹才寻找出一条以疏导治理水患的新思路,从而平定水患,使无数生民免于鱼鳖之口,奠定华夏文化的地理版图。我们今天继承和创新传统文化,依然需要大禹这种创新精神,这种精神是我们突破自我文化中落后与陈旧因子的束缚,走出光明坦途的一把利刃。

(三)大学生人格塑造的需要

我国传统文化是几千年孕育、发展和实践的产物,是特定地域、土壤、体制和机制的产物,是中华民族祖祖辈辈集体智慧的结晶,其核心基因具有跨民族、跨时代的普适性特点。大禹文化与大禹精神塑造了一代代优秀的浙江人,他们砥砺情操、奋发向上。今天,我们更应该将其融入当代学生人格塑造的过程中,通过知行合一的理念,将优秀的文化基因植根于新型人格的塑造。

二、如何实施大禹与中国传统文化教育

学科与课程建设的核心是教材建设。实施大禹文化教育,首先就是教材问题。集体编订教材、设计完整的教学内容、运用合理及先进的教学方法,是我们对大禹文化导论课程所做的基本规划。

(一)教材问题

开发具有地域特色的校本教材。"大禹文化导论"传统文化教育在现代高校往往以通识教育的模式展开,但是若教材"大一统",缺乏个性色彩,则难以引起学生的学习兴趣。从韩国和日本的传统文化教育来看,他们非常注重校本特色,不搞"大一统",设置专门的传统文化教育的大学和中小学特色学校,

使得国家层面就建构了传统文化教育的体系。国内的传统文化教育多以北京、山东和河南为范本,尚未形成学校的校本特色,即便有特色,模仿痕迹也较重,与地方文化结合不够紧密。千篇一律的教育理念势必会影响到学生个性的发挥和全人教育理想的实现。

传统文化教育的推进始终要坚持"以人为本"和"以校为特"的理念,立足学校的自身优势,作为地方教育管理部分,也有必要对不同的学校进行分类引导和管理,力争实现一校一特色的发展格局。基于浙江和绍兴拥有的丰富的大禹文化资源,我们结合大禹文化开发具有浙江特色的、适合越秀的校本教材《大禹文化导论》,就是对这个教育理念的一次践行与尝试。《纲要》中"鼓励各地各学校充分挖掘和利用本地中华优秀传统文化教育资源,开设专题的地方课程和校本课程"是我们进行地方与校本教材建设的理论指导。

自 2018 年以来,中国语言文化学院以大禹及传统文化研究中心为纽带,集合学院专业老师进行"大禹文化概论"的教材编写工作,目前该教材的编写工作已经完成,教材即将出版,为接下来的教学工作做好了准备。另外,2019年最新修订的本科教学大纲中,已经确定该教材为大禹文化课程的专用教材,该课程为中文系必修科目,学习期限为一学期,学分 2 分。修订大纲、编订教材,相信该课程的开设对我校构建具有越秀特色的中华传统文化教育模式、逐步完善传统文化课程体系以及学科建设都大有裨益。

(二)教学内容

大禹文化教育应该围绕大禹史实教育、大禹精神教育、大禹与地方文化传承三个内容展开。大禹史实教育是基础,主要是让学生了解大禹的历史功绩,治水、治国的经验,以及历史地位与影响。大禹精神教育是重点,主要是让学生充分认识和了解大禹精神的内涵,在学习和认同的基础上将其内化为自我认知,继承和发扬大禹精神。比如大禹治理水患,善于创新;个人生活,克勤克俭;对于工作,恪尽职守;治理国家,广开言路、防微杜渐、勇于担当。大禹与地方文化传承,旨在揭示大禹文化与精神在地域文化建构中的地位与作用。作为大禹的葬地,越地秉承了大禹精神的内核,这个内核即《嘉泰会稽志》所谓"其民至今勤于身,俭于家,奉祭祀,力沟洫,乃有禹之遗风焉"的"勤"。宋代诗人陆游论大禹治水成功原因及总结大禹精神,也是落在一"勤"字上,这种一致性体现出越人对大禹精神与文化的高度认同。鲁迅先生说越人"复存大禹卓苦勤劳之风,同勾践坚确慷慨之志,力作治生,绰然足以自理"(《〈越铎〉出世辞》)。大禹对陆游、鲁迅和越人而言,不仅仅是上古的先王和遥远的祖先,更是精神与文化之象征,深受越地文化濡染的陆游、鲁迅已经把大禹精神深深地浸透到自己的身与心,他们诗文作品中全方位的书写体现出对大禹精神与文化的高度认同与自觉维护。春秋时期有卧薪尝胆勾践,宋代有陆游、吕祖谦、陈亮,明代刘基、于谦、徐渭、沈炼、王阳明、王思任、刘宗周、祁彪佳、张苍水,清代有黄宗羲、全祖望,近代有龚自珍、葛云飞、秋瑾、陶成章、徐锡麟、章太炎,现代有蔡元培、鲁迅、周恩来、竺可桢、马寅初等,他们是大禹精神的践行者,也是继承者。今天大禹文化研究应该运用现代理论与方法,对此予以重新阐释。

(三)教法问题

传统文化教育进课堂几乎和其他课程一个样,更多体现的依然是以师为本。即便是有较为前卫的教学手段作为依托,如翻转课堂等,也还是会受传统思维的限制,对文本的分析过于局限,标准答案似的互动思路致使学生的主观能动性根本得不到更为有效的发挥。所以,在"大禹文化导论"的教学实施过程中,我们应当吸取以往的经验和教训,广开视野,充分利用新时期各种教育方式践行新式教育理念,将这门课程开好、上好、发展好、利用好。

第一,充分吸收和利用新式教学方法与理念。《纲要》中也充分认识到这一点,提出要"着力增强中华优秀传统文化教育的多元支撑",主要体现在,"建设不断适应时代需要的中华优秀传统文化网络教育平台","加强校园网络建设,依托高校网络文化示范中心、大学生网络文化工作室等,拓宽适合青少年学生学习特点的线上教育平台","选取一批有代表性的中华优秀传统文化经典诗文",建设"中华经典资源库","设立中华优秀传统文化教育专栏,进行形式活泼、内容丰富的在线学习"。近几年,我校教学改革中也非常重视新式教学方法的渗透,优慕课、云班课等在线课堂模式在课堂教学中越来越重要,逐渐成为课堂教学的重要组成部分。"大禹文化"的课堂教学也应该充分利用这些新式教学方法,开展形式多样,丰富多彩的网络教学,如线上线下互动,话题讨论,师生互评、学生互评等模式。

第二,实践教学法。大禹传说和相关历史文化遗迹在浙江地区分布较广,呈现出以绍兴为原点和中心,向周边地区辐射的态势。据绍兴市鉴湖文化研究会制作的《禹迹图》,仅绍兴地区至今有迹可考者就有八十多处。这些遗留物是大禹文化、大禹精神、大禹信仰的物质载体。一方水土养一方人,耳濡目染,生活于其间的诗人也成为大禹文化与精神的守护者、传承者,构筑起诗人精神与思想世界的内核。陆游诗歌对大禹历史文化遗迹的书写,则给我们展现了南宋时期大禹文化遗迹的分布、留存情况,是我们研究宋代禹迹分布的重要文献资料,对我们今天研究绍兴地区大禹历史文化遗迹的分布与演变也颇有启示。

实践教学法的形式可以灵活多样。如《纲要》提出可以"建设不断适应时代需要的中华优秀传统文化网络教育平台建设实训基地","加强中华优秀传统文化校园教育活动。利用学校博物馆、校史馆、图书馆、档案馆等,结合校史、院史、学科史和人物史的挖掘、整理和研究,发挥其独特的文化育人作用",这都为我们开展大禹文化的实践教育提供了思路和方向。

大禹陵是大禹文化的空间与物质载体,它以会稽山为核心地带形成独特的自然风景和与大禹相关的人文景观。有祭祀式建筑,如禹庙、禹祠;有历史遗迹,如禹穴、禹砭;有纪念式文化景观,如禹会桥、禹会乡、禹会殿等,从而构筑起越地自然地理与文化风貌的重要内容。大禹陵是进行大学生大禹教育的实训基地。

组织大学生参加大禹陵公祭,有助于对大学生进行传统文化教育的爱国情感培育和仪式感培养。《意见》指出,可以"充分利用重大历史事件和中华历史名人纪念活动、国家公祭仪式、烈士纪念日,充分利用各类爱国主义教育基地、历史遗迹等,展示爱国主义深刻内涵,培育爱国主义精神"。大禹祭是中华历史名人的纪念活动。2006 年 5 月 20 日,由绍兴市申报的大禹祭典经国务院批准,被列入第一批国家级非物质文化遗产名录;2007 年,文化部批准祭禹典礼由文化部和浙江省政府主办,由绍兴市人民政府承办,大禹祭典成为国家级祭祀典礼。2005 年,时任浙江省委书记习近平指示,要办好公祭大禹陵活动。2006 年绍兴公祭大禹陵时,习近平致信绍兴市委,对公祭大禹陵活动做出重要指示:"公祭大禹陵是一件十分有意义的事情。大禹以其疏导洪患的卓越功勋而赢得后世景仰,其人其事其精神,展示了浙江的文化魅力,是浙江精神的重要渊源。"要充分利用绍兴大禹陵祭祀这样的重大活动,帮助大学生建立对大禹精神的认知与认同。

总之,"大禹文化导论"应该充分发挥实践教学的优势,把课堂延伸到课外,组织学生集体采风,观摩大禹遗迹、讨论观摩心得,鼓励学生进行大禹文化遗迹的调查,搜集大禹文化资料,撰写调查报告,写作大禹研究论文,编选大禹优秀论文集,开展大禹文化征文比赛,等等。

三、需要注意的问题

(一)师资队伍的建设

《纲要》中已经指出师资在加强中华传统文化教育中的重要性,提出要"全面提升中华优秀传统文化教育的师资队伍水平","打造一支中华优秀传统文化教育骨干队伍"。具体措施是,在"教学名师评选中,增加传统文化教学和研究人才比重,培养和造就一批中华优秀传统文化教学名师和学科领军人才",另外"加强面向全体教师的中华优秀传统文化教育培训,提高各级各类学校教师开展中华优秀传统文化教育的能力"。编订教材,需要专业的教师;讲好课,需要专业教师。教师是传统文化教育的第一责任人,所以,培养教师、鼓励教师积极加入中国传统文化教育中去,培养、完善和建立一支高学历、专业扎实、与时俱进、掌握现代教学理念与方法的教师队伍就非常必要。

中国语言文化学院师资力量强大,专职专任教师资源丰厚,学历高,专业知识扎实,是进行传统文化教育的有生力量。自本学期开设中华优秀传统文化课程以来,教授、副教授等都加入了课程建设。从专业来看,主要由古代文学、现当代文学教师授课。接下来,如何稳定这支教师队伍,鼓励更多老师加入传统文化教育中去,加强对教师队伍教学能力的培育与提升,相关政策的后续跟进将非常必要。

(二)完善中华优秀传统文化教育的评价和督导机制

《纲要》在加强中华优秀传统文化教育的组织实施和条件保障上,认为要"完善中华优秀传统文化教育的评价和督导机制。研究制定中华优秀传统文化教育的评价标准,将中华优秀传统文化教育作为教育现代化监测评价指标体系的重要内容……将中华优秀传统文化教育纳入课程实施和教材使用的督导范围,定期开展评估和督导工作"。另外,"加强中华优秀传统文化教育教学研究。充分利用传统文化优势学科、重点研究基地和相关科研力量,深入开展中华优秀传统文化教育教学研究,为中华优秀传统文化教育教学提供理论基础和学理支撑"。

每所学校应根据自身情况,在《纲要》的指导下,出台政策性文件,完善中华优秀传统文化教育的评价机制、督导制度,在教学基础上展开理论研究,及时发现教育教学过程中的问题,总结经验,使中华传统文化教育能够积极有效地展开,为新时代中国经济发展、文化腾飞培养更多人才。

参考文献

[1]海路,巴战龙,李红婷.珍视乡土知识,传承民族文化——传承与校本课程开发研讨会综述[J].广西民族大学学报,2009(6).

[2]徐吉军.大禹与浙江文化[J].浙江学刊,1995(4).

本文原载于《大禹与中国传统文化研究》2020年第3辑。

高校中华优秀传统文化类课程的改革研究

刘丽萍

一、中华优秀传统文化类课程大学改革实践研究的背景

中华优秀传统文化类课程,曾经以"中国文化概论"或者"中国传统文化概论"的名目作为中文系本科生必修的一门专业课,现如今又成为非中文专业必修的一类通识课。应该说这是一件及时雨般的大好事。说它好,是因为随着中国经济的发展,我们需要更强大的文化自信,以对本民族优秀文化的深入领会和继承发展为前提,我们国家才能在世界优秀民族之林中具有公信力。富强的国家未必能"使远人来服",千年前的孔圣人,早已告诉我们如果能让远方的朋友愿意来到我们国家,愿意与我们国家、我们的民族世代交好,"则修文德以来之"。那么"文德"是什么?"文"就是中华民族五千年的优秀传统文化;"德"就是国人身上的优秀传统文化外化表现出来的言和行。

这类课程的催生,不光是响应国家"加强中华优秀传统文化教育"的号召,更重要的是让久开国门的国人,不单单睁眼向外看世界,更要静心向内看自己,看到自己民族、国家的优秀传统文化,意识到自己作为中华儿女的根和本。对于高校的学子来说,不论中国高校开设多少门或新或旧,或东传或西来的课程,都应该明白高等教育的目的是:让大学生们意识到中华民族悠久的历史传统、深厚的文化积淀、当下的基本国情,坚定对中华民族伟大复兴梦的理想和信念。

二、课程改革四大探索路径

为了便于探讨改革的思路,研究者以地方特色课程"大禹文化概论"为例,阐述在该课程开设和教育过程中四大方面的探索路径,它们分别是:成人教育、成事教育、成家教育、成才教育。

(一)成人教育

中华优秀传统文化类课程的教学改革旨在成人教育。古人读书绕不过四书五经,其中有一本重要的教导学子成人,做大人的经典读物——《大学》。"大学者,做大人的学问者也。"该书提出的"三纲"——"大学之道,在亲民,在明明德,在止于至善",意思就是做大人的学问,就是亲近百姓,彰明美好的德行,直到达到至善的目的。西汉的董仲舒,甚至一度将儒家经学思想由民间层面提升到国家意识形态的高位,使儒学成为独尊的官学、显学和国学的始点。其中《大学》也荣列在位。此后唐宋的科举开考、明清的八股举士皆是以此作为士子们必读、必知、必会的教材。而这个教材设立的根本就是教导学子如何做大人,告诉学子大人应该是什么样子的。以"大禹文化概论"为例,在讲解《尚书·大禹谟》这篇文章中的舜帝和大禹之间的对话时,和学生一起探讨了下面一段话:

> 帝曰:"格,汝禹!朕宅帝位三十有三载,耄期倦于勤。汝惟不怠,总朕师。"
> 禹曰:"朕德罔克,民不依。皋陶迈种德,德乃降,黎民怀之。"

这段对话透露的德行思想非常值得深思。尧舜禹作为上古三王的"圣王"历来是古代君王的楷模。当舜因为年迈想要把王位禅让给禹的时候,从舜的言语里可知,他对自己年迈不能勤谨于帝位感到愧疚。他的让贤行为里既有尽瘁于帝位,却不贪恋权位的明达,又有对考察对象——臣下禹"汝惟不怠,总朕师"的高度肯定与信任。禹既勤快有德行,又能带领军队,管理才干出众,是帝位的合适人选。同样,从大禹的回答中可以看出,他认为自己的德行还不够,老百姓不会听从自己。他推荐"皋陶",皋陶也是舜的臣子。禹推荐皋陶的理由仍然是"迈种德,德乃降,黎民怀之"。这段话里的两组关系,舜帝荐禹,禹荐皋陶,他们选择、判断和评价一个堪为大任的人的标准是什么?是"德"。由此我们看到,在尧舜禹时代,在那个曾被古人屡屡向往和赞颂的时代,帝君和臣下之间每每交流的话题是什么,就是怎样让自己成为一个有德之人。而修炼成为有德之人,当先成为一个有德行的"成人""大人",才能被百姓拥护,才会有"齐家""治国""平天下"的可能。当我们耳畔响起古时学子琅琅的读书声"大学之道,在明明德,在亲民,在止于至善"的时候,我们应该深刻体悟到古人对于"成人教育"的深刻用心,教育的第一目的是"成人",做"大人"。

(二)成事教育

中华优秀传统文化类课程的教学改革贵在成事教育。明代罗贯中《三国演义》第一百三回:"'谋事在人,成事在天',不可强也。"这是一句在中国人中很流行的谚语。意思是人做事一定要尽全力,但是最后能否实现目标,还是要看时运如何。这句话里渗透了三方面的内容:第一,做人要有所成就,即要成事,要成事,就要事前立志;第二,事中一定要努力,从主观和客观,脑力和体力上都要尽最大的努力;第三,如果人已经尽力了,能否成功,那还要看是否有时运。可以启发人们在做事前、中、后有个正确的成事观念和态度。"成败乃兵家常事"其实主要是事后助人调益心态的话,但也是极其重要的话。以"大禹文化概论"为例,在讲解《尚书·益稷第五》大禹和舜帝探讨治水这件事时,我引导学生从下列这段文字中观察大禹的成事思路。

> 帝曰:"来,禹!汝亦昌言。"禹拜曰:"都!帝,予何言?予思日孜孜。"皋陶曰:"吁!如何?"禹曰:"洪水滔天,浩浩怀山襄陵,下民昏垫。予乘四载,随山刊木,暨益奏庶鲜食。予决九川,距四海,浚畎浍距川;暨稷播,奏庶艰食鲜食。懋迁有无,化居。烝民乃粒,万邦作乂。"皋陶曰:"俞!师汝昌言。"

汉代经学大儒孔安国在古文《尚书》之《益稷》篇名下说:"禹称其人,因以名篇。"唐代孔颖达解释道:"禹言暨益、暨稷,是禹称其二人。二人佐禹有功,因以此二人名篇。既美大禹,亦所以彰此二人之功也。"益,也称伯翳、柏翳,又名大费。这段话讲的是舜帝请大禹对其治水一事畅所欲言。大禹首先客观陈述洪水情况:"洪水滔天,水势浩大包围了高山,漫过了丘陵,百姓陷于洪灾不能自拔。"这显示了大禹在治水前对洪水形势的实地观摩。其次,就是具体如何治理洪水的办法了,要想将这件事情做好,需要运用各种思路和方法。洪水范围广大,如果前往治理得使用不同的交通工具勘测,"乘四载"就是指古代的四种交通工具。孔颖达传:"所载者四,水乘舟,陆乘车,泥乘輴,山乘樏。"有了交通工具,还要获取制作交通工具的材料,大禹使用的是"随山刊木法"——沿着山脉砍伐树木补给工具制作。治水还需要集合百姓的力量,那么这些人力需要的食物怎么来?伯益有办法"奏庶鲜食",即给干活的百姓奉献新宰杀的肉食和食物。最后,治水的结果怎样呢?疏通了九川。按照《禹贡》的说法,弱水、黑水、黄河、漾水、长江、沇水、淮河、渭水、洛河九条江河得以疏通;又到达了东西南北四海;又深挖疏通了田间水沟导水入川。后稷发明播种,让百姓吃上新鲜的百谷和肉食蔬食。从此人们可以安心贸易,安心居住,百姓于是可以安定下来,万邦得以治理。由此可以看到大禹在治水事前事中都有考察和计划安排,且勤奋谨慎,思虑周详。那么对于成事的态度应该是怎样的呢?《益稷》篇中有两段伯益说的话:

> 益曰:"都,帝德广运,乃圣乃神,乃武乃文。皇天眷命,奄有四海
> 为天下君。"
> 益赞于禹曰:"惟德动天,无远弗届。满招损,谦受益,时乃
> 天道。"

第一句是伯益夸赞舜帝的政见:"啊!尧帝德行广大深远,真是圣明神妙,既有安邦定国之功,也有经天纬地之才;于是上天顾念,使他尽有四海之内,而做天下的君主。"第二句是说禹率领群后征讨三苗,辅臣伯益拜见禹说:"只有修德能感动上天,那时没有远而不至的地方了。盈满招损,谦虚受益,这是自然规律。"大禹对此表示赞同。中国社会一向重视天人合一、天人感应,人首先要努力修持德行,才能德行动天,无远弗届。这里强调的天,并非是客观的天空,而是反映了中国人向天地、向自然学习造化万物的大德。同时也说明了如

舜禹、伯益这些古之圣王贤臣在对待成事时有对"天"之因素的考虑。这个考虑因素给了我们关于平和看待事物的思考。

(三)成家教育

中华优秀传统文化类课程的教学改革需辅以成家教育。习近平总书记曾在 2015 年的春节团拜会上强调:"不论时代发生多大变化,不论生活格局发生多大变化,我们都要重视家庭建设,注重家庭、注重家教、注重家风。"中国古代十分重视孝道。孝道的第一义就是家庭血脉的延续。古人看待传宗接代首先是从珍惜自己的生命开始,所谓"身体发肤,受之父母,不敢毁伤";其次就是养育后代以促使家庭兴旺,所谓"不孝有三,无后为大"。孝道的第二义是敬养长辈,从能"养亲"到"敬亲"再到"老吾老,以及人之老"的"广敬"。所以曾子曰:"孝有三,大孝尊亲,其次不辱,其下能养。"由此可以理解汉代赵晔在《吴越春秋·越王无余外传》中所记录的关于"大禹三十未娶"的一段文字:

> 禹三十未娶,行到涂山,恐时之暮,失其制度,乃辞云:"吾娶也,必有应矣。"

可见深受儒家文化影响的《吴越春秋》,在记录大禹娶妻涂山氏时的行文思想也含有提倡敬亲、养亲的思想。又《史记·夏本纪》载:"禹乃遂与益、后稷奉帝命,命诸侯百姓兴人徒以傅土,行山表木,定高山大川。禹伤先人父鲧功之不成受诛,乃劳身焦思,居外十三年,过家门不敢入。"大禹治水前,其父鲧因为治水未成,遭帝杀于羽渊。禹能在丧父的巨大悲痛下,临危受命,十三年殚精竭虑,甚至三过家门而不入。可见其对于家庭的观念和态度。人到三十,理应成家立业,生儿育女,让父母少忧虑,中国孝道思想也是感恩报恩思想的反映。同时家国一体,为了国家的大局利益,大禹身负父丧之痛,以"三过家门而不入"的大公无私的精神做事业。我们可以看到家国意识在大禹身上的集中反映。在中国人看来,忠孝不能两全,至高的孝也是至高的忠。

（四）成才教育

中华优秀传统文化类课程的教学改革重在成才教育。成才教育其实就是怀抱志向，为民族、社会发展努力拼搏，成就自我的教育。朱熹认为"人之为事，必先立志以为本；志不立，则不能为事"。南宋鸿儒朱熹所说的"立志"，是指树立做尧舜或圣贤的远大目标。他说："学者大要立志。所谓志者，不是将意气去盖他人，只是直接要学尧舜。"从小的方面来讲，就是重视自身的修养，包括重义轻利、诚实守信、安贫乐道等个人品德的修养。清廷第一重臣曾国藩认为："士人第一要有志……有志则不甘为下流。"朱熹和曾国藩的见解都表明古人认为人要做事，首先要立下志向，且要立远志、立大志。文圣孔子的志向是"老者安之，朋友信之，少者怀之"。孔圣人的远大志向是他用一生所追求的"仁"架构仁爱的社会。那是一个能使老年人安康舒适，朋友们互相信任，青少年得到关爱养护的社会。朱熹的大志是"为天地立心，为生民立命，为往圣继绝学，为万世开太平"。前两位的志向和他们的名声与成就是匹配的，正好印证了曾国藩"有志则不甘为下流"的结论。

《尚书·大禹谟》也说明了这点。该篇记叙了大禹因为治理洪水有功，又谨慎虔敬地辅助帝舜，所以被舜帝推荐为继任者。大禹的回答表明了他的志向："后克艰厥后，臣克艰厥臣，政乃乂，黎民敏德。"他说："君主能重视做君主的道理，臣下能够重视做臣下的职务，政事就能治理，众民就能勉力于德行了。"这句的意思和后文是呼应的。"禹曰：'於！帝念哉！德惟善政，政在养民。'"大禹心目中，做君主应当是"崇帝德"，"帝德"应当是使政治美好，美好的政治重在使百姓得到养护。可以说大禹对如何做君主内心是有标准的，同时他在臣位也是安守臣子之道的。舜帝选贤任能推举大禹为王，在舜看来，大禹的贤德及功绩使其成为帝君的不二人选。

即便如此，大禹还是推辞，认为自己还远远没有达到为帝为君的地步。于是请求占卜选官。在占卜前，舜帝曰："禹！官占惟先蔽志，昆命于元龟。"唐孔颖达解释，传曰："昆，后也。官占之法，先断人志，后命于元龟，言志定然后卜。"意思是占卜前要先定志向，之后再询问命数于元龟。果然占卜大吉。这里虽然有古人占卜法参与选官的做法，但是至少说明占卜只是辅助帝王做决定的，真正重要的是人的志向。由此可以知道大禹后来成为五帝三王之一，和他高远崇德的志向有关。

三、中华优秀传统文化类课程教学改革路径的意义

综上,以上四方面是中华优秀传统文化类课程教学改革的探索路径。成人教育为首要,成事教育即时及时,成家教育功在当今,利在后世;成才教育是过程成才,也是结果成才的重中之重。然而这一切都离不开对中华优秀传统文化深入、全面、持久的学习和体验,这样才能将高校教师在民族文化的自信力和创新力复原、夯实并使其得到大振兴。故而时下,对大学生教授这门课程的过程中,理应将博大精深的中华优秀传统文化讲明讲透。民族的才是世界的,只有学子们对本民族优秀文化拥有足够的熟悉度和深入血脉的自信,才能增强民族凝聚力和创造力,才能使得我们在世界文化激荡中长久站稳脚跟,才能让我们在"富起来"之后真正"强起来"。不是用拳头和武力打出来的"强",而是能够使"远人来服",使"无远弗届"的所有外国人心服口服的"强"。

参考文献

[1]赵晔.吴越春秋[M].北京:中华书局,1985.

[2]司马迁.史记[M].北京:中华书局,1963.

[3]黎靖德.朱子语类[M].北京:中华书局,1994.

[4]阮元校,蒋鹏翔.阮刻尚书注疏[M].杭州:浙江大学出版社,2014.

[5]赵沛霖.先秦神话思想史论[M].北京:学苑出版社,2006.

[6]钟利戡,王清贵.大禹史料汇编[M].成都:巴蜀书社,1991.

[7]蒋善国.尚书综述[M].上海:上海古籍出版社,1988.

[8]陈梦家.尚书通论[M].北京:中华书局,2005.

[9]李宗桂.试论中国优秀传统文化的内涵[J].学术研究,2013(11).

[10]曾国藩.曾国藩治家全书[M].檀作文,译注.长沙:岳麓书社,1997.

本文原载于《和田师范专科学校学报》2020 年 4 月 15 日。

地域文化资源在留学生汉语教学中的开发与利用

——以浙江绍兴为例

王慧开

随着中国经济的快速发展和国际影响力的逐步提高,汉语热、汉文化热在国际上不断升温,大量留学生进入中国学习汉语和体验中国文化,对外汉语教学成为热门学科。来华留学生不仅学习汉语,同时也感受中华博大精深的文化。文化与语言密不可分,语言是文化的载体,文化是语言的展现。关于重视对外汉语教学中的文化因素、加强汉语教学中的文化导入和渗透的研究已取得了很多成果,并运用在实践教学中,取得了良好效果。但由于我国幅员辽阔,民族众多,各地区拥有丰富深广的地域文化,留学生学习、生活在不同的地域,尤其是近几年到东南沿海、西南地域等学汉语的外国人士逐年增加。留学生到这些地方会直接受到当地文化的冲击,这些会影响甚至决定留学生的汉语学习兴趣和在当地生活的意愿,"重视对外汉语教学中的'地域性'特征,进而做针对性的改进和提高,对这个年轻的学科有积极意义"。因此有必要在留学生汉语教学中开发利用地域文化资源,在课堂上导入渗透地域文化资源对促进汉语教学、减少留学生文化障碍有重要意义。

一、在留学生汉语教学中开发利用地域文化资源的必要性与可行性

留学生进入中国学习汉语,感受和体验中国文化。中国地域广阔,从东北到西南,西北到东南,有着不同的地域文化,包括建筑、特产等物质文化,也包括方言、民俗、历史文化等非物质文化。当留学生进入各地学习汉语,除了在课堂上学习标准的普通话、历史久远的较正统的中华文化外,他们在课外生活

中接触更多的是当地的方言、饮食、历史文化、民俗等,这些直接的接触和体验会影响他们在当地学习汉语的兴趣和生活的意愿。为了减少留学生在当地生活学习的文化障碍和文化冲突,提升留学生的跨文化适应和交流能力,有必要在留学生的汉语教学中开发利用当地的地域文化资源。

在留学生的汉语教学中导入和渗透地域文化是最佳的语言学习入口,有着无可替代的作用。首先,可缓解语言和文化学习压力,提升汉语学习兴趣。来华留学生刚刚进入异域生活,不能及时快速地适应新的生活习惯和交往方式,不能缓解文化差异和新环境带来的压力,特别是对当地的地域文化了解不多,跨文化能力受限,容易产生孤独、困难、失望、无助等情绪。如果对外汉语的任课教师能适时地在课堂教学中引入或介绍地域文化,可缓解学生的困境,增加学生的学习兴趣,同时提升其在当地生活的意愿。其次,可丰富汉语教学内容。以往的对外汉语教学较倾向于词汇、语法等知识的传授,注重听说读写技能的训练,忽视了深层次的文化熏陶,或是汉语学习和文化各自分家,各管各的,忽视了文化在语言学习中的作用,影响了汉语学习的有效性。地域文化资源在留学生汉语教学中的运用不仅可以补充、丰富和完善教学内容,而且有助于汉语学习的实践性和生活化,使语言和文化学习相得益彰,互相促进。再次,有助于打破课堂教学的局限,提升汉语的应用性和交际性。开发和利用地域资源就要将课堂内外结合起来,不仅在课堂中导入地域文化,同时带领学生在课外感受地域文化,将课堂中的汉语学习融入课堂外的实践体验中,在文化体验中展现听说读写的交流性,在文化感受体验中提升汉语水平。最后,有助于更宽广地传播地域文化,使地域文化更国际化。留学生深切地感受地域文化,理解和接受地域文化,他们回国后就会成为地域文化的传播使者,使地域文化远播海外。

二、浙江绍兴地域文化资源特色

绍兴地处东南沿海,环境优美,历史悠久、文化灿烂,对外贸易发达,是历史文化名城,也是首批优秀旅游城市之一,还是宜居城市之一,是著名的"水乡"和"桥乡"。绍兴在几千年的历史发展中形成了兼具传统和现代的独特的地域文化。

一，方言文化。绍兴话属于吴方言，与以北京话为基础形成的普通话有天壤之别，初来乍到的留学生走出校园就会时时遭遇像"天语"一样的绍兴话，使他们摸不着头脑。但绍兴话的发音也有一定的规律，教师可以在课堂中简要介绍和示范。而且绍兴的土语、俗语和地名中都蕴含着丰富的历史文化，可以在课外体验中讲授。

二，民俗与戏曲文化。绍兴历史悠久，形成了丰富的民俗文化。如婚丧嫁娶的习俗，过年时祝福、分岁等，独特的小桥流水人家的江南风味。绍兴具有古老的传统戏曲，剧种、曲种多样，最具特色的是越剧，是中国第二大戏曲剧种。在越剧的欣赏中可感受历史悠久的越方言和民间历史文化。

三，文人义士的精神文化。绍兴是名人之乡，从古代的大禹、越王、王羲之、陆游等，到近现代的章太炎、秋瑾、蔡元培、鲁迅、周恩来等，从他们身上传承下来的忍辱负重、锐意改革、发愤图强的精神，成为绍兴在新形势下发展强大的重要精神文化。

四，风物文化。绍兴具有独特的建筑文化，白墙黑瓦、竹丝台门、临河房屋、青石板巷道、样式质地各不同的桥梁，有虽无西湖大气但却似西湖秀气的东湖，还有清河上悠悠漂来的乌篷船，船身乌黑却结实稳当，船主喝着老酒哼着越曲，这些独特的风物都直接影响留学生的生活体会。绍兴有著名的会稽山脉，历史悠久，风景优美，爬到山顶可感受当年秦始皇一霸天下的雄气和伟业。

五，饮食文化。绍兴有独具特色的饮食文化。外地人可能不喜欢但绝对知道的臭豆腐，可谓是"臭名远扬"；鲁迅笔下的茴香豆也是著名的绍兴特产之一；用传统方法制作的霉干菜做成的独特美味的梅菜扣肉，成了多家饭店受欢迎的主打菜；用独特工艺酿制的黄酒更是口味醇厚，成了上佳的馈赠礼品；绍兴也是绿茶之乡，精致的瓷器配上上好的绿茶，于是产生了历史上的魏晋玄谈，后来的"酒癫茶疯"更是阐释了绍兴繁盛的佛道文化。

六，现代商业文化。由于独特有利的地理形势，加上绍兴人一直以来勤奋开拓的精神，20世纪80年代后期绍兴建立了闻名世界的柯桥轻纺城，吸引着众多的外国商人来此创业生活，有着浓厚的纺织商业文化。在绍兴诸暨有著名的袜业批发市场和闻名遐迩的珍珠市场，吸引了众多的外商。这些都推动绍兴形成了浓厚的商业文化。

来到绍兴学习生活的留学生会直接接触和感受这些独具特色的绍兴文

化,有些会引起他们的新鲜好奇或兴趣,而有些会引起他们的反感、排斥甚至厌恶,因此在留学生的汉语教学课堂内外,教师们有必要引导他们了解并接受绍兴文化,引导他们正确处理跨文化障碍,慢慢消除排斥和厌恶的情绪,渐渐理解和接受并欣赏绍兴文化。

三、留学生汉语教学中开发利用绍兴地域资源的途径和策略

为了使来绍留学生更好更快地消除文化障碍,增强跨文化交流能力,切实提升对外汉语教学的质量和效果,我们应充分开发和利用地域文化的优势和特色。我们有必要将丰富多元的绍兴地域文化带入汉语学习的课堂内外,这样不仅利于提高留学生学习汉语的兴趣,使汉语学习具有地域性,同时使绍兴地域文化更国际化。

首先,构建基于利用开发浙江绍兴地域文化资源的对外汉语教学课程体系。将课堂内与课堂外结合起来,不仅有课堂内的学习,也有课堂外的体验实践,如尝试在课堂内用双语介绍越剧,让学生了解越剧常识及其蕴含的文化,在课外到沈园欣赏经典越剧,组织感兴趣的学生表演越剧。开设书画选修课程,介绍绍兴源远流长的书画历史,组织学生欣赏并描摹王羲之的书法,课外组织学生到兰亭参观,让他们不仅感受伟大书法家王羲之的书法神韵,而且感受曲水流觞的绍兴景致,同时开展书画大赛,使留学生在直接的书法实践中加深对中华书法气韵流脉的理解。在课堂内学习绍兴的人文历史文化,如让高年段留学生阅读鲁迅的《故乡》《孔乙己》等文章,欣赏陆游和唐琬的对和词《钗头凤》,学习成语"卧薪尝胆",了解周恩来的伟人事迹,课堂外参观人文旅游景点,如著名的鲁迅故里、沈园、兰亭、周恩来故居、越王台等,将课堂上学习了解的绍兴文化知识形象化和具体化,并融入自身的感受体验。

同时开设针对不同对象的选修课程等。如针对低年段学生开设以绍兴自然风光为主的旅游文化介绍课程,并在课外鼓励和带领留学生实地旅游观赏。对高年段留学生开设以绍兴历史民俗为主的文化课程,并推荐相关的课外阅读书籍,使留学生在汉语学习和绍兴文化熟悉中互相促进。针对来绍学习贸易知识打算留绍从事贸易工作的留学生,开设介绍绍兴纺织品商业文化的选修课程,课堂内介绍绍兴纺织贸易的发展、传授与绍兴人做外贸生意时应注意

的商贸礼仪、学习专业用语,等等,课堂外带领留学生参观柯桥纺织工厂和贸易市场,让他们体验和实践绍兴独特的商贸文化。还可针对汉语水平较高的长时间居留绍兴的留学生开设绍兴方言课,让他们学习简单常用的绍兴方言,增强在绍学习生活的信心和融入感。开展制作并解说绍兴菜大赛——"我做我说",加强留学生对绍兴饮食的接受传播,同时提高留学生的汉语表达能力。

通过对外汉语课堂内外和必修与选修课程的结合来开发利用绍兴地域文化,建设立体化的课程体系,使留学生在学习了解中国文化的同时,接触和感受绍兴文化,提升跨文化交际能力。

其次,探讨在对外汉语教学中利用开发绍兴地域文化资源的教学原则及教学方法。对外汉语教学通常开设的是针对听说读写基本技能的综合、阅读、口语、听力、写作等课程,在相应的课程中导入渗透绍兴地域文化也需要有原则。阅读课程讲究适度原则,即在阅读课的讲解中,针对某些内容适时适度延伸引入绍兴地域文化,但不要大讲特讲,因为这样不仅不能让留学生理解文章内容,反而使课文支离破碎,喧宾夺主,使留学生更有繁乱之感,不利于阅读课的知识积累,也不利于绍兴地域文化的传播。在听说课的讲授中掌握与时俱进的原则,即在注重听说的课堂上,教师导入和渗透的绍兴地域文化最好是近几年常听常说的,并展开相应的文化交流,在跨文化碰撞中加深留学生对地域文化的理解,便于留学生将课堂中学到的知识运用到课下的生活中。在写作课中开发利用地域资源要有针对性,即针对不同汉语等级、不同国籍和不同学习动机和学习目的的学生布置不同的绍兴地域文化写作题目,使学生在写作中将学习的汉语和体验的文化融合起来。如参观绍兴名胜古迹后,可结合学生的汉语水平布置不同的写作作业,可以是说明文、记叙文,也可以是观后感或和自己国家名胜的比较文章。在综合课教学中授课教师要掌握适时的导入和渗透原则,针对课文内容在课堂中导入相应的地域文化,并在课后大量的练习中渗透这些文化。如课文中提到饮食,那么可采用提问式导入留学生喜欢或不喜欢的绍兴食品,提倡留学生去尝试绍兴特产,引导留学生了解绍兴饮食文化,并针对性地建议留学生将绍兴特产作为礼物带回家乡馈赠亲友。初级综合课本中常常提到中国名胜古迹,可向留学生介绍绍兴名胜及文化,提倡他们到名胜古迹去参观游览,亲自感受体验。包括历史、风俗、名人伟绩等都可用导入并不断加深的方式渗透在对外汉语课堂中。

在对外汉语的课堂教学中,教师要积极主动,采用融入图片、声音和视频等多媒体教学手段,多方位多角度地展示绍兴地域文化,并组织开展课堂内外的文化讨论、地域文化展示活动,可在课间休息时间用多媒体展示绍兴的风土人情图片,播放经典越剧、常用绍兴方言等,引起学生了解的兴趣。课堂中鼓励学生积极了解和融入绍兴生活,课外主动帮助学生去接触和熟悉绍兴文化。

教师在对外汉语教学的不同课程中适度地有针对性地介绍渗透绍兴地域文化,并利用各种媒体手段开发和展示绍兴文化,形成一个全方面的开发利用绍兴地域文化的课堂教学系统,使来绍留学生接触了解较全面的绍兴,感受体验绍兴文化,传播绍兴文化,参与绍兴文化建设,提升绍兴文化的国际化水平。

再次,选择和编写适合留学生使用的展现绍兴地域文化特色的书籍影像和教材。低年段留学生主要以学习和掌握标准普通话发音和词汇为主,不适合使用单独编写的特色教材,可选择并推荐一些展现绍兴或浙江特色的双语书籍或影像,比如用中英文介绍绍兴地域风光、民俗和人文风情的书籍,如绍兴市人民政府编写的中英版《中国绍兴》、由中国唱片广州公司出版的中英文双字幕的 DVD《中国行:烟雨水乡——绍兴》、土豆网中带中英字幕的视频资料《绍兴风光》等。针对高年段学生,教师可单独编写相应的地域文化教材,作为选修课程的使用教材,如《绍兴特色文化简介》,也可分门别类地编写阅读类教材,如《绍兴方言趣谈》《绍兴名人》《绍兴历史风俗》等;针对经商的学生,编写以绍兴纺织为主的《纺织汉语》《绍兴外贸口语》等口语类教材,编写《绍兴商贸简介》《绍兴外贸礼仪》等阅读类书籍作为补充教材。同时还要编写一些实践类教材书籍,开发利用绍兴当地文化资源,聘请当地的民间工艺大师参与编写教材,同时配备现场展示的视频资料和文字介绍,如《绍兴书法》《绍兴特色饮食制作》《越剧集锦》等。

编写适合留学生阅读和学习的关于绍兴地域文化的教材是一项虽费时费力却有价值的工作,需要联合绍兴当地不同的资源。教师们可在长时间的教学中慢慢积累,由简入繁,由部分到整体,由个体到集体组织的方式渐进完成。

最后,对外汉语教学中开发利用地域文化资源,不可忽视教师的作用。在教学中重视绍兴地域文化资源开发利用的同时,必须加强教师们相应的地域文化培训学习,丰富和完善教师的文化构成和素养。通过培训、学习和体验等多渠道扩充教师的地域文化知识,尤其要发挥绍兴籍教师的地域文化专长,开设特色课程,并培训和指导教师学习、交流,使其不断成长为"双师型"或"多师型"教师。同时聘请一些兼职教师,发挥他们更生活化、更专业化的地域文优势,通过定期授课、课外讲座和现场指导等方式,将绍兴的特色文化展现给留学生,激发留学生在绍兴学习生活的热情和信心,从而将绍兴地域文化传播海外,提升绍云文化的国际水平。

总之,在日益增多的来绍留学生的汉语课程中和课堂外采用各种方式开发利用绍兴文化资源,对引导留学生适应绍兴生活,提高跨文化能力,提升绍兴文化的国际水平,具有重要作用和积极意义。

参考文献

[1]沈荭.国际汉语推广的地域性研究[J].重庆大学学报,2009(2).

[2]张英.对外汉语文化因素与文化知识教学研究[J].汉语学习,2006(2).

[3]王悦欣,张彤.对外汉语教学中地域文化的导入——以河北为例[J].河北学刊,2011(11).

[4]陈光磊.语言教学中的文化导入[J].语言教学与研究,1992(3).

[5]朱凤娟.地域文化体验与对外汉语教学建设——以牡丹江为例[J].牡丹江教育学院学报,2014(3).

[6]华萍.对外汉语教学中的文化教学研究[D].兰州:兰州大学,2013.

[7]王峰.对外汉语教学中的文化观念内容研究[D].北京:北京语言大学,2009.

[8]林蔓春.文化因素影响下的对外汉语教学研究[J].语文建设,2014(11).

[9]石金媛.我国高校对外汉语教学模式的现状与对策[J].黑河学刊,2014(12).

本文原载于《语言与文化》2016年6月30日。

重温经典与文化传承

——从课堂教学实践观照话剧《雷雨》的课程教学

平方园

　　戏剧是人类最具趣味性的精神创造之一,也是最具普遍性的娱乐方式。自戏剧扎根中国丰沃土地以来,涌现出一批喜闻乐见而又质量上乘的艺术佳作,对繁荣艺术创作有着极大的引导价值与现实意义。其中,堪称中国话剧史和戏剧史上的优秀作品且标志着中国话剧艺术成熟的《雷雨》被反复排演,抑或改编成戏曲、电视剧、越剧等多个版本,成为家喻户晓的经典作品。中文学院立足继承发扬中国传统文化,提高中国文化自信,以多维度、全方位培养学生德、智、体、美为目标,针对汉语言文学专业开设了中外戏剧鉴赏课程,试图让学生能够掌握中外经典的话剧作品且熟练进行鉴赏分析,从而拓宽学生的知识视野、提高艺术审美鉴赏能力。笔者先后选取中外戏剧史上最具代表意义的优秀经典之作进行鉴赏、分析,譬如话剧《哈姆雷特》《伪君子》等。在讲述中国话剧之时,鉴于《雷雨》在中国戏剧史上取得的成就及本身具有的艺术价值,笔者着重以话剧《雷雨》为重点分析对象,转换传统的教学模式,以观、赏为重点,充分调动学生的兴趣,使得新一代学生群体能够与经典作品完美对接。在此基础上,通过学生课下搜集整理资料到课堂师生间的交流互动,提高学生的学习效率;并以文本分析为重点,以小组作答的形式分组分析戏剧的主题思想、艺术特色及人物形象,这不仅有利于学生深入理解文本,也能够让全员参与进来,从而使学生较好掌握所学的知识,对学生今后学习经典戏剧及话剧创作有着极好的借鉴和指导意义。

一、识与读的双向联姻

茅盾曾用"当年海上惊雷雨"形容话剧《雷雨》上映之时造成的巨大反响。《雷雨》作为曹禺先生的经典力作,凭借精湛的艺术水准及审美价值成为传世之作。而如何较好地让学生与这部品质精良的作品通融互动,成为授课的重中之重。尤其伴随现代化的发展进步,与互联网一起成长的新一代学生群体,逐渐成为文学艺术的主力军。如何使授课内容符合茁壮成长起来的学生群体的审美趣味成为教师不容忽视的重点。而且,在娱乐至死的年代,主流媒体如电视节目、影视剧及电影创作为取得生存之境,皆把收视率、票房放在首位,不惜解构经典,颠覆传统的叙事模式,以娱乐化的方式博得观众的眼球。由此孕育出一批批流量剧作和"小鲜肉"等人气偶像,改变着大众的消费习惯及审美认同,成为年轻受众群体的首要选择。经典话剧在现代语境中生存艰难,为此,如何与新生代对接成为课程必要考虑的难点、重点,如何提高学生学习的兴趣成为授课的重中之重。

在课程开始之前,考虑到授课对象皆是"98后"群体,对每个班级观看戏剧的情况做了简单统计。在这些学生中没有观看过戏剧的占总数的三分之二,三分之一的学生对戏剧有了解但不是很深,还有个别学生对戏剧一概不知,而对话剧《雷雨》了解的学生更是寥寥数人。鉴于此,授课之初,教师便向学生们普及戏剧的基本知识,着重以戏剧中出现频率较多的专业术语为主,譬如三一律、幕和场、第四堵墙等,以便帮学生学习话剧《雷雨》打下坚实基础。讲述之时,配以必要的图片视频和资料,不仅可以激发学生学习的兴趣,而且能够使学生了解戏剧要点。譬如在讲述戏剧的基本特征上,配以三张图片来讲解戏剧的舞台性是区别于同类艺术门类如电影、电视剧的显著特征。教师基本选取耳熟能详、人人皆知的影视资料图片,对比分析戏剧演员在舞台上和观众面对面的深情表演与电影、电视剧演员在导演指导下在镜头中的再现的差异点,让学生识记戏剧鲜明的舞台性特质。此外,在讲述戏剧的分类时,分别让学生观看了耳熟能详的经典话剧《罗密欧与朱丽叶》《梁山伯与祝英台》《绝不付账》中最具代表性的片段,让学生在观看之后,指出哪些作品是悲剧、哪些是喜剧,并简单地表述自身应该如何认识悲剧和喜剧。针对这些问题,学生能够结合自身的观赏经验,有条理地说出悲剧、喜剧是什么。学生回答完毕,在教师详细讲述悲剧及喜剧的定义后,就会对戏剧的类型有清晰的认知。这一环节突破传统课堂的讲授方式,学生从被动的接受对象变成主动的探索者,不仅能够激发学习兴趣,也有助于消除对跨专业学科的朦胧认知。

　　接下来就是讲述话剧《雷雨》,教师首先从话剧《雷雨》造成的反响进行讲述,辅之以必要的视听影音资料进行分析。话剧《雷雨》被反复改编成不同版本,教师从众多版本中选取具有代表性的三种体裁进行分析,分别是北京人艺执导的话剧《雷雨》、电视剧《雷雨》及戏曲版的《雷雨》,从三张海报对比分析它们的差异点,并以原版为例,着重提出取得突出成就的要点进行分析。譬如当年《雷雨》刚上映之时,大伙携家带口前去观看,不约而同为剧中人物悲惨的命运痛哭流涕,而且看过一遍又看一遍,造成《雷雨》连续上映三十天、天天满席的票房纪录。茅盾先生曾用"当年海上惊雷雨"来形容话剧《雷雨》上映时的局面。可见,《雷雨》作为一部经典之作是不可忽视的。尤其是在现代化语境中重新读解经典,对话剧的发展及创作有着极大的引导意义。由于课堂时间的限制,教师给学生布置课后作业,要求学生完整观看话剧《雷雨》,并在看的时候以问题意识为先,一边观看,一边思考,时间充裕的学生可以将其与其他版本对比着来看,然后在课堂上进行分析交流。这样带着任务去学习,有助于提高学生学习的主动性和参与性。尽可能让学生自己去体验,教师要做的就是提供素材。如此这般,学生对问题的理解就建立在以图片、视频资料为基础的感知上,而不是记住课本或者教师说过的某几条。

二、品与演的交流互动

　　学习经典、赏析经典的必要环节是将其融入时代背景中,探究经典之作的孕育生成及作者创作之初的亲历体验,富有情感的课堂才能引人入胜,使经典作品在现代语境中焕发生命力。这里的情感主要囊括两层意思,其一,涉及讲述内容中的情感基因。对于经典话剧的初学者,讲述做到以情动人是首要之选。而解构经典无非以文本为主,即分析主题思想、艺术特色、人物形象等成分,辅之介绍创作者的主要情感履历。其二,回归文本,在熟悉文本的基础上引导学生参与进来,试图给参与表演的同学说戏,观、赏、演的多元混合,有助于提高学生对人物动机的理解对学生揣摩剧中人物情感波动极富成效。

根据书籍、期刊论文及网络资料考究,话剧《雷雨》都是一部经典之作,这也是学生感受话剧《雷雨》最具直观的体验。那么,如何拨开层层迷雾做进一步学习论证?关键之处在于要彻底廓清作品编剧及导演曹禺究竟是怎样一个人。讲述创作者之时,采用故事性的方法和情感方式进行讲授,首先对作者生平经历做简单介绍,现实生活中曹禺的父亲是怎样一个人,对曹禺性格形成包括剧中人物形象塑造有何影响?由于学生课后都看过,所以学生可以针对这一问题进行回答。接下来则是曹禺母亲,曹禺母亲生下曹禺三天后便去世,之后曹禺一直由继母抚养。继母平时喜爱看戏,带着幼小的曹禺奔赴大大小小学生戏园及剧院,传统的戏曲、文明戏及话剧都是常看剧目,由此奠定曹禺对戏剧的喜好与兴趣。年纪稍大的曹禺在学校开始演戏,写剧本、搞创作。于23岁时,在清华园创作话剧《雷雨》一举成名。除此之外,他在电影领域也有着极高造诣,其电影《艳阳天》在中国电影史上的影响极深远。再者,任课教师在广泛搜集曹禺先生的生平资料时,获知曹禺先生是一位非常敬业的创作者,平时谦虚好学,并没有因一时的功成名就停止创作的步伐。再加上曹禺先生在拍摄电影之时的逸事。学生一方面可以了解到曹禺先生的生平履历,另一方面也对大师有了近距离的观望与学习,消除与大师之间的断代感与隔阂感,对学习话剧《雷雨》有着深远影响。

为了让学生积极参与到课堂中来,教师甄选话剧《雷雨》中经典片段,学生采取毛遂自荐的方式报名参与《雷雨》经典片段演出,教师严格筛选后确定最后出演名单,由学生班干部成员担任评审团,对演员表演进行点评,其他学生作为观众对自己喜爱的演员投票,以匿名投票方式选出最受欢迎的演员。通过演、评、选等方式,保证全班同学全员参与,鼓动大家学习的积极性,让学生对剧中人物的心理有清楚了解。尽管学生之前没有表演经历,但作为汉语言文学专业的学生,本身对词句、剧本的掌握较好,再加上情感的招牌,易于融入话剧中来,融入话剧对学生进一步学习、洞悉话剧有着重要意义。此外,鉴于话剧《雷雨》是特定时代生成之作,现代学生对剧中有些人物的情感较为陌生,无法深入理解,以致"笑场"。面对这种情况,教师要对表演的同学进行说戏。譬如周朴园与鲁侍萍相认的一场戏,学生的看法是鲁侍萍与周朴园不属于同一阶级,兴趣爱好悬殊,不能够产生爱情,而且鲁侍萍对周朴园三十年前的抛弃行为是憎恶的,不理解戏中鲁侍萍为什么要与周朴园相认。任课教师以讲解的方式化解学生心头迷雾。与周朴园之间爱情是鲁侍萍一生中唯一一次爱情,经三十年时间冲洗打磨,鲁侍萍心中依旧有着解不开的结。尤其看到周公馆与三十年前的装饰类同,再加上自己与亲生儿子周萍从未谋面,鉴于此,一个集情人、母亲、仆人等多种身份的鲁侍萍决定要与周朴园相认。这样的讲解,学生不仅听得津津有味,而且之后能以热情饱满的态度完成教师分配的任务。

三、赏与析完美结合

经典话剧作品是人类文明与智慧的结晶,具有深刻的思想意义和艺术魅力,于任何时代都不过时。鉴赏经典作品则是学生进一步与大师接触、了解大师的最好渠道,也是学生树立正确价值观、人生观、思想观的有力向导。通过品鉴话剧作品精华,品析其中经久不息、价值持久的文化震撼力与感召力,学生从耳濡目染到身体力行,进一步感受在历史的选择和沉淀中的韵味与生机。

习近平总书记曾提出"文化自信",文化越来越成为标榜国家发展的重要元素。譬如,央视一套推出的《中国古诗词大会》《朗读者》等节目,很受观众欢迎,点击量也在频频升高,这足以表明大众对中国传统文化的重视。同样,经典话剧在现代社会生活中地位与日俱增,曹禺先生的《雷雨》也被改编成多个版本在网络、校园及剧院等上演。当经典话剧《雷雨》进入大学课堂,再次与同学们会面时,如何用现代学生能够接受的方式讲述经典话剧非常重要。教师要剔除传统的教学模式造成的思维屏障,打破机械式传授书本知识的框架,将提高学生人文素养及思考能力放在首位。经过课后视频观看和课堂上演绎之后,要求学生针对教师提出的问题进行积极回答。这样不仅可以检验学生课业完成的情况,更有助于课程上的交流互动。对于话剧《雷雨》来说,不同时代的受众群体观看体验肯定有差异。结合前面提到的鉴赏方法,教师先提出问题,比如请分析话剧《雷雨》中文本结构、艺术特色和人物形象,然后学生进行分组回答,并在规定情境中完成本组任务,教师对表现出色的小组进行奖励。这种形式一方面有助于提高全班所有同学的主动参与性,提升学生学习的积极性,利于良好课堂气氛的养成;另一方面有助于培养学生的团队意识,增强其自我的责任感。在小组回答问题结束之后,教师针对小组回答的问题做分析、总结。总体上,大家对话剧《雷雨》的理解情况相对满意,但是个别问题的回答相对较简单。面对这种情况,教师就需要带领学生再次回归文本,充分利用前面所学的关于戏剧方面的理论知识和鉴赏方法,细读文本,反复咀嚼,深入品鉴,让学生对之前的问题有进一步的认识。譬如,对"第一场戏最精彩的点表现在哪里?"这一问题同学们马上就可以给出答案。但是,喝药究竟精彩在哪里呢?通过观看文本可以得知,喝药一整场戏中被压迫的对象是繁漪,施加权力的则是周朴园,权力的践行者是四凤、周冲和周萍,三个人分别劝繁漪喝药,繁漪的反应有什么不同?为什么会有这样的不同?反过来再看下周朴园,周朴园为什么要让这些人去劝药?理由是什么?大部分学生皆注意到以上细节,但是对于原因并未做深层次思考,甚至并未注意到劝药的顺序,只是纯粹凭印象进行回答。为此,在教师的带领与启发下,学生积极进行思考并结合所学理论,顺利完满地针对以上问题做出回答。

　　除此之外,经典话剧的赏析更重要的是如何赏析,这就需要教师带着研究意识去讲话剧《雷雨》。长此以往,学生就会慢慢领会做戏剧研究的精义,以做研究的思维来分析论证问题。这样不仅可以让学生对话剧有较为深入的认识与理解,还可以为其之后的学术研究奠定坚实的基础。以剧中的周朴园来说,周朴园年轻时候与鲁侍萍深深相爱,迫于当时环境不得不分开。之后,为了怀念侍萍,房间的装饰依然保留原来的模样,无关之人不得随意进出,甚至侍萍绣有梅花的衬衫都没舍得扔,生活作息一如从前。从这些细节足以透视出周朴园对侍萍的深挚情意与怀念。然而,当昔日恋人重逢会面,周朴园却一改之前作风,严声斥责侍萍的出现。周朴园形象的转变究为何故?如果仅仅立足文本,分析未免太过浅薄。所以应该多方面、多角度进行分析。我们要把周朴园这个人物置身于社会情境中来分析,人物的发展变化与客观环境密不可分。因此,是要将周朴园生活的时代、社会发展、身份地位及工作职位等元素糅杂在一起,综合分析。这样因果才足够明晰。周朴园作为大资本家,具有较高的社会声望,繁漪的反抗使他并不能得到温暖,他由此在侍萍身上寻找情感慰藉,以弥补心理的空虚寂寞。但他惧怕侍萍的到来会威胁到他现在所拥有的一切财富、地位及名利,他以利益来评价周遭一切。更重要的是,他不敢正视自我内心的罪恶,试图以金钱来平衡填补自责。因此,侍萍的出现会让周朴园出现如此大的反转。这种分析方法可以让学生学会观察现象,积极思考问题,而不是简单接受某个结论。在分析问题时,除了从文本获得信息外,还要将人物与社会环境联系在一起,这样才能得出精准的概括和结论。

四、结语

对经典话剧《雷雨》的课堂教学实践充分将识与读、品与演、赏与析等方法结合,不仅丰富了课堂教学,也延展了课堂。更进一步来说,学习经典话剧,消除了年轻学生群体与经典戏剧之间的断代感与隔阂感,极大调动了学生的阅读兴趣和学习热情。有助于学生全方位、多角度认识经典话剧的发展格局,提升学生的文本分析能力,提高学生品读和鉴赏经典作品的能力,并且对校园文化建设也有推动作用。

参考文献

[1]张华.以"历史"活跃历史课堂——对中国电影史课堂教学的几点浅见[J].昌吉学院学报,2014(2).

[2]乔琛,余英华.课堂经典话剧演出实践的教学价值——以《雷雨》为例[J].淮北师范大学学报(哲学社会科学版),2016,37(4).

[3]赵丽.话剧《雷雨》的喝药情节与礼貌原则[J].四川戏剧,2013(7).

[4]陈功.话剧台词教与学的思考——从北京人艺《雷雨》公益场遭遇"笑场"事件谈起[J].戏剧艺术,2015(6).

本文原载于《职业》2019 年 11 月 15 日。

曹禺"弥留之际"的诗意独白

——关于话剧《弥留之际》教学排练的对谈

张 荔 王延松

一、话题缘起：乱相、本相及其他

张：我在北京读博期间，因戏剧和你结识，那时，我和别人一样恭敬地称呼你"王导"。毕业后有幸来到你主持的研究所，和所里同人一样亲切地称呼你"王所"。今天，我特别想换个称谓，叫你"王教授"或"王老师"。

王：嗯，我喜欢"老师"这个称呼。

张：因为参与了你作为教授在我们这所大学连续执导的三部戏，我觉得你不仅是位出色的导演，更是非常称职的教授、导师。

王：导演这个职业本身就有教师的职能。

张：2008 年末你被聘为沈阳师范大学特聘教授，组建了我们这个校属研究所。之后，研究所在短短三年里克服了时间紧、人手少等许多困难，做了三部戏，而且是三部高难度的戏，并在国内外公演。

王：从戏剧学科建设方面讲，我们提供了反响不俗的产、学、研全程作业的研究案例，这是一个完整的研究系列，值得谈一谈。

（一）三年三部戏

张：从 20 世纪 80 年代开始，你在当代戏剧界无可替代的艺术创造，使得你的艺术个性和导演风格不断进入研究者的视野，成为探究个案。但是，你身为教授的诸多意义深远的"作为"，特别是三年里做的三部戏，学界却知之甚少。你简单介绍下吧。

王：2009年，我执导的德国戏剧家毕希纳的反讽喜剧《莱昂瑟与莱娜》，由沈阳师范大学戏剧艺术学院、音乐学院、艺术附中的师生演出，在中德文化交流年开幕式公演，获得德国友人的褒奖，填补了这部剧在中国演出史上的空白。2010年，我新解读的《原野》精编英文版由沈阳师范大学外国语学院、商学院、音乐学院、管理学院的师生完成并赴美国高校演出，受到了意想不到的欢迎，载誉而归。2011年，我执导田本相先生创作的《弥留之际》再次落地沈阳师范大学，并赴澳门参加华人戏剧节演出。这些创研教学演出的成果，深深地植根于大学的土壤之中，为后期的学术研究留下了丰富的内容。

张：能不能概括一下三部戏在教学实践和艺术探索的重点分别在哪些方面。

王：要在高校这个教育和科研高地发挥自身优势，我从"做戏"开始。戏剧教育的基本任务就是要教会学生做戏，然后才有别的可能。我们剧场艺术研究所的学科建设，首要任务就是找到好的剧目，以剧目为依托，开展产、学、研全程教学科研作业。

张：近年有些高校同行得知我们这样连续做戏，很好奇我们的资金来源，很多人会感慨：你们学校真有钱啊。每当这时，我往往会告诉他们，除了学校的支持外，更重要的是我们总有其他资金来源。

王：是啊，这三部戏都有外来资金支持，而且，都是非常好的科研项目，带有很强的学术性和前瞻性。在《莱昂瑟与莱娜》排演中，我们对毕希纳在中国当下文化语境所进行的"神性叙事"的舞台艺术探索，我们对新解读《原野》精编英文版演出及其演员工作坊等，都有完整的创作流程和相应的教学布局。三部戏力图把戏剧教育向着多学科、国际化、高难度的领域推进，既是对毕业班学生的锤炼，也是对青年教师的补课和提升。

张：据我所知，时隔两年了，你一直没有停止对《弥留之际》这次排练教学学科价值的思考和探讨，一直以导演兼教授的身份梳理着这次教学经历，不断总结这个教学案例隐含的学科价值。

王：我觉得，就大学戏剧专业的学生培养而言，普遍存在着师资力量薄弱的问题，戏剧学科建设的关键在于师资队伍自身能力的不断完善和提升。所以，排练示范教学的同时，我们非常注意保留和整理大量宝贵的原始创作资料。这些资源不仅仅属于我们自己，也将属于所有为戏剧教育和教学求实探索的师生。

张:这些年在戏剧学科教学和科研方面我有很切身的感受,这方面的资源太贫乏了,与实际需求严重失衡。

王:所以,我很希望我们出版的这套戏剧学科建设书出来后对大家有用,各取所需;期待它们不断发酵、不断被更新和持续繁衍。

(二)"有一种戏剧叫《弥留之际》"

张:我还记得,在建组会上,除了教学实践外,你还强调,排这部戏你十分看重曹禺对于当代的意义。我想,很多人会和我一样,特别想知道你作为当代唯一一位连续执导曹禺三部戏的戏剧导演,排《弥留之际》最主要的诉求是什么。

王:在一次接受媒体采访时,我有过这样的表述,戏剧与当代的关系是恒定的,戏剧家要非常敏感,离不开与时代此时此刻的关系……田本相先生是公认的曹禺研究专家,我信赖他所写的曹禺,尤其是他对曹禺内心世界的探究。排练前,我就特别希望整个剧组通过这部富于人文气息和学术研讨性质的剧作,向戏剧大师曹禺先生致敬。我和田先生在这一点上是有默契的,就是借曹禺的"弥留之际"把他苦闷的灵魂诗意地呈现在舞台创作中。这个主旨贯穿在整个排练教学的全过程,我希望透过曹禺灵魂的苦闷反观当下,反观当下的知识分子、当下的戏剧及其教育。

张:你说的这些,我相信剧组每位师生和我一样,都有切身体会。我也深感曹禺对于当代的意义确实足够重大,足够深刻;特别是晚年曹禺"灵魂的苦闷",足以警醒中国戏剧界、整个知识界乃至当代社会。

王:我一直认为,曹禺晚年内心的苦闷,已经不仅仅属于他一个人,也是一代中国知识人灵魂的痛苦与挣扎。曹禺"灵魂的苦闷"是因为他没有迷失本性,内心没有麻木,有独立的思考,有做人的良知和真诚,他的生命是有热度的,他的灵魂是不安的。反观现在这个时代,整个社会、时代和人心在浮躁中急功近利;社会良心的代表知识分子的独立精神丧失殆尽……

张:更遗憾的是,在当下乱象丛生、本相被遮蔽、真相假象真伪难辨的世道中,曹禺般苦闷的灵魂不少,而在苦闷中恍惚、苦闷后麻木的人更多,这是最可悲,也是非常可怕的。

王：现在社会精神萎缩症、侏儒症的人越来越多，戏剧界也不例外。艺术精神不断滑坡乃至堕落，缺少心灵的安顿与倾听，狂欢、油滑，消费至上、娱乐至死……

张：到处都是尼采鄙视的"末人"。

王：很多人做话剧就是想方设法来讨好观众。我不去迎合观众，也不迎合所谓的时尚要求，我的观众也不是迎合来的。我们经常讲一句话就是"戏比天大"，说的就是艺术家要有文化良心，这个良心是从事自己事业的根基。艺术家的良心不是墙头草，时尚的风头来了什么我就跟着摆什么，这样是不行的，一定要有自己一以贯之的文化主张。

张：说到你的文化主张，我想起了《戏剧文学》期刊上登的你和库慧君博士的对谈，其中谈到了"神性叙事"。我觉得所谓"神性叙事"就是你多年来通过戏剧创作实践得来的文化主张，也是你多年来坚守的戏剧理想。

王："神性叙事"就是要显现人的灵魂真实，这也是我的戏剧信念。

张：2007年我写的新解读《日出》的剧评《"向内观就是走向光明"》曾被你多次肯定。我觉得，正是因为我的文字击中了你审美诉求的要害处——向内观，灵魂叙事。《弥留之际》中是不是也自觉不自觉有你的"神性叙事"？

王：是的。排练《弥留之际》我看重的正是曹禺真实的内心世界。透过曹禺这位中国现代戏剧经典人物的灵魂叙事，传递出我们的文化主张。通过曹禺及其他的经典作品体会到艺术良心的伟大。在很大程度上，艺术良心成就了他，让他年纪轻轻就能够写出这样的不朽之作。当然，他为晚年无法创作而异常苦闷，也是一种良心的发现。

张：在《弥留之际》中，透过曹禺我们全视野窥视着人的良知。

王：不仅如此，曹禺灵魂的苦闷告诉人们，不管社会政治环境如何，丢失了"独立之精神，自由之意志"，也就失去了一个知识分子的趣味，失去了做人的趣味。在这部剧中，我就是试图通过曹禺，传递这样一个思想，给人带来幸福感的绝不是权势、名誉和地位等身外之物，而是内心的自由、精神的强大。

张：曹禺晚年内心的痛苦被称为"曹禺现象"，并被戏剧界关注，在很大程度上，也是这个原因。

王：但是，仅仅关注还远远不够。没有对曹禺苦闷的深切思考和领悟，就很难领会中国戏剧和中国戏剧的精神和历史。曹禺可以说是一个鲜活的文化标本，昭示着中国戏剧人乃至知识分子的精神反思。

张：是不是正因此，你带领我们这个剧组扎扎实实地排这部戏，并对整个教学实验的学科价值进行清理和反思。

王：我希望这部剧成为一个戏剧教育的教学案例，在探讨戏剧学科的综合教学中传授戏剧技能技巧的同时，探究如何更有效地激发学生，更深刻地影响学生的心灵乃至一生。我期待我们所有这些"作为"能为戏剧教育的改革实实在在地进言，切切实实地效力。

二、审美之维：意在环中，神游象外

张：在《弥留之际》"导演阐述"中，你有一个很特别的说法，就是"有一种戏剧叫《弥留之际》"，怎么理解？

王：我的意思是，我们排的《弥留之际》是一部关于曹禺的戏，着意强化一种舞台叙事的诗意样式，追求一种戏剧美学上的独有品格，我把它叫作"曹禺'弥留之际'的诗意独白"。

张：说到审美，田本相将曹禺剧作的创作方法及审美特色界定为"诗化现实主义"，他创作的《弥留之际》也充分显示了诗化现实主义的美学风格。"诗化现实主义"是不是同样也是我们这次演出叙事的美学追求？

王：当然是。在这部戏的舞台叙事中，诗意的种子从序幕就开始播撒了，并且贯穿全剧，分散在大量生活真实的细节里。

张：我注意到，在整个排演过程中，除了忠实于文学文本外，所有的删改、添加和调整无不是为了实现生活的诗意，或说诗意的真实，无不是立足于曹禺这个核心角色的塑造来进行的。

王：诗意是一种叙事品格——文学叙事向舞台叙事的幻化过程，手段隐蔽在叙事的完整性之中。

（一）舞台叙事与诗意独白

张：我非常喜欢这部剧的素淡、韵致，不张牙舞爪，没有肆意的铺张。很多人看过后称赞剧的"诗意"，这正是你对这部剧的审美期待吧。

王：是啊，就是刚才说到的，在舞台语汇中，我着意强化一种舞台叙事的诗意样式,我把它叫作"曹禺'弥留之际'的诗意独白"。

张:这种诗意的叙事是观照曹禺及其苦闷十分恰切的路径。全剧的诗意无处不在,这种不着一字尽得风流的韵致,让曹禺这个戏剧人物的精神世界在诗美意境中更绵远悠长,发人深省……大家都说,这是一部非常难演的戏,你觉得主要难在哪里?

王:不仅难在文本的特殊叙事样式,最重要的还因为每个人心目中都有一个曹禺。观众会去想这像曹禺吗,这是曹禺吗。我们会问自己,曹禺的内心世界在展开的过程中被观众所信任了吗?排练到后期,我逐步坚信,越是对曹禺有研究的观众越会看到我们的匠心。非常严谨的排练工序,沿着曹禺内心生活的叙事片段,本着"有出处,不还原"的创作原则,使全体剧组的创作成员,清楚地知道自己的辛辛苦苦是为了什么,是在干什么。应该说,这部戏是我来大学的第三部戏,就其排练的深度和广度来说,已经达到了一个相当好的状态。

张:记得在排练中你一再提醒曹禺的表演者不要背"形似"的包袱,要追求"神似"。表演一旦有心理负担就很难流畅自如。

王:没错。我一再强调,曹禺有一种文思,既是神情,也是样貌。在演员念台词的时候,只要体会到这种曹禺式的文思,那种诗情画意的语气,那种文学巨匠的感觉,说来就来了。要知道,曹禺是先学了戏剧的表演熟悉了舞台之后,才开始案头的戏剧文学创作的。在生活中,曹禺说话经常有台词感,带一种特有的节奏。在戏里呢,曹禺式的语言形象在不同的片段里有不同的律动。

张:现在从排演效果看,这个人物的塑造丰满而诗意,成就了全剧诗意的品格。如果曹禺的诗意和诗意的独白没有足够的蕴藉和韵味,这部剧的美学效果就会打折扣。

王:《弥留之际》在澳门华文戏剧节的演出整体呈现我很满意。田先生戏中曹禺的独白足够精彩,刘景范老师的表演也有效表达了曹禺的内心生活……

张:就导演而言,你在曹禺人物内心和行动的纵向和横向结构上做足了文章,使曹禺性格多面体如此真实、生动,塑造了一个可信、立体化的曹禺。在叙事结构上,你是怎样构想的。

王:剧的故事结构无疑是曹禺"弥留之际"的意识流动,同时,这也是生命的象征;这样,灵动的舞台叙事空间为全剧整体象征提供了叙事的自由。在这个自由的叙事空间中,段落之间的关系必须十分考究,或平行,齐头并进;或对比,在反衬和对照中推进剧情,形成错落有致的叙事格局。

张：如此纷繁的结构布局要诗意地呈现在舞台上，确实很考验人。诗意是剧作家曹禺内心的修养，同时，也是编剧、导演和剧组所有参与者对文学文本的理解、感悟和掌控等诸多能力的体现。

王：当然是创作合力的结果。在演出中，诗意有时是一种表演者的味道，有时是一种视听手段的叙事节奏或一种演出者与观众在现场相互感受的过程……

张：这确实和形成全剧的格调休戚相关。舞台语汇和表演的蕴藉雅致构成了精神气场和独具的韵味；正是在这种特殊场域中，曹禺沉重的肉身和苦闷的灵魂才被更深切地凝视、深度拷问。

（二）戏中戏与正戏的关联及诗美意境

张：曹禺"弥留之际"的诗意独白，总体上是一种正戏与戏中戏交叉叙事的文学样式。我在排练纪实和演出本的反复研究中发现，你在舞台叙事中那些谨慎的少量添加和多处调整多在曹禺内心和行动线中纵横交织的关节点上。我的理解是，只有这些关节点得到很好的艺术处理，才能为演员的表演更有层次、更具情调和美感铺路，使整部剧更舒缓流畅，也为营造全剧的诗美意境添彩。上面提到的惠特曼的《大地之歌》的添加就是一个很好的例子。

王：你的理解也是我期待达到的。正戏中有多处这样的细微处理，戏中戏《雷雨》周萍和四凤片段、《家》和《北京人》的添加和方瑞之死的调整，戏中戏仇虎片段、陈白露片段的添加和调整，这些导演的功课是必须做好的。

张：与一般剧中的戏中戏不同，《弥留之际》中的戏中戏承载了更多的功能；亲历排练现场，目睹了你对这些戏中戏着实下了很大功夫。除了为学生补上曹禺剧作经典片段这一课外，你还有哪些考虑？

王：对曹禺这样的戏剧家来说，戏就是他的命。晚年创作枯竭了，也意味着他的生命结束了。我的叙事样式来自曹禺的生命样态——正戏中曹禺的真实生活，即曹禺的现实人生，与戏中戏曹禺剧作的片段，即曹禺的戏剧人生，形成了人物活动的两个生活空间，更是两种意义空间，它们互相影响，互相渗透，生成了一种独特的叙事魅力。

张：更有趣的是，这两个空间还存在一个互文现象。

王：互文就是正戏与戏中戏交叉叙事的一种诗意的蕴藏。比如，序幕中仇虎迷失在黑森林里,他的恐惧、焦虑已经不再仅仅是《原野》中仇虎的精神状态,还是弥留中曹禺的生命况味和灵魂省思,更是曹禺人生中意味深长的悖论:他与自己笔下人物及其命运是莫大的讽刺!再如戏中戏《雷雨》的片段也不仅仅是青年曹禺富于生气的才气之作,更是晚年曹禺生命和创作枯萎的绝好对照。除了晚年曹禺的回忆和追悔,这段戏中戏,实际上,还是借四凤的纯美面容,念出青年郑秀赞美青春、赞美爱情,赞美才华横溢的青年剧作家的情怀……郑秀是曹禺写作《雷雨》的唯一对话者,此时此刻老曹禺内心世界很难用文字表达,而在我们的舞台上,我相信观众会看到他们想看到的东西……这就是剧场艺术的独有魅力。

张:在互文中,曹禺的心灵世界呈现了敞开式的开放状态,更加饱满、立体化。我觉得,就整部戏而言,戏中戏片段的选择和排练并不难,具挑战性的难度在于如何使之与正戏衔接自如。你是怎么做到的?

王:如何将戏中戏与正戏中曹禺生活及其心灵世界有效关联确实很考验人。你一定注意到了,在排练后期我十分在意每个交叉叙事"接口"的衔接是否自然,是否流畅。每到这样的关口我都特别细心地打磨,除了内容本身的寓意,还影响了整部剧的风格走向。一戏一格,排练的策略也是如此。

张:我还注意到有些戏中戏的意义是我们这个文本里独有的,比如瑞珏读诗的片段和方瑞发生了关联,因此有了特别的意义指向。

王:导演排练的再创作,包括一部原创剧本文学层面的修改调整。《弥留之际》里有些曹禺笔下的人物在戏中戏的功能上,是按照导演排练的总体构想重新解读、重新设计的。这些年,尤其是原创剧目,我在配合编剧进行剧本修改,包括在排练场的再修改,已经是一种工作的常态,一种责任。

张:我跟过你几个戏的排练过程,对此深有感触,觉得这就是你常说的戏剧完整性的体现吧。

王:是的,戏剧的完整性首先从文本解读、文本删改、文本调整开始。这样做的目的只有一个,创作出生动而完整的舞台形象。

张:所以你经常强调,演员要把导演的调度化在角色的生命里,脑子里要有点、线、面,举个例子吧。

王:比如,在曹禺的《家》里面,瑞珏就是瑞珏,瑞珏跟方瑞没关系,但是在曹禺的"弥留之际"里就有关系了,方瑞用瑞珏的独白念出自己的心声,这个味道只有这种叙事样式里才有。曹禺写瑞珏在洞房里的独白太美了,诗情里到底还能洋溢出怎样的情怀？我要把它变成一种诗意叙事的手段,变成一种导演解读过程中的独特处理,一种此时此刻不仅是瑞珏的心声,又是方瑞借助于瑞珏的心声向身边的亲密爱人表达爱情的方式。所以,当方瑞念完、演完瑞珏独白的时候,这时曹禺会有一个举动、一种可表演的内心冲动,这个女孩太迷人了,他要娶她……这些美好的情愫是通过角色演出来的,文学的诗意最终变成了戏剧的诗意,完美的统一在当众表演的过程中。

张:这让我想起了于是之说过的,"我们所创造的形象必须是一个文学的形象,美的形象,可以入诗、可以入画的形象"。

三、教学之法:与道俱往,着手成春

张:我们说说排练相关的教学吧。我认为,《弥留之际》是你近年三部曹禺剧作"新解读"的自然发展,是你对戏剧与时代这种恒定关系的捕捉和把握之后,与戏剧教育和戏剧教学的深层链接……

王:我选择曹禺,首先因为他无疑是中国现代戏剧的标志性人物。除了曹禺,在现代中国,再没有第二个剧作家的作品能够如此经久不衰,如此说不尽,而且始终是最受欢迎的;也再没有第二个剧作家的作品完全不受地域和形式束缚,成为跨时代的经典。

张:正如钱理群在《中国现代文学三十年》中说过的,曹禺的经典剧作,"使中国现代话剧剧场艺术得以确立,并在中国观众中扎根,中国的现代话剧由此走向成熟。曹禺的剧作影响、培养了几代中国剧作家、导演、演员,在中国现代话剧整体面貌上打下了自己的印记"。

(一)解读:艺术家生命的密码

张:这次教学排练针对的是学生,和你平时给职业剧团排戏一定不同。我们常说学生演戏有学生腔等问题,你是如何克服这些困难,帮助学生尽快进入角色完成演出任务的？我觉得这方面你很有招儿,说说你的招法吧。

王:首先是和他们一起"牵着台词往生活里面走"。

张:就是从案头开始的剧本解读？

王：对，案头解读对排戏很重要，我一直很看重，这点在学校排戏就显得尤其重要。话剧艺术要从理解力开始，从阅读剧本开始，阅读会让学生进步。针对学生状况，我结合演出任务不断和学生一起深入解析剧本。而解析剧本无疑从解读台词入手。演员开始的时候要通过台词接近角色，因此如何尽量在短时间把台词变成自己角色的一部分，这是很重要的。教会他们透过台词去感受、构想，并且在感受和构想当中去说台词。

张：这个剧本第一眼看上去好像没戏，可是经过被你"牵着"，排练几天后，大家突然发现非常有戏，原来是这样的戏。这样的戏过去我们接触的并不多。

王：我们过去对于戏剧的认识有些狭窄。这样一种生活流、意识流、充满内心撞击的戏剧突然出现在我们的面前，我们不是演得很好吗？大家发现原来戏剧可以这样，只要戏剧里有活生生的人。活在戏剧里，就是活在戏剧的生活里，你已经不是你自己了，是在演一个别人的生活。因此走近一种生活比掌握那生活里要说的话重要得多。如果演员没生活在里边，台词就很难说得舒服。所以，开始工作的时候，我就提出希望，我要求我所听到的台词是在那个生活里面或是往那个生活里边走。

张：通过参与排练，我感觉到你所指的牵着台词往生活里面"走"，就是获得一种活生生的、舞台上能够充分让观众感知到的生活感。能不能结合具体情境说说是怎么个走法。

王：导演工作的基本章法就是征服你的观众。观众之所以入戏、之所以信任、之所以愿意跟着你完成整个戏欣赏的过程，是因为你所构筑的生活情境深深吸引了他。对于在排练场的演员来说，你某一句台词说好了，就会帮助你构筑此时此刻的生活情境。一段戏的台词、一场戏的台词乃至全剧的台词都说好了，排练的基本任务就完成了。因为，好的台词、好的表演就是共同生活在相互动作的、相互作为的生活情境里。

张：所以你说"台词不是戏，台词背后所构筑的整体的生活情境是戏"。

王：对，这个台词到底说得好不好，是与你构筑相应的舞台上的生活情境有关系。我们以郑秀出场那段戏为例。青年郑秀是一个雅、美、轻柔、内敛的人物，秀中的丰满，内中之秀。我特别强调学生要用内心感受她的生活情境，寻找语言后面的形象，就是常说的语言形象。那是激发了曹禺的爱情和生命激情，陪伴他写出《雷雨》的清华大学才女郑秀，到了老郑秀见曹禺一场戏，郑秀敢怪罪曹禺，这才说明她就是郑秀。这样才能说明郑秀就是死了还爱着曹禺。

张：学表演的学生最容易犯的毛病就是念词、朗读式的演出，你是怎么帮助他们解决这个问题的？

王：学生表演容易装，装是外在的，是不好的表演。好的表演用身体和生命呈现，让人忘记编剧的存在；失败的表演是让人看到编剧的文字构造，往往是表面的作秀，是没有深入角色内心生活和生活情境中去的表现。真正深入角色内心生活和生活情境中寻找形象、树立形象是塑造好形象的前提和必要准备。

张：我梳理排练纪实发现，你案头解读经过了这样一个有效的坐排对词步骤：寻找形象—树立语言形象—"牵着台词往生活里面走"。效果很好。

王：对词绝对不能忽视，而且我也一直在探索更有效的路径和方法。台词只是表演任务的一个部分，当然，是很重要的一个部分——话剧首先得要会说话，但是又不完全是这些东西，我说要"牵着台词往生活里面走"，这是我的着眼点，演人就是演人性，而生活就是具体的真切的人性内容。开掘人性里美好的情愫，甚至也要开掘人性的负面因素。这就必须要准确地寻找到每个人物形象、人物关系的定位，还有台词里面的种种味道。具体说，必须把曹禺之外的郑秀、方瑞和李玉茹几个形象排得人各有貌，才能与曹禺搭出好戏来。

张：曹禺和这三个女人的关系是种很有趣的人物关系。

王：我在建组前的导演手记中讲，这个戏的叙事主干一定是在曹禺和他的三个妻子身上，因为这里面有内容。第一个妻子就是《雷雨》；第二个妻子就是《家》《北京人》等作品，都是他的代表作品；第三个妻子跟他过柴米油盐酱醋茶的日子，所以到晚年他苦闷，找不回来自己了……进排练场前的案头解读，就是带领学生一点一点细致的、特别严谨的梳理剧本的过程。

张：这也是在向剧作和剧作家深度探险的过程吧。这次排练，我再次体会到你对经典剧作全新解读的一些秘密。比如，你的"新解读"总是穷追不舍地向剧作意义的深处探究，不断破译艺术家的生命密码。

王：我认为，每个艺术家的生命里都有一个属于他的生命密码。在破解这个密码中，我的新解读《雷雨》大胆加入了曹禺少年时代的诗作《不久长》，在新解读《日出》中引入了他晚年的信，新解读《原野》中的古陶俑也是只能存活在曹禺那个原野上的艺术样式。

张：在《弥留之际》中呢？

王：《弥留之际》里曹禺对人、对生命的"诗意独白"从对母亲的情感开始，贯穿着他三次个人的情感生活，生命终极的灵魂苦闷等都可以在他生命密码里找到。

张：你将惠特曼《大地之歌》移植到剧中也是破译曹禺生命密码的结果吧。

王：这种移植不是盲目的，因为，诗中那种博大的情怀不仅仅是惠特曼的，同样是曹禺的，也是我们每一位演出者的。

张：我非常喜欢《大地之歌》这些关乎生命的永恒诗句："我是肉体的诗人，也是灵魂的诗人。我感受到天堂的快乐，也感觉到地狱的痛苦""我是男人的诗人，也是女人的诗人""女人也同男人一样的伟大，再也没有什么能比母亲更为伟大"……

王：这是我大学时代最喜欢的诗句，诗的后半部分更迷人："我召唤那被黑夜抱持的大地和海洋。啊，妖娆的、气息清凉的大地！为了您而更加明澈的灰色云彩笼罩的大地！远远的高山连着平原的大地，长满苹果花的大地！微笑吧，我来了！"在剧中，曹禺希望自己的作家女儿万方怀有"一个充满童心，热爱生命，热爱大地母亲的世界"。这是多么美妙的契合，这种往来与惠特曼与曹禺之间的"虚构"，是一种剧场独有的集体分享。《大地之歌》把我们所有热爱生命的人，连同观众席里的观众一同引向光明的、温暖的、恒久不衰的生命呼召。

张：而且，这个片段的添加以纯净、明快的笔调，反衬了晚年曹禺冷静、苦痛地面对死亡，以及写作才能枯竭的内心苦闷和恐慌；在承上的同时，也巧妙地启下，与尾声部分曹禺的颂诗相互呼应。

王：不错，这段父女用中英文一同朗诵惠特曼的诗，不仅使戏剧的沉闷得到缓解，而且是为了更好地塑造曹禺的诗样情怀，使这部剧的诗意得到贯通，诗味更加醇厚。

张：与以往每次创作相似，《弥留之际》导演的演出本中类似的添加和删改，几乎伴随整部剧排练的始终，但从来没有离开原作的动机和趣味；而且，其间还埋藏着只属于你自己的创作秘密和生命密码……

王：如果你的戏剧是属于关乎人类生命的一种，你的所谓导演的全部创造工程，就是你自身生命密码的组合、排列、显现的过程。艺术家都希望自己的密码呈现出千姿百态的生命奇观，但是，始终是对人类文明有价值的才值得后人破译和总结。反之，那种只顾自我宣泄甚至利益诉求的戏剧种种，才是会被扫除的垃圾。

(二)排练：以表演为核心的综合教学实验

张：你的生命密码与创作秘密息息相关，两者都具体而微地贯穿在整个排练教学的全过程。

王：与寻常排练不同，近年在学校的排练教学，我的宗旨一直是以排练为契机拉动戏剧专业中表演、舞美、灯光、服装、化妆、编导等多门课程的教学与科研。我希望我的排练教学是以表演为核心，全方位、立体化的，是综合实验教学。这次排《弥留之际》也一样。

张：这次参与《弥留之际》排演的师生几乎囊括了戏剧学大部分专业，这部戏剧确实为剧组几十名师生补上了曹禺这门"必修课"，而且，过程让所有参与者更进一步体会了戏剧是编剧的艺术，也是导演、表演的艺术，更是综合的"做"的艺术。在你的戏剧学科"综合教学观"中，你一直把表演作为核心。这除了合乎戏剧艺术自身规律外，还有别的考虑吗？

王：在《弥留之际》排练期间，有一次我接受记者采访，谈到一个观点：话剧的危机在于表演危机。我认为话剧之所以不耐看，很大一部分原因就在于表演过不去，因为剧场里观众直接面对的就是演员，如果演员没有号召力，没有魅力的话，整个戏剧的演出价值就大打折扣了，所以我认为所谓话剧的危机首先就在于表演危机，话剧演员舞台功底的欠缺是话剧不耐看的重要原因，剧场里就是要看到好的表演才叫过瘾。

张：在排练教学中，我很看重你在排练过程中导演工序的全景纪实，其中能看到，在排练中，你自觉不自觉的都是按照导演的工序流程做的。分别是坐排—初排—修排—合成—联排—彩排，而且每一步都扎扎实实，环环相扣，精益求精。

王：这是导演的基本功和职业操守。

张：我特别想和你进一步探讨，在这些环节中每个阶段排练的重点和难点。坐排阶段我们刚刚说了不少，现在说说初排怎么样？

王：好，那就从初排说起。

张：初排的重点在哪些方面？

王：首要的是，帮助演员"找到读、感受、驾驭台词的路径"，同时，帮助他们充分认识到"舞台的样式就是人生的一个路经之地"。

张：举个实例吧。

王：那我们就以曹禺开场为例。这段开场我希望演员把一个孩子般的曹禺演给观众，要找到这种感受和驾驭剧本台词的方法。我是这样设计的，曹禺开场的身体是蜷曲着的。蜷曲着的感觉就是孩子，老年曹禺这时候流的眼泪就是孩子般的。这段戏就起在曹禺的孩子般蜷曲的身体及他念念叨叨地说出自己的心事。后来他对万方说一个大艺术家要有童心。还原一个完整真实的曹禺，就从这开始。

张：接下去，不管怎么处理、不管如何演绎曹禺特有的文思，都没离开这个基调。

王：如果离开这个基调，就不是我们这个版本的《弥留之际》了。曹禺在这不是大艺术家、大戏剧家，而是一个"人"，我们是奔着跟惯常人们心中相反的方向去努力塑造出鲜活的人物来。

张：田本相老师说过，曹禺很多时候很平易近人，甚至有时候很像小孩。

王：但是，当他的文思一展开的时候，又变得很天才，很戏剧。

张：初排阶段，最难的是什么？

王：初排时帮助学生找到感受和驾驭台词的路径并不难，难的是真正帮助他们借助外力改变、提高自己。在一个学生的成长过程中，我会看到这个孩子的潜质，也会看到妨碍他成长的弱点和毛病。要借助外力帮他改一改明明知道的不好的东西。

张：这就是在排练时你强调的：演员是材料，又是工具，拿着自己的工具修理自己这个材料，才能修出形象来，就叫作"角色"。

王：是，除了导演帮助外，演员还要不断自我修整。比如，对扮演青年曹禺的学生演员，初排时，我要求他练绕口令，由慢到中到快，循序渐进。越到快处越精神集中，气息要把字尽量送出去，归音要归好，要有一个很清楚的过程。要训练气息、倒口，声音的位置要圆润、好听。要求他做一个有心人，才能演好曹禺；表演才能有深度。

张：对演方瑞的学生，你曾告诫她，"不要表演性格，而是真的感受性格"。

王：这确实非常重要。在案头对词的时候，找的是未来的一个远景，你要去表演、要去接近你演的角色，它是一个要逐渐接近某个远景的过程。初排时，方瑞演员内心里的激情很不够，还不懂得观众会体察你内心激情的程度，这就是你要表演、传达出来的东西。后来通过反复排练,她的表演不断出彩,甚至赢得了很多掌声和观众的眼泪。

张:方瑞"文化大革命"中自杀那场戏,在排练场,我们剧组的师生常常被感动到流泪。通过方瑞等学生的戏,真的印证了"磨戏"这个戏剧界术语。戏真的就是在反复排练中打磨出来的。修排阶段是最磨炼耐性和毅力的,也是戏剧创作中无法逾越的,是最折磨人,同时也是最令人迷恋的阶段。

王:反复的排练就是不断帮助演员"找到自己在规定情境里真实的存在",帮助他们更艺术地体现人物关系里的种种内涵,向人物更深、更准确的气质性的活动开掘。

张:到合成阶段更能体现戏剧作为综合艺术的特性。这个阶段也是排练的复合阶段,用你的话,我们开始做加法了。

王:到合成阶段,除了台前演员的表演这个核心外,还有剧组的音乐、灯光、舞美、服装、人物造型等各组师生的工作。从初排开始他们"各自为政",执行各自的演出任务,而到这时,他们要共同介入、相互协调,为完成演出艺术的整体性效力。

张:千头万绪,但在你的导演下总能有条不紊,井然有序。我们说说合成阶段的音乐和灯光好吗? 我觉得,他们对形成整部戏的样式和格调至关重要。

王:在戏剧演出中,音乐和灯光参与戏剧叙事的作用很大。常常是一种解读的外延,是一种深邃的东西。音乐和戏剧的关系不是一个热闹另一个也跟着热闹的关系,不要太过于表面的煽情之类。

张:后期合成、联排阶段,不论是确定舞美方案,还是序的合成、片段的修排等,你始终强调"好的工作方法和状态"——"用心灵去工作"。在你的方法和状态中,我分明感到你在艺术创作中缜密辩证的思维方式。具体来说,在每个阶段,你的导演思维都科学、辩证,在处理局部与整体、写实与写意、悲与喜、动与静等方面很见功力。

王:导演与教学一样,用艺术把技术完美地统一在你的演出及其教学的任务里。艺术贵在完整性,教学贵在系统性。比如还说表演:演员上场那么多次,每次上场任务都不同,那就是不同的局部的任务,每次不同的局部任务又构成了一个总体演出形象塑造的任务,这就是不同的局部构成一个共同的主体。什么是局部,什么是整体,不同的局部构成一个共同的整体;不同的局部不同在哪里,共同的整体是怎么建立起来的,这是参与舞台叙事的每一个人一生要修炼的基本功,不仅仅是导演。

张:光、色彩等也是同样的创作原理吧。

王:是啊,我们以灯光为例。除了舞美形象的总体观照,还要去建构局部处理的有差异的统一。比如说全剧的开头怎么开? 若干场次的开头有很多相像之处,如何找到其中的差异? 不同的局部也是可以分组、分类的,可以分成主要的和次要的叙事线索。我常常强调叙事主干,那么灯光主调是什么,是怎么建立起来的,辅助叙事做纵深展开的其他线索是怎么搭配的,等等问题,弄明白了是名堂,弄不明白是热闹。

张:那色彩呢。

王:色彩也是为整体形象服务的。《弥留之际》的交叉叙事就有现实与非现实之分,都有一些色彩上的关系,还有光比上的不同,这都是局部和整体之间的关系,这都与戏剧艺术的完整性相关联……在某些戏剧的时间进程上停留一下,进入空间领域进行恰当色彩渲染,凸显戏剧整体意蕴的美。

张:艺术创作中时有灵光乍现,神来之笔,很灵动。在排第二场时,你感叹"在我的脑子里实就是虚,虚就是实";第三场时你有感而发,说"静也是一种声音";第四场你对老曹禺吃药片段,松弛与紧张、真与伪的艺术处理收到了意想不到的艺术效果。我们说说吃药的片段吧。

王:我在排练场有时冒出来的话也是逼出来的,这种即兴表达往往是为了有效影响到我的工作对象。我让"老曹禺"(指扮演者)说"不吃——它了",故意把声音拉长、放慢,故意和老伴逗闷子。看来很沉闷的生活戏变得有滋有味儿。演曹禺不能背"形似"的包袱,把外在初级的熟练的一点点转化为角色内里的"真",外在的"伪"就消失了。

张:有时,表象的"真",如果处理不当往往也会给人"伪"的感觉。我还清楚地记得那天在排练场,我们大家难以抑制的内心的激动。排到剧的高潮处,你也抑制不住兴奋地说"我们把悲剧演成了喜剧"……在如此美妙的排演样态中创作,我一次次体会到什么是妙趣横生。

王:悲剧意味,含泪的微笑。很迷人,很高级。有时甚至感到神妙! 得来全不费工夫,是一种自然天成。那段排练的纪实一定很精彩。

张:远不止这段,排练中每一个精彩瞬间都记录下来了……看来,排练到一定阶段,技术与艺术已经没有严格界限了,是一种美妙的融会……其实,你身为教授的教学又何尝不是呢!

(三)好的工作方法和状态：用心灵去工作

张：你在排练现场总有很多奇思妙想。

王：我的方法总是在现场产生。

张：即使产生在现场，和排练前你做的功课也不无关系吧。

王：和创作者内心的意象关系更密切。意象源源不断地涌出，幻化成一个
个舞台创作。在解读戏剧时，我的图像往往并不是作家所想象的那个东西，是
解读作家之后，在经验、心灵、感悟里，产生构想。我所用的手段，有时和这个
剧本当初那些文字的要求没多大直接联系，但是又没有离开这个东西。

张：这就是现代剧场艺术赋予导演的创造力和使命感吧。

王：确实。我们平素所做的功课是宏观的生命体味，人生与时代，人一生
经历的各种各样的众生相，在排练中幻化出微观的舞台叙事，创作出具体而生
动的形象、场面、调度和角色内心律动的轨迹等。在具体的排练掌控中，我在
现场产生创作意象(冲动)时，如果演员能接住，拿得住，之后我才能再产生新
的意象，这就是我排练的基本方法。

张：这就是你所说的——艺术创作就是用生命与生命对话。

王：我认为，艺术创作最基本的语言就是用生命和生命对话，你是一个真
实的生命，而且你把你的对象也变成一个真实的生命，既宏观又具体。

张：只有这样才能真正达到影响心灵的剧场效果。

王：戏剧这个行业，它不是包装人的，而是人本身。

张：所以你强调诚恳地面对观众。

王：演员在我的方法里演，就一定会有真情实感，因为所谓美的东西，特殊
的、只属于这个戏特定的、个性化的、富有创造力的图像，导演已经在排练中为
你铺就好了，演员只要在里面尽情地演就行了。演员的真情实感会使戏剧的
叙事流畅、清晰、耐看，有味道，有打击力。

张：由于重视心灵图像的审美解放，你总把"赏心"看得远比"悦目"重要。

王：我的戏不是要悦人耳目，当然，我的戏也有看起来很悦人耳目的调度
和画面，但是，我真正要达到的是以心碰心的剧场效果。通过心灵的图像去撞
击观众的内心世界，用我的心灵和他的心灵架起一座心的桥梁。这就是演出
者和欣赏者之间的一种互动，用一只艺术之手轻轻地去抚摸观赏者的心灵。

张：和你工作，最大的体会就是必须与你步调一致，要逐渐学会用心灵去工作，调动自己内部的可能性。

王：戏剧排练和演出就是要完成由文学叙事向舞台叙事的转化，而这种转化最重要的是要有情感的生命。从剧本修改到所有手段的调整，从文学叙事向舞台叙事转化，就是要引导观众的注意力去深入出场者的内心生活……所以我说，这不是一部悦人耳目的戏，这是一部企图影响人心灵的戏。

张：一起共事这几年，我最大的感受就是你的影响力。在排练中，你的智慧不仅仅呈现为高超的技术，更是一种艺术和哲学。在排练场，关于人生和艺术，你常常出语不凡，很多语重心长的教诲散布在排练场的各个角落，剧组每位师生的心灵都是伴随排练不断被敲打、撞击的。

王：我认为，当老师，爱心很重要，没有爱心的老师就是自我折磨。

张：每次面对并不轻松的排练教学，你始终充满爱心，真心实意地帮助每一位学生。当然也不乏严厉的批评，但那也绝对是纯粹的，不含任何杂质。

王：我一直认为，当导演和教师一样，都是美好的职业。戏剧是艺术门类里最有名堂的，来不得半点虚伪。其实，在我的教学理念中，我努力实现一种透彻、完整的教育和教学过程。我认为，当演员的一生都离不开文学修养，学习戏剧文学的必须懂导演、表演和舞美设计；舞美设计专业的学生也要提升戏剧的文学分析能力。而在综合性高校中，我们戏剧教育面应当铺得更广，应当面向所有热爱戏剧的学生。至少，积极整合学校的现有资源，是我们戏剧学科建设的一大特色。

张：我们研究所建所以来的教学实践都在尝试这种多学科交叉式的综合教学。每次辛苦忙碌过后，我最惊喜的是，总能亲眼看着在你的指导下剧组学生由渐变直到最后几乎是脱胎换骨的过程，亲眼看着思想与艺术的种子在学生身上神奇地生根、发芽、开花结果……

王：这也是我感到十分欣慰和幸福的事情。每年的教师节和其他节日我都会收到学生的问候，平时也不断分享他们生活和工作的各种喜悦。

张：剧组副导演兼场记郑炳禹同学演出后撰文感慨道："我极有幸地跟随王延松导演全程参与了话剧《弥留之际》的排演，这于我是一次新生……我们生于八九十年代，太过喧嚣，太过热闹，世界走得太快，让我们无暇停下来。《弥留之际》却把我们这群梦游人叫醒了。"

王：好多次我被同学真挚的短信和留言感动。比如已经毕业的剧组学生王艳辉，这个学生实际上什么角色也没有，一直在做剧务工作，他写的文章我看了久久难以平静。他写道，"从那时起，对于表演和戏剧的认识又有了新的体会和感悟！《弥留之际》是我表演生涯的转折点，毕业后来到了北京，顺利成了北漂一族，但是每次演戏，配戏我一般都会拿《弥留之际》排练做模板去演绎新的感觉、新的灵魂！因为热爱所以坚持，我会带着这份收获好好走下去！"

张：剧组师生在这次排练和演出中获得了心灵的洗礼。参与的每位同学伴随排练，不仅仅提高了技能，更有内心的强大与成长；戏剧小宇宙引领并激发了学生立足人生大舞台的勇气和智慧……

王：如此当导演，如此当导师，幸福，足矣！

本文原载于《戏剧文学》2013 年第 11 期。

学习型社会视角下普通高校成人教育的功能及其实现策略

李贵连

普通高等学校是知识生产及学习能力培养的场所,是我国高等教育发展的主导性力量。在学习型社会建设的大潮中,普通高等院校应该发挥其办学优势,努力推进其成人教育发展,准确定位其成人教育功能,使得普通高校成人教育成为社会个体终身学习的基本途径。

一、学习型社会的内涵及特点

在 20 世纪 60 年代末,美国芝加哥大学罗伯特·哈钦思教授出版了《学习型社会》一书,在该书中,罗伯特教授首次阐释了"学习型社会"这一概念,并认为学习型社会是未来人类社会发展的基本趋势。从 20 世纪 80 年代开始,经过联合国教科文组织的积极传播与倡导,世界各国政府均将学习型社会建设视为本国终身教育体系建设的一部分,并大力推进其发展。进入 21 世纪之后,学习型社会建设已经成为全球化教育改革的主导性思想,被视为是社会个体终身学习的基本形式。

(一)学习型社会的含义

罗伯特教授在其名著《学习型社会》中明确阐释了学习型社会的内涵,其认为,一个社会所有的成年人需要不断学习,努力提升自身的综合素质与职业技能,仅仅依靠定时定制的成人教育是不够的。除了常规性的成人教育之外,社会还需要为成年男女提供保障其人格成长及综合素质提升的各类教育,并建立一个常规化的制度加以保障,使得社会发展更加持续与稳定。

从罗伯特教授的论述可以看到,学习型社会的内涵至少包括三个方面的内容。第一,全民学习。即社会所有的成年人,不论男女均是学习的主体,学习的方式是主动的,学习的目的是要促进其自身成长及人格的完善。第二,终身学习。从心理学的理论看,人的智力开发始终处于一个未完成的状态,人需要通过不断学习来完成这个开发,通过获取新知识来提升自身的精神及职业修养。终身学习恰恰吻合了这个未完成的过程,也是社会个体适应社会发展的需要。第三,无障碍学习。在罗伯特教授看来,学习型社会建设不仅仅是教育体系的发展与深化,更是相关教育制度的完善。即通过学习型社会制度的建设与完善来保障每个社会公民有学习的权利与机会,并保障其能够进行终身学习,换言之,在学习型社会建设及终身教育体系制度下,每个社会公民的学习是无障碍的,是值得鼓励的。

(二)学习型社会的特点

第一,以学习者为主体。在学习型社会理念下,社会个体的学习不再局限于学校,学习不再以教师、教材为中心,而强调学习者的主体地位。学习者在接受教育过程中并不是被动的,而是根据自身发展的需要,积极主动接受教育,通过自身的主动学习来获取新知识与新技能,由此来促使每个学习者的全面发展。

第二,促进个体全面发展与社会进步的统一。在学习型社会中,社会个体的终身学习是为了获取其一生中所需的各种知识、技能、学习能力、学习态度等。也就是说,每个人终身学习不仅能够获得知识与技能,更重要的是获取学习的能力,使每个人的潜力得到最大发挥,促进自身全面发展。在一个社会中,当每个个体的潜力得到了最大程度的开发与发展,这样也能够推动整个社会的进步,两者是统一协调的。

第三,保障学习者权利的平等。如前述,学习型社会不仅仅是教育体系的完善,更是教育及其相关制度的完善。在良好制度保障的前提下,每个学习者均能够平等接受教育,学习者的教育权不会因为自身客观条件的差异而受到限制。

第四,构建开放性学习组织及场所。在学习型社会中,每个社会个体均是学习的主体。为了推进每个社会成员的学习,国家及社会可以充分利用各种资源,不断构建开放性的学习组织与学习场所。学校、家庭、公共场所甚至是工作场所均可以成为学习场所,形成多元化的开放性组织,为不同的社会个体及群体提供学习的空间与保障。

第五,构建终身学习的教育体系。学习型社会的宗旨是保障每个社会个体能够随时随地根据自身发展的需要进行学习,这就要求社会构建终身学习的教育体系,通过完善相关的教育制度来保障每个公民终身学习的权利,使得每个社会个体乐于学习、勤于学习。

二、学习型社会视角下普通高校成人教育的功能定位

普通高校作为高等教育发展的主导力量,拥有一般成人教育机构所不具备的教学设备、师资队伍,以及教学资源。在学习型社会建设背景下,普通高校应该发挥其办学优势,不仅要为社会培养人才,还要为人才的发展及终身学习提供条件。这就要求普通高校大力发展成人教育,并准确对其成人教育发展进行定位,保障其成人教育体系成为社会个体终身学习的基本途径与渠道。

(一)传播终身学习的理念

学习型社会的理念和概念由罗伯特教授提出,经过联合国教科文组织等国际组织的传播逐步深入人心,成为世界各国21世纪教育改革的理念。由此可见,任何一个理念均需要经过广泛传播才能够深入人心,才能够被人们所接受。如此,这就需要专门的组织来担负传播的重任,这个组织必须具有一定的权威性与专业性,且需要一定的组织功能与推广能力。在我国,担负这一传播使命的最好组织就是普通高等院校。普通高校在我国既是知识产生的基地也是人才培养的场所,其成人教育机构在传播终身学习理念的过程中具有很大的优势。具体而言,普通高校与国家的教育改革有着紧密联系,其成人教育机构对国家终身教育体系建构理念及制度实施等方面最为敏感,对相关制度的落实具有引领效应。此外,普通高校的教学资源具有优势,其专业领域涵盖范围极为广泛,社会影响力较大,自然其成人教育机构可以利用这些优势,借助

普通高等院校这个平台，来大力推进成人教育发展，传播终身教育、终身学习的理念。

（二）推进毕业生岗位专业培训

随着我国高等教育大众化的深入发展，越来越多的人获得高等教育的机会，对推动社会就业有一定的作用。但是近些年来，高校扩招导致的生源质量下降所引起的人才培养质量降低亦是不争的事实，尤其是很多大学毕业生进入社会之后难以适应工作岗位，难以融入工作体系中。为了使大学毕业生更好地融入工作岗位，很多用人单位需要委托成人教育机构对其进行岗位培训。因此，普通高校应该发挥其与本校毕业生的天然优势，高校成人教育机构应该积极开展岗位培训工作，关注毕业生的就业能力提升。在当今这个知识经济快速发展及信息量暴增的年代，每个毕业生为了适应社会的快速变化，必须不断提升自身的学习能力及各项专业技能，来适应社会变化及岗位需求。面对日益庞大的毕业生成人教育群体，仅仅依靠社会上成教机构及各类成人高校是不能满足毕业生技能及综合素质提升需求的。故此，普通高校的成人教育机构应该发挥自身依托普通高校的教学、师资、专业等优势，加大对毕业生岗位培训工作的开展，承担毕业生终身学习的任务。

（三）服务城乡社区

社区教育是成人教育的一种形式，也是普通社会个体开展终身学习的一种方式。当前，我国社区教育及其相关制度尚不成熟，东部沿海地区社区教育发展势头较好，但中西部地区由于社区教育资金投入不足，社区教育发展所需的教育教学资源、基础设施尚不完善，社区教育发展还较为落后，无法满足日益增长的民众终身学习的需求。因此，在这方面，普通高校可以发挥其优势，尤其是中西部地区普通高校的成人教育机构，要积极推进其教育资源共享，打破"学在学校"的体制壁垒，积极走进社区，开展各类形式多样、内容丰富的社区教育。学习型社会的基本内涵之一是要求全民无障碍学习。要保障当前城乡社区公民的学习及教育权利，仅仅依靠中小学、职业学校、远程教育是不够的，普通高校的成人教育机构应该将资源延伸到城乡社区的每个公民身上，使得每所普通高校成为城乡社区的开放大学,从空间上、时间上为城乡社区公民提供终身学习的机会。

(四)建设学习型组织

学习型社会的基本要求就是要将社会的任何组织变成学习型组织,使人们能够随时随地开展学习与接受教育。当学习型组织中的个体具备了终身学习的理念及思想时,通过组织的传递、传播及创新,每个人均能够取得学习上的进步,且能推动终身学习影响社会公众。在学习型社会中,学习型组织是其细胞,其数量及质量决定了学习型社会发展程度,也是学习型社会的评价标准之一,当社会上的组织均建成了学习型组织,一个学习型社会的建设就基本成型。针对当前我国公民终身学习理念不足,发挥学习型组织的带动及辐射作用是推动学习型社会建设的有效方法。而普通高校作为知识生产与人才培养的基地,其成人教育机构应该充分发挥这一优势,推动普通高校的学习型组织建设,将普通高校及其成人教育机构建设成为学习型组织,通过其本身的辐射带动作用及组织化功能,推进社会公民的自主学习与终身学习。

三、普通高校成人教育功能实现的基本策略

(一)积极完善终身学习理念传播机制

普通高校教师,尤其是高校成人教育机构的教师,作为知识的生产者与传播者,应该发挥服务社会的理念,转变自身思想观念,做终身学习的倡导者与示范者。为此,第一,高校成人教育机构的教师要积极践行终身学习理念。对每个教师而言,大学及其成教机构不仅是工作的平台,也是终身继续学习的场所,通过各种教育培训及学习,不断提升自身的综合素质及学习能力,做终身学习的示范者,为成教学员及全社会树立榜样。第二,教师应该积极转变教学观念及方法。高校成教机构的教师面对的学员是有社会公众经历的成年人,在授课过程中应该改变过去以间接经验传授为主的观念,要在教学实践中,注

重引导学员学习方法及其相关技能,培养学员的终身学习能力,这就要求教师积极转变教学观念与方法,由知识灌输变为知识引导,由普通应试教育转变为培养能力,由课堂以教师中心变成以学员为中心。除了教师要转变观念及方法外,对于高校成教学员而言,也需要树立终身学习的思想,身体力行倡导终身学习理念。具体而言,第一,高校成人教育机构要加强政策引导。通过学习型社会建设的政策宣传突出成人教育在经济社会发展中的持续作用,增强学员对成人教育以及终身学习的认同感。第二,高校成人教育机构要加强对学员的思想引导。高校的成教机构作为实施终身教育的场所,除了平时教师在教学活动中的引导之外,学校还可以通过一些常规性、制度性的措施,比如举办读书会、知识竞赛等活动,让成人学院体验到终身学习的重要性,自觉加入终身学习理念传播队伍中。

(二)提升教育质量,打造办学特色

随着经济社会的快速发展,产业结构的转型促使了就业结构的变化,无论是刚刚踏上工作岗位的毕业生,还是已经工作许久的劳动者,均会面临比较剧烈的岗位竞争,每个个体都迫切需要通过专业化的岗位培训来提升自己的综合素质与技能。如此,这就为社会上的各种培训机构提供了成人教育市场。普通高校的成教机构必须正确面对这种市场竞争,利用自身优势来占领岗位培训市场。为此,第一,普通高校的成人教育机构要结合自身专业,打造办学特色,建立成教品牌。普通高校的成教学院、网络学院、继续教育学院等机构应该从自身实际出发,摸清社会需求,发挥自身办学及资源优势,打造一批高质量的教育培训项目。比如近些年的温州大学、宁波大学积极打造"学历＋技能＋推荐就业"等成教模式,不仅提高了学员的学历程度,也提高了学员的就业能力,其相关教学成果还获得过国家教学改革一等奖。第二,普通高校的成人教育机构还积极利用信息技术,大力推进远程教育。普通高校相比成人高校、社会办学机构,其最大优势就是教学资源及社会认可度,因此,普通高校的成教机构应该充分抓住这一优势,将本校的精品课程、特色课程建设成为网络课堂,发展远程教育,形成品牌课程的推广机制,逐步提升自觉的品牌效应及竞争力。

（三）积极发展社区教育模式及体系

社区教育是高校成人教育机构发展优势的一大领域,对普通高校而言,服务社区是其发挥服务社会功能的基本要求,且对教师、学生均能够产生积极影响。对于教师而言,服务社区是将教学科研与实践相结合的大好机会,有利于提升教师教学科研的实践影响力;对于学生而言,服务社区是其理论联系实际的一个机遇,也是学生了解社会的一个窗口。因此,普通高校的成人教育机构要积极组织教师深入社区,根据社区民众的需要,有针对性地开展各类专业技能培训、转岗培训、劳动能力提升培训等教育服务,对民众所需的知识更新提供帮助,以解决他们在实际工作及生活中遇到的问题,提升民众终身学习的能力。比如,普通高校可以与社区政府建立沟通机制,实施联合办学,定期举办各种技能及素质培训班,对社区民众进行定期培训;也可以组织教师到社区,就社区子女教育、成人就业、闲暇时光、家庭婚姻等与群众生活密切相关的话题进行讲座、专业辅导,帮助民众解决问题。同时,高校成人教育机构还要积极组织学生深入社区,充当社区教育的志愿者,帮助民众解决工作、生活及学习上的问题,既能够提升学生学以致用的能力,同时也身体力行向民众传递了终身学习及学习型社会建设的理念。

（四）构建学习型组织的运作机制

学习型组织建设不是简单地进行资源堆砌,也不是简单地聚集学习者,而是组织内成员的一种有机结合,让学习者有共同的学习目标及价值追求。正如有学者所言,一个组织只有具备了相互交流、沟通、启迪、补充借鉴的学习氛围,才是学习型组织。按照这个标准看,高校及高校的成人教育机构还不完全是一个学习型组织,为了加强其学习型组织建设,必须要建立常规化的制度体系及运作机制。为此,第一,要建立开放式的学习空间。鼓励师生之间、学生之间的知识探讨与交流,鼓励师生利用自身的知识去联系实践,向组织外的人传播,也鼓励组织外的人员参与到学习型组织体系中来。第二,建立学习激励机制。激励机制对于学习型组织是极其重要的,该机制的建立,能够激发学习型组织中的个体参与到竞争性学习中,激发更多人的学习兴趣与欲望。第三,建立互动学习机制。通过学习型组织之间的师生、生生的交流沟通,加快知识的传递与更新,使得终身学习成为常态。

参考文献

[1]高志敏.终身教育、终身学习与学习化社会[M].上海:华东师范大学出版社,2005.

[2]刘晓红.成人教育的社区服务功能探析[J].继续教育研究,2014(2).

[3]陆松.论成人高等教育的发展与品牌经营[J].中国成人教育,2010(14).

本文原载于《继续教育研究》2016 年 7 月 15 日。